中国政治思想研究丛书

何以经世

儒家治道及其现代意义

方朝晖 著

商务印书馆
创于1897 The Commercial Press

图书在版编目（CIP）数据

何以经世：儒家治道及其现代意义 / 方朝晖著 . 北京：商务印书馆，2025（2025.12 重印）. --（中国政治思想研究丛书）. -- ISBN 978-7-100-24824-2

Ⅰ. B222.05；D092.2

中国国家版本馆 CIP 数据核字第 2024KT9689 号

中国政治思想研究丛书

何以经世

儒家治道及其现代意义

方朝晖 著

商 务 印 书 馆 出 版

（北京王府井大街 36 号 邮政编码 100710）

商 务 印 书 馆 发 行

北京市白帆印务有限公司印刷

ISBN 978 - 7 - 100 - 24824 - 2

2025 年 3 月第 1 版　　开本 880 × 1230　1/32

2025 年 12 月北京第 2 次印刷　　印张 18⁷/₈

定价：106.00 元

本书出版得到泰山学者工程专项经费资助

“中国政治思想研究丛书”总序

梁任公九十多年前在北京举办的演讲会上，提到研究中国政治思想史要采用新方法和新视角，期待对世界政治文明的演进有所贡献，但此后中国政治思想史的研究并不很兴盛。相对于其他学科领域，中国政治思想领域的优秀研究成果不多，能让大家记住的，也就是萧公权先生的《中国政治思想史》等少数几部著作。牟宗三先生到台湾后所写的《政道与治道》虽然有一定的影响，但是这部书有一个和同时代很多学者的著述相同的弊病，就是立足于西方的政治理论和伦理价值框架来谈中国，以中国古代有没有诸如自由民主等理念来做评判。其实这些概念的多数内涵，是近代欧洲和美国在特定历史情势下形成的，用它们来解释中国古代政治的缺失问题，当然偏差很大。至于以往的中国政治思想研究没有充分展开的原因，我认为可以从以下三个方面来分析。

第一，政治思想不仅是政治家和政治学者的言说，还牵涉政治权力施行的实际过程，内容很广泛，比如古代的社会礼仪和民俗、不成文的习惯法、宗教戒律的影响，等等，过去的政治思想史研究者对此很少有深入研究。

第二，政治思想的研究可以提炼出哲学成分，但哲学的理念不能等同于政治思想的全部，如果追溯西方政治学的发展，亚里士多德的城邦制度研究，就包含了很多今天人们意识里“政治思想”之外的内容。亚里士多德的著作里，伦理与政治问题分开讨论，后人就认为这两者可以割裂，研究政治思想也可以和研究伦理哲学或道德哲学一样，停留在概念辨析和规范讨论上。实际上，西方社会政治权力的历史发展相当复杂，仅从权力来源看，就产生过君权神授、契约论、演化论等不同学说，而这些学说都和欧洲自身历史发展相关，要了解它们的真正内涵，需要全面深入地研究当时社会生活的各个方面，不是单纯辨析几个理念就能做到的。

第三，基于以上两个方面的认识，中国学者该如何总结、整理、重建自身的政治哲学思考？我认为需要回溯华夏政治结构及秩序的起源，重新叙述“族群生活—伦理宗法—政治国家”这样一个链条，显然这和欧洲的传统是很不相同的。为什么很多学者习惯于直接拿欧洲的政治发展路径来套用解释中国呢？这是因为近代中国被西方列强侵略的历史影响了人们的认知，也就是方法论出了问题。目前，我们需要重新提出有解释力的框架，就要针对这些偏差提出一些问题，就此可以总结为以下八个方面：

其一，在中国历史起源语境下，如何理解政治权力的产生和发展？

其二，在中国古代政治中，权力的价值内涵及其规范性是如何表达的？

其三，在中国传统权力模型中，帝王与大臣、庶民的关系如何规范与调节？

其四，关于政治史、政治学的现代发展和现代性表达，在当代中国学术语境下如何实现？

其五，中国传统政治理想在近现代的追求和运用，实际上是知识分子与政治规范解释权转移的问题，出现了怎样的特殊变化？

其六，中西政治之间的不同，应该如何认知与解释，才不致脱离二者各自的本义太远？

其七，政治思想并非理念的简单投射，而是有历史经验的复杂性叠加缠绕，由此对福山的“历史终结论”做出批驳，该如何建立自身的新学说？

其八，政治与政治科学的关系，在当前中国该如何处理？罗尔斯把伦理价值再度引入政治讨论中，对韦伯以来政治理论研究的“价值中立”趋势是一个重要逆转，中国政治思想研究该如何回应这一命题？

以上这些问题，可能需要几代学者的努力协作和学术积累，方能做出较有说服力的回答。我们这套“中国政治思想研究丛书”，可以看作这方面努力的一个开端与尝试，希望能给有关研究者和读者带来“以中国立场和全球视野思考中国政治思想”的启发。

最后，我在这里再谈个人的一些体会。我们研究中国政治思想的根本目标是什么？是否仅是为了发掘自己祖先的某些政治思想，表彰他们的独特价值？这样的工作似乎有很多人在做，比如从事中国文化传播的行业，可能还比我们做得更好。我认为政治思想研究者不宜做这样简单的跟风宣传。从对当前中国社会有重要影响的几股思想潮流来看，社会主义以人的社会存在属性为其理论基础，曾经兴盛的自由主义以个人权利为基础，而保守主义则以文化中既存的价值倾向和制度习俗为基础，重视权力运用的历史文化背景，通过这种实践来探索建立一种理想性的规范，使它和传统文明的价值观联系起来，这一点和中国古代贤哲的思考是相近的，接近于中国学者熟悉的“为往圣继绝学，为万世开太平”。当前的世界并不太平，某些秉持单一理念的发达国家企图用武力将自己信奉的价值理念推广到全世界，在世界很多地区造成了人道悲剧，即使在其国内，也受到很多的质疑与批评。人类历史从文明草创到理性启蒙，再到现代性的发展，从西方近现代的历史中可以看到一连串的霸权兴起，东方则是一百多年来受到西方的压制，在强势话语冲击之下产生了思想变异，像日本就有了“脱亚入欧”和“大东亚共荣圈”的言说和实践。美国最初是一个松散孤立的邦联国家，后来联邦权力不断扩大，到今天已经是一个十分集权而具有扩张欲望的世界性强权体系。人类从个体到小的氏族群体，发展到庞大的政治共同体，再形成具有世界扩张能力的霸权体系，其间充满了矛盾冲突，成千上万的平民百姓在现代化战争中被无辜杀戮，让富有正义感的人们痛心疾首。我认为战争的根源是每个国家过分强调自身的利益和权力扩张，在争霸的过程中习惯了剥削弱小民族，甚至认为这种剥削理所当然。

现在的很多思想家已经意识到，发展程度较高的国家应该扩大视野，从人类整体的视角来思考如何解决目前的政治矛盾与战争冲突，而不是延续以往那种“国家利益至上”的霸权思维。中国政治思想的研究，如果对人类的合作与和平发展有所贡献，并引发大家对这些问题的深入思考，才能接近我们的根本目标。期待所有的有识之士，一起加入进来推动这项崇高的事业。

成中英

2018年12月于海淀西山庭院

目　录

自　序

一

牟宗三先生认为，中国古代政治思想的最大缺陷之一，是只关心“治道”而忽视“政道”。[1]政道是政体模式，治道是治国方式。中国人自古只讨论治国方式，不知道改造政体；由于士大夫“始终不向政道用心”，中国自古只有“治权的民主”，没有“政权的民主”；[2]由于士大夫一味向治道用心，理想的政治“只有靠着‘圣君贤相’的出现”[3]。因此，在他看来，政道远比治道重要，中国政治的首要任务是政体改造而不是治道探索。

然而，牟氏恰恰是掉入了哈耶克所反对的“理性建构论”（constructivist rationalism）的泥潭。所谓理性建构论（也译为“建构论唯理主义”），是指忽略政体赖以存在的历史-文化-心理基础，相信最重要的制度可以通过理性人为地设计并建构出来。哈耶克指出，人类历史上那些最重要的制度，从来都不是人为设计出来的，也不是由人的先天本性决定的，而是源于漫长的历史进化，经过不断的淘汰、选择和调适，因此从根本上讲乃是基于某种“自生自发的秩序”。“如果我们无视我们理性的限度，那么这种雄心和抱负便有可能促使我们把我们的制度引向毁灭。”[4]在《法律、立法与正义》一书第二卷中，哈耶克重点批评了“社会正义的幻象”，即根据一套理想的分配正义理论来全面重建制度。中国学术界也存在以某种抽象的人性论、价值原理或形而上学为依据，倡导建立某种据说具有超越历史、时代和文化而有效的理想政体的观点。

理性建构论的一个严重后果是导致“政体决定论”，将政体看作万能的、超时空的理想来追求，认识不到政体的产生总有一定的历史局限，政体的消亡总有一定的现实规律。比如牟宗三所否定的君主制（monarchy），之所以曾经在人类历史上那么长的时段和那么大的范围内存在，绝不是偶然的。我想，这并不是由于那时的人们不知道限制君权、反抗专制。春秋时代“弑君三十六”（《春秋繁露·灭国上》），就是最好的证明。可是每次弑君之后，还是要重新立一位国君。有时到了无君可立时，权臣们还不得不想方设法去远方甚至别国，寻找一位与国君家族有血缘关系的人来继位，这显然是因为当时并没有其他更好的政体可供选择。

纵观历史，人类在过去数千年间建立的典型政体并不多，包括禅让制、君主制、贵族制、民主制等。柏拉图《理想国》分析的五种政体（民主政体、寡头政体、贵族政体、僭主政体、荣誉政体）其实可以归结为君主制、贵族制和民主制三种。亚里士多德在《政治学》中讨论了君主政体、贵族政体、平民政体、共和政体、寡头政体、僭主政体六种政体，它们也可归结为三种：一人执政、少数人执政或多数人执政。亚氏告诉我们，从来就没有什么政体本质上是好的或坏的，因为决定政体好坏的东西不是制度本身，而是人口的质和量。因此，每一种政体都有好的和坏的形式，都有多种变体。如平民政体有五种，寡头、贵族政体各有四种，共和政体有三种，僭主政体也有三种。

有人认为，西方人对理想政治秩序的探求着眼于政体，中国人对理想政治秩序的探求着眼于治道。[5]这一观点很有道理。不过也须指出，无论在西方还是中国，每一种政体或制度的产生和演变，都是特定历史背景下的事情。设想一下：秦汉以后多数学者认同郡县制，但如果在春秋时期搞郡县制，真的行得通吗？真的能带来进步吗？同样，秦汉以后一直有儒生怀念周政，图复封建，结果无一成功，也不是没有原因的。可以发现，中国历史上出现过的几种主要制度，包括君主制、封建制、井田制、郡县制和科举制等，都不是哪个思想家发明出来、强加给当时社会的，而是在特定历史条件下形成的。同样，现代民主制也不是来源于思想家的发明或设计，而是源于公元9世纪以来西欧自发形成的城市公社或商人城镇。因此，忽略经济结构、社会组织、权力/权威观念，特别是本书所讲的文化心理结构等因素，由学者在书斋里根据抽象的思维逻辑来设计或论证某种普适的理想政治制度是荒谬可笑的。我们不能仅因一种道义的立场，出于某种抽象的原理，对于一国究竟应该实行何种政体或制度作轻率判断。

可以把政体比作一个人身上的骨骼，历史-文化-心理基础则相当于这个人的血肉。可以想象的是，如果某人羡慕另一个人的骨骼，是否可以在不改变生理组织的前提下，单纯靠移植培养出与此人一模一样的骨骼？不可能吧！也许，好骨骼容易找到标准，但它永远是骨骼而不是血肉，对生命机体的运作来说甚至并不具有本质的重要性。同时，由于个人的内在组织结构千差万别，我们不能仅仅出于审美或价值观的偏好而为所有人定制同样的骨骼标准，同样也不能仅仅由于价值偏好而为所有民族定制同样的制度标准。正如不同的个体有不同的理想骨骼，不同的文化应当有适合自身的不同的制度。

按照白鲁恂（Lucian W. Pye）的观点，一百多年来，亚洲人对权力/权威的理解并无大变。白氏的研究，凸显了文化心理因素对于政治制度的重要性。他研究了印度、巴基斯坦、孟加拉国、泰国、菲律宾、马来西亚、新加坡、印度尼西亚、日本、中国、越南、韩国等许多亚洲国家的权力/权威及政治合法性概念，发现“二战”以来亚洲殖民地/半殖民地国家的纷纷独立，以及对于西方现代制度理想的追随，并没有导致其权威模式改变。相反，由于传统的家长式的（paternalistic）、以私人关系（personal ties）等为基础的制度模式继续在这些地区发挥强大的作用，不少亚洲领导人也认识到只有遵守自身文化的权威模式才能成功，并在实践中有意识地抛弃了西方权威模式。[6]

今天，真正重要的是要搞清楚：中国文化在自我整合方式上有何重要特点和规律？其权力/权威赖以建立并有效运作的内在机制是什么？当人们不遵守这些规律和机制时会受到怎样的惩罚？一百多年来，我们一直在学习西方，像许多亚洲国家一样模仿西方的政治制度，但是却一而再再而三付出代价的原因究竟是什么？

这些问题的答案，我认为恰恰应该在于牟宗三所摒弃的治道。这是因为，治道研究是在充分尊重文化习性的基础上，基于对某种文化中权威模式的揭示，来分析权力发挥作用的有效方式。所以，它有助于说明某种政体在一种文化中发挥作用的条件是什么。不仅如此，我们还可以设想，在政体改革的目标尚未明朗的情况下，通过搞清一种文化中有效的治道，也可以帮助我们逐渐发现政体改革的方向，因为政体或政治制度的变化必须有利于治道充分发挥作用。

从某种意义上讲，治道研究比政道研究更加重要。这是因为政体往往受制于时代条件，在经济组织、社会结构、文化权威、民众心理和历史传统等未出现巨大变化的情况下，其适合的政体形态也不能轻易变革。由于人们习惯的权威模式建立于过去数百年甚至数千年的历史经验之上，有巨大的惯性，有时政体变革风险很大，与其急于从事政体变革，不如从事治道改革。本书第三章就是对于德性权威在中国文化中存在的根深蒂固的土壤进行了探索，试图回答它为何有助于理解什么是中国文化中有效的治理这一问题。

治道的重要性还体现在它对政体的巨大改造能力上。虽然政体有其不可逾越的时代局限，但是其运作方式往往有巨大的改进空间。比如同样是君主制，也可以通过不同的治理方式展现出不同的面貌：秦代君主制已与周代不同，汉代君主制又与秦代不同，唐、宋君主制与汉代也有较大差别，到了清代差别就更大。另外，君主制本身也有多种存在方式：从世界范围看有封建制下的君主制，也有郡县制下的君主制，还有现代宪政制度下的君主制，而宪政下的君主制也有英国模式与日本模式之别。正因为政体的僵硬形式可以通过治道的灵活方式得到巨大改善，人们有时可以在不放弃君主制形式作为象征符号对于稳定民心、满足民众心理需要的同时，通过治道找到解决当前政体问题的办法，从而极大地弥补政体的局限性。

不要小看治道化解政道局限性的能力。中国人过去在君主制下创设了宰相制度、职业文官制度、监察御史制度、征辟科举制度、地方自治及行业自治，并建立了道统学说、民本学说、君道臣道学说、王道霸道学说和以德治国学说等，这些都极大地起到了限制君权、削弱专制的作用。换言之，正因为政体有极大的弹性，我们不应把由治道解决的问题归咎于政体，过早过急地对政体动大手术。如果非要将能用治道解决的问题诉诸政体改革，有可能会造成巨大动荡，引发一连串意想不到的后果。比如辛亥革命时，不少激进青年认为清廷已不能指望，推翻它才是中国唯一的希望。但从另一个角度看，推翻清廷后出现了长达数十年的内战。再如在英国和日本，君主制以另一种方式被保持下来后，对于变革后的社会稳定所产生的心理作用也是人们无法预料到的。

治道可以为政体/政道提供精神、方向和原则。政体就好像一架机器，作为一套制度体系，需要治道为它灌输精神。比如儒家的王道学说，为君主制提供了灵魂，几乎起到了化腐朽为神奇的效果。又如古今的民主制度，有的生机勃勃，有的病态扭曲，其好坏在很大程度上取决于人们的参与和实践方式。从这个角度看，治道的重要性并不亚于政道。因为任何政体都不是“永动机”，都需要人来支配、维护和修理，使之朝理想目标前进，这些都是属于治道范围的事情。

是否可以说，出于某种天真的价值理想或抽象的价值原理来追求民主和法治，却不研究它们与文化习性的关系，是不可能找到中国文化的真正出路的。牟宗三关于政道与治道的区分非常有意义，但他的错误在于缺乏社会历史眼光，将某种西方政体/制度理想化，严重忽视了制度的文化心理基础。

以上是我在2014年出版的《“三纲”与秩序重建》一书中论述治道重要性时的大段文字，[7]因恰是本书的主旨，故稍作修改，放在这里。

二

本书借鉴的主要理论资源是文化理论，特别是文化心理学理论。李泽厚的“文化积淀/文化心理结构说”、孙隆基的“文化深层结构说”也与之相关。因正文部分篇幅有限，故在此先交代一下本书所采纳的文化理论背景。

我们知道，文化研究有几千年的漫长历史，但作为一门学科或始于19世纪末的文化人类学。英国学者爱德华·泰勒（Sir Edward Taylor）1871年出版的《原始文化》可能是第一部研究文化的专门著作。今天，文化研究的范围早已超出了文化人类学范围，其成果也已汗牛充栋。

从与本书相关的角度说，我认为20世纪20年代就提出的文化模式研究在方法论上尤为重要，也是本书的理论基础之一。博厄斯学派中，包括克鲁伯（Alfred Kroeber）、萨丕尔（Edward Sapir）、本尼迪克特（Ruth Benedict）、玛格丽特·米德（Margaret Mead）等都是研究“文化模式”（patterns of culture）的代表人物。[8]他们认为，人类不同的文化可从整体上区分出不同的“模式”（patterns，configurations）。比如，萨丕尔[9]认为爱斯基摩文化与北美印第安文化相比属于外向的（extravert），而印第安文化则是内向的（introvert）。这种“内向型-外向型”的文化分类方式，与本尼迪克特所提出的“日神型-酒神型”的文化分类有相似之处。此外，本尼迪克特针对日本文化和美国文化的不同，也有二者分属羞感文化（the shame cultures，旧译“耻感文化”，不妥）和罪感文化的说法。同时，他们还认为，人类文化的模式是无法预定或穷尽的，不能在没有具体研究之前先入为主地确定任何一种文化的模式。

文化模式研究是个别文化研究方法上的一次自觉突破，其特点是从文化比较入手，总结一文化中占主导地位的个别特征，即文化模式（patterns of culture，注意

“模式”是复数），以此来解释该文化中大量的现象或因素。因此，抓住了文化的模式，就能对某文化之特征有宏观、全面和整体的认识。

但人类学家们毕竟没有把它发展为一门严格科学的方法，没有与心理学等学科方法相结合。直到20世纪70年代末开始，由荷兰学者霍夫斯泰德（Geert Hofstede）等人开创的跨文化心理学研究，以及后来由特里安迪斯（Harry C. Triandis）、尼斯贝特（Rechard E. Nisbett）、马库斯（Hazel Markus）、北山忍（Shinobu Kitayama）等一大批学者将心理学方法引入文化研究，才将文化模式研究尤其是文化比较研究推向一个新的高峰。

这种研究一个极其重要的、里程碑意义的进展是，从20世纪90年代开始，以施韦德（Richard A. Shweder）、布鲁纳（Jerome Bruner）、科尔（Michael Cole）等学者为代表，明确倡导确立文化心理学为一门独立学科。他们认为，该学科的重要使命是探讨人类心灵与文化的关系，重视文化在塑造心灵方面的作用，同时承认自然、生产或生活方式等环境因素是文化差异的外在根源。[10]

应该说，文化心理学作为一种研究方式，可追溯到心理学在19世纪中叶刚起步时，冯特、皮亚杰、维果茨基（Lev Vygotsky）是其前驱，人类学家爱德华·萨丕尔也早在1928年即正式提出此门学问[11]，但正式成为一门有影响的学科是20世纪90年代中期以来的事情。经过三十年左右的努力，目前文化心理学已经形成相当成熟的知识体系，其作为一门独立学科的存在已有相当稳固的基础。该领域除了每年发表大量论文外，已有多部专门介绍和系统总结文化心理学的著作问世，并于1995年创立了专业性质的期刊——《文化与心理学》。[12]

相比于早期文化人类学家依靠个人直观的不严谨和不科学的研究方式，文化心理学研究由于重实证、重科学，遵守严格的心理学方法，其研究成果尤具价值。不过在研究方法上，文化心理学继承并发展了博厄斯学派的文化模式研究，只不过用全新的心理学方法把它全面引向深入，从而向我们提出了文化心理结构问题（从文化心理/文化心理结构研究文化模式）。

比如，北山忍和萨尔瓦多（Christina E. Salvador）在最新研究中概括了文化研究的四个维度：独立型/依赖型自我、个人主义/团体主义、社会规范紧/社会规范松、开放程度高/开放程度低（relational mobility）；其中对于独立型/依赖型自我（independent versus interdependent self），又从认知、情感及动机三个方面来研究，并以此为解释框架探究了欧美、东亚、南亚、拉美和阿拉伯五个文化区的文化模式也即文化心理结构。其中西方主要指北美和西欧等，东亚主要指中国、日本和韩国等，阿拉伯主要包括黎巴嫩、摩洛哥和沙特等，南亚主要包括印度和巴基斯坦等。[13]下面的表格是我根据北山忍和萨尔瓦多图表译制的：

表1　五大文化区文化模式比较：认知、情感和动机[14]

	欧美	东亚	阿拉伯	拉美	南亚
认知（注意力和论证方式）	分析的	综合的	综合的	综合的	注意力综合的，论证分析的
情感（外向还是保守）	外向（独立型情感）	较少外向（特别是正面情感）	未知	外向（依赖型感情）	未知
动机（自我展现）	自我展现积极	不自我展现	自我展现主动	较少展现自我	不展现自我，有时抹除或批评自我

总之，文化心理学试图将文化纳入若干宏观框架中，从比较角度凸显其最典型、最有代表性特点，因而更加广泛、全面地讨论文化模式，或更准确地称为文化心理结构。

在中国，清末以来也开展了大量的中西文化比较研究，取得了丰硕成果，包括梁启超、陈独秀、李大钊、梁漱溟、张君劢、陈序经、张东荪、鲁迅、费孝通、张岱年等许多学者均作出过重要论述。这些研究的重要特点是以中、西文化比较为特点，试图通过与西方文化参照的方式概括出中国文化（以及西方文化）的主要特征。特别是20世纪40年代后期提出的“差序格局vs.团体格局”（费孝通）、“伦理本位vs.个人本位”（梁漱溟）的说法，对于我们今天认识中国文化的面貌仍有意义。

应该说，前述中国学者如费孝通、梁漱溟等人的文化研究在方法上也与文化模式研究有相近之处。相比于明恩傅（Arthur Henderson Smith）在1894年出版的《中国人的特征》（*Chinese Characteristics*）一书所体现的研究方法——这一研究方法后来演变为鲁迅、柏杨等人的国民性研究[15]，费、梁的研究方法超越了国民性研究的要素罗列法，研究方法的提升使得对这一文化整体有了更好理解。

特别值得一提的是，在中国，与上述文化心理学研究几乎同时，20世纪70年代末李泽厚提出"文化积淀/文化心理结构说"[16]、80年代初孙隆基提出"文化深层结构说"，他们的研究是中西文化比较研究的又一突破，即从过去偏重总结文化的主导特征（文化模式），转向分析文化的深层结构。

不过，李泽厚"文化积淀/文化心理结构说"，主要限于儒家所塑造出来的中国文化心理，他似乎没有注意吸收20世纪70、80年代以来西方文化心理学的研究成果。孙隆基在方法论上自觉运用结构主义理论，强调文化的深层结构并不是如列维-斯特劳斯所主张的人类心灵普遍具有的规则，而是如法国年鉴学派人物布罗代尔研究方法所提示的那样，代表某个"长时段"内相对稳定的因素。[17]他们与文化心理学思路相近。

我认为，李泽厚的"文化积淀/文化心理结构说"和孙隆基的“文化深层结构说”是文化模式研究的一种，但是在方法上更接近于文化心理学，是对文化心理结构的研究。如果借用霍夫斯泰德的说法，文化心理结构也可解释为集体的“心灵程序”（mental programming）[18]，抑或借用赵志裕（Chi-yue Chiu）、康萤仪（Ying-yin Hong）的说法，称为思维习惯（mental habit）、思维习惯模式（habitual patterns of thought）、认知-感知特点（habitual cognitive and perceptual style），等等。[19]我认为文化心理结构或文化模式有两个基本特点：一是相对于特定民族、特定文化而言，而不是建立在抽象的人性论或先验形而上学基础上的普遍立论；二是相对于特定历史时段而言，其稳定性不是超越一切历史时空有效的。

显然，文化心理结构并不是永远不变的，但确实具有“长时段”的稳定性。借用孙隆基的说法，文化的深层结构就好比“河床的底部岩石”，相对于“逝者如斯夫，不舍昼夜”的河流来说，不仅具有稳定性，而且具有基础性。

此外，我认为文化心理结构代表一文化内部成员共享的前提性预设，构成该文化中一系列思想活动、政治结构和权力运作背后的共同基础。换言之，我认为文化心理结构之所以为深层结构，不仅在于其特殊的稳定性，更在于可用它们来解释该文化一系列重要现象赖以发生的深层机制。

三

本书是我运用思想史方法、借用文化心理学理论、试图重新解读儒家思想的一个尝试。具体来说就是，我以此世取向及与之相关的关系本位和团体主义作为中国文化的三个预设，来解释儒家的一整套思想所赖以产生的文化心理土壤，及其在中国历史上长期盛行有效的原因。当然，本书的解读集中在儒家治道上，而这也是儒家思想的核心。

本书在研究方法上是“思想史的”。使用这个词，我想表达的意思是，思想史作为方法的特点为：**解释而不是倡导**，**理解而不是建构**，**发现而不是创造**。思想史研究不追求理论建构和体系创造，不倡导指导原理和现实方案。我认为，思想史研究的灵魂是理解和解释，而不是建构或制造。至少在我的思想史研究中，绝不人为地去搞创新。为创新而创新，为创新而制造新思路、新体系和新观点，绝不是我所理解的思想史研究。

对我来说，思想史研究的重心在于如何理解古人，并以此理解为基础从事解释。为此我主张“跳出中国看中国，跳出儒家看儒家”，尽可能以旁观者的视角把问题讲清楚，把几千年的中国思想说清楚。“不识庐山真面目，只缘身在此山中”，在今天这样一个全球化时代，怎样真正地理解古人，特别是站在不同文化、不同信仰和不同历史背景下来理解古人，可能远没有我们想象得那么简单。

我相信，人文社会科学的主要使命之一，在于引导人们突破自身的局限，走出自我的陷阱，像苏格拉底所说的那样，让人们在认识自己无知的过程中获得智慧。今天的人文科学工作者，应谨防动辄以帝王师自居，建构个人体系，制造全局原理，擘划宏大方案。在我看来，这是阻碍当代中国学术确立学统的主要原因之一。

当然，正如本书副标题所显示的，本书并不讳言儒家治道的现实意义。然而，这只是后发的发现，而非先入的追求。我希望学术研究至少在过程中要自觉与现实保持一定距离，遵从独立的方法，形成独特的趣味，而不是淹没在对过于实用的指导原理追求中。我主张在原原本本地理解古人的基础上，再用现代语言把其思想讲清楚，然后再来谈所谓现实意义。

本书认为，如何理解中国文化，不仅涉及它过去的思想体系，还要看这些思想体系赖以产生的文化心理土壤，看这一文化中人们的心灵如何受制于数千年来一直深深支配着它的“集体无意识”，即文化心理结构。只有搞清一个民族的集体无意识或文化心理结构，才能搞清其现实问题的真正根源。

本书预设了如下前提：任何政体或制度都不可能单

纯靠其自身的程序合理性来运作；世界上并不存在这样一种政体或制度，它完全建立在哲学或形而上学理论基础上，仅靠这套哲学或形而上学理论的逻辑即可有效运行，那是疯狂的想法。任何政治制度都是建立在某种深厚的文化心理土壤基础上的，或者说需要某种广泛认可的、有效的权力/权威模式为其基础。因此，我们不能简单地、想当然地设计一个社会的制度，而是要分析什么是该文化中有效的治理原则。

本书试图揭示儒家一整套治道思想产生的文化心理根源，特别是它在中国文化中存在的深厚土壤。本书发现，文化心理学有关中国文化心理结构的研究成果，特别有助于我们解开儒家治道的一系列原理产生及长盛不衰的秘密。比如：为什么德治在中国文化中特别重要？为什么任贤使能是一种尤其适合中国文化中的治理？为什么人伦关系在儒家治道中占据核心的位置？为什么儒家长期坚持“礼大于法”，它在社会治理方面有效的秘密是什么？为什么历朝历代的统治者在治理方面都重视“移风易俗”？又如：如何理解制度在中国文化中的特殊含义？本书的相关研究，试图帮助我们揭示儒家治道的秘密根源，有助于理解儒家在今天及未来世界的意义，有助于我们认清中国现代性的方向。

在本书中，我把前人的文化模式或文化心理结构概念进一步提升，找出其中最基础性的成分，称为文化预设或文化无意识（也可称为集体无意识）；当我从社会层面讨论它们时，我常常把它们称为“文化习性”。我要强调的是，我所使用的“文化预设”一词是指文化心理结构中最基础性的若干个而不是多种多样的文化模式。具体来说，我提炼出此世取向、关系本位和团体主义这三个中国文化的基本预设，并认为它们已经具有长达三千多年的稳定性和有效性。按照本书的研究，中国文化的一系列重要秘密，特别是儒家治道的主要原理，以及儒家在中国历史上长盛不衰的原因，均可从中国文化的这三个基本预设中得到解释。读者很容易发现，本书所讲的文化心理结构，其具体内涵已大大不同于李泽厚当年所说的意思。

这里交代一点个人的特殊经历。若干年前，我在自己多年的研究中好不容易探索出“文化预设”这个词来，自感得意一段时间后，意外发现安乐哲（Roger T. Ames）先生（以及后来发现郝大维先生）早已在这样使用。在1987年版的《通过孔子而思》中，郝大维、安乐哲两位学者就将文化预设（the cultural presuppositions）界定为“那些在智性文化或传统中通常不言自明的前提，在哲学研究中，它们构成了使交流成为可能的基础”[20]。显然，他们认为文化预设是先于诸子百家或精英思想家早已存在的事实，并且构成了后者赖以进行思维和对话的共同基础。

我知道身为哲学家的安乐哲并不看重文化心理学科，但是他对李泽厚的“文化积淀/文化心理结构说”十分熟悉，而且我发现他在多年的儒学研究中经常使用诸如the the deep cultural stratum（文化深层结构）、the fundmental background assumptions（基础性背景预设）、the cultural presuppositions（文化预设）、cultural assumptions（文化预设）、these underlying assumptions（背后预设）一类词汇[21]，说明他也把某种基础性的文化心理结构称为文化预设，并强调其对于理解儒家思想的重要性。安乐哲等人的研究使我深深认识到，我们再也不能忽视西方学者的中国研究了。

下面对本书各章节内容略作介绍说明。

本书导论部分从预设、原理、原则和特点等方面对儒家治道进行了总结，其研究方法主要借用了韦伯的理想型学说。从预设到原则、措施，我所提出的儒家治道框架并非为了建构一套自己的学说，而是基于更好地理解和解释儒家治道思想的前提、基础和特点。导论部分所概括的儒家治道的原理，如德治原则、贤能原则、礼法原则、人伦原则和风化原则，在第二至八章进行了专题式论证。然而读者会发现，这几章所讨论的主题，如大一统、孝治制度等，与导论中儒家治道原则没有严格对应关系，特别是导论中所列儒家治道的有些原则，如义利原则、均平原则和民本原则，本书并无专题论证。

这样的章节安排，是因为本书的目的不是建构一套完整的儒家治道学说体系，而是想深度解释儒家治道的基本特点，即它与中国文化基本预设的关系。

第一章借助现代文化心理学成果，对本书研究治道问题的理论框架加以阐述，并说明：早在大约三千年前甚至更早时候就已经形成了的中国文化的三个基本预设——又称为文化无意识或文化心理结构——此世取向、关系本位和团体主义，为此后中华文明的基本路径奠定了基础。一直到今天为止，此三个预设仍然存在。之所以称其为文化预设（cultural presuppositions），是要说明它们是自然形成的事实存在，并非刻意而为的理论建构；它们在无意识中操纵着我们的神经，从深处规定了我们的方向。揭示这一事实，不是为了创新学说、建构体系，而是为了更好地理解我们自身。第一章从三方面总结中国文化的集体无意识，是后面各章研究中国社会整合规律的理论基础。

从第二章开始，本书分别探讨了大一统问题、德治问题、人伦问题、孝治问题、礼法问题、风化问题和制度问题。这些都涉及从中国文化的基本预设出发，来理解儒家治道及其意义。其中第二章讨论大一统时，并未先行对出自《春秋公羊传》的这一术语作专门界定。我觉得这个概念最好的解释，可能还是孟子对梁襄王所说的“天下定于一”（《孟子·梁惠王上》），这句话的真实含义是强调了只有有德之人才能真正“一天下”这一儒家治道思想。

本书第五章的分析角度在全书中显得较为特别，甚至有点不和谐，因为它并不是从文化心理结构出发来分析说明孝与中国治理的关系，而其他各章均是以文化心理结构分析为基础的（以第一章为理论基础）；另外，此章的主题“孝”属于第四章人伦主题的展开，与其他章的主题如德、礼和人伦不在同一层级。有鉴于此，我曾在初稿中将此章删除，但后来又增入。增入的主要原因是此章直接论述了儒家治道与现代性的关系，代表我对儒家治道现代意义思考的一个重要方面，可作为读者了解我想法的一个窗口。我担心如果没有此章，读者对我有关儒家治道现代意义的观点会有误解。另外，本章从正名和行业传统角度看儒家治道，也与全书思路一致。

第六、七、八三章均讲制度，特别是第六章与第八章内容看似重复，但角度并不一样，这样的安排也可以说别有用心。其中第六章从文化差异出发，解释为什么中国文化中长期盛行“礼大于法”，儒家在制度建设方面倚重于礼而不是法的文化心理基础。这一切均与关系本位或关系主义的中国文化模式或心理结构有关。如果说法代表一个社会的“硬制度”，具有强制性和不顾人情的特点，那么礼就代表一个社会的“软制度”，具有照顾人情和可随机调整的特点。从中国文化的模式来看，礼这种顾及人情的软制度，比法更适合于中国国情，这才是儒家优胜于法家的根本原因。我们必须重新认识礼作为中国社会制度之本的问题。按照儒家的观点，礼是衡量文明与野蛮、进步与落后的主要标准。没有礼，社会就会像一架没有灵魂的机器，失去生气与活力。

第七章从《毛诗序》出发分析儒家政治学说中的一个重要概念——“风”——背后所暗含的中国文化的习性问题，以此来说明中国文化习性与中国研究范式之间的关系，并尝试探索中国社会科学是否需要一套自己的研究范式。此章后半部分讲中国社会科学方法，有点偏离主题，而且内容还是我近乎二十年前所完成的研究成果，其中所提及的中国社会科学范式问题，近年来实已引起学界广泛讨论和重视，因此或许会稍显过时；但我在书中仍保留此部分的基本想法是：一百多年来，中国人引进西方人文社会科学话语分析中国社会方面，一再发生错位和失误，这是否因为中国社会有自己独特的文化习性及以此为基础的整合之道，因而不一定完全适用西方社会科学的范式？也许，中国社会科学研究需要在西方社会科学理论之外，拥有一套“中国式”的理论预设或概念系统；这套中国式的概念系统的建立，需要通过分析中国文化的习性来发现。

第八章是唯一不以儒家治道的某项原则为标题但确实讨论了儒家治道在制度问题上的看法的一章，或可视为对前面数章的总结。此章是在与他人论战的基础上扩充而成的，主旨在于对当代学界盛行的制度决定论进行批判。严格说来，第四、五、六、七章都与此章相呼应。此章重点阐述儒家制度思想的现代意义，借助一场争论，想把前面没讲透的观点讲透。此章的观点或者可以这样总结：要改变一种思路，即忽视人情和人心，完全受西方法律思维的影响，主张单纯依靠法律和制度来治国，在中国往往会流变成压抑人性、摧残活力的法家式管理。

总而言之，本书由若干专题组成，每一章最初虽单独撰写，自成一体，但读者从各章主题中不难发现，从导论到后面各章还是有一个基本统一的思路或线索的。在这次书稿的修订完善中，我也力求使各章节思想内容协调一致。

注释

1 参见牟宗三：《历史哲学》（增订八版），台湾学生书局1984年版，第187页。

2 参见上书，第187页。

3 参见牟宗三：《政道与治道》（增订新版），台湾学生书局1987年版，“新版序”。

4〔英〕弗里德里希·冯·哈耶克：《法律、立法与自由》（第二、三卷），邓正来等译，中国大百科全书出版社2002年版，第514页。

5 参见王绍光主编：《理想政治秩序：中西古今的探求》，生活·读书·新知三联书店2012年版，“序”，第75—124页。王绍光先生在分析中国近代史上的“政体决定论”时，批评西方学者及近代中国学者皆主政体思维，即政治问题主要归结为政体问题。他认为其问题至少有把复杂的现实简单化为一两个指标的问题；“重形式、轻实质”；“忽略政治体制其他方方面面的变化，导致用静止的眼光看变化的现实”，导致制度决定论。我基本同意他的这一思路，不过并不认为他对政体与政道的区分合理。本章所用“政道”一词更接近于牟宗三，是指关于政体的学说；王氏所谓的“政道”只相当于本章中所谓的“治道”。

6 Lucian W. Pye, *Asian Power and Politics: The Cultural Dimensions of Authority*, with Mary W. Pye, Cambridge, Massachusetts and London, England: The Belknap Press of Harvard University Press, 1985.

7 参见方朝晖：《“三纲”与秩序重建》，中央编译出版社2014年版，第321—325页。

8 这方面的论著，参见Kroeber, *Anthropology: Race, Language, Culture, Psychology, Prehistory*, New York and Burlingame: Harcourt, Brace and World, Inc., 1948, pp.311-343; Ruth Benedict, *Patterns of Culture*, Boston, New York: Houghton Mifflin Company, 1934; Herskovits, *Man and His Works: The Science of Cultural Anthropology*, New York: Alfred A. Knopf, Inc., 1948, pp.201-212, 542。中文文献，参见〔美〕克莱德·克鲁克洪：《文化的研究》，载〔美〕克莱德·克鲁克洪等：《文化与个人》，高佳等译，浙江人民出版社1986年版，第3—34页；〔美〕露丝·本尼迪克：《文化模式》，何锡章等译，华夏出版社1987年版。

9 Eward Sapir, *The Psychology of Culture: A Course of Lectures*, Judith T. Irvine, rec. & ed., Berlin and New York: Mouton de

Gruyter, 1993, pp.184-186.

10 Steven J. Heine, "Cultural Psychology", in Susan T. Fiske, Daniel T. Gilbert and Gardner Lindzey, eds., *Handbook of Social Psychology*, fifth edition, Vol.2, New Jersey: John Wiley & Sons, Inc., 2010, p.1423; Robyn M. Holms, *Cultural Psychology: Exploring Culture and Mind in Diverse Communities*, New York: Oxford University Press, 2020, p.17.

11 Edward Sapir, *The Psychology of Culture: A Course of Lectures*, p.1.

12 文化心理学作为一门学科的来源、发展及其性质的较完整论述，参见Robyn M. Holmes, *Cultural Psychology: Exploring Culture and Mind in Diverse Communities*。早期有代表性的论述，参见Richard A. Shweder, "Cultural Psychology—What is it?", in James W. Stigler, Richard A. Shweder and Gilbert Herdt, eds., *Cultural Psychology: Essays on Comparative Human Development*, Cambridge, New York: Cambridge University Press, 1990, pp.1-43。较简明的介绍，参见Steven J. Heine, "Cultural Psychology", pp.1423-1464。

布鲁纳对文化心理学的意义作了重要分析（Jerome S. Bruner, *The Culture of Education*, Cambridge, Massachusetts: Harvard University Press, 1996）；科尔（Michael Cole）主张文化心理学当视为主流心理学之外的"第二心理学"（参见〔美〕迈克尔·科尔:《文化心理学：历史与未来》，洪建中、张春妹译，人民出版社2018年版，第57—59页）；霍尔姆斯探讨了跨文化心理学、本土心理学、人类学、文化研究及社会学等相近学科与文化心理学的关系（Holmes, *Cultural Psychology: Exploring Culture and Mind in Diverse Communities*, pp.16-19）；宋文里也讨论了文化心理学与本土心理学、跨文化心理学等相近学科的关系［参见宋文里：《文化心理学的寻路语：迈向心理学的下一页》，（台湾）心灵工坊文化事业股份有限公司2020年版，第43—65页］；赵志裕和康萤仪仍将文化心理学作为社会心理学的（文化）分支（Chi-Yue Chiu and Ying-Yi Hong, *Social Psychology of Culture*, New York and Hove: Psychology Press, 2006, pp.23-24）。

中文世界对文化心理学的介绍，参见宋文里：《文化心理学的寻路语：迈向心理学的下一页》；〔加拿大〕Steven J. Heine：《文化心理学》，张春妹等译，中国轻工业出版社2021年版。

13 Shinobu Kitayama and Christina E. Salvador, "Culture Psychology: Beyond East and West", *Annual Review of Psychology* (Aug. 2023), pp.1-38.

14 同上文，第17页。译文略有改动，原来表格以红、蓝、灰、白底色区分，"自我展现"一行的用语分别是：self-enhancement, self-assertive, self-effacing，现分别对应译为：自我展现积极、自我展现主动和抹除自我。

15 对中国国民性的探讨，早期人物除了明恩傅之外，还有卫三畏、丁韪良等传教士以及日本学者福泽谕吉等，相关研究参见郑欣淼：《文化批判与国民性改造》，北京出版社2023年版，第3—12页。

16 李泽厚认为"'积淀'的文化心理结构（Cultural-Psychological Formation）既是人类的又是文化的，从根本上说，它更是个体的"（李泽厚：《历史本体论 己卯五说》，生活·读书·新知三联书店2003年版，第124页）。他强调"积淀"有广狭义之分，广义的积淀是全人类共有的，而狭义的积淀则是文化或个体特有的，"专指理性在感性（从五官知觉到各类情欲）中的沉入、渗透与融合"（同书，第119页）。据安乐哲先生面授，李泽厚所用的"积淀"在英文中当译为sedimentation。

李泽厚的“文化积淀/文化心理结构说”，参见氏著：《批判哲学的批判——康德述评》（修订本），人民出版社1984年版，第56—57、415、435—437页等；《美的历程》，中国社会科学出版社1984年版，第30、32、35、59、265—266页等；《中国古代思想史论》，人民出版社1986年版，第7—40页（孔子再评价）、第295—322页（试谈中国的智慧）等。相关学者评述，参见黄杨：《“积淀说”社会历史成因刍议》，《延边大学学报（社会科学版）》1996年第4期，第22—25页；《“积淀说”的历史嬗变轨迹及其内在矛盾的逻辑规定性》，《南通职业大学学报》2000年第14卷第4期，第63—67页；侯新兵：《“积淀说”述评》，《社会科学家》2003年1月（总第99期），第145—148页。

李泽厚后期的“文化积淀/文化心理结构说”（有时他也写作“文化-心理结构”，并英译成cultural-psychological formation），参见氏著：《人类学历史本体论》，天津社会科学出版社2008年版，第39、48—49、152—156、203页；《说巫史传统》，上海译文出版社2012年版；《说文化心理》，上海译文出版社2012年版；等等。

17 参见〔美〕孙隆基：《中国文化的深层结构》，广西师范大学出版社2004年版，“新千年版序”“修订版序”[此书最早于1983年由香港壹山出版社出版，书名为《中国文化的“深层结构”》；1985年香港集贤社2版；1988年由华岳文艺出版社出版节选本；此后在台湾、香港等地有若干版本问世。此外，孙隆基还于1995年在（台湾）巨流图书公司出版《未断奶的民族》（署名Lung-kee Sun）]。

18 Geert H. Hofstede, *Culture's Consequences: International Differences in Work-Related Values*, abridged edition, Newbury Park, London, New Delhi: SAGE Publications, 1984, pp.11-12.

19 Chi-yue Chiu and Ying-yi Hong, *Social Psychology of Culture*, New York: Psychology Press, 2006, pp.99-125.

20 David L. Hall and Roger T. Ames, *Thinking through Confucius*, Albany, NY: State University of New York Press, 1987, p.11. 中译本参见〔美〕郝大维（David L.Hall）、安乐哲（Roger T. Ames）:《通过孔子而思》(第二版)，何金俐译，北京大学出版社2020年版，第11页。引文为自译。

21 参见David L. Hall and Roger T. Ames, *Thinking Through Confucius*, pp.11-12;〔美〕安乐哲:《先秦儒家哲学文献译解》，商务印书馆2023年版，第2—3页等。

导论　儒家治道的预设与原理

司马谈综论诸子百家，落笔于阴阳、儒、墨、名、法、道六家，认为他们虽观点对立、立场纷争，却是“一致而百虑，同归而殊涂”，因为其共同特点皆是“务为治者也”，“直所从言之异路，有省不省耳”（《史记·太史公自序》）。今以电子版《四部丛刊》检索，[1]发现在先秦文献中，“治天下”一词在《庄子》中共30见，《墨子》中30见，《管子》中15见，《孝经》中2见，《孟子》中7见，《礼记》中7见，《荀子》中6见，《商君书》中4见，《韩非子》中8见，《吕氏春秋》中13见，《淮南子》中12见；“治国”一词在《老子》中4见（加“治大国”5见），《墨子》中13见[2]，《孟子》中2见，《庄子》中2见，《管子》中29见（不含目录），《商君书》中19见，《礼记》中8见，《晏子春秋》中24见，《荀子》中11见，《韩非子》中31见，《吕氏春秋》中14见，《淮南子》中24见。[3]联系《墨子·兼爱上》“圣人以治天下为事者也”，似乎可以说“务于为治”可以概括先秦诸子甚至中国数千年思想之特征。

为什么各家皆“务于为治”？

需要认识到，中国思想从一开始就被高度实用的旨趣所主宰。与希腊哲学相比，可以发现，中国古代学术没有发展出超越实用的纯认知主义关怀，即所谓intellectualism，后者是西方两千多年来学术、文化和思想的精神之一。这并不是说现代中国人无法去适应认知主义所代表的精神世界。现代中国人在学习了西方学科的学问之后，当然也可以像西方人一样进入纯粹认知主义的世界，甚至取得巨大成就。

但为什么实用主义倾向在中国文化中压倒了一切？我认为这是中国人生活在“一个世界”（李泽厚语）的预设下所致。关于这一点，我们会在本书第一章论“此世取向”时重点论述。这里提前说出我的观点，是想表明找出儒家治道背后的思想预设，便于我们理解这套思想的意义所在。“一个世界”的预设导致人们自然而然地认为，寻找这个世界之整体的出路是最高也是最神圣的任务，这关系到所有人最根本的安全感。所以，一切学问终将以服务整个社会（全天下）为目的。即使像道家那样寻求逍遥出世的人，也依然以山林或自然为归宿，还是在“一个世界”的预设下，试图建立自己的理想国。

试比较亚里士多德《政治学》与《尚书》《公羊传》等书中的政治思想，可以发现中国人对于亚氏的思维模式其实是极其陌生的。很难想象中国人会像亚氏那样，把自己完全置身于世事之外，以冷静、平和的心态去客观地描述政治世界的规律和特点。这正是中国人对西方文化的认知主义（intellectualism）不熟悉的缘故。

有鉴于上述思考，我希望厘清一下儒家治道理论的背景预设、理论原理、行动纲领和具体方案等，并给出尽可能恰当的解释。我试图回答的问题包括：儒家治道理论有无一个严密、自洽的体系？儒家治道的核心内容有哪些？它们之间有无一定的层次结构关系？儒家治道的最高或基本原理是什么？儒家治道的最高预设是什么？

一、“理想型”

在厘清儒家治道的主要内容，包括其中的逻辑关系和层次结构的过程中，我们会遇到这样的问题：第一，先秦儒家的观点本来就是混乱不一，各说各话。儒家的治道思想原本不是一个一次性设计出来的体系，而是由许多人根据各自的理解竞相提出的。在儒家内部，即使是大致同一时代的不同学者，也可能有不同的看法。第二，儒家治道思想本身一直在演变之中，从先秦到两汉，从唐至宋，从明至清及近代，各时代的侧重点都不同。

要想证明儒家治道理论基于某种逻辑严密的体系，几乎是不可能的。

针对这两种问题，我在这里提出一种假设性说法：儒家的治道思想虽可能因人而异、因时而变，但是有一种近乎不变的“内在核心”。这个内在核心由原始儒家提出来的若干基本原理或纲领组成，它们是一切儒家学者在一切时代都基本共同遵守或接受的。比如，重德、重贤、重礼、重孝、重人伦等，不仅是先秦儒家的共同立场，也几乎是后世所有儒家的共同立场。我们可否将历代儒家的共同观点全部整理出来，并找出它们之间的层次结构和逻辑关联？

当然，人们可能会说，这种寻求所有儒家共同立场或观点的做法意义不大。因为一方面，即使我们找到了历代儒家某些共同立场或观点，包括前面提到的几条，仍然无人敢说它们代表所有时代、所有儒家的共同立场或观点。严格说来，这需要对历史上所有一切能找到的儒家学者逐一统计，而这是很难做到的。何况历史上很多学者，究竟能不能称为儒家，在多大程度上可称为儒家，原本就没有一个明确的定义或标准。另一方面，也是更重要的，有些立场或观点虽然貌似为所有儒家接受，但其实在很多人那里，由于其思想体系的差别极大，即便是同一立场或观点在不同人那里也会产生差异，以至于追求其所谓“共同立场或观点”没有意义。再者，正如我在下面所梳理出来的那样，即使是一些公认十分重要的儒家治道原理或原则，其地位或价值在不同儒家文献中也不一样，甚至有自相矛盾的说法。一个有趣的例子就是民本主义，究竟其地位如何，其实难以确定，甚至不能完全以《尚书》等儒家最核心经典中的说法来确定。同时，还有一些儒家治道原则，如均平原则、义利原则等，其实也很难界定其在儒家治道体系中的具体地位。

鉴于这两条理由，我提出另一种思路来研究儒家治道理论，那就是借用马克斯·韦伯的“理想型”研究法。先来对韦伯的理想型概念稍加说明。韦伯的“理想型”德文为Idealtypus，英译有ideal type, pure type或ideal pure type等，中译为“理想型”“理想类型”“理念类型”“理想典型”等（与韦伯的其他术语如“理想图像”“纯粹类型”等同义），其中“理想类型”“理念典型”这两种中文译法仍有争论[4]。它主要是韦伯对于社会学研究中概念使用方式——更准确地说，概念建构方式——的一种论述，属于他的社会学方法论范畴。韦伯最早在这方面系统、全面的论述见于1904年发表的《社会科学认识和社会政策认识的“客观性”》（以下简称《“客观性”》）一文，并自该时起，他将此方法运用到自己的社会学研究中，最后在其《经济与社会》这部生前未发表巨著的第一至四章（第一部分）中仍有所涉及。[5]

韦伯的理想型概念受他人启发产生，在思想上受新康德主义哲学家李凯尔特影响较大。实际上，理想型是社会科学研究中人为进行的概念建构法。即一位社会学家要研究一种社会现象，不得不运用或建立自己的概念或概念体系。那么，他应当如何运用或界定自己所运用的概念？韦伯的基本观点是，社会学概念不可能完全客观地反映现实，而社会学家对概念的界定和运用必定会带着自己的成见（presuppositions）在其中（包括某种价值前提）。当一个概念被社会学家界定出来并用到特定社会现象上时，其中已经包含着他从个人的价值立场出发对一系列经验现象的筛选，并在此基础上进行了归纳和综合。韦伯的这一观点主要针对的是当时盛行的实证主义和主观主义，这二者均认为社会科学家可以“真实地”再现社会现实，而韦伯认为这是不可能的。[6]韦伯认为，社会科学研究与自然科学研究不同，后者寻求可用经验来证明或反驳普遍规律，而社会科学家在解释社会现实的过程中，其所建构出来的概念或知识不可能有客观、普遍的衡量标准，因而也无法用经验来反驳。[7]

基于上述认识，韦伯提出以理想型方法来建构社会科学概念。其特点是在认识到社会科学概念的上述特征后，人为地建构一些概念来描述经验现象或历史事实。我总结这些概念的建构有如下一些特点：

1.选择性。它们有意将经验事物的一些本质特点突出或“选拔”出来，而忽略其他被认为次要的特征；同时将纷繁多样的特征含义抽象和综合，形成统一、连贯的含义。由于概念的人为建构性质，其含义不可能覆盖经验现象的全部方面或特征。

2. 典型性。此概念之义因为建立在有意忽略其他特征、突出本质特征或典型特征的基础上，因而其含义与其所对应的经验现实之间是有距离的。可以说，在现实中找不到与之严格对应或完全一样的现象。

3. 理想性。理想型概念给人提供的是一幅理想的经验现象，该现象预设了当事人头脑清醒，做事理性，资信准确，不犯错误。但是现实中无法保证这些条件全部具备，这体现了理想型概念的“理想性”。[8]据此，由理想型概念所指示的世界是“乌托邦”。这种建构理想型概念的方法有点类似于伽利略计算落体运动的方法，先假设不受任何空气阻力这一理想状况来计算落体的运动速度，然后再说明现实落体与理想状况之间偏差产生的原因，从而推进我们对现实落体运动的理解。

4. 经验性。理想型概念虽然建立在逻辑和抽象之上，但绝非是像形式逻辑运算或是像通过类似亚里士多德“种加属差”的方式来建立的，也绝不是如柏拉图理念那样建立在先验、绝对本质的基础上的。它的实质是作为一种概念工具对经验事物和现象作出更合理的解释，但不会上升成为某些事物的永恒、绝对和先验的本质。

5. 可调性。正因为理想型概念的经验性，决定了它可在实践中不断调整、改变或替换。由于理想型概念是建立在对纷繁、多样、复杂的经验现象的筛选和综合基础上的，它来自经验而非先验，以解释经验为目的，这决定了它的含义可以不断调整，甚至到一定程度可以放弃，另觅新的理想型来代替。从这个角度说，理想型概念虽不是假设，但又具有尝试性或试错的特点。韦伯说：

> 理想型是以一种或几种看法为重心，根据片面突出出来的某种观点将大量混乱、分散、或多或少存在又偶尔不存在的具体个别现象，整合到一个统一的思想架构（Gedankenbild）中。就其概念的纯粹性而言，这种思想架构不可能在任何地方的经验现实中找到。它是一个乌托邦。历史研究所面对的任务就是，针对每一个别情况，确定这一理想架构在多大程度上接近或偏离了现实。[9]

为了准确理解理想型，韦伯强调了两个区分。一是区分"价值相关"（value relevance）与"价值判断"（value judgement）。理想型虽有"理想性"，但只是在纯逻辑意义上或概念纯度（conceptual purity）[10]上说的，不是指人们在现实中作为价值目标来追求的意义上使用的。这里有"价值相关"与"价值判断"的不同。承认理想型概念的建立是基于研究者个人的立场，这里有其主观偏好对筛选事物特征的作用，并不等于研究者根据自己的主观价值理想或价值标准，即根据他们认为该经验对象“应该怎样”的标准来选取此概念的含义。这是韦伯所特别强调的。我的看法是，“价值相关”体现研究者根据其对事物之典型或本质特征的理解来确立概念，而价值判断则是以个人主观上认为事物之理想或好的状态来确立概念的。这是两个不同的问题。二是区分典型性与平均性。理想型体现典型性，不体现平均性。“理想型”（ideal type）的词义包含两个方面：一是由ideal所代表的理想性，二是由type/typical所代表的典型性。正因为它的“典型性”含义，所以它不是统计学意义上的平均值，后者指其特征以均匀方式分布。韦伯指出，平均性建立的前提是所有现象均质，但现实中的经验事物不可能均质，而往往是以异质方式分布的。

6.概念网和概念流（这两个词并非韦伯所用，是我的提法）。韦伯认为，社会科学研究常常要同时构建多个理想型概念，形成理想型概念网，并依据这些概念及其关系研究经验事物之间的关系。比如，抽象经济学理论人为地设计出一系列理想型概念来反映经济现象，这些概念预设了一个按交易正常、竞争自由和行为理性的理想化原则建立的商品-市场社会景象。然而，在现实中是不可能找到严格按这些原则运行的经济社会的（因为现实中的商品-市场社会不能保证完全符合交易正常、竞争自由和行为理性）。所以这个预设的社会，或者说由相应的理想型概念呈现的经济世界，像是一个“乌托邦”。但不等于这样的预设没有意义，通过揭示现实经济世界与理想型之间的差距，可有效分析现实经济行为的意义。韦伯说，有了这些概念，还可以进一步分析其他经济现象，构建出其他理想型概念，并研究其所对应的经验现象之间的关系，如“手工业”“资本主义”等概念。每一个这类概念均包括某些协调一致的内容（比如“资本主义”的核心含义或基本原则是私人资本投资活动），可设想一个在此概念纯粹含义支配下的社会（它应该是乌托邦）。[11]与此类似，“个人主义”“帝国主义”“封建主义”“重商主义”等概念，也都有理想型之特征。通常这些概念指由一个或若干明确的含义构成，但对应于现实，找不到完全以这些含义为原则所构成的事物。

理想型概念的理想性、主观性或价值相关性，绝不是指它可以由社会科学家脱离经验现实凭空虚构。这是因为一方面构成概念含义的内容一定来自经验现实，只不过经过了筛选；另一方面概念的建构终究要经得起实践检验。建构理想型概念，是为了最大限度地解释某一类经验现象，说明其间的联系。如果建构的概念无法有效解释现象，无助于我们理解经验，就可能要另起炉灶，重建概念。因为任何经验现象都有无数个可能的方面或特征，所以作为一种概念模型，人类概念不得不忽略经验现象的多样性和特殊性，而选择某些典型或本质特性，这样做的根本日的是让我们对经验现象有更好的“理解”。诚如有人所云，韦伯的“理想型”“不是纯粹主观的产物，是对现实的一种提炼和‘夸张’，它所表示的是一种可能性，而不是现实性，但通过这种可能性，人们可以更好地理解现实性”；并且需要记住的是，“理解原则是韦伯方法论的核心。韦伯认为社会学的基本方法是说明与解释的结合，是‘解释性地说明’和‘说明性地解释’，惟有如此，才能对社会行动的意义作出合理的‘理解’”。[12]由于理想型概念是出于理解的需要而被构建的，加之其经验性和非先验性，因此韦伯坚决反对并提醒人们不要把人为建构出来的概念当成教条框框或绝对本质，将一切经验现象强行纳入其中，这将导致概念僵化从而日益脱离现实。

韦伯理想型研究法之所以有意义，在于它符合人类用概念把握现实的本质特点。面对纷繁复杂的经验现象，人类需要积极、主动地提出若干概念来解释它。这些概念不可能涵盖经验对象的所有方面，但能反映我们认为重要的和典型的方面，通过这些概念使我们对该经验现象有更好的理解。由于人类提出概念时不可能没有先入之见（否则我们将无法提出任何概念），同时又可能因为先入之见而导致片面和不准确，因此解决的办法只能是以尝试性、带着试错心理提出概念；与此同时，将概念纳入现实中进行检验，并根据现实反馈不断调整甚至建构新概念，从而最大限度避免概念的武断性和片面性。由于任何概念都是人为的，都带有某种固定的本质，因而都可能与现实有距离，这决定了概念的理想性特征。但我们不能因为概念与现实有距离，或不能涵盖经验所有方面，而放弃进行概念建构，否则我们永远无法掌握现实。从某种意义上说，概念建构是人类理解经验世界的唯一有效方式。从根本上讲，概念建构的真正目的是更好地理解和解释现实，因此概念建构的主观性绝不等于可以任意、武断地建构概念。[13]

接下来，我在分析儒家治道思想时采纳韦伯的理想型方法，是指我会提出一些概念，这些概念大都不是我的发明，但我在使用它们来描述儒家治道思想时是从理想型角度出发的。在这样做时，我们面对的经验现实是历史上儒生们所提出的儒家治道思想。所谓理想型研究法，是指我使用的一系列概念（构成一个概念丛、概念网）不追求以全覆盖的方式代表历史上的所有人、经典及文献，也不代表所讨论人物的全部思想特征，更不可能证明这些概念所代表的原理或法则是所有儒生或儒家及其文献（包括本书所讨论的主要儒家人物）都认同的。为了避免歧义，我将把自己的研究对象限定在先秦至两汉时期。相对于前面追求“共同核心”的思维，理想型研究法试图寻求儒家治道（也可以说治理思想）的典型和理想含义。所谓典型含义，我指的是所提出的儒家治道原理和原则在儒家思想史上影响最深远，最能反映其特征。所谓理想含义，我指的是这些原理和原则在思想上的纯度，代表某种理想的准则，现实中的儒家/儒生未必都能严格做到。

我在分析儒家治道思想时，也将尝试基于最大合理化原则来分析一系列治道概念之间的层次和结构关系。这些关系是多数历史上的儒家或儒生所未明言的，甚至可以说他们当时对这些关系往往并无清楚和明确的认识。而这种层次和结构可能只是以不言自明或潜移默化的方式发生着作用。这当然也是一种理想化的假定。另外，我们在对儒家治道的若干重要原理/原则之义进行梳理后，还发现古人的表述有时会出现矛盾或不一致之处，而我们也只能采取前后一致的方式来建构其治道原理及关系。这也是我们所谓理想型研究方法的体现。

基于上述思路，我试图运用理想型方法，对儒家治道提出一套包含层次结构和动态关系的概念网模型：它是一种模式，虽不保证各家遵守，但它代表了某种共同的背景或预设；它是一种模板，激活了后世各家的一系列治道追求，成为后世儒家治道思想和理论世世代代不断生长的起点；它是一个模型，各家均从中寻找治道的理想目标。这里的理想模型，是由众多理想型概念所构筑出来的儒家治道思想的概念网。在提出这一思想体系的模型时，我尽力避免把今人的价值判断带入其中，即不把今人基于发展儒学所希望的模式作为建构儒家治道思想的标准，我的目的只在于更好地理解和解释古人。

下面我采取韦伯所说的理想型分析法，试图将儒家治道理论分成（最高）预设、（基本）原理、原则和措施这四个由高到低的层次。越是后面的层次，越具有表面分散性；越是前面的层次，越具有深层基础性。同时，越是后面的内容，越具有现实操作性；越是前面的内容，越体现背景预设性。具体来说，我提出儒家治道理论之理想模型如下：

1. 最高预设：一个世界假设。

2. 基本原理。包括：（1）天下原理；（2）文明原理；（3）大同原理。

3. 基本原则。包括：

（1）德治原则；

（2）贤能原则；

（3）礼法原则；

（4）风化原则；

（5）人伦原则；

（6）义利原则；

（7）均平原则；

（8）民本原则。

接下来，我会在导论各节中具体讨论为什么是这些原理，以及基本原理和基本原则的区别。我试图说明，提出儒家治道之理想模型，最终目的是更好地解释它，包括这些原理、纲领、原则及措施产生的基础是什么？为什么在中国历史上盛行数千年不衰？我希望从儒家治道的最高预设出发来逐步解释这些问题。

我认为，理清儒家治道理论的理想模型——由各理想型概念的层次结构和动态关系组成——有利于认识儒家治道的深层基础和背景预设，使我们对儒家治道产生的前提及根源有更好的把握，从而真正认识儒家治道理论的意义和限度。从今天角度看，深入挖掘和整理儒家治道理论赖以建立的深层基础及背景预设，也是激活儒家资源、古为今用的重要条件（当然为今人所用不是我们建构理想模型的标准）。通过提出儒家治道理论的结构体系（作为理想类型），不仅让我们对儒家治道有了更好的理解，更重要的是提醒我们，对儒家治道的一切批评或修正，应当从其最高原理、实施路径和基本原则等角度出发；否则，如果仅仅从儒家治道的具体方案出发，是不足以攻破其理论体系本身的。

二、最高预设

将中国传统学术特别是儒学与西方数千年学术思想稍加比较，特别是与古希腊哲学比较，便很容易发现，中国思想以实用的关怀为主要特征，而不像西方学术被纯思辨兴趣所主宰。今天，从根本上反思儒家治道以至于整个中国思想传统的这一特征之所以必要，也是在于中国人的学术思想仍然常常沉浸于强烈的现实关怀中，而不太盛行西学那种纯思辨的认知主义。中国学术的实用关怀，也即中国人的经世、救世愿望，已逐渐演变为历代士大夫的出仕追求，以及现代中国学人的家国情怀。下面，我就来分析一下造成这一思想传统的根源。

我认为，中国思想之所以有高度实用的现实关怀，是因为它们建立在如下最高预设之上：

（1）此世界（this-world）是人类无可逃避的唯一归宿。

（2）人间问题的根本解决之道就在此世，而不靠彼世或超验世界。所谓彼世或超验世界，主要指独立存在于此世界之外的其他世界，比如死后、上帝之城、“三千大千世界”等。

（3）人间问题的根本解决是可能的，一种完美的人间世界的理想状态是可期的。

按照儒家（及诸子），近乎完美的理想人间世界只存在于三代或三代以上的圣王时期。尽管如此，后人若是掌握了其中的道理也可达致，为此需要“学”。中国文化以此世界——称为天地、六合或宇宙——为真实且唯一的世界，这与希腊文化、印度文化以及一神教等预设此世界为虚幻、以超越感官世界为终极目标迥然不同。

正因为中国文化此一预设，迫使人们相信人间世界的出路——如果存在的话——不在于死后，不在上帝之城，不在“三千大千世界”，而只能在此世间。因此，儒家（以及先秦诸子）认为可以用“学”来实现人间世界的终极理想，是中国文化此世取向（this-worldliness）使然。

儒家预设理想社会可以通过人为的努力即“学”来实现，这与西方人文-社会科学的努力方向是迥然不同的。后者视社会为一个与自然类似的客观对象，社会科学的主要工作是尽可能研究其中的客观法则，而不是为了提供整全意义上的拯救方案。19世纪下半叶以来，越来越多的西方学者强调对人类社会不能像自然界一样客观地研究，人文-社会科学应遵循与自然科学不同的法则。尽管如此，今天整个社会科学领域所盛行的方法仍然体现了认知主义特点，其主要意图在于探索世界的规则或规律，而不把寻求解决方案当作直接和首要的任务。相反，如果一项研究直接以现实解决方案或方针、路线为目标，便很容易被理解为不是学术研究，没有学术价值。

从希腊哲学及印度宗教的倾向看，希腊人、印度人似乎认为这个世界（指经验世界）不可靠，需要超越，因此学术的目的在于探索超越世界之路，而不是更好地进入这个世界、适应这个世界，或从整体上拯救这个世界。印度文化中的此世间在“三千大千世界”的预设下“如梦幻泡影”，是完全不可靠的；其“六道轮回”的世界观注定了不可能以此世间的拯救作为人类的终极目标。从一神教世界观出发，从整体上拯救这个世界是上帝的事业，不是人的事业；但也可能上帝会让这个世界毁灭，世界末日终将到来。如此一来，在整全意义上拯救这个世界就没有必要。另外，在一神教看来，世界是上帝的作品，人在上帝面前微不足道。因此，人不要梦想从整体上驾驭这个世界，只能期盼通过研究其中的法则来不断接近上帝。

这里值得一提的是柏拉图的《理想国》和马克思的共产主义理想，二者从表面看来都对人间世界提供了完整的理想图景，因而与西方学术主流有别。不过，柏拉图只是针对现实问题提出了一整套对策，并未预设现实世界是人类的终极归宿和立命基础，他所描绘的理想国家只是人类国家形态的理想形式而已。如果我们阅读柏拉图作品，则可发现其视一切感性世界为虚幻，唯有超越现实之理念和理念世界为真实，且为一切学问之最高目标。这种世界观主导了整个希腊哲学及整个西方文化两千年。而马克思的共产主义理想，则是18世纪历史进化论的杰作，它基于对人类历史发展规律的认识和发现，但同时也是当时盛行的以社会为“严格的科学对象”这一思维的产物。共产主义理想与其说是马克思为人类全部问题提供的终极方案，不如说是马克思借科学研究发现的人类历史终点，它代表了马克思心目中人类历史形态的“最高形式”。然而由于马克思是无神论者，不承认超验世界，加之进化论被国人普遍接受，所以相较于其他西方学说极容易被中国人所接受，认为它提供了从整全意义上拯救现实世界之方案。

儒家认为此世界为唯一真实之世界，所以它的主要任务是提供全面、彻底地解决现实问题的方案（或指导原理），因此它虽然可能包含或吸收认知主义的成果，但根本精神绝不是认知主义的；它虽然期望实现历史的进步，但绝未预设人类历史进化的客观规律。它所崇尚的研究世界的方式，对于西方社会科学来说是非常陌生甚至无法想象的。大概没有哪位西方社会科学家认为自己的任务是寻求人间世界之全面、彻底和根本的解决方案，他们一方面不敢想象学问有如此巨大的功能，另一方面也甚至可能认为那是莫名其妙、违反学理的，即使他们中也有很多人对诸多现实问题展开了全面而根本的探索或研究，并在某些领域提出了自己的方案或对策。

大体来说，西方人文-社会科学对现实世界以“诊断病因”为主，而中国传统学问对现实世界以“提供方案”为主。正因为前者以诊断为主，所以特别注重学理性和客观性；正因为后者以方案为主，所以特别注重实用性和操作性。虽然从表面看，任何方案都要以诊断为前提，任何诊断都要以方案为目标；但在实践中，诊断思路与方案思路产生了两条完全不同的学问路径和两种迥然不同的学术门类。前者为真理而奋斗、为知识而求索，被认知主义主导，其精神世界的崇高与神圣源于求真的快感；后者为现实而奋斗、为方案而求索，被实用主义主导，其精神世界的崇高与神圣源于求善的幸福。因此，中国传统学术以求善为主，西方人文社会科学学术以求知为主。既然路径不同，类型也异，何必一定要用前者权衡后者，以在认知主义主导下所产生的学科分类来分割中国传统学术？

有趣的是，今天中国学术界较为盛行的话语依然典型地体现了方案思路，以寻求解决现实问题之方案或能落实为方案的指导原理为特点（比如张岱年先生认为“哲学”这门学科的主要任务就是提供最高指导原理，以为行动之指针[14]）。但由于今日之世界已不同于古代之世界，所以今日中国的部分学者在为一国寻找方案过程中，其国家意识便转变为了民族主义，而民族主义和实用主义又导致学人们的内心世界缺乏古人那种神圣感。这是当代中国学术最深刻的困境之一。而对于产生这种困境的深层根源的无意识或不自觉，则是最值得反省的问题之一。

大体来说，现代中国学者较少能真正理解并参与西方文化的认知主义境界中去。因为他们对西方学术的所有兴趣都来源于要从中寻找某种“解决方案”，或有益治国安邦，或者有助自我完善。比如他们看到康德对自我主体性的研究，就很容易认为康德是适应时代要求，想要抬高人的主体性；他们看到伽达默尔对解释学的研究，就很容易认为伽达默尔想创造一门阐释文本的科学（其中一定蕴藏着指导我们阐释文本的系统理论）。也有不少人搞中西学术比较，无论是哲学比较或其他学科思想比较，由于不能把握前提性的根本差异，所以比较研究的成效是有限的。比如有的人从中西比较中得出中国思想中某些地方比较高明，西方思想中某些地方比较落后（诸如中学重综合而西学重分析、中学重直觉而西方重推理、中学天人合一而西学天人分离之类似是而非的说法），殊不知，由于世界观预设不同，对学术的性质理解不同，因此很难说谁高谁低。其实，如果不能进入西方学术的轨道，不能体验西方人从事学术的精神趣味，即使对西方学者的观点了解再多，通常也不能与西方学者展开深层对话。

接下来，我将阐明，采取理想型方法并不等于可以随便建构儒家治道的原理，我将试图按照自己制定的规则尝试提出儒家治道的基本原理及基本原则。

三、基本原理

凡本章所谓“原理”“原则”，并不是指如西方自然科学中的公理或定律，从中可直接引出后面的结论，而是指价值标准，作为儒家评判一切政治设施及治理措施的最高依据；同时，作为最高价值立场，它们也代表儒家——甚至多数人——在治理上的最高理想或终极目标。接下来，我将试图提出儒家治道的三个基本原理，也可称为最高原理或根本原理。我认为，它们能称为基本原理的标准至少有三个：

第一，它们必须是比后来一切其他方面的儒家治道原则或措施更为基础，代表更高层级的价值准则。换言之，应当找不到比它们更高的价值准则了（当然除了“天道主义”之外。天道主义也许可以作为独一无二的最高价值原理，但因为含义抽象、笼统，其具体内容恰恰体现为下面的三个基本原理，因此我们不专列天道主义）。

第二，它们应当是所有人，无论其年龄、信仰、族群、职业、阶层，在正常情况下都会接受的价值原理。

第三，由于它们在一定程度上具有超越学派的特点，所以应当是绝大多数学派都愿意接受的。下面提出的三个基本原理，我认为它们之所以会被先秦诸子中绝大多数人所接受（或许只有崇尚“小国寡民”的老庄学派和后世兴起的佛教，基于其出世的取向，会有不同意见），是基于对世界作一整体来治理的最高价值准则，而这正是诸子多数所共同采取的路线。

总而言之，下面我探讨的儒家治道的基本原理应当具有普遍性，这决定了儒家对其治道学说有足够的自信心，从而有更强大的毅力来追求它。

我尝试将儒家治道的基本原理归结为三个：天下原理、文明原理和大同原理。

（一）天下原理

梁启超百年前曾说：

> 中国人则自有文化以来，始终未尝认国家为人类最高团体，其政治论常以全人类为其对象。故目的在平天下。而国家不过与家族同为组成“天下”之一阶段。政治之为物，绝不认为专为全人类中某一区域某一部分人之利益而存在。……此千年间潦倒沉沦之超国家主义——即平天下主义、世界主义、非向外妒恶对抗主义——在全人类文化中应占有何等位置，正未易言。[15]

梁氏所谓的“世界主义”，今天常被学者们称为“天下主义”。

所谓天下原理，我认为有两个重要内涵：一指儒家试图为一切可能意义上的人间世界寻找秩序。因此，它至少在理论上不能排斥任何一种人，不能把世界上任何地域、任何人种、任何宗教信徒当作“非人”，排斥在治理范围之外，此即所谓“王者无外”（参见《春秋公羊传》之隐公元年、桓公八年、僖公二十四年、成公十二年）。据此，儒家必须寻找“一切可能意义上的人的世界”的秩序。它从根本上不是为某个国家、某个民族或某个人群的荣耀或功利目标服务的。[16]按照赵汀阳先生的说法，天下主义是“以天下观天下”的立场，是没有对立面或异类的“无外”思维，将此世界作为一个整体或政治主体的。[17]

天下主义另一个的重要内涵，即后来《礼记·礼运》中的“天下为公”思想。古人云：“天无私覆，地无私载，日月无私照”（《礼记·孔子闲居》）。《吕氏春秋·贵公》云：

> 天下非一人之天下也，天下之天下也。阴阳之和，不长一类；甘露时雨，不私一物。万民之主，不阿一人。

此言虽非出于儒家经典，但恰恰表明公天下思想乃各家所共享的价值原理。此种“天下非一人之天下也，天下人之天下也”（类似表述还见于《六韬》《资治通鉴》等文献），当然也代表儒家“天下为公”思想的精神。

正如梁启超所说，中国政治思想以“平天下”为目的。[18]“平天下”非仅儒家所有，乃诸子共识。它体现了先秦各家各派共同的治道基本原理。今按：“平天下”一词见于《礼记·大学》、《荀子·成相》、《管子·国蓄》、

《吕氏春秋·慎行论》等先秦论著；“天下平”见于《墨子·尚贤上》、《周易·乾·文言》、《礼记》之《大学》《中庸》、《孟子》之《滕文公下》《离娄上》《尽心下》、《大戴礼》之《五帝德》《虞戴德》、《庄子·胠箧》、《邓析子·转辞》、《吕氏春秋·孟春纪·贵公》等先秦论著。《荀子》之《荣辱》《君道》二篇则称理想治理为“至平”。这些说明平天下或天下平并非儒家独有的理想，而《大学》的“平天下”、《中庸》的“君子笃恭而天下平”及《荀子》的“夫是之谓至平”等表述体现的乃是诸子甚至时人的共同愿望。《史记·滑稽列传》说，“圣帝在上，德流天下，诸侯宾服，威振四夷，连四海之外以为席，安於覆盂，天下平均，合为一家”，其中平均即均平，亦即公平、合理致太平之义。[19]

天下原理来源于古人的天下观。[20]早在20世纪初，学者们通过甲骨文和金文研究已经揭示，中国人本来信奉的是帝而不是天，天在商代远不如帝重要。尽管大家对于帝的含义理解还有分歧，但有一点认识是共同的，帝的信仰在周初被天所代替。在先秦诸子的论著中，我们发现“天”“天下”的用法相对于“帝”居于压倒优势。[21]

先秦“天”的含义很多，冯友兰先生称述天之五义[22]，其实他所谓物质之天与自然之天可合而为一（中国人从来没有西方那样完全脱离精神生命的物质概念），他所谓运命之天与主宰之天也可合而为一（运命就是神秘的最高主宰的产物）；而他所谓义理之天，实包括法则之天与道德之天这两个方面（英文即将其“义理之天”译作an ethical *T'ien*，即道德之天[23]）。我在此基础上，概括天之义为如下四种：自然义、主宰义、法则义和道德义。所谓自然义，指天代表大自然或称整个宇宙；所谓主宰义，指天主宰万物生长及人事祸福；所谓法则义，指天具有内在的规律或法则；所谓道德义，指天的行为体现了哺育、生养和怜爱万有的美德。

需要指出的是，天的这几种不同的含义往往同时并存、边界模糊。这可能因为它们是历史所形成的，而不是哲学家界定出来的。虽然在周代文献，包括金文、《尚书·周书》、《左传》、《国语》、《诗经》乃至诸子经典（特别是《墨子》）中，天依然保留了接近于人格神之义，但也指向人所生活于其中的世界整体。在天的多种含义中，有两个要素值得特别注意：首先，它常常指包括地在内的、代表整个世界的宇宙总体，它至大无外、无所不包，即代表“日月所照，霜露所队”（《中庸》）范围内的一切所构成的整体。其次，作为这个世界整体的天又同时被人们赋予一系列神奇和神圣的内涵，人们认为它主宰着万物的生长，蕴含着万事的法则；它主导了朝代的更替，决定了人生的祸福。“维天之命，于穆不已”（《诗经·维天之命》），“唯天为大”（《论语·泰伯》），天乃人间秩序的最高来源和最高依据。这一切，导致敬天的流行。

《论语·阳货》记载孔子曰“予欲无言”。子贡问：“子如不言，则小子何述焉？”子曰：“天何言哉？四时行焉，百物生焉，天何言哉？”这里可以看出，孔子心目中的天是一切道理的终极依据。《孟子·尽心》说“知其性则知天矣”，此中的天可能同时包含前述所谓主宰义、道德义和法则义。《荀子·天论》强调政之本在天，而有所谓“天职、天功、天情、天官、天君、天养、天政”之说，其所谓天也应同时有主宰义、法则义和道德义。《春秋繁露》极论王者察天心而行，逆则天以灾害警示之，或至于夺其位、灭其朝，这显然主要从主宰义论天。但同时他又强调天作为世界整体特征，即天不偏爱一人，不偏弃一国，故王者代天行事，要为全天下立法，而不能偏于一国或一族。

为什么古人有这种为全天下建立秩序的雄心？其实这是古人独特世界观支配下对于天道、天理的信仰产物。正因为道属于天、是天之道，所以它一定是放之四海而皆准的，不可能说适用中国的“道”不适用外国。因此，天下主义属于天道原理的一部分[24]。这种信仰，使得古人在求道过程中有了无与伦比的崇高和神圣感，使得他们有了足够的信心与一切世俗的权威相对抗。因为，既然天道/天理是最高权威和最高真理，自然也是人间一世事务包括政治事务的最高使命。然而天并没有保证权力越大、地位越尊，就越有资格掌握真理；任何人只要认为自己掌握了真理就都有信心蔑视当权者。故而形成了所谓“道尊于势”（陆象山语）或“道统高于政统”（参见韩愈、朱熹等三代道统论）的思维模式。按照天道/天理原理，学问不是也绝不能为了任何特定政权的政治目的服务，而是为全天下建立秩序。

千百年来，无数儒家学者在精神上所具有的无上神圣感和优越感，正是基于天下原理所代表的天下主义精神，这表现为他们相信自己能“为万世法程”（贾谊《新书·数宁》），或“为万世开太平”（张载《张子全书·性理拾遗》）。在更高层次上，他们认为自己能“赞天地之化育”（《礼记·中庸》），“参于天地”（《荀子·不苟》），“为天地立心”（张载《张子全书·性理拾遗》），这是何等崇高的事业！而当儒学堕入民族主义怀抱，变成为某国争光，或为民族自豪感或民族复兴服务后，则不可能再有这种神圣感了。

（二）文明原理

钱穆先生曾指出：

> 今论中国传统政治之特性，可一言蔽之，曰：“是道义的，非权力的。”亦可谓：“是文德的，非武功的。”[25]

钱穆所阐发的“中国政治重道义不重权力、尚文德不尚武功”[26]特点，更准确地说，或可称为儒家治道之文明原理。其所谓“文德”即文明之德，指修文偃武、崇尚文教。这一治道思想源于儒家的蛮夷之辨，即儒家对于文明与野蛮的界定，表现为治道而通过王霸之辨确立其含义。文明原理也可称为秩序原理，其精义在于反对武力、强制或胁迫，建立人间真正持久与合理的秩序。

今按：“文”，甲骨文作[27]，金文作[28]。《说文》曰：“文，错画也，象交文。”段注、徐灏段注笺皆以为本义指文理交错[29]。从字形看，此字极像涂画或纹身[30]。“文”本义当指文饰[31]，引申为人事条理/秩序。“文明”，顾名思义是指“文之明”，古人释为“文理通明”（《易·同人·象》孔疏）、“有文章而光明”（《易·乾·文言》孔疏）。这与英文civilization含义不同。[32]

条理/秩序意义上的文/文明，可指个人品德修养。无论是针对个人还是社会，都内含**对他人礼貌和敬重之义**。比如，《书·舜典》称舜“浚哲文明”；《易·明夷·象》赞舜“内文明而外柔顺”；《易·大有·象》有“其德刚健而文明”；《易·同人·象》称君子“文明以健”；《礼记·乐记》称君子“情深而文明”“和顺积中而英华发外”；《论语·雍也》中孔子曰“文质彬彬，然后君子”；《论语·宪问》中孔子赞公叔文子行事有礼，“可以为文矣”。

但是，古人也时用文/文明来描述社会秩序状态。例如：

> 子曰："周监于二代，郁郁乎文哉！吾从周。"（《论语·八佾》）
>
> 子畏于匡。曰："文王既没，文不在兹乎？天之将丧斯文也，后死者不得与于斯文也；天之未丧斯文也，匡人其如予何？"（《论语·子罕》）

这是孔子以"文"来描述周代的理想社会秩序，其含义与下文"文明"无别。

《周易·乾·文言》曰：

> 见龙在田，天下文明。

此处"天下文明"之"明"是动词，指天下秩序显明。孔疏曰："'天下文明'者，阳气在田，始生万物，故天下有文章而光明也。"

《周易·贲·彖》曰：

> [刚柔交错]，天文也。文明以止，人文也。观乎天文，以察时变；观乎人文，以化成天下。[33]

这两处"文明"均不是针对个人修养，指的是人世间的条理或秩序得以彰明，也内含人与人相互敬重和礼貌之义。以人之文与天之文相应，寓意人之文源于天之文，天之文即天之道、天之理，据此文明思想乃天道思想的自然延伸。

总的来说，我认为儒家文明原理包括消极与积极两重含义：从消极含义说，它是野蛮的对立面，文与武相对立，体现出对于强迫、武力政治的反对；从积极含义说，它是指秩序的同义词，爱与敬为内核，体现出对于公正、合理秩序的追求。用今天的话说，“文明”在儒家心目中代表人与人相互亲爱、相互尊重、相互帮助的生活，与争斗、欺诈、掠夺、压迫乃至厮杀的社会状态迥然不同。下面分从这两方面来谈。

1.消极含义

孔子以文德与用兵相对：

> 远人不服，则修文德以来之。(《论语·季氏》)

王弼以文明与威武相对。对于《周易·贲·彖》中的“文明以止”，王弼注曰：

> 止物不以威武而以文明，人之文也。

儒家的文明思想涉及王霸之辨。因为社会形态有夷夏之分，治理方式则有王霸之别。文明/文德代表王道，威武/用兵代表霸道。孟子曰：

> 以善服人，未有能服人者也。以善养人，然后能服天下。（《孟子·离娄下》）

倡王道、**反霸道**，**实为儒家文明思想在治道中的主要体现**，其最高原则是“行一不义、杀一不辜而得天下，皆不为也”（《孟子·公孙丑上》）。

简言之，王道与霸道的主要区别，在“以德”还是“以力”。“以力假仁者霸”“以德行仁者王”（《孟子·公孙丑上》），故“三王由仁义，五霸用权智”（桓谭《新论·王霸》）。也可以换个角度说，王道与霸道的区别在于是否遵从道义，“得道者多助，失道者寡助”（《孟子·公孙丑下》），故“义立而王，信立而霸，权谋立而亡”（《荀子·王霸》）。[34]

王道首先是内政原则，王者以其德性让天下人“中心悦而诚服”（《孟子·公孙丑上》）；“使天下仕者皆欲立于王之朝，耕者皆欲耕于王之野，商贾皆欲藏于王之市，行旅皆欲出于王之涂，天下之欲疾其君者，皆欲赴诉于王”（《孟子·梁惠王上》），故“自西自东，自南自北，无思不服”（《诗经·大雅·文王有声》）。

王道还是外交原则、治天下原则。“惠此中国，以绥四方”(《诗·大雅·民劳》)，故“先王耀德不观兵”(《国语·周语上》)；即使用兵也是有限的，“德以柔中国，刑以威四夷”(《左传·僖公二十五年》)。儒家坚决反对穷兵黩武、侵略扩张，“无德以及远方，莫如惠恤其民，而善用之”(《左传·成公二年》)。《左传·僖公四年》载齐桓公率大军伐楚，楚子使屈完如师，告齐侯曰：

> 君若以德绥诸侯，谁敢不服？君若以力，楚国方城以为城，汉水以为池。虽众，无所用之。

这种以德而不以力服天下的思想，贯穿于《春秋左传》，也贯穿于整个儒家的治道思想。在接下来的治道纲领部分，我会专门分析儒家德治的具体内涵，也是对这里王道思想的进一步展开，体现从文明原理到治道原则之间的对应关系。

2. 积极含义

文明原理的积极含义在我看来是指秩序的建立，从而避免“强凌弱、众暴寡”(贾谊《过秦论》，类似表述也见于《墨子·兼爱下》)的丛林状态。“《春秋》内其国而外诸夏，内诸夏而外夷狄”(《春秋公羊传·成公十五年》)这一说法，并非主张中国与蛮夷对立，而寓意文明与野蛮之分，即有秩序与无秩序、有爱敬与无爱敬之别，故韩愈说“孔子之作《春秋》也，诸侯用夷礼则夷之，夷而进于中国则中国之”[35]。在儒家看来，华夏文明之所以为文明，乃是中国有礼仪之道，父子有亲、君臣有义、夫妇有敬等；而蛮夷戎狄不知礼义，不知父子之亲、君臣之义、夫妇之别等，此蛮夷之所以为蛮夷。因此，文明的积极含义是指有道德的社会生活方式，其外在内容包括日常生活的条理与秩序，其内在内容包括人际之间的关爱与敬重。

不妨换成现代表述，儒家文明理想作为一种积极生活，是指在一切有人群的地方，人与人相互和谐，而不是相互冲突；相互尊重，而不是相互算计；相互关爱，而不是相互怨恨。以今度古，可以想象这样的社会肯定是道德水准进步，社会风气良好，个人安全感强，比如拾金不昧，夜不闭户，“老吾老以及人之老、幼吾幼以及人之幼”（《孟子·梁惠王上》），“无讼”（《论语·颜渊》），“刑措不用”（《韩诗外传》卷三），而欺诈、盗窃、谋杀、害人等现象趋于消失，等等。所谓“讲信修睦，故人不独亲其亲，不独子其子”“货恶其弃于地也，不必藏于己；力恶其不出于身也，不必为己。是故谋闭而不兴，盗窃乱贼而不作，故外户而不闭，是谓大同”（《礼记·礼运》），或可看作这一文明理想的实现状态。

（三）大同原理[36]

钱穆先生在论述中国历史发展的特点时说：

> ……于整块中为团聚，为相协，故常务于"情"的融和，而专为中心之翕。……我民族国家精神命脉所系，固不在一种力之向外冲击，而在一种情之内在融和也。盖西方制为列国争存之局，东方常抱天下一统之想。[37]

钱穆概括中国历史发展之务于情感融和及天下一统，极为精辟，我称为儒家治道的大同原理。此思想我认为也可称为和合思想，包括和谐（和）与统合（合）两方面。

我们知道，儒家治道的使命是"保合大和"（《周易·乾·彖》），实现"天地和同"（《礼记·月令》），故"德莫大于和"（《春秋繁露·循天之道》）。需要强调的是，所谓"和"并不单纯是功能上的配合默契，而包含心理感应、心心相印的意思，所谓"圣人感人心而天下和平"（《易·咸·彖》）。此外，"和"还包括相亲相爱、相互尊重的意思，所谓"爱敬尽于事亲，而德教加于百姓，刑于四海"（《孝经·天子章》），"以天下为一家，以中国为一人"（《礼记·礼运》）。唯此，方可造就一大同世界（参见同上）。故梁启超比较中西方政治思想差异说："彼辈奖厉人情之析类而相嫉，吾侪利导人性之合类而相亲。"[38]

古人从政的角度论和，有《礼记·乐记》称"治世之音安以乐，其政和”；《荀子·礼论》称“上取象于天，下取象于地，中取则于人，人所以群居和一之理尽矣”，此亦天人合一之义。古人从礼的角度论和，有《礼记·礼器》称“礼交动乎上，乐交应乎下，和之至也”，可见礼乐以“和”为目标。《荀子·荣辱》也称先王“制礼义”“使人载其事，而各得其宜，然后使悫禄多少厚薄之称，是夫群居和一之道也”，可见和合乃是儒家治道实践的理想。其他诸如“和同”（《礼记·月令》）、“和顺”、“和敬”、“和亲”、“和气”、“和平”（《乐记》）、“中和”（《中庸》）等术语在儒家文献中也甚多。

古人常常“和”“合”并用。和是和谐、和衷，合是会合、融合。有时由合致和，此时合多指会合、交合。如《礼记·郊特牲》讲“天地合而后万物兴焉”“阴阳和而万物得”，似乎由合致和；《乐记》讲乐者“敦和”、礼者“辨异”，“礼制行矣，流而不息，合同而化，而乐兴焉”，似礼、乐对应于合、和，且由合致和。然而有时由和致合，此时合多指融合、统合。如《管子·兵法》讲“畜之以道则民和，养之以德则民合；和合故能谐”，以“和”“合”分别对应于“道”“德”，似乎先和后合，合指融合、统合。《墨子·兼爱中》称“昔越王句践好士之勇，教驯其臣，和合之”，此处合当指融合，应是先和后合。《朱子语类》卷七三《易九》“婚姻则要和合”，其中和指和睦，合指融合，也似先和后合。然而

"和""合"二字的含义未必总能区分得清楚，古人有时也将二字通用。[39]

"和合"也表述为"合和"，二者义同。《礼记·乐记》"合和父子君臣"；《尚书大传》"合和四海"，《春秋繁露·楚庄王》"天下未遍合和"，皆用"合和"。而《尚书大传》《韩诗外传》《孔丛子》称"阴阳和合"，陆贾《新语》称"乾、坤以仁和合"，皆用"和合"。此外，《墨子》《管子》《六韬》《鬼谷子》《孔子家语》《孔丛子》《荀子》《吕氏春秋》《淮南子》《白虎通义》《说苑》《史记》《汉书》《后汉书》以及郑玄《周礼》《礼记》注等先秦两汉文献中也使用"和合"或"合和"，两种用法次数总体上不相上下。古人还使用如"和一""和同""合同""统同"等术语，在古文献中义近（如"和合"在《荀子》中称"和一"）。

虽然百家皆有和合思想，但儒家在实践中主张由近及远的过程。先是人间世界各个部门、各个阶层（君臣上下之间）乃至各个邦国（如协和万邦）之间的协和，然后是人与自然的协和。如果从历史的角度看，也要先实现人与过去历史时代的协和，再后是整个宇宙的大统一，其最高理想为天人和合，即"天人合一"。具体说来，和合思想有如下目标：

（1）整体生命的和谐、统一（针对个体生命内部各器官、各方面甚至各阶段而言），所谓"和实生物"（《国语·郑语》)，“和故百物不失”“和故百物皆化”(《礼记·乐记》)；

（2）整体国家的和谐、统一。董仲舒曾以心脏比喻国君，以眼睛比喻上士，以四肢比喻群臣，以肝肺脾肾比喻辅佐；从人体中的心、眼、四肢、内脏、血气之间的和谐无间及融合统一，来说明一国内部上下之间的理想关系（参见《春秋繁露·天地之行》)。荀悦也有类似的说法，称“天下国家一体也，君为元首，臣有股肱，民为手足”(《申鉴·政体》)。

（3）整个人世的和谐、统一，即“协和万邦”(《尚书·尧典》)。司马迁认为，天子的职责就是“总一海内而整齐万民”(《史记》卷二十三《礼书第一》)；董仲舒认为，天子之所以有此职责，是因为“海内之心，悬于天子；疆内之民，统于诸侯”(《春秋繁露·奉本》)。总之，“王者欲一乎天下”(《春秋公羊传·成公十五年》)，或者说，要使天下“定于一”(《孟子·梁惠王上》)。

（4）整个宇宙的和谐、统一，即所谓“保合大和”(《易·乾·彖》)，也可以说“八音克谐，无相夺伦，神人以和”(《尚书·舜典》)。如何实现？荀子重规则，主张“上取象于天，下取象于地，中取则于人”，则“群居和一之理尽矣”(《荀子·礼论》)；董仲舒重圣贤，认为“唯圣人能属万物于一，而系之元也”(《春秋繁露·重政》)。

和合思想略近于怀特海所谓有机体的世界观，也有涂尔干所谓“有机整合”（organic integration）之义（不过涂尔干是针对现代工业社会以来社会各部分各单元相互依赖而言的）。此外，莱布尼茨的“前定和谐说”，斯宾诺莎的“实体自因说”，费希特、谢林、黑格尔的主观唯心主义哲学，就其设定世界按照预定规则统合于绝对者而言，皆有与儒家和合原理存在思维方式上相近之处，而最大的区别是后者没有心理感应成分。

和合思想使得中国人自古追求大同主义、天下一家及大一统；这些思想实包含以全世界为一总体的和谐安宁为最高理想。所谓“天下一家”“九州大同”“四海之内皆兄弟”，皆是此理想之体现。从上面也可看出，和合思想非儒家独有，百家往往认同。[40]

和合思想的真正根源是中国文化的此世取向和关系本位。此世取向导致人们对世界不安宁的担心超乎一切，关系本位导致对关系不和谐的忧虑超乎一切。近年来，大陆学界“和合论”“和合哲学”等多个类似学说的提出，反映了当代中国学者内心深处文化无意识的影响力。

四、基本原则

如果说儒家治道的最高理想是建立一个天下一家、

人人爱敬的大同世界，那么这一理想世界如何实现则是另一回事。事实上，虽然我们说这几个原理为多数先秦学派所共同接受，但是各家后来提出来的方案却大不一样。当我们越是往下发展，即进一步从治道基本原理到探讨实施措施时，越容易发现诸子百家之间的差别。这是因为各家所倾向的路径不同，即使他们所面临的问题相同或相近。但这不等于说治道的基本原则与文化预设或文化心理无关，这一点本书在后续各章会展开分析。

接下来，我尝试提出儒家治道的基本原则。我认为儒家治道的具体措施很多，甚至很乱，但有几条基本原则。这些原则都是从我们平时所熟悉的“以德治国”“任贤使能”“教以人伦”“隆礼重法”“移风易俗”“不患寡而患不均”“天听自我民听”等一系列说法中总结出来的。这里所谓儒家治道的基本原则，同样代表儒家治道的价值立场，但一方面由于其典型的“儒家特色”，所以它们不可能如前者那样有普遍性；另一方面，它们虽不可能从前面的基本原理中推导出来，但可看作实现前述基本原理所代表的治道最高理想的途径；再一方面，儒家在现实治理中提出的一系列具体措施，均可以看作这些原则的具体应用。这也是我们称这一部分为“基本原则”而不称为“基本原理”的原因之一。当然，称原则，也是为了和前面所称的原理相区别。但考虑到这些原则同样代表一种价值原理，我认为也可称其为上述基本原理的分原理或次级原理。这一类次级原理，本章称为基本原则，我初步概括为以下八个：

- 德治原则
- 人伦原则
- 贤能原则
- 义利原则
- 礼法原则
- 均平原则
- 风化原则
- 民本原则

具体来说：

（1）“为政以德”（《论语·为政》），“以德化民”（《史记·孝文本纪》），“明明德于天下”（《礼记·大学》），故有德治原则；

（2）“尊贤使能，俊杰在位”（《孟子·公孙丑上》），“论德而定次，量能而授官，皆使人载其事，而各得其所宜”（《荀子·君道》），即贤能原则；

（3）“明贵贱，辨等列”（《左传·隐公五年》），“定亲疏”“别同异”（《礼记·曲礼》），即礼法原则；

（4）“风以动之，教以化之”，“经夫妇，成孝敬，厚人伦，美教化，移风俗也”（《毛诗序》），即风化原则；

（5）“纪人伦，序万物”（《新书·修正语上》），“原父子之亲，立君臣之义”（《礼记·王制》），即人伦原则；

（6）“国不以利为利，以义为利也”（《大学》），“明仁、爱、德、让，王道之本也”（《汉书·刑法志》），即义利原则；

（7）“有国有家者，不患寡而患不均”（《论语·季氏》），“圣帝在上……天下平均”（《史记·滑稽列传》），即均平原则；

（8）“天视自我民视，天听自我民听”（《尚书·泰誓》，《孟子·万章上》引），“省刑罚，薄税敛”“制民之产，必使仰足以事父母，俯足以畜妻子；乐岁终身饱，凶年免于死亡”（《孟子·梁惠王上》），即民本原则。

总而言之，德治原则倡以德治国，贤能原则讲任贤使能，礼法原则重礼法关系（礼大于法），人伦原则倡人伦为本（包括先秦的“五伦说”、汉代的“三纲六纪说”等），义利原则讲义利之辨（治理价值），均平原则重赏罚公平，民本原则倡民生民权。这样，我们先尝试把儒家治道理论分成如下几个层次：

- 第一层：预设
- 第二层：原理
- 第三层：原则
- 第四层：措施

所谓措施，我指的是儒家提出来的具体治理措施，比如任贤、去谗、远色、明察、修己、刑赏、风化、均平……。在这四层中，我认为最重要的是原则，即所谓次级原理，我指的是其作为指导原理的地位不及最高原理，但相对于方案来说，它们又处于更高层次的指导位置。

那么有人会提出问题了：儒家治道的这些基本原则是如何提出的？为什么不是其他原则？这里需要说明的是，我是用韦伯所谓理想型方法进行“尝试性建构”的。之所以是这些原则而不是其他，并不是出于对儒家文献的统计学分析；这些原则的提出主要出于两个基本考虑：第一，我们希望用它们来代表儒家治道的主要或典型内容（典型反映儒家特色的，如前五个原则；主要反映儒家重视程度的，如后两个原则）。如何衡量某一原则是不是典型或主要内容，其实并无客观、明确的标准或操作方式，而是基于作者对儒家文献的理解。正因如此，它们是否合适，将永远有讨论的空间。我希望读者也能提出其他可能的基本原则，凡是有助于我们理解儒家治道的典型或主要内容的，均可能纳入其中。第二，我们希望它们符合前述在基本原理和具体措施之中介的特点，并能解释儒家治道的所有重要措施。这些被作为治道原则中的任何一个都可表现为一系列治理措施。另外，能称为原则的条目，都具有跨时代的历史普遍性。即在儒家学说史上，这些原则一直备受重视，尽管不同时期、不同学者在治道方面的侧重有所不同，但它们都是儒家治道学说中除最高原理之外最有代表性和最能体现儒家治道基本特征的治理原则。

这里，我想举例说明我在这方面的思考过程。比如，我曾考虑将“民本主义”作为儒家治道的基本原理，而不是次一级的基本原则。这部分是因为梁启超在《先秦政治思想史》中首揭“天道”“民本”两大主题，且以民本主义为最高原理也能从儒家一系列关于民本的重要表述中得到印证。但是后来我发现，虽然在《尚书》至《孟子》《荀子》《春秋繁露》的儒家经典文献中对民本给予了极高的重视，但它只针对“民”这个特定阶层，与同样针对特定阶层的贤能原则应该居于同样层次，即基本原则层次；而最高原理理应针对所有人，因此从理想型原则出发，未在基本原理中列“民本原理”。又如我曾考虑不将“风化原则”作为基本原则之一，因为儒家讲的“风化效应”主要作为德治和贤能政治的自然产物，“风”是自然而然产生的。但考虑《毛诗序》“风以动之，教以化之”“厚风俗，美人伦”等说法，特别是《孝经》里强调统治者自觉施行教化的必要性，风化可视为儒家治道的一种积极施政策略，也体现了儒家教化思想的重要方面，具有相对于德治和贤能政治的独立性，因此经反复考虑，我还是将其列为儒家治道的一个基本原则。再如，我曾考虑将“教化原则”列为儒家治道的基本原则，但考虑到儒家的教化就其指社会教育而言，主要指领导者以身作则，自觉感化（《孝经》中说得最明白），这一思想已经体现在德治原则和贤能原则中了；就其指学校教育而言，主要指“修其孝悌忠信”（《孟子·梁惠王上》)，即“教以人伦”(《孟子·滕文公上》)，这已体现在人伦原则之中了。因此，教化原则似乎并非一个独立的原则，至少可将其看作现有基本原则的延伸，没有必要再把它列入基本原则了。

那么，现有的这八大基本原则之间有什么关系呢？我认为这些原则大体上可分为三组。第一组为德治原则和贤能原则，体现了对治理者素养的重视，分别针对国君和大臣（士大夫）。贤能原则其实也体现了德治原则，但差别在于：前者重领导者自身的德性，后者重领导者任人之方。第二组为礼法原则和人伦原则，体现了对社会关系的重视。如果说法是硬性的制度，那么礼和人伦则是软性的制度。儒家重软性制度大于硬性制度，故主礼大于法和人伦为本。第三组为均平原则和义利原则。礼法和人伦（即礼大于法的原则，或称礼治原则）可以看作对人伦原则的贯彻，但均平和义利原则偏重伦理道德，而礼法原则偏重制度规范。第四组为风化原则和民本原则，体现了对人民生活的重视，分别针对施者和受者（人民或弱势群体）。它们是确保社会正义的两个基本方面：风化涉及公序良俗和民风，民本涉及社会大多数及弱者的保护问题。

现将儒家治道八大原则之间的关系以下图示之（其先后顺序不代表重要性高低）：

表2

	主体	原则
治道原则	政府	德治原则
		贤能原则
	社会	礼法原则
		人伦原则
	道德	均平原则
		义利原则
	人民	风化原则
		民本原则

上表中“政府”“社会”“道德”“人民”的区分未必准确，以现代术语来概括古代当事主体本来就可疑。这里说明一下：我用“社会”指示人与人之间的关系世界，它包括古人所谓“家（族）”；用“人民”指社会大多数，它包括普通民众，也包括士大夫［包含这样的意思：不仅普通民众需要获得公正对待，达官贵人（士大夫）的利益所得尤其要遵从民本原则，即不能建立在剥削或削弱普通人民或弱势群体的权益之上］。德治原则和贤能原则均为对统治者及其下属官员之要求，故在政府范畴。礼法原则当然也适用于政府内部关系，之所以放在社会范畴，是基于《仪礼》作为“礼经”的思路。“三礼”之

中，《周礼》也称《周官》，毕竟是官制。礼、法均以调节社会秩序为根本宗旨。均平原则之所以放在人民范畴内，乃是此原则主要针对贫者和弱者而言的，大凡公平和正义得不到实施，底层百姓便会遭殃，故孔子有“不患寡而患不均”(《论语·季氏》）之言。之所以在政府、社会和人民这三个主体之外又独立出了道德范畴，乃是道德原则通用于上述三个主体，对所有行为主体有普适性。其中人伦原则适用于家庭、社会及政府中的一切关系。

今以梁启超《先秦政治思想史》、萧公权《中国政治思想史》、徐复观《学术与政治之间》、牟宗三《政道与治道》等书所论儒家治道思想条目，验之以先秦、两汉儒家文献（如《尚书》之《尧典》《洪范》、《论语》之《为政》《尧曰》、《孟子·梁惠王》、《荀子》之《王制》《王霸》、《春秋繁露》之《王道》《王道通三》，等等），得儒家治道思想二十余条，曰：敬天、明德、修己、正始（大一统）、任贤、明察、黜陟、刑罚、风俗、礼乐、正名、五伦、孝悌、纲纪、井田、重农、养民、薄赋、轻徭、开言、纳谏、去谗、王霸、重义、重农、学校，等等。这些条目大体皆可纳入前述三原理、八原则中，今以下表来显示儒家治道的关系结构：

表3　儒家治道层次

预设	此世界真实且唯一，它的理想目标可以人为达到
原理	天下原理　文明原理　大同原理
原则	德治原则　贤能原则　礼法原则　风化原则　人伦原则　义利原则　均平原则　民本原则
措施	敬天、王道、明德、修身、正己、正始、大一统、明察、赏罚、均寡、黜陟、礼乐、正名、五伦、亲亲、孝悌、纲纪、养民、重农、薄赋、轻徭、开言、纳谏、尊贤、去谗、杜奸、重义、五常、三纲、君道、臣道、皇极、移风、易俗……

我在前面讲过，原理只是一些最高价值准则或理想，不能直接从中推出后面的原则，但是后面这些原则和措施却是实现这些理想的必由之路，故而在原理、原则与措施之间，确有一定的对应关系。措施从某种意义上讲是原则的具体化或落实，而同一条原则可以衍生出多个措施来。比如从德治原则出发，可以衍生出明德、修身、正己、正始、大一统，德治原则也与三纲（主要为君为臣纲）、君道、正名、均平、重义等相关；尊贤、明察、赏罚、黜陟主要体现了贤能原则和均平原则，其中尊贤主要与贤能原则相关；从人伦原则可以衍生出五伦、三纲、六纪、亲亲、孝悌等措施；而开言、纳谏、去谗、杜奸是君道（德治原则），也与贤能原则相关；皇极是君德，涉及德治原则，从《洪范》看也与均平原则相关。即是说，同一条措施可以同时与几个原则有关。而敬天、

王道一类措施当然直接与前面的基本原理有关，敬天主要与天下原理有关，王道主要与文明原理有关；但敬天也涉及礼治，王道也涉及德治。五常主要作为君道提倡，喻统治者修己改过，涉及德治及贤能原则；重义、均寡等措施涉及均平原则。

为什么儒家治道的主要和典型内容可归结为上述八大原则，我在后面各章中还会进一步阐明。事实上，正如我们将要看到的：理想型研究法并不是不需要经验归纳，而只是强调不完全依赖于经验归纳。理想模型如果有解释力，当然希望它最大限度地涵盖日常经验。为此，自然需要经验归纳作为基础。我提出这八个原则作为儒家治道纲领，一方面出于经验归纳，另一方面将其作为理想模型，试图解释和说明儒家治道的精神和实质。作为经验归纳，它们可能是不完全的，所以更希望以之为最有解释力的儒家治道的理想模型。后一点严格说来需要诉诸更多的检验，这或许需要广大读者与我一起来完成。

五、三大特色

接下来，我将试着初步总结儒家治道的基本特点。

（一）治人主义

如果说原理更多地体现了理想和理念，那么原则则体现了实现理想和理念的路径。原理希望自己像公理一样自明（self-evident），人人可以接受；路径则像蹊径一样独辟，百家未必认可。如果说原理力求成为各学派、各阶层或族群、各国所能共同接受的前提性共识，那么原则就是儒家治道与各家治道分道扬镳的标志，体现了儒家的独特性。

儒家治道的原则作为路径体现了治人主义的特点。所谓“治人”，是指对于人、人心、人伦的塑造或影响。“治”本义为“理”[41]。《礼运》“圣人之所以治人七情”，此处“治”指调理；《孟子·滕文公上》“劳心者治人，劳力者治于人”，此处“治”指管理；《春秋繁露·玉杯》“春秋正是非，故长于治人”，此处“治”指校理；《春秋繁露·仁义法》“所以治人与我者，仁与义也”，此处“治”指教理（教化）。因此，“治人”不是今天所谓“整治人”，更不是世俗所谓“人治”，而是指通过改变人来实现理想的治理。治人，在儒家治道中主要是修己以安人、理人伦、重贤能、化风俗、励民心等。“君子以人治人，改而止”（《中庸》），“君子以人治人，懂能愿”（《春秋繁露·基义》），儒家认为“以人治人”是实现天下治理的关键。在我们前面所讨论的治道的八大原则中，至少前六个原则都典型地体现了以人治人的特点。

儒家为什么选择了治人主义路线？我认为，**治人主义体现了儒家对中国文化习性的认识**：**中国治理的根本**

在于人。一切问题归根结蒂都是人的问题。只要人的问题不解决，一切政策、法律、制度都是空谈。如果说儒家在历史上比法、墨、道更成功，原因和秘密也在于此。

治人与治法相对。“有治人，无治法”“法不能独立，类不能自行；得其人则存，失其人则亡。”（《荀子·君道》）。法家重于治法，儒家重于治人。这不是说儒家不要法，而是以法为辅。《韩非子·难三》曰：“法者，编著之图籍，设之于官府，而布之于百姓者也。”孙诒让云：“法本为刑法，引申之，凡典礼文制通谓之法。”[42]本章在狭义上使用“法”一词，主要指书面硬性的法律和制度。

中国历史上有“治人”与“治法”关系的大量讨论。尽管明末黄宗羲《明夷待访录》提出“治法重于治人”，但这似乎更多地出于亡国之痛的愤激之言，有矫枉过正之嫌，并不反映儒家的一贯传统。从清人贺长龄所编《皇朝经世文编》中所录有关“治人”与“治法”的大量言论可以看出[43]，黄宗羲的观点并没有被后世多数学者所接受。

治人重于治法，与法家重视治法的观点形成鲜明对照。现代学者若据此认为儒家治道悖离现代法治思想，也是不了解中国文化的习性所致。“治人”重于“治法”，是因为中国文化是建立在此世取向和关系本位上的文化，人、人心、人情、人脉、人群因素永远是影响中国政治最强大的力量。中国人自古相信“制度是死的，人是活的”，在现实中对他们真正有效的治理必须从人情和人心出发，而不能只靠抽象的法律或一刀切的制度来解决问题。早在西周青铜器铭文中即已反映出来的“明德慎罚”思想，以及我在上面所罗列的儒家治道的基本原则，包括德治、礼治、任贤、人伦、义利和风化等治道范畴，皆鲜明地体现了治人的特点。

治人与治术相对，也是与法家相对。《说文》曰：“术，邑中道也。从行，术声。”“术”后世引申为法术、手段、方术、技艺等，治术就指运用刑法之术或御人之术（申韩）。《韩非子·外储说左上》称“有术而御之，身坐于庙堂之上，有处女子之色，无害于治”，此处治术盖指御人之术。《韩非子·奸劫弑臣》称秦孝公运“匿罪之罚重，而告奸之赏厚”之术，赞其“至治之法术已明”，这里治术主要指赏罚措施。《论衡·书解篇》曰“韩非著治术”，其中“治术”当即韩非所倡的此类治理措施。

治人还与治政相对。孟子曰：“善政民畏之，善教民爱之。善政得民财，善教得民心。”（《孟子·尽心上》）善政，主要是春秋五霸之所擅。善教，指仁政，或者说王道政治。《礼记·乐记》曰“礼乐刑政，四达而不悖，则王道备矣”，其中“刑”涉及法律，“政”涉及今人所谓行政。政、刑位居礼、乐之后。儒家当然重视“政”，但以为政、刑在礼、乐之后，即在治人之后。

“治人主义”这一术语极容易被误解为“整人”，若真如此，那就不是儒家治道了，甚至会让人联想到法家的治术了。

梁启超曾称儒家政治思想为人治主义。其所谓“人治主义”是指“希望有圣君贤相在上，方能实行”[44]。然而他又指出，“儒家所谓人治主义者，绝非仅恃一二圣贤在位以为治，而实欲将政治植基于‘全民’之上，荀子所谓‘有治人无治法’，其义并不谬，即孔子‘人能弘道，非道弘人’之旨耳”[45]，“要而论之，儒家之言政治，其唯一目的与唯一手段，不外将国民人格提高。以目的言，则政治即道德，道德即政治。以手段言，则政治即教育，教育即政治”[46]。据此，则梁氏之人治主义与本章治人主义含义有同有异。梁氏虽也从正名、风化、礼治和仁政等不同角度论述其人治主义，但区别在于：从语义看，梁氏从施政主体着眼，治人主义主要从施政对象着眼。此外，萧公权先生也曾将儒家与墨家同称为“人治派”，与梁启超相似，他的理由也是儒、墨以君子或贤人为政治主体。[47]萧氏人治概念与本章治人主义虽有重叠，但基本含义不类，因本章治人主义是对人的塑造与影响而言的。

（二）统合主义[48]

统合主义在前述儒家治道的大同原理中得到了鲜明

的表达，本书在“大一统问题”一章中还会有进一步说明。统合精神背后深层的寓意是，只有全世界合为一和谐整体才算找到真正归宿，即所谓“以天下为一家，以中国为一人”(《礼记·礼运》)。

为什么儒家治道的统合主义在中国历史上长期受欢迎，甚至可以说长盛不衰呢？我认为统合主义受欢迎的真正根源，是中国文化的此世取向和关系本位。此世取向导致人们对世界不安宁的担心超乎一切，关系本位则导致对关系不和谐的忧虑超乎一切。在具体实践中，儒家知道不能为了和合而和合，而要找到问题的根源，比如不公平、重利轻义等。所以，和合原则代表的是一种理想。

统合主义是指儒家治道的理想目标在于实现人群内部的统合，其最高理想当然是人与天的统合，即“天人合一”。

佐藤将之强调荀子的“统合世界观”，即包括：（1）身体、自然世界以及社会的推类整合；（2）时间、空间、万物以及人类的统合。“荀子论理的脉络中，‘一’和‘统’概念便在此方面扮演着主要角色。”[49]

统合的实施是由近及远的，先是人间世界各个部门、各个阶层（君臣上下之间）乃至各个邦国（如协和万邦）之间的协和，然后是人与自然的协和，再后是整个宇宙的大统一，即所谓“保合大和”。当然，如果从历史的角度看，也要实现人与所有历史时代的协和。统合的具体内容，我们在前面“大同原理”部分已有论述。这里再罗列一些材料：

1. 天下一体

《公羊传·成公十五年》：“王者欲一乎天下。”

《孟子·梁惠王上》：“天下恶乎定？……曰：定于一。”

《荀子·礼论》：“上取象于天，下取象于地，中取则于人，人所以群居和一之理尽矣。”

《春秋繁露·重政》：“唯圣人能属万物于一，而系之元也。”

《春秋繁露·奉本》：“海内之心，悬于天子；疆内之民，统于诸侯。”

2. 君民一体

《申鉴·政体》以天下、国、家为一体：“天下国家一体也。君为元首，臣有股肱，民为手足。……故足寒伤心，民寒伤国。”

《春秋繁露·天地之行》论国家上下一体：“一国之君，其犹一体之心也。隐居深宫，若心之藏于胸；至贵无与敌，若心之神无与双也。其官人上士，高清明而下重浊，若身之贵目而贱足也；任群臣无所亲，若四肢之各有职也；内有四辅，若心之有肝肺脾肾也；外有百官，若心之有形体孔窍也；亲圣近贤，若神明皆聚于心也；上下相承顺，若肢体相为使也；布恩施惠，若元气之流皮毛腠理也；百姓皆得其所，若血气和平，形体无所苦也；无为致太平，若神气自通于渊也；致黄龙凤皇，若神明之致玉女芝英也。君明，臣蒙其功，若心之神，体得以全；臣贤，君蒙其恩，若形体之静，而心得以安；上乱，下被其患，若耳目不聪明，而手足为伤也；臣不忠，而君灭亡，若形体妄动，而心为之丧。是故君臣之礼，若心之与体；心不可以不坚，君不可以不贤；体不可以不顺，臣不可以不忠；心所以全者，体之力也；君所以安者，臣之功也。”

“合”强调统一，“和”强调心悦，故二者含义有别。“和合”在《荀子》中称“和一”。

为什么中国传统政治会走政教合一的道路？这当然是儒家的典型立场，但也许可以从统合主义思维来解释。

有学者以政、教分离与否来批评儒家，[50]这显然忽略了：第一，政教合一反映了中国人规范权力的方式倾向于软性制度，而不能单纯靠权力制约权力，即权力系统不可能变成一种纯粹功能性的工具理性系统。这些软性制度，包括德治原则、人伦原则（其中包括礼治主义）等在内；第二，中国的政治终究要走全面引导人民生活方向的道路，不可能如西方那样“恺撒的归恺撒，上帝的归上帝”。这种整体性的追求，也有学者称之为中国文化的“总体主义”（holism）。

儒家的德性治国论和教化主义当然包含着一种政教

合一的道路。儒家认为，越是有德性的人，越有条件把天下治好，理想情况是圣人为王。尽管现实中极难实现圣王合一，但不断提升统治者特别是最高统治者的德性，则是对一切统治者的永恒要求，而有关德性的思想则是一种“教”。教或儒教与政治的“合一”当然并不限于此，它包括一整套对天下全方位治理的学说。但这并不意味着它要求中国境内的所有宗教或精神价值体系都必须与“政治合一”，或走政教合一的路子。事实上，中国历史上并非没有政教分离的漫长传统，佛教和道教都是典型的例子。但是不容忽视的是，中国传统治理需要建立在某种“教”之上。即今人称为意识形态的东西，在西方或许也可看成某种政治背后的“教”。但西方人倾向于认为，它是基于社会自发形成的流行观念或思想，经学者加工整理始成体系；由于官方或政府对它缺乏解释上的垄断权和实践中的强制性，故不构成西方现代政治实行政教合一的根据。儒家作为一种意识形态的产生有自发性也有官方性，不过在中国古代它被官方用作科举取士的标准，则有一定的强制性。

严格说来，政教分离并不符合中国文化中盛行的统合主义倾向。因为政、教的完全独立，可能意味着纷争与不和。所以，在中国，佛教和道教虽然走政教分离的道路，但另一方面都选择了出世，即完全不问时政，彻底脱离世事。这样，它们与现实社会特别是政治的张力被降到最低点，不仅不会对世俗政权造成威胁，而且由于它们也教育人民积善行德、奉公守法，反而从另一层面有利于整个社会上下的统合。

（三）心理主义

美籍华裔学者孙隆基先生站在文化心理学的角度试图说明，中国文化对于人的设计与西方文化迥然不同，即中国文化把人设计成身-心的联动结构，而西方文化是把人设计成灵（魂）-肉（体）的分裂结构。我试以下表示之[51]：

表4　中西方“人”

	外	内	深层结构
中国“人”	身	心	安心安身
西方“人”	肉（体）	灵（魂）	动态超越

从这张表可以看出，心在中国文化中的独特含义。表面上中国人的心与西方人的灵魂对应，但灵魂在希腊以来的西方文化中是不死的，可以脱离肉体以及整个世俗世界而独立存在。然而，中国人的心绝对不是不死的灵魂，更不可能脱离肉体和世俗世界独存。中国人的心之另一最大特点是无法在西方语言及人类多数语言中翻译，因为它是理性和感性不分的，在英文中常常不得不译为heart-mind。即在许多语言中分别代表大脑和心脏

的两种功能，统一在汉语中的“心”这一词汇上。也就是说，在中国人看来，一方面，心是感性的，它与外部世界的感应直接导致内心的感受（feeling，emotions）。心与外界的密切感应，导致中国人把安心当作生命存在的理想方式，中国人的一切幸福似乎都依赖于或体现为心满意足、心安理得、心神安逸。但是另一方面，心又是理性的，古人云“心之官则思”（《孟子·告子上》）；有心还是无心、用心还是不用心，是衡量一个人是否负责任的关键。

心既是被动感受又是理性主宰、既有道德意志又有幸福追求的两面性，意味着它是生命中最强大、最重要的力量（张载、朱子“心统性情说”也体现了这一点），因此对个人来说，可以说中国人因心而活着，西方人则因灵魂而活着。也因此，掌握了一个人的心，就是掌握了这个人。换言之，掌握一个人的最佳方式是令其交心，使其用心，得其真心；而统治者成功与否，并不完全取决于今人所谓政绩、程序合理等因素，而主要体现为“得民心”。我曾论证这说明了中国政治的合法性，未必如西方政治那样，以政绩合法性、程序合法性以及意识形态合法性为主[52]，而是以民心合法性为主。从治道来讲，最成功的政治从来都是让人心悦诚服的，即所谓“天下之民归心”（《论语·尧曰》）。孟子则曰：“天下不心服而王者，未之有也。”（《孟子·离娄下》）前面我们所说的王道政治（文明原理），其所谓文明与野蛮区别的标准之一，就是天下心服、四海归心。孟子之所以说“善政得民财，善教得民心”（《孟子·尽心上》），正是基于对中国文化中“心的逻辑”的领悟。

最后，由于心既有感性又有理性，因此自古以来中国政治都以感动人心来建立其统治基础。心的感性特征使人易受感动，心的理性特征使人作出行动。《易·咸·彖》曰：

> 圣人感人心而天下和平。观其所感，而天地万物之情可见矣！

这段话强调圣人、圣王对天下人感召，要能感动千千万万人的心。圣人之治的最大成效之一在于能感动人心，“天地万物之情”均是衡量所感成效的依据。儒家强调，一旦这种感动成功，就能立即转化为无比强大的社会力量和不可估量的道德资源，成为衡量政治治理成败的关键标志，出现人人“可使制梃以挞秦楚之坚甲利兵”（《孟子·梁惠王上》）的奇迹。《论语》也屡言为政者“恭己正南面”“譬如北辰，居其所而众星共之”，《中庸》称“君子不动而敬，不言而信”“不赏而民劝，不怒而民威于𫓧钺”，也反映了中国人一旦心服，立即转化为无穷无尽的力量，成为政治合法性最强大的基础。

另一方面，人心与人心的相互感应，还产生强大的“风动”效应，出现天下人闻风而动、风起云涌地追随的场面，即我们常讲的万众一心、众志成城、同心同德的理想社会。孔子说，“德之流行，速于置邮而传命”（《孟子·公孙丑上》），讲的正是这种风动效应。孟子也说：

> 今王发政施仁，使天下仕者皆欲立于王之朝，耕者皆欲耕于王之野，商贾皆欲藏于王之市，行旅皆欲出于王之涂，天下之欲疾其君者，皆欲赴诉于王。其若是，孰能御之？（《孟子·梁惠王上》）

孟子告诉齐宣王，让天下臣服的方法很简单，只要“发政施仁”，即可以让天下人都来归顺。按照今天的正常思维，任何政治也不可能完美无缺，怎么可能做到“使天下仕者皆欲立于王之朝，耕者皆欲耕于王之野，商贾皆欲藏于王之市，行旅皆欲出于王之涂，天下之欲疾其君者，皆欲赴诉于王”呢？孟子凭什么如此信心满满呢？这和他在告诉梁惠王“地方百里，而可以王”（《孟子·梁惠王上》）的自信来源是一样的，因为他洞察了中国文化中人心的逻辑，那就是“乐民之乐者，民亦乐其乐；忧民之忧者，民亦忧其忧”（同上），只要统治者能“举斯心加诸彼”（同上），则人民虽无“恒心”，但其心也很容易被感动，结果就是人民对你归心。文王之所以能“一怒而安天下之民”（同上），其真正秘密也在于此。

现在我们可以理解，儒家如此重视风化，其原因之一当然也与人心感应作用大有关。好的治理要善于运用中国文化中上述心的逻辑，运用得好，即能创造神奇的效应。东汉学者荀悦在论治道时提出“唯察九风以定国常”，主张国君要“原心”以“绥民中”（《申鉴·政体》），他还提出“治世之臣所贵乎顺者三，一曰心顺，二曰职顺，三曰道顺”，以“心顺”为首。王符《潜夫论·本政》则进一步提出“天以民为心，民安乐则天心顺，民愁苦则天心逆”的观点。以上都说明这些政论家深知，唯有以君心感民心、创造良好的风气才能实现大治。这与《论语·尧曰》“兴灭国，继绝世，天下之民归心焉”的思维逻辑是一样的，区别只在于得民心的具体措施上。当然，风俗的政治意义有超越于具体文化的普遍价值，孟德斯鸠和托克维尔等西方政治理论家也重视风俗的作用，区别在于他们并没有将理想政治状况的基础建立在风化上。

孟子曰：“天下不心服而王者，未之有也。”（《孟子·离娄下》）心悦诚服，荀悦称心顺，王符称天心顺。儒家治道以全天下相和顺为目标，不以经济或功利目标为本。和谐不是功能配合，而是心心相印。一曰心服，心悦诚服。二曰信任，愿意托付。三曰同心，同心同德，故众志成城。四曰自觉，指人心向上，民众道德自觉。五曰归往。王者，往也，天下归往。“近者歌讴而乐之，远者竭蹶而趋之，四海之内若一家，通达之属莫不从服。夫是之谓人师。《诗》曰：‘自西自东，自南自北，无思不服’，此之谓也”（《荀子·儒效》）。为何人心的力量在中国文化中如此强大？这应该用关系本位来解释。心的逻辑是人心齐、泰山移（参见王符《潜夫论·本政》），故儒家认为“得民心者得天下”，《孟子·尽心上》即言“善政得民财；善教得民心”。六曰相亲相爱。儒家治道的心理主义还体现在重视人与人的亲密关系上。《尚书·洪范》“天子作民父母，以为天下王”。作民父母，就是要将家庭亲情扩大到天下国家治理上。“四海之内，合敬同爱矣”（《礼记·乐记》）。“上之亲下也，如手足之于腹心；下之亲上也，如幼子之于慈母矣。上下相亲如此，故令则从，施则行，民怀其德，近者悦服，远者来附。”（《孔子家语·王言解》）《左传·襄公十三年》也载晋人师旷说：

> 良君将赏善而刑淫，养民如子，盖之如天，容之如地；民奉其君，爱之如父母，仰之如日月，敬之如神明，畏之如雷霆。

“爱之”“仰之”“敬之”，是儒家认为理想的治理应当达到的人民对国君的爱敬。这是一种情感，不可以法理言之。

“无讼”作为治道理想的指标之一，何以成立？无讼代表无争。无争是真心和谐的产物。人与人相亲相爱，自然不会争。在人际关系本位的中国文化中，争会伤和气，很难真正对事不对人。文化心理学表明中国人怕争，故羞于直言；而西方人好争，故好直言。最理想的状态是无讼，一旦有讼就表明人民之间缺少敬让，而不亲爱。孔子曰“必也使无讼乎？”（《论语·颜渊》），“善人为邦百年，亦可以胜残去杀矣”（《论语·子路》），故“刑不试而民咸服”（《礼记·缁衣》）。

由上我试图说明，儒家治道的心理主义特点，并认为这与中国文化的此世取向、关系本位及与之相应的身心观有关。这里，我所谓“心理主义”之“理”作动词，故心理主义也可称理心主义。要说明的是，我所用“心理主义”一词切不可用英文以psyche-为词首的单词来翻译，因为英文中psychology主要研究人的非理性的情绪因素，与古汉语中“心”所具有的强烈理性思维和道德责任含义有很大区别。

赵鼎新先生曾提出政权的三种合法性，即程序合法性、政绩合法性与意识形态合法性。[53]如果站在中国政治的立场看，可以说他忽略了在中国传统中最大的合法性永远是民心合法性。这绝不是说政绩合法性、程序合法性和意识形态合法性在中国文化中无效，而是说它们所发挥的作用均不能与民心合法性相提并论。

所谓民心合法性，并不是指民意合法性，虽然以强大的民意为基础。但“民意”是在全民参政的民主时代中多数人的意见，其内容是多数而零散的。而民心则是一个社会中大多数人在心理上和情感上对某个政权的立场。民心并不是一个泛泛的人民心理活动的代名词，而是指人民对某个政权的普遍认可度。

为什么民心合法性才是真正强大的合法性？这是因为中国文化是一个完全取决于人、人群、人心和人伦的文化。在这个文化中，人们特别重视感情，也容易把对事的态度上升到对人，“对人不对事”才是中国文化中最通行的心理。此外，人们从风心理严重，一旦产生了某种风气，往往一发而不可收。民心向背是基于长期积累而形成的民众对一个政权是否合法的态度，也是最容易影响中国政权稳定性的强大因素之一。

中国人在理论上认可的最高合法性基础来自天命，但是现实上最有效的合法性来自民心认可。

六、四个层次

今以表3儒家治道层次为基础，进一步将儒家治道结构以表5示之。

在表5中，不难发现，越是后面的内容（对应表5右侧栏目），越是我们在传世文献中，特别是在史书中所记载的大臣上奏或政策文件中容易看到的。它们代表儒家治道理论在实践中的具体化。相反，越是前面的内容（对应表5左侧栏目），越是体现后面内容的理论基础，或体现了后者的背景预设。这再次证明了本章第一部分中所说的那个观点："越是后面的层次，越具有表面分散性；越是前面的层次，越具有深层基础性。同时，越是后面的内容，越具有现实操作性；越是前面的内容，越体现背景预设性。"

表5　儒家治道结构

预设	原理	原则		措施
一个世界假定	天下原理 文明原理 大同原理	政府	德治原则	敬天、明德、立德、修身、王霸、王道、大一统、君道、开言、纳谏、明察、去谗、杜奸、不嗜杀、不好战
			贤能原则	尊贤、臣道、修身、谏诤、出处
		社会	礼法原则	礼乐、刑法、礼大于法、无讼
			风化原则	移风易俗、絜矩之道、德化、化民
		道德	人伦原则	正名、名分、五伦、亲亲、孝悌、纲纪、三纲、仁爱、齐家
			义利原则	重义、轻利、仁政、王道、有道、五常、礼义
		人	均平原则	慎罚、黜陟、赏罚、均寡
			民本原则	薄赋、轻徭、使民以时、养民、保民、与民同乐

上述表5中的治道原则与措施虽有划分，但在实践中常常重叠交叉、难以区分。特别是措施部分，只是我从古书中随意摘取而来，作为例证罗列的，不仅远不完备，而且它们相互之间，包括不同原则所对应的措施之间，往往也没有明确界限。

现在我们一起来面对一个质疑：儒家治道理论是动态形成的，不是一成不变的。即如本章所谓治道的各个原理、原则和措施，并非一开始就清晰完整，而是有一个发展变化的过程。而本章将其格式化、固定化，就无法体现儒家治道理论的历史性。对于这一质疑，我认为可以这样来回答：本章所谓儒家治道理论的结构，试图揭示的是儒家治道理论的理想模型或理论模板，作为一种概念工具采自马克斯·韦伯的理想型（Ideal Type/Idealtypus），并不是无视这一结构在现实中表现方式的历史性和多样性。本章所分析的儒家治道层次结构，在从三代（甚至更早）到战国、两汉数千年的漫长历史中作为底层模板发生着作用。

让我们再次面对本章儒家治道结构理论可能遇到的另一个质疑：从来不存在一个所有儒家或儒生完全相同的治道理论；对于不同的人来说，其治道思想或观点从来都是有差别的，因而据此认为本章所总结的儒家治道理论将这种差别一概抹杀了。对于这一质疑，我现在的回答是：首先，作为对儒家治道理论的经验总结，它确实不可能兼顾所有人，而只代表对大多数学者适用的一套理论框架或概念模型；其次，我认为，虽然多数儒者在治道方面观点有所不同，但这种不同往往只反映了其针对现实问题而有侧重之异，不等于他们就不接受治道理论的其他方面。我们总结的治道内容并不是所有儒者共同倡导过的，有些内容为一些儒家学者所未言及或未重视的；但这不等于说，那些未被言及或未被重视的治道内容，就不作为这些学者的思想背景或前提而存在。以孟子和荀子为例，可能孟子在治道方面更重视德性和贤能，而荀子则更重视礼治与风化。但事实上，孟子不可能不赞同礼治和风化，而荀子也强调了德性和贤能。因此，孟子、荀子治道理论虽有侧重之异，却有前提之同。本章的目的不在于突出差别，而在于发现差别背后的共同背景或预设。不妨再以植物为例，我们知道同一种植物在现实中的样态会有千差万别，气候、土壤、营养、照料等多种因素对其生长都有影响。但是生物学家还是大体可以给我们画出该植物的共同样式来，代表着它通常情况下的样式模型（理想型），而我们不能说这样做就忽视了该植物样态的多面性。

注释

1 “治天下”“治国”出现次数的统计，依据的是《书同文古籍数据库·四部丛刊09增补版》(清华大学图书馆)。检索数据据原书图像页面核对。

2 其中《墨子·贵义》"治国政"一条义别。

3 "治国"或作"治国家""治政"。又,《庄子·人间世》"治国去之"中"治国"含义有别,《管子·制分》《商君书·禁使》中"治国"同例。

4 参见叶毅均:《论韦伯之"理想型"概念建构——兼与林毓生先生商榷》,载杨国荣主编:《思想与文化:沃格林与中国》(第十九辑),华东师范大学出版社2017年版,第124—146页。

5 相关文献,参见Max Weber, "'Objectivity' in Social Science and Social Policy", *The Methodology of the Social Sciences*, Edward A. Shils and Henry A. Finch, trans. & eds., Glencoe, Illinois: The Free Press, 1949, pp.50-112;节选本参见Max Weber, *Sociological Writings*, Wolf Heydebrand, ed., New York: The Continuum Publishing Company, 1994, pp.262-276(此部分译者为Edward A. Shils and Henry A. Finch,同前书)。另参见Max Weber, *Economy and Society: An Outline of Interpretative Sociology, Part One and Part Two, Chapters Ⅰ to Ⅶ*, Guenther Roth and Claus Wittich, eds., Berkeley and Los Angeles, California: University of California, 1978, pp.1-307;或参见〔德〕马克斯·韦伯:《经济与社会》(第一卷),阎克文译,上海人民出版社2010年版,第91—155(重点参看第93—95、108—111页等处)、333—338页(传统权威)。英文介绍,参见Richard Swedberg, "Ideal Type (Idealtypus)", in Richard Swedberg and Ola Agevall, *The Max Weber Dictionary: Key Words and Central Concepts*, second edition, Stanford, California: Stanford Social Sciences, 2016, pp.156-158。较详细的分析,参见Susan J. Hekman, *Weber, the Ideal Type, and Contemporary Social*

Theory, Notre Dame, Indiana: University of Notre Dame Press, 1983, pp.11-60; Han Henrik Brunn, *Science, Values and Politics in Max Weber's Methodology*, new expanded edition, Ashgate, Aldershot, England: Ashgate Publishing Ltd., 2007, pp.41-47, 207-237。迄今我所见到的中文世界里最好的介绍，参见叶毅均：《论韦伯之“理想型”概念建构——兼与林毓生先生商榷》，第124—146页（本章写作时受惠于此文所提供的部分外文资料信息及作者观点，在此对作者深致敬意）。

此外，韦伯的《社会科学方法论》一书已有多个中译本（读者可参看中央编译出版社1998年版的韩水法、莫茜译本，以及中国人民大学出版社1999年版的李秋零、田薇译本），其著作《经济与社会》（第一卷）现有商务印书馆1997年版的林荣远译本、北京出版社2008年版的杭聪译本、上海世纪出版集团2010年版的阎克文译本等。学界有韦伯后期（1920年前后）与前期（1904年前后）的理想型概念是否不同的争论（讨论参见Brunn, *Science, Values and Politics in Max Weber's Methodology*, pp.41-47；以及叶毅均：《论韦伯之“理想型”概念建构——兼与林毓生先生商榷》），本章以前期论著为重心使用其理想型研究法，故忽略此问题。

本章中有关韦伯理想型方法的介绍主要基于下述论著：Max Weber, "'Objectivity' in Social Science and Social Policy", in *The Methodology of the Social Sciences*（Max Weber, *Sociological Writings*, 1994, pp. 262-274）；Richard Swedberg, "Ideal Type(Idealtypus)", in Richard Swedberg and Ola Agevall, *The Max Weber Dictionary: Key Words and Central Concepts*; Susan J. Hekman, *Weber, the Ideal Type, and Contemporary Social Theory*。另外，也参考了其他个别论文。

6 Susan J. Hekman, *Weber, the Ideal Type, and Contemporary*

Social Theory, pp.27-28.

7 Max Weber, *Sociological Writings*, pp.265-266; Susan J. Hekman, *Weber, the Ideal Type, and Contemporary Social Theory* , pp.18-24.

8 Richard Swedberg and Ola Agevall, *The Max Weber Dictionary: Key Words and Central Concepts*, p.156.

9 Max Weber, *Sociological Writings*, pp.264-265.参见〔德〕马克斯·韦伯:《社会科学方法论》，韩水法、莫茜译，中央编译出版社2005年版，第40页。引文为自译。

10 Max Weber, *Sociological Writings*, p.264.

11 参见上书,第263—264。

12 岳雪莲:《对韦伯社会科学方法论的分析研究》,《科技信息》2010年第26期，第11页。

13 比如，我在20世纪80年代初上大学时学过计算机语言课程，当时计算机尚未走向民用，我所见的“计算机”是一个体积占据整个实验室的庞然大物。所以当时如有人问我什么是“计算机”，我可能回答是“一种在特殊程序语言支配下、用电子手段进行运算的大型机器”，显然这一回复并不代表计算机的全部重要特征，但对我来说这一界定是最有用的了。今天计算机已经全面普及民用，重新定义它时“大型”二字要删除了，“特殊程序语言”及“电子手段运算”大体可以保留，然而今天计算机的主要功能或特征早已远远超过了“运算”，还包括影视、资讯、购物、交友、推销、通话等大量功能。《中国大百科全书》中对“计算机”的定义是:“一般指具有数字运算、信息处理和逻辑推理等基本功能的机器。”（中国大百科全书总编辑委员会《哲学》编辑委员会编:《中国大百科全书·哲学》，中国大百科全书出版社1987年版，第336页。）这一定义当然也不足以涵盖计算机的所有重要特征或功能，甚至不能涵盖所有不同类型的计算机，同时它仅指那些“能正常工作的”计算机（这当然也是理想化假定）。严格说来，这样定义的主要意义在于引导人们认识它，而不在于准确和全面。因此这样定义的“计算机”是否也有理想型特点呢？

14 比如，张岱年先生于1936年写的《人与世界——宇宙观与人生观》一文中说：“哲学可以说是最高指导原理之学。哲学乃自觉的探求自然与当然之基本原理，以为行动之指针。……生活中发生问题，哲学乃想出解决问题之方法者；而实际解决问题者乃是行动，是实验，是革命，是作为。哲学是行动之指针。”（张岱年：《人与世界——宇宙观与人生观》，载《张岱年全集》第一卷，河北人民出版社1996年版，第350页。）

15 梁启超：《先秦政治思想史》，载《饮冰室合集》（典藏版）第29册（专集第13册），中华书局2015年版，第2—3页。标点及着重号为我所加。

16 参见赵汀阳：《天下体系：世界制度哲学导论》，江苏教育出版社2005年版。干春松认为先秦文献中的“天下”有地理、制度和价值三个方面，我以为这三方面在实际儒家思想中往往中糅合在一起、不能分开（参见干春松：《儒家“天下观”的再发现》，《探索与争鸣》2019年第9期，第116—121页）。

17 比如赵汀阳说：“天下概念期望一个世界成为政治主体的世界体系，一个以整个世界为政治单位的共在秩序（order to coexistence）。从天下去理解世界，就是意味着以整个世界作为思考单位，以便能够设想与全球化的现实相配的政治秩序。”（氏著：《天下的当代性：世界秩序的实践与想象》，中信出版集团股份有限公司2016年版，第2页。）“以整个世界为尺度去理解作为整体政治存在的世界，就是‘天下无外’原则，意味着天下是个最大限度的政治世界，一切政治存在都在天下之内。‘天下无外’原则依据的是形而上学的理由：既然是整体存在，天下也必须是整体存在，才能与天相配，所谓‘天无私横覆，地无私载’。‘天下无外’原则先验地（transcendentally）预设了世界是一个整体的政治概念……”（同书，第3—4页）。赵氏这一观点与其前期的《天下体系》一书思路完全一样。

18 参见梁启超：《先秦政治思想史》，第2—3页。

19 所谓“平天下”之“平”含义丰富。古人或以公解平，如《吕氏春秋·孟春纪·贵公》：“昔先圣王之治天下也，必先公。公则天下平矣。平得於公。”《论衡·宣汉篇》：“孔子曰：‘如有王者，必世然后仁。’三十年而天下平也。”平可作人心悦服、天下安定讲，如《左传·文公十八年》：“舜臣尧，举八恺，使主后土，以揆百事，莫不时序，地平天成。”《周易·乾·文言》：“‘云行雨施’，天下平也。”《大学》：“国治而后天下平。”《中庸》：“君子笃恭而天下平。”《大戴礼·五帝德》：“契作司徒，教民孝友，敬政率经。其言不惑，其德不慝，举贤而天下平。”《孟子·滕文公下》：“昔者禹抑洪水而天下平。”《孟子·离娄上》：“人人亲其亲，长其长，而天下平。”《孟子·尽心下》：“君子之守，修其身而天下平。”《春秋繁露·楚庄王》：“用则天下平，不用则安其身，《春秋》之道也。”又如《墨子·尚贤上》：“古者尧举舜于服泽之阳，授之政，天下平。”《邓析子·转辞》：“圣人已死，大盗不起，天下平而无故也。”《盐铁论·取下》：“君笃爱，臣尽力，上下交让，天下平。”《后汉书·郎顗襄楷列传》引京房《易传》曰：“河水清，天下平。”《后汉书·独行列传》：“明年，天下平定。”凡“天下平”之“平”，多有安定、安宁之义。

20 关于古代的天下及天下观，近年来讨论甚多，参见邢义田：《天下一家》，中华书局2011年版，第85—109页；王柯：《从“天下国家”到民族国家》，上海人民出版社2020年版，第7—

68页。王柯论证认为，"'天下思想'以'天'为根据，所以它强调的'天'之'德'不仅适应于构成'天下'主体的'华夏'，也要适应于'中国'周边的蛮、夷、戎、狄。因此，一直主导了中国人国家观念的'天下思想'，自身本来就具备要求实现多民族国家的因素"（同书，第65页）。"中国人关于多民族国家的这种思维，是以'天'的存在为前提的一种先验论的逻辑推论。……这种先验论的'天下思想'其实是先秦时代中国多民族社会这一现象带来的结果。"（同书，第66页）

21 帝、天的早期含义，参见郭沫若：《先秦天道观之进展》，商务印书馆1936年版（此文后收入其作《青铜时代》，见《郭沫若全集·历史编》第一卷，人民出版社1982年版）；胡厚宣：《殷代之天神崇拜》，载氏著：《甲骨学商史论丛初集》，齐鲁大学国学研究所1944年版（"民国丛书"第一编第82册影印本），第1—30页；胡厚宣：《殷卜辞中的帝与上帝（上）》，《历史研究》1959年第9期，第23—50页；胡厚宣：《殷卜辞中的帝与上帝（下）》，《历史研究》1959年第10期，第89—110页；陈梦家：《殷墟卜辞综述》，中华书局1988年版，第561—603页；Herrlee G. Creel, *The Origins of Statecraft in China, Vol. 1: The Western Chou Empire*, Chicago and London: The University of Chicago Press, 1970, pp.81-100，493-506。最新的研究，参见Robert Eno, *The Confucian Creation of Heaven: Philosophy and the Defence of Ritual Mastery*, Albany, NY: State University of New York Press, 1990；罗新慧：《周代的信仰：天、帝、祖先》，上海古籍出版社2023年版，第86—89页；郭静云：《商文明的信仰世界与传统思想渊源》（中编），上海古籍出版社2023年版，第639—644页。

22 冯友兰：《中国哲学史》（上册），中华书局1961年版，第55页。

23 Fung Yu-lan, *A History of Chinese Philosophy, Vol.1: The*

Period of the Philosophers (from the Beginnings to Circa 100 B.C.), Derk Bodde, trans., Princeton, NJ: Princeton University Press, 1952, p.31.

24 梁启超对先秦天道思想的起源及内容论述极精，并且他还搜集了这方面不少古书原始文献。参见梁启超：《先秦政治思想史》，第18—29页。

25 钱穆：《治统与道统》，载氏著：《中国学术思想史论丛（九）》，《钱穆先生全集（新校本）》，九州出版社2012年版，第51页。

26 同上。

27 中国社会科学院考古研究所编：《甲骨文编》，中华书局1965年版，第372页。

28 容庚：《金文编》，中华书局2011年版，第635页。

29 段氏以为“错画”之“错”，当读“逪”，本指青赤交错［参见［汉］许慎撰，［清］段玉裁注：《说文解字注》（经韵楼藏版），上海古籍出版社1981年版，第762页］。徐灏曰：“文象分理交错之形，因以为文之称”（［清］徐灏：《说文解字注笺》（二），载续修四库全书编纂委员会编：《续修四库全书》第226册《经部·小学》，上海古籍出版社2002年版，第221页）。按：《左传·隐公元年》“仲子生而有文在其手”，此处“文”指纹理，即徐氏所谓“分理”。

30 参见李学勤主编：《字源》（中），天津古籍出版社2012年版，第790页。

31 比如，《论语·子张》：“子夏曰：小人之过也必文。”《论语·宪问》：“文之以礼乐。”《礼记·玉藻》：“大夫以鱼须文竹。”《荀子·儒效》：“取是而文之也。”《韩非子·解老》：“文为质饰者也。”《左传·僖公二十三年》：“吾不衰之文也。”

32 今日汉语中的“文明”一词，常指一种政治-社会-文化体系的总体系统与成就，含义基本上从西方而来，与本章不类；不过有时也指野蛮相对的生活方式（英文civilization有时也指此义，不过总的来说含义非常复杂，在不同欧洲语言中还有区别）。

33 此处“刚柔交错”四字据朱熹《周易本义》补，故以［ ］号别之。

34 王道本指先王之道，其理想形态存在于上古，见之于三代。所以韩非子虽不赞赏甚至反对王道，但也承认其特点在于仁义，故有“夫称上古之传颂，辩而不悫，道先王仁义”（《韩非子·外储说左上》）之说。这里王道与霸道的区别，也是战国儒家基于对古先王之道的总结。

35 ［唐］韩愈：《韩愈文集汇校笺注·原道》（第一册），刘真伦、岳珍校注，中华书局2010年版，第3页。

36 本章将大同原理称为和合思想受张立文先生启发，不过内容及阐释出于自己。参见张立文：《和合学概论：21世纪文化战略构想》，中国人民大学出版社2006年版；《和合哲学论》，人民出版社2004年版。

37 钱穆：《国史大纲》（上），载《钱穆先生全集（新校本）》，九州出版社2011年版，“引论”，第21—22页，着重号为我所加。

38 梁启超：《先秦政治思想史》，第71页。

39 合也可指和谐，而和在指调和时也有融合义。比如程颐曾以人与人“无间”释“合”，合即指和谐，谓：“凡天下至于一国一家，至于万事，所以不和合者，皆由有间也，无间则合矣。以至天地之生，万物之成，皆合而后能遂，凡未合者皆有间也。若君臣父子亲戚朋友之间，有离贰怨隙者，盖谗邪间于其间也，除去之则和合矣。”（《伊川易传》卷二《噬嗑》）。又如《墨子·非攻上》：“今有医于此，和合其祝药”，其中和指调和，合指融合，义相近。

40《鬼谷子·忤合》：“古之善背向者，乃协四海，包诸侯，忤合之地，而化转之，然后求合。”可见和合思想绝非儒家独有，在先秦诸子中普遍流行。

41 我考证了此字在六国文字中常写作辞、辭、乿等，三字皆从𤔔而来，后者本义为“理乱丝”。《荀子·修身》：“少而理曰治”；《类篇》：“治，亦理也。”《广韵·至韵》：“治，理也。”朱熹《诗集传·绿衣》：“治，谓理而织之也。”

42 孙诒让：《周礼正义》，王文锦、陈玉霞点校，中华书局1987年版，第63页。

43 ［清］贺长龄：《皇朝经世文编》卷11《治体五·治法上》、卷12《治体六·治法下》，此书有清道光刻本、光绪刻本等，藏于国内各地图书馆等。今人翻印本有《中国近代史料丛刊第七十四辑》［沈云龙主编，（台湾）文海出版社1966年版］、台湾大学1980年版、学苑出版社2010年版、广陵书社2011年版等。电子检索可登录国学大师网：http://www.guoxuedashi.com/search/?shu=6388e&l=1，以“治法”为检索词，即可发现其中多数观点。

44 梁启超：《先秦政治思想史》，第78页。

45 同上书，第82—83页。

46 同上书，第83页。

47 参见萧公权：《中国政治思想史》（上册），（台湾）联经出版事业股份有限公司2004年版，第23—24页。萧氏说：“儒家政治，以君子为主体”，“墨子论政，亦注重贤人”；儒墨共同之处是认为“治乱之关键，系于从政治国者之品性”（第23页）。

48 参见张立文：《和合学概论：21世纪文化战略构想》，中国人民大学出版社2006年版；《和合哲学论》，人民出版社2004年版。

49 参见〔日〕佐藤将之：《参于天地之治：荀子礼治政治思想的起源与构造》，台湾大学出版中心2016年版，第295—319页。

50 有人认为儒学独尊、成为“官教”的时代已无可挽回地过去了，我个人认为未必。参见任剑涛：《当经成为经典》，社会科学文献出版社2018年版。

51 参见〔美〕孙隆基：《中国文化的深层结构》，广西师范大学出版社2004年版。

52 赵鼎新总结三种合法性，即意识形态合法性、绩效合法性和程序合法性。参见氏著：《当今中国会不会发生革命？》，《二十一世纪》2012年12月号，第4—16页；《"天命观"及政绩合法性在古代和当代中国的体现》，《经济社会体制比较》2012年第1期，第116—121、164页。

53 参见赵鼎新：《当今中国会不会发生革命？》，第5—16页。

第一章　论中国文化的三个预设

从本章开始，将涉及本书的理论基础，即20世纪70年代后期以来文化心理学的最新发现。本书借助这些发现提出中国文化的三个基本预设，即此世取向、关系本位和团体主义，这也是我提出重新解释儒家治道的理论基础。让我们先从“文化”一词讲起。

一、重新理解文化

“文化”一词的现代含义是人类学家爱德华·泰勒（Sir Edward Taylor）于1871年确立的，它是指一个社会知识、信仰、艺术、道德、法律、风俗乃至技能等的复合体。[1]泰勒对于文化的定义虽然权威，却也引起人们的疑惑，一个如此之多成分混合出来的东西意义何在？正如格尔茨所说，这一定义“似乎是模糊之处大大多于它所昭示的东西”[2]。

另一个给人带来困惑的是“文化”一词的多义性。克罗伯、克鲁克洪两位学者共搜集到164种不同的“文化”定义，其中157种均发生于1920—1950年这30年间。[3]如果按照菲利普·史密斯（Philip D. Smith）的说法，文化的诸多不同含义可归纳为三个方面：智识、精神和审美能力的进步；各种文艺活动及其产物，如电影、艺术、戏剧等；民族、群体或社会作为一个整体的生活、活动、信仰和习俗。[4]事实上，包括克罗伯等人在内的文化人类学家，大都是从最后一方面来理解文化的。他们多倾向于把文化当作一群人（一个种族或民族）的生活方式。[5]

就本书主题而言，我是把文化作为群体生活方式来对待的。该如何理解作为一种生活方式的文化？

文化人类学者克利福德·格尔茨（Clifford Geertz）认为，“文化就是这样一些由人自己编织的意义之网”[6]。具体来说，文化可定义为在符号中展现、在历史中传承的意义模式，一种以符号方式表达、通过继承获得的概念系统，人们正是凭借它得以交流、延续和发展他们对于生活的知识和态度。[7]文化心理学的倡导者施韦德也认为，文化是一个通过符号组织起来并代代相传的、共享的意义世界，因而是一个典型的“人为制造出来的”世界，作者把这个世界称为“意向性世界”（intentional worlds），意在强调人为因素的作用。在这个世界中，文化共同体内部历史地传承下来的世界观、价值观、信仰和观念等“武断地”决定了一个世界的面貌，并导致不同的文化世界之间具有不可通约性。他以园中野草为例，“野草”之为野草，完全是被定义出来的，其存在、被拔除、被欣赏等也完全由此而定。[8]施韦德的文化概念，目前也为多数欧美学者所认可。当代文化学者也多认为，文化代表一种共享的意义世界（a set of meanings），人们不仅借此相互交流、彼此理解，而且借之认识世界、组织管理；文化是一种群体现象，体现在特定人群的语言、符号、信仰、价值、仪式、制度和生活方式等之中，并以世代相传的方式保存和发展。[9]

在理查德·施韦德（Richard Shweder,又译史威德、许伟德）看来，文化心理学（cultural psychology）主要研究文化因素是如何影响人的思想、情感和价值的，该学科强调了人类存在方式的不确定性（在意义寻求方面），以及世界是人为建构出来的意向性概念（intentional conception of ‘constituted’ worlds）。前者认为人类存在高度依赖于从社会文化环境中把握意义和资源的特点，后者强调主体与客体、实践者与实践、人与社会文化环境之间相互渗透，无法将它们分开来独立对待。“文化心理学的基本观念是，没有一种社会文化环境或其属性可以独立于人从中把握意义与资源的方式而存在，与此同时，人也是通过从社会文化环境中把握、使用意义和资源的过程而转变其主观世界和精神生活的。”[10]文化心理学与其他心理学部门的最大区别在于，它坚决反对人类一切文化中的心理现象都是某种全人类或人性普遍共通的规律或法则的产物的观念（特别是跨文化心理学、普通心理学等无视文化的差别，将所有人类假设为遵照同样的心理规则）。

在《文化思维：文化心理学的征程》（*Thinking through Cultures: Expeditions in Cultural Psychology*, 1991）一书中，施韦德激烈地抨击了启蒙运动以来西方人在一种进化论社会历史观的支配下，以巫术/科学、原始/现代、迷信/客观性等二元区分的眼光看待非西方社会的错误观念，这种观念可以在爱德华·泰勒和弗雷泽（Sir James Frazer）那里清楚地看到。[11]

施韦德说，不同的种族有不同的世界观或价值观，比如很多种族相信祖先的灵魂可以进入一个人的身体里并将其毁坏；寡妇是不祥的象征，应加回避；邻居的嫉妒可能使你生病；灵魂可以轮回（转世）；世间一切都是报应，死亡也不例外；模仿经典启示（parody of scriptural revelation）是亵渎，应受惩罚；等等。这些世界观或价值观与我们的不同，它们是否合理呢？一般人会认为，如果自己的世界观/价值观是合理的话，那么与他们不同的世界观/价值观自然就是不合理的，反之亦然。而人类学相对论者可能认为二者均合理，但这需要以我们理解他人的思维逻辑（make rational scnsc of their conceptions of things）为前提。

也许他人并不是真的与我们有本质不同，尽管双方世界观不同。当我们理解了他人的世界观，会发现他人世界观的可行性。换言之，我们自己的世界观本来就不是固定的，不是只有一种可能性，因为它从一开始在我们自身的文化中就不统一，因人而异。从某种意义上讲，每个人都潜在地具有向一切方向发展的可能性。因此我们感兴趣的是，在不同文化中，某种特定的世界观从隐到显的过程是如何形成的。以婴儿为例，虽然人们并不认为婴儿的潜质在世界各地都是一样的，但是研究证明，婴儿具有一种高度复杂、发达、精致的识别声音的能力。对婴儿的语言能力研究证明，四个月大的新生儿就能辨别特定语言的声调。如果这一能力在两年时间里通过第二语言学习得以保存，就可以保持到成人阶段。但是这一能力在孩子临近一岁时就会消失，以后再激活它也很困难了。例如，对于日语中“ra”与“la”的发音差别，一般的日本成年人是难以辨别的，需要花几年时间才能学会识别它们。但如果上述对婴儿所作的研究可以推广的话，那么日本婴儿在其四个月大的时候对于识别“ra”与“la”的发音差别应该没有困难。从语言学的角度看，可以发现，有某种先于经验的知识，但是由于人们的生长环境只激活了其中一部分，而遗失了另一部分。就好比说，一个婴儿刚来到人世时，他的“键盘”上有很多个“键”，但是后来只有一部分键被使用，而另一些未被使用便被废弃了。由此可以理解爱斯基摩人（又译因纽特人）、巴林人和奥利亚人会与我们有所不同，后天成长环境造成了文化差异，反过来文化性格一旦形成也会代代传承下去。

施韦德进一步从“此在”（existence）与“纯存在”（pure being）的区别来批判西方几千年思想史，说明今日西方文化中心论形成之思想根源：“此在”指各种不同的文化传统，世俗社会中多种多样的存在；“纯存在”指理想意义上的存在样式，作为一切知识追求的目标，柏拉图的“形式”（form）就是其典型，也可指现代科学或哲学家所追求的完全符合理想标准（如经得起一套严格科学手段检验的逻辑论证过程）的知识形式，从柏拉图到笛卡尔再到现代结构主义，都在追求这种形式的“纯存在”。施韦德说，按照笛卡尔的“普遍怀疑”，一切感官的、主观的、具象的、暂时的、地方的或传统的事物，均被当成了偏见、教条或幻觉。

施韦德指出，原本理性、客观性与传统之间并不一定是如此对立的。尼采说过，他只相信会跳舞的上帝。在印度，我们确实看到了神来到了人间，死活都要进入武斗、膳食、浪漫故事、休假、舞蹈等之中。施韦德对各地与基督教不同的自身信仰传统，特别是多神论信仰持辩护立场（他引用较多的是印度的民间宗教），认为各地不同的文化样式，即“此在”，才是“纯存在”赖以体现自身的方式，而不是什么与“纯存在”对立的东西。他主张，没有“此在”，就没有“纯存在”。这是从哲学本体论立场上对西方中心论的否定。

施韦德把浪漫主义当作反叛西方理性主义传统的极好例证。浪漫主义否定了“此在”是“纯存在”对立面的观点，并为“此在”与“纯存在”的关系提供了新的可能：“此在”是“纯存在”与物质世界的结合，是对自然、人与神三者界限的模糊。浪漫主义认识到，感官与逻辑并不能在“此在”与神之间架起一座桥梁。因为感官和逻辑的世界是无生气的、死的，把“超验存在”（transcendence）完全摒弃在外。浪漫主义通过浪漫的方式重新激活自然和感官经验世界，赋予后者以生气，让“超验存在”重新回到此世，无情地嘲弄了过去以“纯存在”征服“此在”的西方传统，后者一直主张表象服从实在，地上服从天上，世俗服从神圣，肉体服从心灵，外在服从内在，表层服从深层，常识服从逻辑，个案服从原则，模糊服从精确，直观服从反思，感觉服从计算，艺术服从现实，主观服从客观，具体服从普遍，特殊服从一般，部落服从国家，差别服从相似，内容服从形式，感觉服从理性，形象服从本质，观察服从深思，传统习惯服从个人自主，等等。浪漫主义否定了这种服从关系，把现实看成了艺术和发明的产物，把客观性看成想象中的“范式”进入自然，把共同体和神圣统统看成世俗知识和自由批评的前提，把具体、特殊的事物看成“超验存在”的媒介，把感觉和感情看成一种理性的存在方式，爱是我们可以证实的本性的实现，语言特别是艺术语言是实在之神圣的表达工具。批评者误解了浪漫主义：浪漫主义的目的是重估“此在”，但不损坏“纯存在”；拔高主观经验，但不否定实在；欣赏想象，但不贬低理性；尊重差别，但不低估人性。浪漫主义将超验实在与自然相结合，将“此在”与“纯存在”相连接——通过刻画神降临的英雄行为，通过充满了猜疑神面目的世俗世界，通过有意发挥想象的启示作用，把我们带向逻辑所到达不到的实在。[12]

施韦德还认为，人类学的意义在于让人们吃惊地认识到，并不是要在一元论的绝对主义与虚无主义之间二选一，因为在二者之间可能还有很多路可走。人类学家发现的他人的生活方式，就像精神分析学家和存在主义者基伯萨特尔（Victor von Gebsattel）所说的强迫症病人的世界一样，在那里“吃惊”是一种“基本存在经验”，激起了旁观者的好奇心。有的人［如艾伦·布卢姆（Allan Bloom）］批评文化人类学走向了相对主义、情感主义和价值虚无主义，指责它导致当代美国青年一代在道德上的堕落和浅薄。然而，文化相对主义的问题并非如此严重，因为它告诉我们不同类型的生活世界不是大脑的主观构想，而是实实在在的。施韦德进一步描绘人类学家所发现的新世界，即让人吃惊或好奇的世界的特征，那就是我们体验到“此在”与“超验存在”之间的张力，我们不仅看到了对“超验存在”“纯存在”的追求和冲动，而且体验到“此在摧毁形式的存在论恐怖”。另一方面，在这个我们自己的世界——也就是基伯萨特尔所说的强迫症病人所反感的世界里，人们如何被其自身的普遍怀疑、逻辑分析和否定“此在”等行为所折磨。他进一步以印度的殉夫行为为例来说明，另外一种世界、另外一种生活方式并不如我们所想象的那么不可理喻。[13]

二、发现亚洲“人”（一）

如果说理查德·施韦德所提出的只是一般性的文化心理学理论，那么20世纪七八十年代以来，文化心理学在东亚文化研究方面取得的突出成就则有助于我们具体理解什么是中国文化。

在1998年出版的由丹尼尔·吉尔伯特（Daniel T. Gilbert）、苏珊·菲斯克（Susan T. Fiske）与加德纳·林赛（Gardner Lindzey）主编的颇具权威性的《社会心理学手册》中，[14]一批文化心理学者写道，过去40年或半个世纪以来，心理学界一直没有认识到人类心理如此深刻地受到了文化的影响，而当代的社会心理学把个人当作一个现存的、孤立的分析范畴，使社会学成了完全是对“社会影响”的研究。心理学界的一种错误观点，是把每个人的心灵比作一架同样的机器或计算机，唯一区别的只是它所加工的材料。殊不知，这种把心灵比作独立于加工过程之外的机器或计算机的做法是完全错误的。当今北美的心理学家们在研究中常常不自觉地假定了一些注重个体权利、独立、自决及自由的文化价值或行为，并无意识地把当代西方的社会形式或心理当作是整个人类的代表。[15]

该书指出，欧美文化把人理解为一种连续、稳定、自主、边界确定、独立于处境的实体，这个实体拥有一系列内在的个人属性，包括爱好、动机、目标、态度、信念、能力、主观感受等，并正是由这些属性支配、决定和影响着个人的外在行为。在这一基础上，每个人把自己想象成一个独特的自我（distinctive self）。具体表现为，在欧美文化中，父母从小就有意识地培养孩子的自我意识。调查发现，有64%的美国母亲和只有8%的中国母亲注重培养孩子们的自我意识。美国中产阶级父母从婴儿起就让孩子与自己分开睡甚至分屋睡。在学校里，孩子们需要学会自己表达自己，自己描述自己，自己展示自己。甚至儿童的课程设置也是为了开发每个人的独特潜力，强化他们各自的“独特感”，所以已经“个人主义化”。美国孩子们养成了“对于一个‘稳定不变的我’的欲望”，这个‘我’是完整、稳定、不可分割和独立于周围环境的。例如，他们认为，一个人换了一种场合就隐瞒自己原来的观点，是“没有自我稳定性”的表现，说明他没有勇气坚持自己的信念。[16]

在个人主义文化中，孩子们从小学会在生活的各个方面养成自主（self-determination）的习惯。表现为被鼓励或要求在各种各样的选择中获得自我的认同感，包括对其食物、衣服、冰淇淋、洗澡时间和发型等生活中方方面面的事情自己进行选择和决定。孩子们被鼓励对自己的每一件事情，哪怕是非常细小的事情，都由本人亲自决定。“你是现在就睡呢，还是先洗个澡再睡？”一个独立而自主的自我就是这样形成的。美国社会生活的方方面面都是围绕着让人们按照自己的喜好进行自我选择而展开的。在超市里，在餐厅里，在所有的购物场所，人们被要求不断地进行自我选择，并由此展示、确认或表达他们的独特自我。“Help yourself”（自助），美国人就是在这一过程中获得自我的独特感和对自身命运的主宰意识的。这种社会及自我的个人主义模式在社会心理学的绝大多数领域中被或公开或潜在地使用着。[17]

但是，在中国、日本、韩国及东南亚地区，人的概念颇不相同，认为“人”从根本上就是与其他人相联系的［按：在中国古代，每一个人的生命都是前辈生命的一部分，所以才有曾子临终时“启予足、启予手”(《论语·泰伯》)之说；历代的国君也都把保存好家业或者说祖宗之业当作自己最神圣的责任]，注重同情心、互助、依附、亲情、等级、忠诚、尊重、礼貌。因此，每个人都感到自己与他人处在“相互依赖”之中，社会关系、角色、规范和集体比个人的需要更受重视，对一个人的期望是他能够调节自己以满足他人的需要，为自己所在的组合、集体、机构或国家而工作。这种“相互依赖型的人”(the interdependent model of the person)，以他人或群体为本位，倾向于认为那些我行我素、自我中心、刚愎自用的人幼稚和不成熟。[18]

在美国学校里，好学生的衡量标准是能干(good performance)、发挥自己独特的潜力；而在日本学校里，好学生的标准则对每个人而言是完全一样的，即心地善良、有恒心、热情、助人、刻苦、勇于自我批评等。西方文化要人们“认识自我”(know the self)，而亚洲文化特别是佛教则要求人们忘我、无我(ignoring and transcending oneself)。[19]

在东亚社会里，母子亲密接触现象十分普遍，包括同浴、同眠；在其他类型的关系如上下级关系中也有类似现象。在欧美文化中，人们被鼓励大胆而自信地表达自己的观点；而在许多东亚社会，人们要学会“倾听”别人，解释别人的意思，而不是表达自己。“多听少说”，甚至“不说”，在东亚社会中往往是被提倡的；人们被教育要学会适应社会和理解别人，以他人为导向。日本的母亲在孩子需要作决定时，往往不是问孩子自己的倾向是什么，而是代孩子决定和办理。日本人或东亚人往往以情感的态度来看待事物，而不是以理智的、关心原因的方式来看待事物，这是一种移情（feeling and empathy）思维。例如，在一项实验中，中国大学生在“理解”一群鱼的感受方面比美国大学生多得多。在东亚社会，“道歉”，甚至是不问原因、不管自己是不是真错的“道歉”是十分重要的。这种谦虚的、自我批评的态度，有助于与他人交流和建立关系。“使人害臊”（shaming）是东亚社会中教育孩子时常用的手段。[20]

值得一提的是，以美国密歇根大学心理学系的尼斯贝特（Richard Nisbett）等人主导的比较研究项目发现：与西方相比，以中国、日本和韩国等为代表的东亚文化在思维方式上具有relational, contextual, interdependent（即关系性、处境性和相互依赖性）等特点，并可以得到大量心理学实验的支持。理查德·尼斯贝特（Richard Nisbett）在《思维地图》（*The Geography of Thought*, 2003）中对东亚思维关注关系、处境和相互依赖的特点有集中讨论。下面是他做的两个试验，可以帮助我们理解东亚思维与西方思维方式的若干区别。

试验一：设计一种由八种色彩激活的水下动感场景，

其中有一两条鱼体积最大、色彩最亮、运动也最快，另外还有其他一些运动速度相对慢一些的鱼、石头、泡沫等（见图1）。该场景向被试验者先后放映2次，每次20秒。分别让来自日本京都大学与美国密歇根大学参加试验的学生来描述他们看到了什么？结果发现：对于体积最大、运动最快的“焦点”鱼，美国学生和日本学生提到的次数一样多，但是日本学生提到背景物如水、石头、泡沫、水下植物及其他动物的次数比美国学生多60%。尽管美、日学生提到活动动物的次数一样多，但日本学生提到背景事物之间关系的次数是美国学生的两倍。另外，日本学生开头一句话往往是“这是一个水池”，而美国学生开头一句话往往是“一条很大的鱼，可能是鲑鱼，正在向左方游去”。[21]

图1　尼斯贝特情景试验一：你刚才看到了什么？

另一项实验是：让所有参加者看96种不同事物的照片，其中一半是他们以往见过的，一半未见过。然后，以两种方式重现这些东西，一种方式是让这些事物在与当初同样的环境中出现，另一种方式是在与当初不一样的环境中出现。（见图二）结果发现：日本学生对于重现环境未变对象的识别能力大于美国人，而对美国学生来说，环境的变化对其识别效果根本没有影响。这说明：东亚人所认识的对象与环境“紧密连在一起”。再将一批动物放在多种不同的背景下展示，测试美国学生与日本学生识别它们的准度和速度，结果再次发现日本学生比美国学生更多地受到背景的影响；而当背景发生变化时，他们犯了比美国学生多得多的错误。[22]

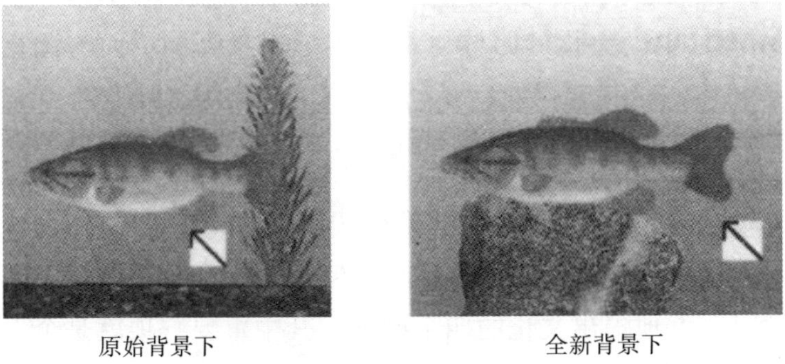

图2　尼斯贝特情景试验二：在不同背景下找同一物

三、发现亚洲“人”（二）

另一类有关亚洲人人格特征的文化心理学研究，是20世纪70年代末以来，由荷兰学者吉尔特·霍夫斯泰德（Geert H. Hofstede）等人发起、美国学者哈里·特里安迪斯（Harry C. Triandis）等一大批学者跟进的文化团体主义（collectivism）研究。霍夫斯泰德通过对美国IBM公司在全球66个国家（后来国家数量大幅增加）的分公司员工中进行大规模问卷调查后，提出了个人主义–团体主义作为文化的四个维度之一的观点。[23]此后，以美国学者特里安迪斯为代表的一批心理学家在这个问题上进行了大量的实证研究，取得了丰富成果。[24]根据他们的研究发现，中国文化的团体主义指数是相当高的；而与此相对的，欧美多数国家文化的个人主义指数比较高。

具体来说，霍夫斯泰德视文化为人类集体具有的“心灵程序”（mental programming），从孩提时代起就在各民族中得到培养和强化，长大后最清楚地表现在价值观上。[25]他提出文化的四个维度，其中重要一项就是个人主义/团体主义维度。他最初根据一家美国跨国公司在全球40个国家的分公司的问卷调查，设计了用于衡量个人主义程度的14个工作目标方面的指数，以此说明各国文化的个人主义/团体主义程度（个人主义程度高，即指团体主义程度低；反之亦然）。[26]

特里安迪斯、彭迈克（M. H. Bond）等一批学者对于文化团体主义作了大量深入细致的研究，成果相当丰富，此处略加介绍。根据梁觉（Kwok Leung）的说法：

> 大体来说，个人主义指这样一种趋向，即一个人更关心自己的行为对于满足自身的需要、兴趣和目标的效果；与此相反，团体主义则指这样一种趋向，即一个人更关心自己的行为对于其所在集体的效果，同时也更愿意牺牲个人利益以满足集体需要。在个人主义社会里，自己人（ingroup）与外人（outgroup）之间的区分相对不重要，自主、竞争、成就及自足更受人们重视。在团体主义社会中，人们对于自己集体的行为方式与对待其他集体明显有别，人与人关系和睦，集体内部的团结更受人们重视。[27]

许志超和特里安迪斯（C. Harry Hui and H. C. Triandis）设计了70个不同的问题去问社会科学家们，比如“你的私人所有品，衣服/鱼竿/收音机/自行车等，是否有人代用或提出借用？”答案从“一直有人”到“从未有人”，由此得出团体主义者具有如下特征[28]：

（1）高度注重自己的行为对他人的意义；

（2）与他人共享物质或非物质资源；

（3）注重集体内部的团结；

（4）受到害羞（shame）的控制；

（5）结果好坏均与人分享；

（6）自认自己是集体生活中的一分子。

特里安迪斯等人联合了来自九个国家的十余位心理学家，在一个共同模型之下对所在国家的团体主义/个人主义文化特征进行统计分析。[29]他们确立了四大类参数（factors）和21个不同的参数项（items），对每个参数项的回答分为六个档次（从极其赞同到极不赞同），对每个参数项的好坏及合适与否加以评估，只有九国中的八个国家都合适的参数才会被采用。对于每个参数的六档问题，各找100位对象进行调查。见下表：

表6　文化团体主义/个人主义参数

参数1	自主（self-reliance）和追求享乐（hedonism）
1	我对个人问题宁愿自己解决，而不是与朋友讨论
2	在我的生活中最重要的事情是自己快乐
3	一个人单干比在集体中工作更好
4	在面对棘手的个人问题时，最好自己作出抉择而非听从他人建议
5	如果集体怠慢我，最好离开它去单干
参数2	与所在集体保持距离（separation from ingroup）
1	如果孩子获得了诺贝尔奖，父母无论如何都不应该感到自豪
2	如果父亲由于对集体的服务或贡献而受到政府官员的高度赞扬，子女们不应感到自豪

续表

3	多数情况下，我对与比自己能力低的人合作并不情愿，不如自己干
参数3	家庭团结度（family integrity）
1	人应当尽可能独立于他人生活
2	我认为在完成一项任务时，能否比别人干得更好很重要
3	上了年纪的父母应当与子女们生活在一起
参数4	相互依赖及社会性（interdependence and sociability）
1	如果亲戚跟我说他（她）遇到了经济困难，我会量力帮助他
2	我喜欢与我的好朋友住得近
3	对一个人的判断（评价）应当从他自身的优点出发，而不是从其所在单位出发

最后的调查结果是：在家庭团结方面，哥斯达黎加、中国香港、印度和印度尼西亚得分最高，法国和荷兰得分最低；在相互依赖及社会性方面，哥斯达黎加、美国伊利诺伊州女性得分最高，希腊和印度尼西亚得分最低；在与集体保持距离方面，美国伊利诺伊州人与法国人得分最高，中国香港与印度得分最低；在自主及追求享乐方面，智利得分最高，印度尼西亚得分最低。

需要特别指出，多数研究发现，文化团体主义的一个最突出特征是区分“自己人”和“外人”。“自己人”（in-group），下面也译为“团体”“所在团体”“圈子”，“外人”也（out-group）译为“其他团体”“圈子外”等。在对“自己人”和对“外人”方面表现出巨大差别，其中一个典型的例子是“二战”中日本人不把受侵略国人民当“人”看。[30]另外，有关研究还发现，文化团体主义对于争端宁愿采取中介介入、协商和妥协等方式来解决，而在个人主义文化中则不然。[31]在报酬分配上，文化团体主义对于同一集体成员会采取比文化个人主义更平均的方式分配。[32]还有研究指出，文化团体主义社会中威权主义较个人主义盛行，上下级之间等级关系更加明显，等等。[33]

当然，正如特里安迪斯和霍夫斯泰德所强调的那样，任何文化都同时存在文化团体主义和个人主义成分，只是程度不同而已。[34]霍夫斯泰德经量化分析后得出的结论是，个人主义程度高的国家有：美国、澳大利亚、英国，紧随其后的国家还有加拿大、荷兰、新西兰、意大利、比利时、丹麦、瑞典、法国、爱尔兰、挪威、德国等（皆是工业发达的欧美国家）；个人主义程度低的国家或地区有委内瑞拉、哥伦比亚、巴基斯坦、中国台湾、泰国、新加坡、中国香港等。南美国家如智利、秘鲁、墨西哥、巴西、阿根廷紧随其后。[35]中国无疑属于文化团体主义程度较高的国家。[36]

下面我们介绍尼斯贝特所做的几个试验：

实验一：让一些人来参与一个“不幸体验”的试验。现在需要有一些人品尝一种苦味饮料，受试者需要通过抽签来决定谁来品尝。受试者有两种抽签方式：一是受试者被告知，他需要单独抽签四次，每支签上都有号码，四支签上的号码总和决定他是否需要品尝这种苦味饮料。二是受试者被告知，会将其与其他三个人组成一组，每人抽一支签，由另外三个人签上的号码总和来决定他是否需要品尝这种苦味饮料。但受试者不会见到同组的另外三个人。最后要每个受试者说出，他认为自己一个人单独抽签更幸运，还是四人一组共同抽签更幸运。日本受试验者认为四人一组抽签更幸运，而美国人则认为一个人单独抽签更幸运（但美国女性与亚洲人相近）。事实上，没有任何证据证明，一个人抽签与四人共同抽签对结果有任何实际影响。[37]

实验二：两位社会心理学家问一批韩国人和美国人，在一堆图片对象中，他们更喜欢哪一个，美国人选择最罕见的对象，韩国人选择了最常见的对象。让他们选择一个笔作为礼物，美国人选择了最不寻常的笔，东亚人选择了最流行的笔。[38]这说明美国人更倾向于追求个人与众不同的独特性，而东亚人则更倾向于与他们一致，或相处和谐。

实验三：让不同年龄的日本人和美国人参与一项实验，从不满2岁到成年人，让他们看由特定材料构成的对象，比如看一个由软木塞构成的金字塔。然后，分别向他们出示两个盘子，其中一个盘中放着同样的软木塞，但所构成的金字塔形状不同；另一个盘子中是由其他材料构成的同样形状的金字塔。要求被试者回答其中哪一种代表你开头所看到的对象（文中称为dax）。美国人倾向于选择形状相同的，日本人更喜欢选择材料相同的，从不满2岁的儿童到成年人皆如此。这个测试主要说明，西方人和东方人看到的世界是如此不同：西方人看到的是独立的、有显著特征的不隶属于其他事物的客体；东方人看到的是连续的材料，是更加整体化的处在与其他事物关系中的世界。[39]

实验四：让一批美国、中国及日本7—9岁的儿童参与一项试验，问他们："GREIT这几个字母可以拼出哪些字？"孩子们被告知，他们可以按照某种指定的方式去做；他们还可以从几种已知的拼字法中选择一种去做；还有一些儿童被告知，他们的父母是按照哪种方式去做的。研究者要检验每个儿童采取的拼字方式及花费时间。美国儿童对于按照自己选择的方式去做表现出极大的兴趣，而对于按照妈妈教导的方式去做表现出极低的兴趣，这说明他们认为如果是后者的话，其自主性会受到伤害，个人兴趣得不到鼓励；与此相反，亚洲儿童则对于按照妈妈教导的方式去做表现出极大的兴趣。[40]

除此之外，尼斯贝特还讲到这样几个故事：一位年轻的加拿大心理学家在日本生活了几年后，向北美大学申请职位。他的导师惊恐地发现，在其申请信的开头竟然为自己"不配该职务"而道歉。尼斯贝特还谈及了自己同行中有一位非常杰出且职位甚高的社会科学家，他本人是一位深具加尔文派廉直精神的苏格兰-美国长老会的坚定成员，他有一个儿子也是从事社会科学研究的。在20世纪70年代职位稀缺时，他的儿子不得不整日为找工作辛苦奔波。而这位父亲非常自豪地表示，尽管他可以很容易地帮助他的儿子，但是他从未这样做。[41]

2002年，美国密歇根大学的三位心理学家达纳·奥伊塞尔曼（Daphna Oyserman）、希瑟·库恩（Heather M. Coon）和马库斯·凯梅尔迈尔（Markus Kemmelmeier）三人撰文对过去二十多年来个人主义-团体主义的研究进行了全面总结；[42]2007年，玛丽莲·布鲁尔（Marilynn B. Brewer）、陈雅如（Ya-Ru Chen）撰文指出，[43]他们发现，迄今为止对团体主义的所谓研究其实不一定是在研究团体主义，至少不是研究者所设想意义上的团体主义，而是在研究一种人际关系。具体来说，团体主义者所关心的核心概念即“团体”（in-group），其实很少在研究中被关注，多数调查问卷的问题都集中在“人与人的关系”上而不是“团体”上。这是一个非常有趣的发现。按照两位学者的划分，文化团体主义应当区分为两类：关系式团体主义（relational collectivism）与集团式团体主义（group collectivism）。这一发现在东亚文化中尤其有意思，那就是东亚人所表现出来的团体主义，是一种关系式的团体主义。换言之，是按照人际关系的原则来建立的团体主义。而在美国等个人主义指数高的国家，并非没有团体主义，甚至有非常强的团体主义，但不是在东亚式的人际关系为基础之上建立的。我认为这进一步说明中国文化的团体主义来源于关系本位的文化心理结构。

四、文化预设 / 文化无意识

在2011年出版的《角色伦理学：一个新术语》中，安乐哲（Roger T. Ames）先生这样说：

> 正是在时间中积淀、在自然语言中得以保存、能自我复原的深层结构（substratum）中创造了独特的文化传统；承认此一现象，是进行富有成效的文化比较的必要起点。[44]

他又指出，“一种持存的深层结构（deep stratum）通过多个世纪积淀在人们的思维和生活方式中，并作为一种持续的内驱力支撑着许多表面的变化”；它变成人们的“共识”，虽然此“共识”“总是难免有变化过程，但相对来说，又总是能复原和持续的”。[45]

这种“深层文化心理结构”[46]，安乐哲又时常称其为“文化预设”（the cultural assumptions or presuppositions[47]），

他认为在中国文化传统中它不是别的，正是中国人独有的、以关联性思维为特征的世界观。这一世界观早在商代可能就已形成，后来在中国人的语言内容和结构中以一种强大的延续性保存了下来，造就了中国文化和中国文明区别于人类其他文明的独特所在。

安乐哲进一步提出，是否可以说，中西方文化各有自己的深层结构，保存于各自传承的语言中，形成为各自特有的文化预设，而柏拉图、亚里士多德、孔子等都不过是其各自深层文化结构的表达者？正是由于迄今为止，西方学者仍然不自觉地站在自身的文化预设中而不能自拔，才导致他们无法正确地理解中国思想？[48]而我则认为，这并不仅仅是西方学者的问题，同样也是中国学者的问题。

如果说西方学者至今难以跳出自身的文化预设，是否可以说，中国学者同样无法跳出自身的文化预设，是导致他们无法在全球文化的广阔视野中理解自身文化传统的主要原因之一？至少在我看来，极少有人真正超出现代学科的界限，认识到我们与我们的祖先数千年来对于天下、国家和人生真谛的探索，大都是在下述三重共同的前提或文化预设下进行的；这些前提或预设，仍深深主宰着我们的心灵，在我们开展学术研究时常常对它们缺乏明确认识，也不知道它在多大程度上影响着我们的心灵，塑造着我们的立场；如果我们能对这些前提性预设有真正的反思，认识到它们的武断性，认识到它们的影响力，也许对于儒学以及许多中国文化传统有更好的反思和研究。在这些文化预设或文化深层结构因素中，我认为最重要的至少有三个，即此世取向、关系本位和团体主义，它们只有在与其他人类伟大文化比较时才能真正发现其存在和力量。

不妨界定一下：所谓“文化预设”，我指的是一个文化中人可能不自觉地形成的那些思想或看法，它们被人们不假思索地信以为真、不言而喻地视为当然，而实际上是一种武断但被普遍接受的前提性共识。正由于这些共识普遍被当作一切思想及活动的前提，文化中人通常缺乏对其深刻反省的能力。严格说来，“文化预设”无所谓对错与好坏，它们是在漫长的生活经验中经过无数代人无意识地形成的；它们不是基于理性的加工、思辨的推理或哲理的演绎；它们无关乎意识形态需要，不是为了现实指导原理的需求，并非出于哲学体系建构。相反，它是后者的前提或基础。从某种意义上说，它反映了人类特定群体的无意识，因此我认为是一种“文化无意识”。[49]这并不是说人们对其全无意识，而是指它们通常以不言自明、不加反省的方式对多数人发挥支配作用。

最早认识到此一现象的可能是一批文化人类学家。早在20世纪40年代，人类学家本尼迪克特（Ruth Benedict）和克鲁克洪（Clyde Kluckhohn）等人在文化研究中即提出了文化无意识问题。[50]后来，结构人类学家列维·斯特劳斯（Claude Levi-Strauss）也对文化无意识的问题进行了讨论。[51]到了20世纪90年代，在心理学界形成了一门新兴学科，即文化心理学（cultural psychology）。文化心理学运用心理学方法开展文化比较研究，对于人类不同文化特别是东西方文化差异的认识作出了突出贡献。文化心理学所发现的不同文化的思维方式特征，深刻地揭示了文化无意识的强大力量。

在中国，20世纪70年代末以来，李泽厚先生可能受荣格、本尼迪克特等人启发，曾提出有名的“积淀说”和“文化心理结构说”。与他约略同时或稍晚，美籍华裔学者孙隆基先生曾提出“中国文化深层结构说”。孙隆基借用结构主义的观点，来研究中国文化的深层原理。他把深层的文化心理结构比喻成河流的河床，认为这是一种文化中最难改变或者改变最慢的部分，所以对中国文化大传统的影响至深至广。[52]这种通过漫长历史积淀而成的深层文化结构，安乐哲先生将其描述为“在时间中积淀……能自我恢复的深层结构”，我想这大概是“文化心理结构”这个词在英文中最好的说明了。

本章所谓“文化预设”，与李泽厚、孙隆基和安乐哲所说的文化心理结构或文化深层结构含义相近，是一种文化无意识，本书有时也称为文化习性。借用安乐哲的观点，文化预设或文化深层结构是历史“积淀”出来、蕴藏于日常语言的语法结构和术语中的，因而在特定文化中代代相传，它让一种文化形成区别于其他文化，形成自己的特征。

在本章中，我只讨论那些在诸子百家兴起前即已形成并形塑了诸子之学且一直到今天也未改变的三种文化无意识或文化预设。本章认为，过去数千年来，此世取向、关系本位和团体主义这三重“文化预设”深深影响了中国文化的内容和方向，决定了中国社会的整合方式，也相应地决定了儒、道、释在中国文化中的主导地位，决定了中国文化的核心价值系统。我在过去的研究中也试图证明这一点。[53]本章将试图说明，这一文化心理作为文化无意识发挥作用的方式，可以在很大程度上解释儒家治道的内容和特征。因此，本章将以此文化预设为主要视角来研究儒家治道问题。下面我就将重点分析一下中国文化的三重预设。

此世取向、关系本位和团体主义并非任何人强加于中国人的文化心理，而是一个在漫长历史演化过程中不自觉形成的文化无意识（或说文化的集体无意识）。本章中又称这种文化无意识为“文化预设”或“文化心理结构”。正因为它是一种文化心理结构，不能仅凭个别人的意志而从总体上摆脱；个别人可以超越它，但作为一个文化生命整体，要摆脱它的束缚则极为困难。至于这种文化心理结构是如何形成的，今天我们确实没有足够的材料可以找出其精确时间，但有一点是清楚的，即我们根据殷周金文、《左传》、《国语》以及其先秦诸子的材料足以说明，它在西周时期就应已基本定型，此后一直支配着中华民族长达三千多年，即使在今天也没有明显的松动。我要强调，本章所提的此世取向、关系本位和团体主义作为中国人的文化心理结构，在于提供一种更加有解释力或更好的解释框架来说明中国文化中的种种现象，只是作为一种“假设性前提”，希望得到更多证据的证明。

正如文化人类学所发现的那样，每一种文化都可能有自己的无意识机制；而文化之为文化，乃是一种“集体的心灵程序”（霍夫斯泰德语[54]），它一代代地复制下去，保持了自己极其顽强的稳定性和连续性。[55]正因为它是一种文化无意识，所以对一个民族的群体生活方式影响无比强大；正因为它有根深蒂固的连续性和遗传性，所以任何对一个民族文化无意识的改造都必须在掌握其内在规律的基础上才能进行。就其作为一个文化中人成长的基本土壤而言，它是中性的，不能用价值判断标准来评判。

必须特别强调的是，文化无意识对人群的支配有其消极层面，它甚至可以把一个民族引向毁灭。比如日本和德国曾经分别是亚洲和欧洲团体主义较强的两个民族，其民族主义导致了全民族疯狂地投入毁灭性的战争中。在日常生活中，中国人呈差序格局的人际关系，导致中国式“自私”，只顾小家而不顾大家，也导致中国人长期在人际关系上消耗了极为庞大的成本。我曾指出，这也正是主张彻底摆脱俗世、隐居山林的道家之所以长盛不衰的原因之一。此外，如前所述，山头主义、帮派主义和地方主义作为上述文化团体主义的产物之一，其在中国文化中的危害也是人所共知的。我由此认为，一个民族的精神传统，特别是这一传统的领袖（思想家、精英）们所做的主要工作，往往就是帮助人们走出文化无意识的误区。但他们之所以能够这样做的前提是对其文化习性（即文化心理结构）有清醒的认识，至少他们自己对其文化无意识有了一定的“意识”，唯此才能保证他们所提出的方案具有针对性。也正因为这个原因，我想强调的是，一个文化中的问题，包括权威、制度和价值的问题，往往不是想当然地从国外拿来某个方案就能解决的。而儒、道、释之所以成为中国传统的主流，恰恰是因为它们对这一文化心理结构的针对性。[56]这是我们今天反思新文化运动的必要起点。

文化无意识（文化预设、文化心理结构）代表了一个文化中对人身安全感的认知，也引导着人们价值观和人生观的塑造。不管你觉得它是好是坏，都不得不在接受其现实的情况下来探讨未来方向。因为文化无意识既可以把人引向好的方向，也可能把人引向坏的方向。因此，当文化中形成一种健康的价值观时，它可能积极引领人们走出文化无意识的误区，走向繁荣和发展；当文化中形成一种不健康的价值观时，它可能导致人们在误区中越陷越深，甚至自我毁灭。这些价值观有时被人们树立为核心价值，但不等于说人们所树立的就应当成为核心价值。

如果有人说，他非常不喜欢上述关于中国文化无意识（文化预设/文化心理结构）的内容；他坚信中国文化无比伟大，拒绝承认这些文化心理结构的限制，那么我可以说，喜欢与否是个人的事，至于是否不受其限制，那要看在什么意义上。如果说中国古代的伟大传统不受其限制，那只是说它们清醒地认识到这些限制，并从超越这些限制的意义上发展了起来，而成其伟大。但是另一方面，中国传统的“特色”本身，它与其他民族文化传统的差异，以及由此所决定的中国文明路径与西方的不同，恰恰是由于其在此文化心理土壤中成长起来后才具有的，也说明没有什么完全不受文化心理结构影响的“特色”。

很多人把20世纪新文化运动当作中华文化走向独立和觉醒的伟大转折，从此走出历史传统、步入崭新纪元。本文想换个角度来讨论这一问题。

我们都知道，在过去三千多年历史上，中国文化曾不止一次经历过类似的巨大转型危机，尤以春秋战国（前771—前221）和魏晋南北朝（220—581）两个时期为剧。这两次转型都经历了数百年时间，都始于对主流文化传统的质疑，终于对过去历史传统的回归；从汉代经学复兴到隋唐科举取士，从董仲舒儒术独尊到程朱道统重建，无不表明中国文化在历经数百年彷徨后，最终又回到了自身的大传统中。尽管每次转型都不是机械的回归、简单的还原，而是伴随着空前的融合、巨大的创新，但是在回归中国传统文化的大传统方面却并无二致。这就是我曾经提到的所谓尊德重礼的中国文化大传统。

人们常说，宋明理学吸收了佛老，却忘记了另一个更重要的事实：它毕竟不像佛教一样消极出世、否定此世，也不像道家一样超脱现实、追求逍遥。无论宋明理学受佛老多少影响，至少它与孔子一样尊重六艺，与孟荀一样坚守伦常，与汉儒一样捍卫三纲；这些正是它与佛老最根本的区别，也是中国文化终于回归自身大传统的标志。

为什么中国文化在经历了几次巨大挑战和危机之后都能回归自身的大传统？我认为，其根本原因在于中国人的深层文化心理结构并未断裂。具体来说，我认为过去数千年来，在表面的意识形态、政治制度、经济基础和宗教势力变迁的背后，即中国文化的背后，有一股巨大的潜流在起作用。这股潜流，我称之为中国人的深层文化心理结构，其实是一股强大的文化无意识机制；不管你是否承认它，它都在决定着中国文化的走向；只要这种文化心理结构未断，中国文化总是会以不同的方式重回自身的大传统。

鉴于这一文化心理结构至今并变，我们有理由相信，最近一百多年来中国文化虽饱经西方文化冲击，并表现出类似于百家争鸣的面貌，但最终一定会像历史上一样，再次回归自身的大传统。

当然所谓中国文化的“大传统”，并非某个抽象、绝对的“本质”；中国文化传统一直在变化和发展着，但是所有的发展都是从一个共同的源头出发，后世与前世之间的历史连续性、继承性清晰可辨。所以，回归自身的大传统并不是机械地复旧，而是指回到源头来寻找价值，依据传统来重建制度。同时，回归自身的大传统也不是武断地排外，而是依据自身来吸取精华，站稳脚跟再向外整合。

五、此世取向（一）

我认为，一个几千年来支配中国文化方向的世界观可称为“此世取向”[57]。所谓“此世取向”（英文可称this-worldliness，或this-worldly orientation），也可称为“一个世界”（李泽厚语）的假定，即以人的感官所及的这个世界——以天地为框架，以“六合”为范围，以某种循环往复的过程为时间——为唯一世界，或称终极实在，同时不以死后的世界或鬼神居住的世界为目标或指导原则。这里的“此世”一词，不限于地理空间，而包含着时间过程；不限于此生此世，也意味着死者居所。它是一个“空间时间化、时间空间化”的时空一体化的世界整体（This-World），其中时间、空间不分，没有独立于感性经验的先验的空间或时间。[58]数千年来中国人的世界基本上就是这一个世界，鬼神即使有，也存在于这个世界上，只是其居所与人有别而已。

中国文化的“此世取向”预设，可通过与希腊文化、犹太-基督文化、伊斯兰教文化、印度文化的对比得到更好的理解。

希腊文化的彼世取向性质可从希腊哲学区分现象世界与本质世界——柏拉图称为可感世界与可知世界——中得到说明。史华兹（Benjamin I. Schwartz,）认为，古希腊从第一批哲学家即米利都学派以来对于始基（本原）的探索，正是基于现象与实在的区分，而其基本思路是一种还原主义，即一切日常可见事物皆可还原为若干极为简单的粒子或原则，“还原主义则必定要包含这一观念：在‘实在’和‘现象’之间存在着某种偏离；人们会在恩培多克勒、巴门尼德（Parmenides）和德谟克里特那里发现这一观念。在这些人的宇宙观中，世界通过我们的感官经验呈现的状态，在某种意义上并不是实在的世界。……然而，在大多数相关性宇宙论中，我们日常经验中相互关系到一起的‘具体’实在，是我们自然环境和人事环境的真实内容，它们依然是不可还原的。……古希腊米利都学派沿着还原主义方向前进，他们的关注面似乎显然会不同于中国的相关性宇宙论者。”[59]按照古希腊哲学家柏拉图的说法，可感世界即人的感官所及的这个世界属于现象范围，而哲学家的永恒任务是超越现象世界，通过灵魂的转向去发现现象背后的那个可知世界即本质世界。本质世界与现象世界的区分在于它的永恒不变性。[60]史华兹认为，中国人早期的阴阳五行思想，与希腊哲学家关于宇宙本原的理论只有表面上的相似性，实质上却是不同的，因为希腊哲学家宇宙本原的思想是以“还原主义”为特点的，而中国人的思想则不然。[61]按照这一观点，则中国人所谓的“天地”也罢、“六合”也罢，皆属于可感世界。不仅如此，无论是九重天外还是九泉地下，无论是蓬莱仙境还是昆仑之巅，皆属于可感世界范围，追求与这个世界合一（所谓“天人合一”），至少在希腊哲学家看来非常不可取。

在犹太-基督文化中，灵魂不死以及对于死后世界的设定，是以一种末世论世界观为基础的。末世论（eschatology）相信这个世俗的世界迟早有一天会结束，在那一天到来之时，每一个曾经活过或正在活着的灵魂都将根据其罪孽大小接受审判。末世论实际上是以道德眼光对世俗世界的彻底否定，这种世界观在伊斯兰教中也得到了共享。按照这种世界观，人活着的目的是摆脱这个世界，活着的方向目标或最高原则也来自另一个世界。末世论世界观认为这个世界从本质上只是短暂的瞬间，注定了要从整体上消亡。按照这种世界观，任何把这个世界本身当作目标、当作最高理想或原则并追求与之和合（如天人合一）的观念，都是彻底堕落或无望的。

在以婆罗门教–印度教–佛教为代表的印度文化中，对现实世界的否定是通过“六道轮回”等信念而确立的，每个人的生命都是无限的，众生都生活在充满罪恶的生命轮回中，而宗教修行的根本使命无非是解脱——最高的解脱就是从六道轮回中解脱出来。印度人的世界想象比中国人丰富得多，他们认为世界不止有一个，有三千大千世界，有相当于恒河沙粒一样多的世界；但是所有这些世界无不是虚幻不实的，也都是需要彻底摆脱的。这种“四大皆空”的思想与中国人把天地之内的这个世界当成唯一世界、唯一真实的来源和一切法则的根源差别实在太大了。

相比之下，数千年来中国人的“世界”是比较简单的，世界只有一个，那就是以天地为框架、以六合为范围的这个世界是一切生命与非生命、活着的与死去的事物共同且唯一的家园。中国人也相信鬼神，不过并不认为鬼神生活在这个世界之外，天堂与地狱都是这同一世界的一部分。不仅如此，中国人的多神观让这个世界的真实性得到了加强，因为每个神都是一个自然物的主宰，是它的保护者。山神是保护山的，海龙王是管理海的，日月星辰也都有管理它们的神。有了这些神的保护或管理，其他力量就不能侵犯它们。万物皆然。另一方面，中国人并不认为鬼神代表什么值得凡人向往的理想世界。就人而言，他们死后变成了“鬼”。按照《易传》等的说法，鬼只是一些游荡于这个世界上的云气而已。[62]也可以说是魂离魄而后的飘散状态，故有“孤魂野鬼”之说。所以，鬼的世界是恐怖和可怕的，是人竭力逃离的。也正因如此，汉语中有关“鬼”的术语都是负面的：鬼头鬼脑、鬼哭狼嚎、鬼鬼祟祟、鬼迷心窍、鬼东西、见鬼了、鬼话，等等。这样的鬼的世界，怎么可能是人所追求的呢？又怎么可能成为我们生活原则的来源呢？（关于鬼神，后面我将展开论述。）

正因为中国人只相信一个世界，他们也把这个世界从整体上神秘化和崇高化，把它当作一种崇拜的图腾。他们相信，这个世界蕴含着一切原则、原理，一切事物的秘密终将可以在这个世界中被找到。所以中国人相信所谓天道、天理、天则、天命、天意、天性等，哲学家、思想家的宏伟使命就是发现天地之道，人间最高级的存在就是与天地法则一致。所谓“与天地合其德，与日月合其明，与四时合其序，与鬼神合其吉凶”（《周易·文言·乾》)，所谓“天何言哉？四时序焉，风雨兴焉”(《论语·阳货》)，所谓“致中和，天地位焉，万物育焉”“与天地参”(《中庸》) 都表达了中国人对于天地的无限崇拜。

如果说，儒家的理想就是把这个世界本身当作最高目标来造就，从未把任何脱离这个世界的其他世界当作人类的理想，因而是高度入世的，那么道家也从未脱离这个世界来追求生命的理想。道家一方面以长生不老的方式来让人们摆脱对死亡的恐惧，因而它对死后世界其实也是极力回避的；另一方面，它的理想世界诸如昆仑之巅、蓬莱仙境等也不过是这个世界的一部分。庄子“庖丁解牛”的养生之道，是提示人们延长此生生命或扩充此生生命意义的一种活法，实际上是建立在对这个世界和当下生命形态的肯定之上的。庄子“以天地为棺椁，以日月为连璧，星辰为珠玑，万物为赍送”(《庄子·列御寇》) 的说法，正是建立在中国文化的一个共同假定之上：天地是最大的现实，每一个人都源于它而生，死后仍回归于它。与其消极地面对这个现实，不如积极地参与这个现实，与之融合无间，从而不再惧怕死亡。这就是中国文化中对于个人生命意义的最高理解：天人合一。

在人类文明的长河中，很多文化都具有以“死”或“死后”为朝向或为标准的特征。比如，起源于印度的婆罗门教和佛教等宗教抹杀生与死的界限，常人活着与死后都在同样的“三界六道”中。这其实是一种典型的以死后为取向的宗教，因为如何摆脱死后进入轮回，成为每个人活着的首要课题；生命的无限和永不消亡，却给此生带来了巨大压力。又如，基督教同样也是一种以死后世界为取向的精神传统。每个人的灵魂都是不死的，而我们现在生活于其中的世界是短暂的和虚幻的，就像光影一样缥缈；相比之下，只有死后救赎的那个世界才是永恒和真实的。所以活着就是为了死后——为了死后更好地“活着”；死亡虽不可怕，但死时得不到宽恕则非常可怕。事实上，基督教正是通过这种生死观强化了人们在此生此世的职责。此外，基督教关于每个个体的灵魂独立自存、相互平等和永恒不灭的观念，对于现代西方个人独立、平等和自由等价值观的形成起到了极为重要的作用。

然而，在中国文化中我们看到的是另一幅景象。总的来说，在中国历史传统中，并没有死后世界之完整清晰的理论学说；几千年来，中国人基本上不是按照死后世界的目标或观念来组织和安排此世生活的。

比如，中国最重要的本土传统之一——道家，严格说来就没有死后世界的明确观念；或者说，道家的死后世界还是这个世界，所以它希望通过“长生”把我们永留于这个世界。事实上，在道家学说中，整个世界是以“天地”为准的（与儒家同），并未超出基督教中的此世

(this-world)或印度宗教中的“三界”等的范围。因此，道家虽然常被我们说成是“出世的”，但若以其他宗教传统来衡量，则可以说是入世的，因为它并没有对此世持否定态度。这样一来，道家就不可能像佛教、基督教等那样以死后世界为取向来塑造现世生活。但这并不等于说道家没有彼世，而是认为彼世即在此世中。这个彼世，需要人通过努力来达到，在超越小我、趋向自然的过程中“体验”到。道家将主要精神用于探讨如何改变看待这个世界的方式上。在庄子等人看来，永恒、不朽不像在基督教或佛教等之中那样是现成的前提，而是每个生命应该追求的最高理想，这个理想只有在人与天地(或称自然)合一的境界中才能实现。

儒家对于死的态度既与印度宗教和基督教有别，也与道家截然不同。大体来说，儒家对于死后的存在及其世界“敬而远之”。孔子甚至在被逼问、不得不回答的情况下，也只用“未知生、焉知死”(《论语·先进》)这样的措辞敷衍了事。虽然儒家把祭祀鬼神看得非常重要，“国之大事，在祀与戎”(《左传·成公十三年》)，其用意也只是用理性的方式改造古老的祭祀传统，以达到教化的目的。事实上，和一切其他宗教相比，儒家的最大特点在于，它心目中的天堂不在彼世，不在死后，而是此生此世，包括对于个人来说是成圣成贤，对于国家来说是实现“王道”。儒家经典《大学》为一个人一生所罗列的修身八条目，包括从格物、致知、诚意、正心、修身，到齐家、治国、平天下，都不仅是尘世的理想，而且绝非为了死后的任何目标。这一点与道家其实是不谋而合的。

人们也可能说，在儒家典籍及中国人的生活中，鬼神的观念是非常发达的。但是，中国人的多神信仰是否意味着他们对于死后世界或人生彼世的追求呢？回答显然是否定的，正是这一点不仅与犹太教、基督教和伊斯兰教传统迥异，也与婆罗门教、佛教和印度教不同。大抵来说，中国人心目中的“神”，不是人类生命的创造者，也不是为了拯救人类而来的，它们通常只是一些神秘、不可知和令人畏惧的力量而已。在世俗生活中，任何具有不可思议力量的人或物，都有可能被当成神（例如“股神”）。所以中国人所信奉的山神、河伯、风伯、雨师、土地公，乃至于主宰日月星辰和生老病死的“神”，其实都是我们这个世界的一部分，等待着人们供养。它们不仅并非生活在世界之外，也不以把人引向彼世——死后的世界——为目的。因为中国人的神和人生活在同一个世界上，无论是九重之天，还是九泉地下，都还是这个世界的延伸，仍然属于此世。

如果从中国人的“鬼”观念看，就更容易理解中国人文化的此世性。“鬼”这个词无论从任何意义上讲都是消极的，要竭力逃避的。如果“鬼”代表一个人死后样子的话，那么它在中国文化中恰恰是恐怖的象征。中国人有一种说法，鬼神乃是阴阳二气聚散形成的。《周易·系辞上》称“精气为物，游魂为变，是故知鬼神之情状”，张载称鬼神为“二气之良能”(《正蒙·太和篇》)。此外还有一种说法，死亡就是魂、魄离开人身所致（参见《左传·昭公二十五年》《礼记·郊特牲》)，因此招魂成为一种极有意义的尊重死者的方式。[63]由此看来，死亡是十分可怕的事情。尽管中国人对于自己祖先的“鬼”（或“神”）大加崇拜，但这在一定程度上也是出于恐惧、不敢得罪和求得庇佑的心理。其实，无论他们多么祭拜祖先，对于自己死后是否真的会变成鬼或者神，谁也不知道，更不敢确信。正因为不敢确信自己死后生命是否存在，所以任何一个珍爱生命的人都害怕死亡的到来。此外，中国人也并不认为“鬼”会生活在一个理想之所，恰恰相反，他们常常担心死后变成鬼的亲人缺衣少食、到处流浪，所以不断地向他们供奉。请问谁愿意把这样的鬼当作自己的追求目标呢？这与基督教认为人的灵魂永恒存在，无论是活着还是死去，都以摆脱肉身、让灵魂真正获得自由即进入天堂为最高追求完全相反。

那么，中国文化的此世取向究竟从何而来呢？要从源头说，当然非常难。我们根据陈梦家、张光直和郭静云关于殷商时期神话的研究不难发现，商人的世界已经是“一个世界”了。在《尚书》《周易》《诗经》《仪礼》

《左传》等中，我们照样可以看到鲜明的此世取向；先秦诸子的世界观当然也普遍预设了此世取向或一个世界的观念。

这种此世取向或许在《周易》中得到了最典型的阐发，也许代表了后世各家宇宙观的共同模型，不仅儒、道两家共享，诸子百家皆享。具体来说，《周易》宇宙观的基本逻辑是以天地为范围，一切人类活动不出此范围；其次，以天地为最高准绳，天地关系当然体现了人间一切事物基本关系的出发点，人间一切事物均要以“天地之道”为指导原则。

《周易》包含《易经》和《易传》两部分，其中《易经》据历史传说可能经历了从伏羲到周文王长达数千年的漫长演化；而《易传》作为孔子及其后学对《易经》思想的进一步阐发，虽然时代晚于《易经》，但就宇宙观来说，我认为它是对《易经》宇宙观的总结，也可以说是对中国古代宇宙观的最好总结。

《易传》认为，天地的高下象征尊卑和贵贱，故曰“天尊地卑，乾坤定矣。卑高以陈，贵贱位矣”。天有形象，地有形体，故“在天成象，在地成形”。以乾代表天之性能，以坤代表地之功能，万物从乾获得阳气，从坤获得形体，故曰“乾知大始，坤作成物”。天地交感，乾坤结合，形成万物的类型、气质（刚柔）、变化，进一步形成风雨、雷霆、日月、寒暑、男女。这些东西充满天地间，其盛衰生死、吉凶祸福有八卦所代表：

> 天尊地卑，乾坤定矣。卑高以陈，贵贱位矣。动静有常，刚柔断矣。方以类聚，物以群分，吉凶生矣。在天成象，在地成形，变化见矣。是故刚柔相摩，八卦相荡。鼓之以雷霆，润之以风雨；日月运行，一寒一暑。乾道成男，坤道成女。乾知大始，坤作成物。乾以易知，坤以简能。(《周易·系辞上》)

《易传》还主张，人间世界一切行为和追求，不是要超出这个世界之外，而是以天地为对象，尽最大可能地理解它（天地）、接近它。《系辞上》强调，《易经》之所以重要，正是因为它“与天地准”“与天地相似”“弥纶天地之道”。其创作方法是，“仰以观于天文，俯以察于地理”，从而能“知幽明之故”“死生之说”及“鬼神之情状”。不仅如此，它还“知周乎万物而道济天下”“范围天地之化而不过，曲成万物而不遗”。它使人以最佳方式适应这个世界，“乐天知命”，敦仁能爱。

人们常把《周易》宇宙观与柏拉图等人为代表的西方哲学宇宙观相混淆，部分是由于“metaphysics”这个词被译成了“形而上学”（日本学者井上哲次郎借《周易·系辞》“形而上者谓之道”译出）。我认为其间有一项差别值得关注：《周易·系辞》中所谓“形而上者”，其实并不是真的要超出此有形世界之外，只不过是指出如何把握此有形世界，以便更好地回到此世界；毕竟“道”也是此世界的一部分，在此世界中，而不在此世界外。因此中国人的形上学或形而上学（如果可以成立的话），本意并不是教人如何脱离此世界、超越此世界，而是教人更好地适应此世界，回到此世界。这是中国文化几千年来的主导传统。而柏拉图等人的metaphysics所代表的“形而上”的思维方式则不然，理论上说，它对此有形之世界持否定态度，在有形世界与无形世界之间制造截然的分裂与对立，其所追求的恰恰是要脱离此有形世界，进入无形世界。柏拉图所谓的“洞穴比喻”，所谓“灵魂转向”，所谓“心灵上升”，指的都是从有形世界进入无形世界（参见《理想国》第七卷）。他之所以认为哲学高于诗歌、绘画、戏剧乃至几何，正因后者仍然没有完全摆脱感性经验（参见同书第十卷）。这种倾向无疑与后来的基督教传统相吻合。亚里士多德的metaphysics早期以具体的个体实在为第一本体，应该说与此有别，但其所谓本体（ousia）也当理解为超验的存在。亚里士多德强调，哲学的真正动力来自纯粹的求知欲，这是一种纯粹的思想的自由，“并无任何实用的目的”（982b20-21）[64]。无实用关怀的纯粹思想自由，实际上也代表脱离此有形世界、进入无形世界的倾向，因为它并不追求如何更好地适应此有形世界或回归此有形世界。亚里士多德晚期区分形式与质料，与柏拉图趋近，再次显示出超越此世界、趋向无形世界的倾向。而这种倾向自近代以来长期没有得到中国哲学工作者很好的理解，他们总是说“中国哲学重道德，西方哲学重知识”。这一说法已经暗含着这样的思路：西方人重知识，所以才有科学发达，仿佛重知识也是为了能解决实用的需要。

此世取向对于中国文化的影响是极其深刻的。因为并不从彼世或来世寻找此生安身立命的基础，所以对此世界特别小心地经营；要从每一个日常生活细节中寻找做人的方法或技巧，导致把烹饪、喝茶、养花、书法、绘画、击剑、气功等一切活动都当成了养生和艺术，务欲从中找到无穷的快乐。如果来世的世界仍然是这个世界，我们的灵魂永远超不出“这个世界”，那么此生此世就不得不被当作人生最重要的工作对象，因为人的生命只有这一次。换言之，如果彼世是真实可靠的，此世界就变得虚幻，于是超越或寻找最终离开这个世界才是正道。至于此世界是否和谐、稳定或太平则不具有首要的意义，因为它注定了是要被否定、超越或取代的。这是西方metaphysics思维的特征，而绝不是《周易》宇宙观。我在其他地方已经论证过将metaphycis译为“形而上学”所包含的误导性，此处不赘。[65]当然，在佛教中，中国人后来也发展出了一套彼世界的神话，但是其影响主要停留于民间；在精英或学者阶层，真正占主导地位的还是此世性思维。即使在民间，那些彼世界的神话也大都以“劝善戒恶”为宗旨，并不是以进入另一个世界为每个人的最高人生追求。换言之，中国人的彼世神话，是为了让人在此世活得更成功服务的。这与基督教不同，后者直接把此世视为虚幻，把彼世当作实在，并以追求彼世（天国）的生活为人生最高理想。

此世取向必然会导致对处境的高度关怀，因为处境是此世界最重要的成分；此世性也必然导致关系取向的思维方式，因为人与人的关系是此世界个人处境中最重要的成分。这些都与一个事实有关：此世性意味着对这个我生于其中的世界的高度肯定，即我们只有一个世界，永远（包括死后）只有这一个世界。从这个角度讲，“内在超越”这个说法还是有一定的误导性的。因为它可能让人们误以为要从一种与西方mataphysics或神学不同的途径，即内在的方式，来超越这个世界、超越此世。而实际情况是，中国人的宇宙观或《周易》宇宙观的基本特点恰在于并不是要超出这个世界，而是永远驻留于此世界。如何更好地贴近此世、经营此世才是它给每个人的一生提出的主要任务。

中国人的“重和”意识，其实与根深蒂固的关系思维和此世（界）思维有关，因为中国人的人生安全感来自关系，即自身与外部世界的关系平衡，包括人与人、人与团体以及人与世界的关系。这种关系本位，加上高度的此世取向，决定了中国人必然把此世界是否和谐看得异常重要。《周易·乾·象》上说“保合大和”，与《中庸》“和者，天下之达道也”“致中和，天地位焉，万物育焉”的思想，都体现了中国人创造一个全球和睦大家庭的世界梦想。但是这种梦想对于以个人为本位的西方文化来说则不一定有特殊意义，因为西方文化强烈的彼世倾向，使他们把否定、超越此世界当作重要目标。美籍华裔人类学家许烺光在《美国人与中国人》一书中曾对这种差异作了异常精辟的分析，此处不赘。[66]

六、此世取向（二）

很多学者尤其是一大批西方汉学家都注意到上述问题。

比如，当代西方汉学的重要开拓者葛兰言（Marcel Granet）认为，中国古代宇宙观的一个重要特点是没有完全独立于现实世界之外的“超验存在”（transcendent realities ouside the human world）。[67]他指出，中国人的宇宙观以阴阳、五行为基础，把整个世界当作一个连续体，且以这个连续体本身为万物的最高原则，因而不需要坚定的彼世信仰，对于鬼神的崇拜也不是建立在彼世信仰之上，因而“天人合一”是所有中国人信仰的基础。[68]

美国汉学家牟复礼（Frederick Mote）一再论及并强调，中国古代没有创世神话（creation myth），中国人自古并不真正相信一个外在于宇宙的独立的神或其他超验存在，这一事实对中华民族后来的发展具有的意义不可估量。他引用卜德（Derk Bodde）的话说到，盘古开天地的神话严格说来并不代表中国人的宇宙形成观（cosmogony），它是直到公元3世纪才形成的可能来自印度或中国南方苗族的思想。[69]他分析没有彼世神话的宇宙观对中国人生活方方面面的影响之大，并从七个方面（鬼神、制度、恶/原罪、权威、和谐、时空等）进行总结，包括对中国人的信仰、权威和制度等的影响。比如他说，中国人因为没有彼世的明确观念，所以鬼神也生活于与人同一世界中，导致无法形成一神论。而这个倾向，又导致中国人的权威不是来自彼世的无上造物者即上帝（a supreme creator God），而是来自世俗的人间，因而法律不可能获得来自超理性的、不可挑战的上帝的至上权威。事实上，在中国人的世界里，同时存在着妖、怪、神、尸、饿鬼等一切东西。他举例说，欧洲中世纪的基督徒理论上可以逃脱父母权威的束缚，宣称自己接受上帝的领导；他可以离开家庭而变成牧师。但在中国，这是完全不可能的。[70]由于中国人生活在一个完全世俗的世界（即使宗教也是世俗的），于是相应地，人与人的关系成为直接而首要的事物（the relationship of the one to the other is direct and primary）。[71]

当代学者史华兹虽然借用雅斯贝斯（Karl Jaspers）

的“超验存在突破”来解释中国古代思想，但他同时认为，中国古代思想的一个“广泛共享的文化预设”就是“以整体主义的‘内在论’（immanentist）为特色的秩序观念”。[72]他在另一篇文章中以道家为例指出，中国古代的伦理思想是此世取向的（at the ‘this-worldly’ pole）。中国古代的理性主义与希腊的理性主义最大区别在于，它所面对的不是希腊的城邦（polis），而是整个宇宙，人类秩序与宇宙秩序不分；中国人的秩序世界还包括鬼神，中国人从未从秩序观念中排除鬼神而是以之为其中的一部分，这与希腊神话中鬼神的“彼世性”（otherworldliness）不同。换言之，中国人的世界观从未经历过所谓“除昧化”（disenchantment）的过程。[73]“正如西方产生的‘有机论的自然主义’思潮一样，中国的‘有机论的自然主义’中也不存在任何‘世界灵魂’（world soul）或天界统治者（Heavenly rulers）的痕迹。”[74]

郝大维和安乐哲（Daveid Hall and Roger Ames）在其三部重要论著中系统、全面地阐述了其对中国宇宙观的看法，特别强调了不可用西方文化传统中具有特定含义的“transcendence”（超验存在）一词来理解中国古代宇宙观。他们认为，中国人的宇宙是一个完全“内在的宇宙”（immanant cosmos），而transcendence在希腊文化和基督教传统中根深蒂固，在严格意义上指独立于此世界之外、完全不受此世影响且作为此世界的绝对法则或终极原因。他还专门批评了史华兹、牟宗三、白诗朗（Johan Bethrong）和李明辉等人仅仅从“超越于现实”这一宽泛的意义接受“transcendence”这一术语用于解释中国传统，其负面影响包括会强化人们对东方传统的西方式误读，让中国的年轻一代误以为中西方传统有共同基础，低估中国哲学在代替西方主流传统方面对世界文化可能有的贡献，忽略transcendence传统在西方衰落的重要意义。[75]

张光直（Kwang-chih Chang）先生通过对春秋以前（前2200—前500）的中国青铜时代的考古研究得出，中国宇宙观的特点是：无论是人还是神、有生命还是无生命、活的还是死的，都共存于同一个世界之中；这些存在物一方面按照一定的层次存在，另一方面又彼此互动着；所有的层次中最重要的两层是天地之分；巫、觋可以穿越各层次。此外，人们还发明了其他各种方式沟通天上与地下。[76]张光直也把这种宇宙观直接称为“天人合一”的宇宙观，并认为“中西方文明为不同的原则支配”。他说：“我作为一个考古学者，相信数千年来，人们对宇宙和对人间秩序的安排，一直有两种不同的方式，而我并不相信这两种方式中，有一种完全胜于另一种。”[77]

杜维明在谈论中国古代宇宙观时采用了“存有的连续体”（continuity of being）这一说法，他在《存有的连续性：中国人的自然观》一文中对这个问题作了全面、系统而深刻的论述，认为中国人的宇宙观有连续性、完整性和动态性三个重要特点，即整个宇宙是一个完整而有机的整体，在它之外不存在任何创造者或主宰者，这个整体具有深刻的动能，本身就代表最高原则，其各个部分在密切关联和动态作用之中。杜维明还曾论述认为，儒家的理想是每个人在对家庭、社群直到天地的参与中不断趋向终极的自我转化，由此成为君子或圣贤。儒家世界观中的最高存在是“天”，但这个“天”并不是完全外在于人的僵死存在，而是内在于每一个人的生命中，每个人因此也是天的共同创造者。[78]这种世界观无疑建立在对此世的高度肯定之上。

在中国学者当中，张岱年先生应当是较早对中国文化此世取向有明确认识的人之一。他在其早期著作《中国哲学大纲》中分析中国的宇宙论时认为，其重要特点之一就是，虽谈本根（事物之根源）和大化（事物之演变），但不以现象世界为假象；相比之下，印度哲学和西洋哲学“以现象是假是幻，本体是真是实”，“这种观念，在中国本来的哲学中，实在没有”；因为“以本体为唯一实在的理论，中国哲人实不主持之”。[79]

李泽厚先生也许是当代中国学者中对中国文化此世取向最早有自觉认识的唯一一人。他早就指出，“中国文化及其审美的情理结构是以此世人生为根基、为极限”[80]，并称其为“以‘一个世界’为根基，以‘乐感文化’‘实用理性'为特色的华夏文化心理结构"[81]。他后来又将其"一个世界"与"实用理性""乐感文化""情感本体""儒道互补""儒法互用"等对中国文化传统特色的概括，一起纳入"巫史传统"的大框架中，认为"巫君合一"（亦即政教合一）消除了"超验的客观存在的上帝观念"出现的可能，"没有独立、至上的人格神观念"，而形成中国思想史的根本特色。[82]他从巫史传统的角度重新解释了"一个世界"观念的形成过程，这就与其早期主要从儒学来解释"一个世界"观念产生的过程有很大区别。[83]他指出，"中国人也不是完全没有'超越'的'天'和另一个世界，但在观念、情感和思想上都很不明确、很不确定。与希伯来的上帝之城、柏拉图的两个世界很不一样。所谓生死的两个世界不过是这个世界的伸延、复制、美化和理想化罢了"[84]。

美国哈佛大学东亚语言与文明系普鸣（Michael Puett）教授系统全面地考察了自马克斯·韦伯以来，西方汉学界两种相对立的关于中国古代宇宙观（或世界观）的解释：一是从马克斯·韦伯、雅斯贝斯、冯友兰、史华兹到罗哲海（Heiner Roetz）等人所代表的普遍主义路径，是一种进化论解释框架，即倾向于认为人类所有文化的宇宙观均遵循大致相同的发展路径，大约是从神话到理性，从宗教到哲学，从巫术、有神论和泛灵神到人文主义、理性主义和自然主义的发展。其中，雅斯贝斯主张所有文化在轴心期均经历了一个出现“超验存在”（transcendence）的突破，在中国、印度和古希腊均出现过另一种影响似乎更大的路径，即以葛兰言、牟复礼、张光直、葛瑞汉（A. C. Graham）、李约瑟（Joseph Needham）、郝大维和安乐哲等所代表的特殊主义路径（普鸣未用“普遍主义/特殊主义”这一术语，不过意思十分明显），即一种文化本质主义框架（cultural-essentialist model/contrastive model），倾向于认为中西宇宙观存在根本差异，中国宇宙观大抵是一种有机的、关联性宇宙观（correlative cosmology，organism），认为宇宙是一个内部相互关联、自我生长、自我调节的有机总体，神不在世界外而是世界的一部分，而且人的世界与神的世界基本一致或缺乏张力。有的学者更指出，中国人没有提出“超验存在”（或以为好、或以为坏），或者说中国式宇宙观是non-transcendent（非超验的）。

普鸣认为，这两种相反的对于中国早期宇宙观的解释都有问题。他通过对青铜时代到汉代早期人、神（spirits）和宇宙（the cosmos）关系的研究提出新的解释，认为要抛弃人与神在中国古代缺乏张力的先入之见，中国古代“人神一致”（continuity between humanity and divinity, 后者包括spirits or heaven）的说法是不成立的。在中国早期宇宙观中，人与神之间的张力非常明显，“天人合一”最多到战国晚期才出现。[85]这里需要指出的是，虽然普鸣一再强调中国古代人神紧张，其所谓普遍主义和特殊主义的差异也是事实，但不能否认中国古代宇宙观的几个重要方面的确存在，其中包括：有机主义、总体主义、内在主义和关联性宇宙论。事实上，如前所述，持普遍主义立场的史华兹也是承认内在主义（接近于此世取向）、有机主义和总体主义的中国古代宇宙观的。

这里要指出，一般学者只是停留在说有机主义、总体主义、关联性宇宙观以及内在主义（此世取向）四者之间密切相关上，但本章要指出，此世取向在一定程度上可以理解为总体主义、关联性宇宙观（甚至有机主义）等的更基本源头。因为正如后文所说，总体主义其实是文化团体主义的放大（有机主义乃是总体主义的另一种形式），而关联性宇宙观正好可以理解为关系本位的一种形式。

七、关系本位

此世取向在整个中华民族性格的形成中所造成的影响是极其深远的，其直接后果之一就是导致一种我称之为“关系本位”的深层文化心理结构的形成（当然，我不是说此世取向必定导致关系本位，它只是必要条件）。所谓“关系本位”，我指中国人普遍生活在人与人、人与物的关系而不是人与神的关系中，并在一种层级化的关系网络中寻找自己的生命意义和人生归宿，表现为人与人在心理上、情感上以及价值观上相互模仿、相互攀比、相互依赖的思维及生活方式。[86]这种“关系本位”，也被西方汉学家称为“关联性思维”（correlative thinking）。[87]

对于中国文化中“关系本位”的研究，自从20世纪末以来取得了长足的进展，不过主要体现在人类学、心理学等学科中。虽然中国学者梁漱溟先生早在20世纪40年代就提出过中国文化“伦理本位说”（梁同时也指出此即“关系本位说”）[88]，但真正用科学统计的客观方法研究这个问题的还是一批文化心理学家。特别是以美国学者理查德·尼斯贝特为代表[89]，同时包括北山忍、马库斯等在内的一批心理学家[90]在这个问题上取得了重要突破。尼斯贝特明确提出东亚文化在思维方式上的“处境化、关系性和相互依赖性”（relational, contextual, interdependent）的特点。此外，杨美慧和安德鲁·基普尼斯（Andrew Kipnis）等人通过实证调查方式研究了华北地区关系学盛行的具体情形。[91]中国学者中，杨国枢、杨中芳曾对中国文化中的“关系”进行过认真研究，翟学伟近来所作的有关人情、面子与权力再生产的研究也与关系本位密切相关。[92]

这里一个非常重要的问题是，中国人因为相信只有一个世界，于是在精神寄托上所能依赖的也只能是这个世界上的东西。但是由于这个世界的万物与自己距离有远有近，关系有亲有疏，人们不可能以同样的方式依赖于所有人或物，于是他们也只能在一种层级化的关系网络中定位自己。这就是费孝通先生所谓的“差序格局”[93]。其中最近的关系是与自己家人的关系，而最远的关系也许是自己与这个世界上毫不相干的、陌生的人或物的关系。由于“鬼神”也生活在这个世界上，并且能直接或间接干预我们的人生，所以人与鬼神的关系当然也是最重要的关系之一（无神论者除外）。对于鬼神，中国人就用祭祀这种方式来处理，而祭祀的方式正表明人们认为鬼神也不能脱离这个世界，也需要依赖人的供奉。这种“关系本位”，直接导致如下一系列后果：

首先，中国文化中真正的力量永远是人际关系，其力量远比一切制度强大。在中国人的现实生活中，“关系学”永远盛行，正是因为人们真正信得过的是关系而不是制度。在中国人心目中，一旦“关系乱了”，世界也就乱了。也正因为如此，儒家主张天下治乱从关系做起。从《中庸》的“五伦”为“天下之达道”，到《白虎通》“三纲六纪”之说，都说明儒家早就认识到，在中国文化中，天下大治依赖于人伦关系秩序的建立，这绝对不能用现代人靠法治建立秩序的观念来理解。这就是为什么儒家有“治人”重于“治法”思想的深层来源。

其次，从根本上说，个人的人生安全感来源于自己与对象的关系是否和谐，因此“和”成为中国文化中的核心价值。体现在社会现实中，人们用风调雨顺、国泰民安、九州大同、保合大和等词语来表达他们对于理想生存环境的强烈渴望。而体现在个人生活中，最理想的情况是我与整个世界都能和谐一致，这样才可能从根本上彻底消除人生的不安全感。所以“天人合一”成为中国文化中的最高理想，或者说最高人生境界。

再次，关系的“层级化”导致中国人在处理与对象的关系时形成“区别对待”的特点，其中关系越近的对象我们与其感情也越深，由此导致“人情”和“面子”成为人与人关系的两个机制。人情代表了人与人之间的感情需求，面子代表了人与人之间的利益需求。只有有了感情才能使人放心，所以一切关系总要尽量体现出合乎人情的特点。只有有了面子才能代表尊重，所以一切往来都要以面子为最后的底线。情感因素的特殊重要性导致“仁”成为中国文化核心价值之一。“仁”并不仅仅是“爱人”那么简单的事，而是在承认差序格局从而爱有差等的情况下的“爱”；更重要的是，“仁”代表一种情感，它来源于“恻隐之心”，“不仁”就是在感情上麻木。然而，“仁”不单纯是事实，更是一种规范，是站在更高立场对人情的“引导”。要求人们行仁，就是要把源于亲情的爱扩充到其他一切人身上，从而最终有效避免由区别对待所带来的关系的不稳定与不和谐的问题。

最后，由于死后世界不明朗，中国人对于生命不朽缺乏信念，导致他们把生命不朽寄托于“关系”，其中最直接的后果就是将自己的子女视作自己生命的延伸，由此给自己带来某种情感上的慰藉。日本学者加地伸行曾指出，中国人的宗教体现在对待后代的方式上，他们用这种方式来克服对死亡的恐惧。[94]所以中国人本能地认为孩子的诞生使自己的生命有了希望，因为子女是自己生命的再生、扩大和伸展。所以中国人宁可牺牲一切也要保全子女。另一方面，中国人在经营家庭和亲情中所获得的无限慰藉和精神归宿感——牟宗三称其为“无底的深渊”“无边的天”[95]，也不是其他民族所容易理解的。

为什么“孝道”在中国文化中如此有力？为什么历朝历代都会有人主张“以孝治天下”？因为中国人最真实的情感和状态是在家庭关系和亲情世界中体现的。从道德教化的角度讲，孝也是中国文化中最容易被接受从而也最简便易行的。孝道早在儒家之前即已存在，而儒家对于孝的提升和规范正因为没有比以此来完善人伦关系更好的途径了。儒家这样做不单是出于技巧和策略的考虑，可以说正是找到了中国社会人与人关系的基础。

我们今天读儒家经典，很容易发现儒家学说注重“关系”“处境”及“相互依赖”的特点。首先，在儒家思想史上，人伦关系是天下治乱根本。孔子曾强调为政之先在于“正名”，尤其要确定君臣、父子关系（《论语·颜渊》《子路》)。《中庸》称："天下之达道五，所以行之者三，曰君臣也、父子也、夫妇也、昆弟也、朋友之交也。"孟子说，古代圣贤如尧舜之辈"察于人伦"(《孟子·离娄下》)，其主要工作之一就是"教以人伦"，即"父子有亲，君臣有义，夫妇有别，长幼有序，朋友有信"(《孟子·滕文公上》)。因此，三代学校教育"皆所以明人伦也""人伦明于上，小民亲于下……是为王者师也"(《孟子·滕文公上》)。孟子和荀子都曾强调，圣人就是把人伦做到了极致(《孟子·离娄上》《荀子·解蔽》)。荀子曾论及乡饮酒礼之中速宾、拜宾、揖、拜、献、酬、受、坐、祭、立饮等细节，以此说明"王道之易易"(《荀子·乐论》)。到汉代，从"五伦"发展到"三纲六纪"，其中"三纲"指君臣、父子、夫妇三种关系，"六纪"指诸父、兄弟、族人、诸舅、师长和朋友六种关系(《白虎通·三纲六纪》)。清人毛奇龄曾对此作过全面总结(《四书賸言补》卷二)。

其次，儒家的核心范畴如仁、义、礼、智、信、忠、孝等就是处理人伦关系的最高价值。"忠""孝"分别对应于君臣、父子关系。"仁"本来就是指人与人的关系(二人成仁)；"郭店楚简"中的"仁"字从身从心，是用心体会他人的意思，与"仁者爱人"(《论语·颜渊》)之意一致。"义"是指对待朋友、亲人及社会事物的态度，所以大卫·席勒(David R. Schiller)主张不能将

“义”译成righteousness，后者有基督教背景，暗含人与神的关系；他把“义”译为doing whatcvcr (what will) (would) realize(s) (realizing) dynamic harmony within the given circumstances（在特定环境中做到合宜），显然是从“义者，宜也”(《中庸》)而来的，强调处境的重要性。[96]“礼”与“信”毫无疑问针对人际关系而言；“智”与“义”都体现了人在具体的处境中行为的能力。其中“智”按照大卫·席勒的观点，更接近于亚里士多德哲学中的phronesis，该词在英文中常译为practical wisdom，在中文中则常译作“实践的智慧”或“明智”。在亚里士多德哲学中，“知”（episteme）与“智”（phronesis）的区分得到了强调。“智”在亚里士多德哲学中包括随机应变的能力，意味着当事人对环境的洞察力。[97]

如果说儒家对于人际关系之研究目的在于规范它，那么道家特别是老子对于人际关系之研究目的则在于逃脱它。通观《道德经》全书，可知其为深谙中国人情世故之大师。老子所教人者，实为滑头、犬儒哲学。不过我所谓“滑头、犬儒”，不是贬义，而是指在以人际关系为本位的社会中长久之道。老子所反复讲解的观点，即所谓以弱胜强，以柔胜刚，以静制动，无为而无不为。其根本目的还是在于“为”，而不是“无为”。为什么要以弱胜强、以柔克刚、以静制动呢？老子善以水为喻，“水善利万物而不争”(《道德经》第八章)，因为其善处于下，故能为百谷王。能下人，则不对任何人构成威胁；能下人，则能让所有人觉得放心；能下人，则能藏污纳垢、忍辱负重；能下人，则能满足所有人的自尊心，让人人开心。只有这样的人才让人觉得安全，故不被人所害。这经典地总结了中国社会中为人处世的精髓。故曰，“自见者不明，自是者不彰，自伐者无功，自矜者不长”（《道德经》第二十四章）；“圣人自知不自见，自爱不自贵”（《道德经》第七十二章）；“圣人之道，为而不争”（《道德经》第八十一章）。《史记》中载老子见孔子，令其除骄气与辞色，因为他看破了中国文化中人常有的自负心理。所谓“挫其锐，解其分，和其光，同其尘”（《道德经》第五十六章），讲的正是做人不要有锋芒，不要太张扬；要学会与他人沆瀣一气，随波逐流，才能为人所容。

老子云：“信言不美，美言不信。善者不辩，辩者不善。知者不博，博者不知。”（《道德经》第八十一章）做人要懂得他人的心理，越是信誓旦旦地表白自己，越是得不到信任；越是迫不及待地为己辩护，越是得不到他人承认。一个人到了需要靠自己用言语表白、辩护和证明自己的时候，已经是山穷水尽、无路可走了，自然也不是最有效。在人与人的关系中，取得他人信任最聪明即最有效的办法，永远都不是自己公开地宣扬自己。“善行无辙迹，善言无瑕谪”（《道德经》第二十七章），“圣人处无为之事，行不言之教”（《道德经》第二章），讲的正是此种做人的道理。这是对中国社会人与人关系复杂性的深刻洞察。

老子一再强调“功遂身退”，这其实也是针对中国人人际心理的复杂而言的。功遂而不退，易招人忌妒，怨谤亦多。《左传》襄公二十一年至二十三年栾氏之灭，以及后来范氏、中行氏之灭均与此有关。历代功成不退而遭杀身之祸者多有，韩信就是典型一例，大将军霍光也是一例。老子云：“生而弗有，为而弗恃，功成而弗居。”（《道德经》第二章）又说：“生而不有，为而不恃，长而不宰，是谓玄德。”（《道德经》第十章）如果你因帮助了别人而标榜自己，反而成为他人心中的负担；如果你因有了贡献而自以为是，反让人视你为眼中钉；如果你因取得了成就而自视甚高，反让人不敢重任你。通读《左传》可知数百年间，晋、鲁、宋、卫、郑、齐等国的内政完全是由一场接一场血腥的杀戮所组成，而其中多数杀戮都与人际矛盾有关。这些血淋淋的历史事实，是对老子做人哲学最好的诠释。

《道德经》中很多地方讲治国之道，其要害在于不要“争”，这恰恰是从另一角度对中国文化关系本位的洞察。“善利万物而不争”，只有不争才会无人能与之争，这当然不是绝对的。但是不争之人，才会让所有人觉其可爱，才没有人会在背后害他，最终所得比谁都多。“不尚贤，使民不争；不贵难得之货，使民不为盗；不见可欲，使民心不乱。……为无为，则无不治。”（《道德经》第三章）为什么这样说呢？在关系本位的文化中，人们做事容易“对人不对事”，所以争会伤害感情，导致关系陷入僵局。老子讲“绝圣弃智”“绝巧弃利”，是要从根本上杜绝争。“五色令人目盲，五音令人耳聋，五味令人口爽，驰骋畋猎令人心发狂，难得之货令人行妨。”（《道德经》第十二章）在政治文化中，争会消耗庞大的社会资本，导致治理困难，故争是最大的忌讳之一，“是以圣人为腹不为目，故去彼取此”（《道德经》第十二章）。

“大道废，有仁义；智慧出，有大伪；六亲不和，有孝慈；国家昏乱，有忠臣。”（《道德经》第十八章）此语道出儒家入世思想的根本症结。儒家为社会确立规范，为人间建立秩序。这一切，都出于“有为”。正是这个“有为”也成为一切问题的症结。你用道德来规范社会，他人也可以打着道德的旗号来谋利；你可以用人间秩序来整合社会，坏人也可建立秩序来破坏正义；你可以用信仰来整顿人心，他人也可以假信仰来沽名钓誉。这就是庄子所谓“盗亦有道”。仁义可以被一些人别有用心地利用，人间多少丑恶是在仁义的旗帜下进行的！道德可以成为一些人杀人的武器！多少人因信仰而被他人玩弄于股掌之上！老子的治国思想正是看透了这一点，即在一个人与人相互窥视的社会里，人心深不可测。要从根本上解决问题，那就是无为。无为就是取消这一切人为的说教，让大家回归清虚、本然、纯真的状态，人心归于素朴，自然不会有那么奸巧，而政客的伎俩也一无所用。

张舜徽说老子所讲为“人君南面之术”，其要旨在于御人。[98]此一思路无疑在韩非子那里得到了继承。故韩出于老。老子更近于韩非子，而非庄子。如果说老子讲的是驾驭，那么庄子讲的则是解脱；老子是明察，庄子则是自由；老子是看破，庄子则是逍遥；老子是法术，庄子则是境界。庄子启示我们，如果儒家学说的关系本位特征是以人与人关系为本，道家学说的关系本位特征则表现为以人与自然关系为本。

然而，对于人与自然关系的重视，并不是只有庄子和道家一种方式，《周易》向我们呈现的则是另一种人与自然关系，可以说更好地体现了关系本位在中国文化中的形态。

首先，《周易》的基本原理，严格说来是从阴、阳二者之间的关系出发的。由阴、阳的相互关系构成了八卦，进一步由八卦构成六十四卦。《周易》八卦及六十四卦的卦义甚至各爻的爻义均可从阴阳之间的关系得到基本理解。比如阳在上，阴在下；阳为主，阴为辅；阳主外，阴主内；等等。由阴阳之间的互动演绎出了整个世界，人间事物的全部道理无不包含在其中。

其次，以自然说明、指导人事是《周易》最重要的思想特点。这一点首先体现为八卦不仅代表了八种不同的自然事物，而且进一步上升到各种人事。所以这八种自然事物之间的关系是我们理解《周易》各卦的条件之一。乾、兑、离、震、巽、坎、坤、艮分别代表天、泽、火、雷、风、水、地、山，进一步又分别代表健、悦、丽、动、入、陷、顺、止八种行为，再进一步还可分别代表男、少女、中女、长男、长女、中男、女、少男等。由八卦构成的六十四卦正是体现了由自然过渡到人事的过程："仰则观象于天，俯则观法于地，观鸟兽之文，与地之宜。近取诸身，远取诸物。于是始作八卦，以通神明之德，以类万物之情。"（《周易·系辞》）

再次，学习《周易》的过程实际上就是一个通过研习卦象来理解这些事物的过程，也就是一个深入玩味和理解当事人自身与一些事物之间相互关系的过程，即"观其象而玩其辞，观其变而玩其占"（《周易·系辞》）。按照《周易》，对这种关系体味得越深，一个人就越能取得成功，所谓"自天祐之，吉无不利"（《周易·大有》）。《礼记·经解》所谓"洁静精微，《易》教也"，讲的也是这个道理。在中国历史上，人们时常习惯于用《周易》某卦来比喻自身当时的处境或所发生的事件。比如，黄宗羲用《周易》"明夷"来比喻自身当时的特殊处境（《明夷待访录》）。从卦象上看，该卦离下坤上。离代表明，坤为地，所以明夷的特点是“明入于地中”。这方面的例子不胜枚举。

必须强调指出，《周易》所讲的观察物象及其与人事相互关系的思维方式，与希腊哲学寻找普遍本质或普遍法则的思维方式（在现代自然科学中蔚为大观）是有本质不同的。有关学者称《周易》思维为“象思维”（又称“取象思维”），指出“这种思维方式是指在思维过程中离不开物象，以想象为媒介，直接比附推论出一个抽象事理的思维方法”，“其本质是一种比附推论的逻辑方法”，“与抽象思维、形象思维、顿悟思维有联系又有区别”。[99] 所谓的“象思维”，是指在两个具体事物之间建立起某种对应关系，由前者说明后者。比如“过河拆桥”，被用来说明恩将仇报；“白猫黑猫，抓到老鼠就是好猫”，被用来说明追求实效的政策路线。这种思维方式在《周易》中占主导地位。但是它与形式逻辑中的推理方式迥然不同，从“过河拆桥”不能合乎逻辑地推出“恩将仇报”来，从“白黑好猫”也推不出实用政策路线来，从“天尊地卑”推不出“男尊女卑”来，如此等等。数千年来中国人偏偏喜欢这种类型的推论。也有学者将“象思维”理解为观察和把握事物的形象、气象甚至意象的过程，并认为象有不同层次，而“‘象思维’的显著特点表现为‘象的流动与转化’”[100]。所谓“象的流动与转化”，就是指在不同物象之间建立关系，以此象说明彼象，与前面所谓“取象思维”含义相近。

在希腊哲学中，我们看到另一种类型的推理方式，即从大前提可以直接推出结论来，要求推理过程严密有效。这一推理方式背后的思维方式是，哲学所追求的知识是完全超出感性经验的，只有超出感性经验的范围，在纯粹观念的世界才可能建立严密有效的逻辑推论，并建立具有绝对必然性的知识。正因如此，康德在《纯粹理性批判》中一再强调先验逻辑之所以普遍有效，正在于它完全、绝对、没有一丝杂质地超出感性经验的范围，才能形成绝对可靠的知识。同理，希腊哲学在思维方式上的主要特点是不断摆脱现实的感性经验世界，进入一个纯粹思维的理性世界，它之所以强调推论过程的严密有效，也与此有关。固然，希腊哲学家也涉及人与自然之间的关系问题，但它的旨归或导向却是不断超越感性世界，而不是为了回过头来处理与感性事物的关系。这一点，柏拉图在《理想国》中作了最经典的阐述。这就是所谓“认知主义”(intellectualism)。如果用希腊哲学的标准来衡量，则可以说，中国思想家几千年来一直未能摆脱感性经验事物，上升到真正抽象的高度来思维，建立起完全脱离感性经验的绝对知识。也就是说，中国古代思想家从来都没有建立起真正的抽象思维。然而，我们也可以说，“取象思维”或“象思维”的旨归不在于建立脱离感性经验的绝对知识，这是由于中国人没有为知识而知识的嗜好。

上面我们在论及《周易》所体现的东亚思维或中国思维时，主要讲了其中所包含的关系思维，其实我们从《周易》对阴阳及八卦之间相互关系的论述中也可以清楚地发现，《周易》所谓的取象思维就是基于“相互依赖性”的关系。事实上，关系导向本身必然也会是处境化的，因为对我与事物关系的意识，必须以对处境的清醒意识为前提；同时，关系的另一含义就是我与处境、我与环境的关系。许烺光在其著名的《美国人与中国人》一书中就提出中国文化是处境中心的（situation-centred），美国文化是个人中心的（individual-centred）；前者以相互依赖（mutual dependence）为核心，后者以自立（self-reliance）为核心。[101]正是从这个角度出发，我们理解为什么会有尼斯贝特所谓“处境思维”（contextual thinking）。另外一个重要事实是，人情和面子是中国人的关系概念中的两个核心要素。黄光国指出，中国人的权力关系是以“人情”和“面子”为内在机制的。[102]何友晖指出，中国人的关系具有“非自愿性”和“趋向永久性”等特点，包括“人在多种关系中”和“同一关系系统中的多人”两方面，常常受血缘、地缘、民族和工作等因素影响。[103]

我曾根据费孝通、梁漱溟、许烺光、何友晖、黄光国和滨口惠俊等人，尤其是尼斯贝特的研究成果，将中国文化概括为“关系本位”模式的文化：

> 中国文化的模式，可以概括为人与人心理上、情感上以及价值观上相互模仿、相互攀比、相互依赖的思维方式和生活方式，以及在人与人、人与环境的相互依赖关系中寻找自身的安全感。这种特征，我们称之为中国文化中的“关系本位”，也称为中国文化的习性或中国文化的深层心理结构。[104]

在今天中国人的社会现实中，关系本位体现在人情往来中，也体现在柏杨所谓的“酱缸文化”中。如果说老子的无为主义是为了在现实中驾驭人际关系，那么庄子的自由主义则是为了从根本上摆脱人际关系；如果说法家的治人之术是为了利用人际关系（演变成厚黑学），那么儒家的治人之道则是为了协和人际关系（为修齐治平）。在当代人类学、心理学等学科领域，包括安德鲁·基普尼斯（Andrew Kipnis）[105]、黄美惠、杨国枢、杨中芳和翟学伟等人在内的大批学者均对中国人在现实生活中如何运用关系，包括“拉关系、走后门”等进行了专门的研究。

关系本位直接导致人们区分“自己人”与“外人”。从文化心理学上讲，这成为中国文化的“团体主义”特征，即人们要将自己置身于一个较大的集体中来寻求安全感。这就涉及中国文化的另一特点，即团体主义。

八、团体主义

当然，“关系”并非总限于与单个对象的关系，还可以指与一组对象的关系，而这组对象构成了自己的生存环境，所以许烺光称中国文化是“处境中心的”（与美国文化“个人中心”相对）。[106]当一组对象构成一个团体时，就形成了文化团体主义（collectivism）。所谓文化团体主义，是与文化“个人主义”（individualism）相对的，常常是指把个人当作集体的一分子而不是独立的实体，因而更关心个人在集体中的位置和形象。弗里兹·盖斯伦（Fritz Gaenslen）指出，在理想意义上，个人主义者把人看成不相连属的原子，而团体主义者则把人看成一个较大的有机总体中相互依赖的部分。个人主义者认为个人是抽象的存在（pictured abstractly as given），与社会相独立；团体主义者则认为不是人构造社会，而是社会构造了人，社群（community）是人的心理机制中不可分割的一部分，结合于人的个体意识中，因此社会性与个体性不可分割，相互支持。这两种对于人的理解可以看作对处于自利与利他、欲望与责任、平等与等级、隐私与合群这一系列双重矛盾张力中人的真实形象一个方面的把握。[107]还有学者指出：“大体来说，个人主义指这样一种趋向，即一个人更关心自己的行为对于满足自身的需要、兴趣和目标的效果；与此相反，团体主义则指这样一种趋向，即一个人更关心自己的行为对于其所在集体的效果，同时也更愿意牺牲个人利益以满足集体需要。在个人主义社会里，‘自己人’（ingroup，或译团体内）与‘外人’（outgroup，或译团体外）之间的区分相对不重要，自主（autonomy）、竞争、成就及自足（self-sufficiency）更受人们重视。在团体主义社会中，人们对于自己集体的行为方式与对待别的集体明显有别，人与人关系和睦，集体内部的团结更受人们重视。”[108]

我认为，文化团体主义指个人本能地认为集体是其安全感的主要保障或来源之一。正因为如此，他对于集体的强调，包括从正面讲的民族主义、集体主义、爱国主义之类，以及从反面讲的帮派主义、山头主义、地方主义之类，其背后的文化心理源头都是一样的，即体现了其追求个人心理安全保障的集体无意识。事实上，正因为文化团体主义的“团体”对个人来说主要作为安全感的保障，所以在文化团体主义中人们对团体有一种工具主义的态度，即为我所用的意思。

需要特别指出的是，文化团体主义强，不等于团体内部人们更加团结，也不等于人们的团体意识一定更强。尤其在中国这样的关系性团体主义文化中，人与人关系的主导性导致对于抽象的团体（比如村庄、单位、国家和学校等）缺乏热情，因而容易出现“一盘散沙”的问题。这是梁启超当年在《新民说》中认为中国人缺乏“公德”意识的重要原因，[109]也是梁漱溟早年特别论及中国人不习惯集团或团体生活的主要原因[110]。相反，在个人主义社会，人与人之间按照契约做事的精神有时使得其团体在特定的集体行为方面表现了更好的协作精神和互助力量。由此，我们看到一种颇为吊诡的现象：一方面，中国人非常强调集体，重视家族、学校、公司和国家的荣誉，宣扬爱国主义和集体主义；另一方面，在现实生活中人们未必对团体有真情厚爱，更重要的是在超出私人领域的范围之外，往往表现出“事不关己、高高挂起”的态度，公德意识较为缺乏。就其强调集体意识而言，是来自对私的惧怕，即私对公的瓦解或抵消；在更深层面，是来自对文化团体主义对团体的本能需求心理。就其缺乏公德意识而言，是因为中国文化的关系本位，对抽象符号无法建立起“私人关系”所致。这也是儒家道德几乎全为私德，而梁启超后来复强调中国文化中还要循古人从私德至公德的主要原因。[111]事实上，在关系本位的文化心理支配下，由于人与人关系的亲疏远近无比重要，因此人们对于“公”的冷漠是自然而然的。梁启超和梁漱溟所发现的问题不可能依靠引入西方人的法治精神来根治，这也是儒家倡导“爱有差等”“老吾老以及人之老，幼吾幼以及人之幼”（《孟子·梁惠王上》）

的重要原因，梁启超最终回到儒家的老路上来不是没有原因的。

文化团体主义研究的一个突出成果就是说明了，这种文化对于“自己人/外人”或者说“圈子内/圈子外”的区分（英文中称为in-group/out-group之别），其实是前面所说的差序格局下对不同人“区别对待”的另一种表现方式。文化心理学家据此解释了为什么“二战”期间日本人不把外国人当作“人”对待的现象。在中国文化中，人们的勾心斗角常常在人际关系上以帮派的形式进行，这种帮派实际上是利益角逐的需要，而在帮派斗争中对不属于圈子内的人，往往不是出于正常和理性的心态，而是容易在一种仇视情绪支配下用过于挑剔和不近人情的方式来对待。

文化团体主义研究还证明，在团体主义越强的国家，权威的势力越大；在团体主义越弱的国家，社会的势力越大。[112]这是因为，团体主义强使得当权者容易以集体利益为借口来强化集权。我曾提出，这一结果有助于解释为什么中国历史有所谓“分久必合”的规律，而欧洲历史上虽也曾出现像罗马帝国那样的大帝国，但从古希腊以来“分而不合”却是主流。[113]这是因为中国人认为，生活在一个强大的集体里，个人的安全感也会更强。所以，在个人主义文化中，人们更倾向在小型企业里工作，而在团体主义文化中人们更倾向在大型企业里工作。与西方人的“分”可以相安无事相比，中国人分了之后更容易产生勾心斗角（关系本位的一种表现形式），兼并之所以有市场，也是基于广泛的民意基础，至少统一可能减少由于相互窥视而带来的巨大不安全感。中国古代政治历来有所谓“外儒内法”的说法，其实无论是法家还是儒家，都是认可集权的。儒家的“三纲”思想，我曾解读为“从大局出发”等，这种大局精神诚然是普世的价值，古今中外无不需要，但“三纲”在中国文化中之所以取得了超绝一切的核心价值地位，则又只能诉诸文化心理来解释了。

文化团体主义还表现在现代东亚等国所特有的民族主义和爱国主义方面。爱国主义教育可以激发民族自豪感，产生强大凝聚力。这种“凝聚力”被认为无比重要，是因为文化团体主义一直倾向于认为集体的力量才是真正的力量。然而，这种教育也易导致人们缺乏自我批评精神，不能以公平、客观的心态来看待国际关系特别是国际冲突。不仅如此，当其原本带有误区的民族主义心理在国际交往中受挫时，会进一步激化一种非理性的、盲目的排外心理，其最激烈的形式甚至是引发国与国的战争。因此，对于文化团体主义，与对于关系本位一样，是需要引导和管理的，任其发展就可能导致很多消极的后果。

帕森斯（Talcott Parsons）早在20世纪50年代就指

出，“团体主义”是中国传统价值之基础。[114]玛丽莲·布鲁尔和陈雅如对前人有关“团体主义”研究范式进行了全面的检讨，提出三种不同的文化范畴：个人主义、关系式团体主义（relational collectivism）与集团式团体主义（group collectivism）。[115]他们提出，人类生活中总是同时存在着这三个方面：个人、关系、群体（集体），并有三种不同类型的自我概念：独立的自我、关系化的自我和团体化的自我。两位学者在这一基础上提出了一种新的团体主义概念。他们指出，过去对个人主义/团体主义之研究，由于未能区分关系式团体主义与集团式团体主义，导致比较时的不对称现象，即对个人主义的衡量标准与对团体主义衡量标准不一致，有些现象难以解释，通过重新划分可以解决。现根据其原意作下表：

表7　人与团体

个人	关系	集体
独立的自我	关系化的自我	集体化的自我
个人主义	关系式团体主义	集团式团体主义

根据表7的思路，布鲁尔、陈雅如认为东亚文化与西方文化均有团体主义，但性质迥然不同。西方文化中的团体主义是“集团式的”（费孝通称之为“团体格局”），即以个人主义为基础、通过契约实现的团体主义；

而东亚文化中的团体主义是“关系式”的，即以私人关系为基础、体现心理安全需要的团体主义。集团式团体主义比较区分集体与个人，对集体利益的追求基于法则和形式；关系式团体主义不太区分集体与个人，对集体利益的追求基于心理和情感。

从价值观上看，关系式团体主义容易导致人们在公开和正式场合下总是不加区分地强调集体主义。比如，父母总是教育子女凡事要多替别人着想，不能自私自利。但是另一方面，由于每一具体的个人都是丰富和生动的，如果一味按照集体的命令和要求行事，就可能压抑人性，伤害个性，阻碍创造力的发挥。事实上，强调集体利益和奉献至上的教育如果推行不当，就很容易导致伪善，走到适得其反的境地。[116]

关系式团体主义导致的一个严重后果就是帮派主义（英文中称factionalism，或sectarianism）盛行。所谓“帮派”，就是人们基于需要、感情等因素结成小的利益共同体——in-groups。帮派主义是关系本位或关系式团体主义给中国文化带来的公私矛盾的一种表现形式，而地方主义则是帮派主义的另一种表现形式（或者说，地方是放大了的帮派）。“小团体”“帮派”“圈子”“地方意识”等是由熟人、感情比较深的人构成的共同体，其成员相互之间比较了解、彼此比较信任，人们有意识地建立这样的团体，目的在于寻求相互庇护，满足心理安全需要。

鉴于西方团体主义以个人主义为基础，接下来我们仍以个人主义和团体主义分别指西方和东亚文化，而团体主义乃指关系式团体主义。

团体主义面临的最大挑战来自个人与集体的张力。在个人主义文化中，个人与所在集体的关系被转化为个人与抽象法则的关系。每个人都是完全平等和自由的，都被鼓励充分地表达自己，然后在这一基础上建立起大家共同接受从而对所有人有共同约束力的普遍法则。由于普遍法则以群意为基础，个人不容易感到压抑。但问题往往出在，由于人与人的关系转化成了人与超人（法则）的关系，个人易产生孤独感。

但是在团体主义文化中，个人与集体的张力永远都非常明显。首先，集体利益最容易被利用来进行个人的权力垄断，导致矛盾与冲突。因为在团体主义文化中，集体利益、共同福祉往往在意识形态上被作为高于个人利益的、无可置疑的目标，这不仅有可能导致对个人权利的严重忽略，也容易导致个人表达自己正当需要的诉求受到压制。这种状况还会因为另外一种原因而被加剧，即团体主义文化出于整体安全感的追求，主流价值不鼓励人们反抗，而把和谐放在第一。

其次，在团体主义文化中，集体只是一个抽象的、脱离实际的名义；个人与集体之间无法建立起亲切的感情。集体虽然是他们在心理需要的，但也极易成为个人搭便车的对象。在关系式团体主义文化中，人们只能对具体、生动的个人产生感情，建立效忠或爱护意识，但是这种私人感情以及建立在私人感情基础上的小团体和大集体明显对立，使得它不会被鼓励。这两种情况结合在一起，就导致一方面是对集体利益的大肆强调，另一方面则是人人打着自己的小算盘。于是整个集体有时实际上是一盘散沙，“各人自扫门前雪，休管他人瓦上霜”，这又反过来会使专制势力和垄断更加盛行。所以总体上来说，团体主义文化中威权和等级统治明显高于个人主义文化。[117]

个人与集体之间张力的一个后果，就是集体有自我分裂的倾向。大集体中的小帮派、小利益集团很多，他们每天都在为自身在大集体中争取更多的利益而奋斗。这在古代被称为“党争”或“门户”，在现代则可体现为部门与公司的矛盾，也可以表现为部门与部门的矛盾，甚至可以表现为几个人形成的关系网操纵或左右全部门甚至全单位。当小帮派、小集团表现为地方主义时，就成了地方与中央的矛盾。这种矛盾的激化可导致诸侯割据和军阀混战，春秋战国就是典型一例。然而，正如我在其他地方所指出的那样，中国文化之所以最终走上了“分久必合、合久必分”的道路，而不是如古希腊或西欧中世纪那样“分而不合”，原因则在于中国人需要在一个大的集体中找到安全感，越是强大、统一的整体，越是能使人找到心理上的依赖。就像我们在现实中所发现的，中国人就业时更乐于找一个庞大、稳定和可靠的企业工作，而西方人更乐于在规模小、流动性大、束缚少且挑战性更强的企业工作。

在中国历史上，对于个人与集体关系的处理形成了三种有代表性的理论：法家、儒家和道家。法家的典型特点是视统治者的权威高于一切，任何时候都将整体利益放在首位，害怕、反对分权和放权，在现实中表现为支持集权和专制。道家，尤其是庄子的思想，则代表了另一个相反的典型，即主张彻底脱离现实的自由主义，但是这种自由主义却是以出世或避世为特点的。与法家相比，道家表达了团体主义文化中对于个人尊严的强烈呼声，所以在历史上也曾转变成以挞伐名教为旗帜的玄学。但是，道家最终摆脱不了出世的命运这一事实，也证明在一个典型团体主义的文化中，忽视整体利益、抛弃集体价值的思想在现实中终究是行不通的，无怪乎试图将自由主义转化成现实力量的魏晋玄学在中国历史上只闪耀了一时就销声匿迹，从此再没能死灰复燃。

但是与法家、道家这两个极端相比，儒家则处于中间状态。一方面，儒家与法家一样强调集权，所以从孔子开始即特别提倡“尊王”“忠君”，后来形成了统治中国思想两千多年的“三纲”传统；另一方面，儒家也十分注重个人价值与尊严。从孔子的“为己之学”，到《中庸》的“成己”“成人”，再到孟子从性善论高度肯定人性的价值与尊严，并被宋明理学发扬光大，后者特别强调道统凌驾于政统，可以发现中国历史上从来不缺乏对个人尊严的强大呼声。狄百瑞曾专门考察中国历史上的儒家是如何在现实政治中为捍卫个人的价值与尊严而斗争的。[118]那么儒家是如何实现中央集权与个人尊严这两者之间的结合呢？这就是儒家王道思想的秘诀。其中要害在于，儒家主张辨别集体利益与统治利益，揭穿统治者假“集体利益”之名行“统治利益”之实，构成了中国历史上强大的民本主义思潮，又论证了集体利益与个人利益之间在根本上的一致性。因而，尊王、忠君从本质上也只是在有利于集体利益的情形下可行，而不是为了尊重君王个人权威。孟子的性善论说明，只有当个人尊严与价值得到充分保障，每个人的人格才得以健康发展，整个社会的秩序方能得到稳固。

文化团体主义导致东西方人心目中的英雄含义大不相同。以中美为例：中国文化中的英雄通常是非常庄严、神圣的人物形象，他们一般都是富有自我牺牲精神，为国家、民族或集体作出了巨大贡献的人，他们最难能可贵的品质就是在关键时刻能够不把个人利益放在首位。然而美国文化中的英雄，如果按照许烺光的理解，则好比是一些明星，显得好玩可爱，成功几乎是它的主要象征，因而远没有中国人的英雄那么神圣。事实上，对于拥有新教浓厚传统的美国文化来说，把任何一个成功的"人"当成神来崇拜是大逆不道的。对于美国人来说，英雄并不仅仅是自己崇拜的对象，也是自己暗暗追求的目标。美国人心目中的英雄带有时尚性和流行性。因此，每个时代有每个时代的英雄，而不是一味崇拜历史上的英雄。这体现了美国文化的个人中心。许烺光还指出，中国人的英雄崇拜体现了不同类型的人之间的相对关系，即下对上、普通人对重要人、施方与受方等之间的一种心理和情感的联系；而美国人的英雄崇拜则体现了伟人与可能成为伟人的人、艺术家与可能成为艺术家的人、有魅力者与将来可能有魅力的人之间的心理关系。人们从英雄形象中找寻的并不是英雄对于社会和公共福祉的贡献，而是他们的自我。[119]

文化团体主义的另一个显著表现就是民族主义。虽然民族主义只是一个从西方传播过来的现代术语，但在现代东亚各自成立了民族国家之后，它便与其原有的文化团体主义相结合，从而演变成了一种情绪化和非理性的民族主义。这种情绪可以因本国与别国的矛盾轻而易举地得到激化，像一把火一样把一国之民对另一国的仇恨燃烧起来。民族主义还表现为现代东亚国家试图树立起本民族不可战胜的神话。与此同时，将自己侵略别人理解为理所应当，认为向别国道歉是非常没面子的事情。

此外，当代民族主义还表现为在学术界也自发地形成了一种民族主义情怀主导下的研究，尤其在以传统文化为主的研究领域中。

我们也可以从文化团体主义角度来分析自由和民主思想在现代中国的命运。首先，我们从魏晋玄学人物的悲剧结局得到的启发就是，虽然中国文化中一直有根深蒂固的自由主义/个人主义的呼声，但是真正的、彻底的自由主义/个人主义从未真正建立起来，也许它们在中国文化中最好的出路就是走向道家式隐逸。林毓生的研究也许证明，以陈独秀和胡适等人为代表的现代中国的自由主义/个人主义都是为国为民的集体主义者。[120]因为他们旨在反抗暴政，而不在于塑造个人自由。所以他们所追求的自由，有点类似于黑格尔在《精神现象学》中所说的“绝对自由”，还停留在否定性阶段，是一种自为的存在，而没有上升到自在自为的肯定性阶段。[121]

其次现代中国的民主主义者，其精神传统来自儒家强大的民本主义思潮，但是当他们把民本主义转化为民主主义时，往往忽视了人民主权的现实运作应如何避免受到根深蒂固的帮派主义和地方主义的破坏这一问题。当现代民主主义者主张分权时，他们忘记了这种分权运动在中国文化中极易和地方主义、帮派主义相结合，而成为国家分裂、社会混乱的根源。这个问题不解决，民主主义运动就可能成为乌托邦。而在西方，由于民主运动背后有相对成熟的自由主义/个人主义背景，所以更容易避免从主权自由转变成恐怖混乱。

九、文化政治学

中国文化的上述三重预设，即此世取向、关系本位和团体主义，直接导致中国人的生活世界在整合方式上形成了礼大于法、贤能政治、重视德性、人伦为本和风化效应等重要特点，此即所谓尊德重礼的大传统。从下章开始，我将对这些特点分别予以详尽的讨论，这里只简单概括一下文化心理结构所决定的“文化政治学”的几大要素：

其一是德性。在一个关系本位的文化中，人与人的相互影响最为强大，尤其是上级对下属的影响。结果是，上有所好、下必甚焉，“尧舜帅天下以仁而民从之，桀纣帅天下以暴以民从之”(《大学》)。因此，只有把有德者提拔到领导岗位上来，才能真正让人心服口服，从而确立良好的社会秩序。古人所谓“为政以德”(《论语·为政》)和“授有德，则国安”(《管子·牧民》)便正是基于对这一文化习性的窥破。因为中国人的文化心理是“赫赫师尹，民具尔瞻”(《诗经·节南山》)，所以“子帅以正，孰敢不正”(《论语·颜渊》)。所谓“以德治国”，正因为没有比“立人极”更有效的治理方式了。

其二是贤能。贤能政治成为中国文化中长盛不衰的治理之道，正是因为在人际网络盘根错节、裙带关系根深蒂固的世界里，任人唯亲的趋势太强大了。因为需要它，所以倡导它；因为太需要它，所以总是倡导它。汉代的举孝廉，魏晋的九品中正制以及隋唐的科举制，都试图把任人唯贤制度化。孟子曰："尊贤使能，俊杰在位，则天下之士皆悦而愿立于其朝矣"（《孟子·公孙丑上》）。

其三是礼法。正如前面指出的那样，中国人的关系本位导致大家对于一刀切式的制度缺乏强大的热情和内在的信念。制度是死的、没有人情味，人们倾向于变通；礼是活的、有人情味，人们倾向于认同。这决定了礼治（ruleofritual）比法治（ruleoflaw）在中国文化中有更大的适应性。古人云，"缘人情而制礼"（《史记·礼书》），"礼者，因人之情而为之节文"（《礼记·坊记》）。所以三千年来礼制虽有巨变，但以礼为本、礼大于法的制度模式并未改变。文化人类学对于礼（ritual）的研究表明，在许多民族中，礼只代表一种历史传承下来的、人们被动甚至盲目接受的习俗。但是在中国历史上则不然。一代代人自觉、主动、积极地建设礼、维护礼、完善礼，以礼作为治政安邦之本，甚至视为"天之经也、地之义也"（《左传·昭公二十五年》），"以正君臣，以笃父子，以睦兄弟，以和夫妇"（《礼记·礼运》），这并非由于中国人不懂法治，而是由于礼治才是中国文化土壤中最有效的制度规范。但这不是要排斥法，只是在礼、法之间确立了主次轻重之别，法以礼为本。

其四是风化。中国文化由于不以彼岸作为其终极归宿，使得人与人之间的攀比成为较为常见的现象之一。人与人之间的相互嫉妒和攀比，导致相互模仿，从而进一步导致流行各种风气。不同地域、不同单位、不同年龄、不同性别和不同圈子的内部都可能流行各自的风气。孔子曰："君子之德风，小人之德草。草上之风，必偃。"（《论语·颜渊》）《毛诗序》云："上以风化下，下以风刺上。"历代学者也无不把"移风易俗"（《乐记》）作为治理的首要任务。今天的中国式治理，仍往往要从狠刹行业或社会的歪风邪气开始。

其五是人伦。梁漱溟曾称中国文化为"伦理本位"的文化，并说伦理本位即关系本位。关系本位的差序格局，导致子思认为君臣、父子、夫妇、兄弟、朋友这五种关系在所有关系中最为基本，孟子认为三代学校"皆所以明人伦也"（《孟子·滕文公上》）；汉儒则将五伦扩充为九伦，合称"三纲六纪"（《白虎通义·三纲六纪》）。按照《中庸》的说法，五伦是"天下之达道"。数千年来，中国人一直以一个人在人伦关系中的成就作为衡量其一生成败的关键。对人伦关系的重视导致"三纲五常"成为后世两千多年来中国文化的核心价值。

其六是义利。这是指社会主流价值观的塑造。诚然，一个社会盛行的价值观往往多种多样，但重义轻利还是重利轻义，则是衡量一个社会有无良好道德的重要标志。然而，在中国古代社会中占主导地位的价值在很大程度上是由最高统治者的行为所塑造的。儒家认为，最高统治者必须能用实际行动向全社会展示其对道义的尊崇，才能塑造好社会普遍价值。《汉书·董仲舒传》曰：

> 夫万民之从利也，如水之走下，不以教化堤防之，不能止也。

此外，孔子还有“君子喻于义，小人喻于利”（《论语·里仁》）之说。义利思想的核心在于认为，统治阶级的指导思想对全民行为取向的影响力无处不在且无比强大，但又无形可见、难以形容。它是所谓“无形的风”[122]。“上有所好，下必甚焉。”这体现了中国文化中人心整体取向形成风气的重要特点，故义利问题与上面的风化问题密不可分。

中国文化在整合方式上的几个规律性特征，就是我所谓尊德重礼的中国文化大传统；应该说它们都是由于其此世取向、关系本位和团体主义等文化无意识机制而形成的。也就是说，中国文化的大传统建筑于其深层文化心理结构之上。当然我们也知道，战国特别是汉唐以来，中国文化的大传统也发生了巨大变化，除了儒家阐发的大传统之外，还有道家、法家和佛家等开辟的新传统，但是这些新传统可以说是对德、礼等大传统的补充，并以这一传统为基础发展起来的。

因此在今天，在新文化运动百年之后，是否可以说，由于文化心理结构并未改变，所以上述五个方面所反映出来的中国文化大传统并没有过时呢？或者说，以德、礼为重心的中国文化大传统还会回归呢？如果是的话，我们是否可以说，虽然欧风美雨盛行，自由主义得势，但并不代表中国文化的常态，如何回归自身的大传统才是我们应当致力的方向。

注释

1 〔英〕爱德华·泰勒：《原始文化：神话、哲学、宗教、语言、艺术和习俗发展之研究》，连树声译，广西师范大学出版社2005年版，第1页；A. L. Kroeber and Clyde Kluckhohn, *Culture: A Critical Review of Concepts and Definitions*, Cambridge, Massachusetts: The Museum, 1952, pp. 9-11.

2 〔美〕克利福德·格尔茨：《文化的解释》，韩莉译，译林出版社1999年版，第4页。

3 Kroeber and Kluckhohn, *Culture: A Critical Review of Concepts and Definitions*, p.150, 也可参见pp.41-71。

4 Philip Smith：《文化理论的面貌》，林宗德译，（台湾）韦伯文化国际出版有限公司2004年版，第1—2页。

5 比如，林顿说文化就是“任何社会的整体生活方式”（〔美〕拉尔夫·林顿:《人格的文化背景:文化、社会与个体关系之研究》,于闽梅、陈学晶译,广西师范大学出版社2007年版,第20、28页);克鲁克洪说文化就是“某个人类群体的独特生活方式,他们整套的生存式样”(〔美〕克鲁克洪等:《文化与个人》,高佳等译,浙江人民出版社1986年版,第4页);赫斯科维茨说“文化就是一群人的生活方式”(Melville J. Herskovits, *Man and his Works: The Science of Cultural Anthropology*, New York: Alfred A. Knopf, Inc., 1948, p.29)。

6 〔美〕克利福德·格尔茨:《文化的解释》,第5页。

7 同上书,第109页。

8 Richard A. Shweder, “Cultural Psychology—What is it?”, in James W. Stigler, Richard A. Shweder and Gilbert Herdt, eds., *Cultural Psychology: Essays on Comparative Human Development*, Cambridge, New York: Cambridge University Press, 1990, pp.1-2.

9 当代西方学者对文化的定义,参见Robyn M. Holmes, *Cultural Psychology: Exploring Culture and Mind in Diverse Communities*, New York:Oxford University Press,2020,pp.7-14; Chi-Yue Chiu and Ying-Yi Hong, *Social Psychology of Culture*, New York: Psychology Press,2006, pp.16-18;〔澳〕杰夫·刘易斯:《文化研究基础理论》,郭镇之等译,清华大学出版社2013年第2版,第15—17页。

10 Richard A. Shweder, “Cultural Psychology—What is it?”, p.2.

11 Richard A. Shweder, *Thinking through Cultures:Expeditions in Cultural Psychology*, Cambridge, Massachusetts: Harvard University Press, 1991, pp.1-23.

12 Richard A. Shweder, *Thinking through Cultures:Expeditions in Cultural Psychology*, pp.8-11.

13 参见上书,第11页及以后。“此在摧毁形式的存在论恐怖”

(ontological terror of ‘form-destroying’ powers of existence)：指“此在”粉碎了“纯存在”，这是一种存在论意义上的“恐怖”事件；“形式”即柏拉图的“理念”，也即“纯存在”。

14 Alan Page Fiske, Shinobu Kitayama, Hazel Rose Markus and Richard E. Nisbett, “The Cultural Matrix of Social Psychology”, in Daniel T. Gilbert, Susan T. Fiske and Gardner Lindzey,eds., *The Handbook of Social Psychology*, fourth edition,Vol.I, Boston, Massachusetts: The McGraw-Hill Companies, Inc., 1998, pp.915-981.

15 参见上书，第919页。

16 参见上书，第920—922页。

17 同上。

18 参见上书，第922—924页。

19 同上。

20 同上。

21 Richard E. Nisbett, *The Geography of Thought: How Asians and Westerners Think Differently ...and Why*, New York: The Free Press, 2003, pp.89-91.

22 参见上书，第91—92页。

23 Geert H. Hofstede, *Culture's Consequences: International Differences in Work-Related Values*, abridged edition, Newbury Park, London, New Delhi: SAGE Publications, 1984.

24 Harry C. Triandis, Christopher McCusker and C. Harry Hui, “Multimethod Probes of Individualism and Collectivism”, *Journal of Personality and Social Psychology*, Vol.59, No.5 (1990), pp.1006-1020;Michael H. Bond, Kwok Leung and Kwok Choi Wan, “How Does Cultural Collectivism Operate? The Impact of Task and Maintenance Contributions on

Reward Distribution", *Journal of Cross-Cultural Psychology*, Vol. 13, No.2(1982), pp.186-190; Kwok Leung and Michael H. Bond, "The Impact of Cultural Collectivism on Reward Allocation", *Journal of Personality and Social Psychology*, Vol.47, No.4(1984), pp.793-804; H. C. Triandis,Kwok Leung, Marcelo J. Villareal and Felicia L. Clack, "Allocentric Versus Idiocentric Tendencies: Convergent and Discriminant Validation", *Journal of Research in Personality*, Vol.19(1985), pp.395-415;C. Harry Hui and Harry C. Triandis, "Individualism-Collectivism: A Study of Cross-Cultural Researchers", *Journal of Cross-Cultural Psychology*, Vol.17, No.2(1986), pp.225-248; Harry C. Triandis, et al., "Individualism and Collectivism: Cross-Cultural Perspectives on Self-Group Relationship", *Journal of Personality and Social Psychology*, Vol. 54, No.2 (1988), pp.323-338;C. Harry Hui, "Measurement of Individualism-Collectivism", *Journal of Research in Personality,* Vol.22(1988), pp.17-36;Kwok Leung, "Some Determinants of Reactions to Procedural Models for Conflict Resolution: A Cross-National Study", *Journal of Personality and Social Psychology*, Vol.53, No.5 (1987), pp.898-908.

25 Geert H. Hofstede, *Culture's Consequences: International Differences in Work-Related Values*, pp.11-12.

26 参见上书，第155—157页。

27 Kwok Leung, "Some Determinants of Reactions to Procedural Models for Conflict Resolution: A Cross-National Study", p.899. 更详细的界定性描述，参见Harry C. Triandis, *Individualism and Collectivism*, Bolder, Colorado: Westview Press, 1995, "Preface"。

28 C. Harry Hui and Harry C. Triandis, "Individualism-Collectivism:

A Study of Cross-Cultural Researchers", pp.225-248; C. Harry Hui, "Measurement of Individualism-Collectivism", pp.17-36.

29 Harry C. Triandis, et al., "The Measurement of the Etic Aspects of Individualism and Collectivism Across Cultures", *Australian Journal of Psychology*, Vol. 38, No.3(1986), pp.257-267.

30 Harry C. Triandis, et al., "Individualism and Collectivism: Cross-Cultural Perspectives on Self-Group Relationship", pp.323-338.

31 Kwok Leung, "Some Determinants of Reactions to Procedural Models for Conflict Resolution: A Cross-National Study", pp.898-908.

32 Michael H. Bond, Kwok Leung and Kwok Choi Wan, "How Does Cultural Collectivism Operate? The Impact of Task and Maintenance Contributions on Reward Distribution", pp.186-190.

33 Harry C. Triandis, et al., "Individualism and Collectivism: Cross-Cultural Perspectives on Self-Group Relationship", pp.323-338, 323-338; Fritz Gaenslen, "Culture and Decision Making in China, Japan, Russian, and the United States", *World Politics*, Vol. 39, No.1 (Oct. 1986), pp.78-103.

34 Harry C. Triandis, *Individualism and Collectivism*, "Preface".

35 Daphna Oyserman, Heather M. Coon and Markus Kemmelmeier, "Rethinking Individualism and Collectivism: Evaluation of Theorectical Assumptions and Meta-Analyses", *Philosophical Bulletin*, Vol.128, No.1(2002), pp.3-72. 三位学者对过去二十多年来以霍夫斯泰德（G. H. Hofstede）和特里安迪斯（Harry C. Triandis）等人为代表的一大批文化心理学家从团体主义/个人主义范式对一系列国家研究的局限性进行了总结，主要是指

出这一研究在前提预设上可能存在的问题，导致得出像在美国这样典型的个人主义文化中，团体主义指数居然比日本、韩国等一些典型的团体主义文化还高或相差无几的结论。

36 Geert H. Hofstede, *Culture's Consequences*, pp.155-157.

37 Richard E. Nisbett, *The Geography of Thought*, p.99.

38 同上书，第54页。

39 参见上书，第81—82页。

40 参见上书，第58—59页。

41 参见上书，第68、70页。

42 Daphna Oyserman,Heather M. Coon and Markus Kemmelmeier, "Rethinking Individualism and Collectivism: Evaluation of Theorectical Assumptions and Meta-Analyses", pp.3-72.

43 Marilynn B. Brewer and Ya-Ru Chen, "Where (Who) are Collectivism? Toward Conceptual Clarification of Individualism and Collectivism", *Psychological Review*, Vol.114, No.1(2007), pp.133-151.

44 Roger T. Ames, *Confucian Role Ethics: A Vocabulary*, Hong Kong: The Chinese University of Hong Kong, 2011, p.41.

45 同上书，第43页。

46 安乐哲称为this deep stratum, the deep cultural stratum, a persistent deep stratum等（参见上书，第43—44、45、47页）。

47 我一开始并非由于他人启发而发明此词，后发现安乐哲也常用此术语，甚为惊喜。安乐哲所用术语有如the cultural assumptions, its underlying cultural assumptions, the cultural presuppositions, the deep cultual assumptions, these underlying assumptions等（参见上书，第24、47、219。另参见安乐哲:《先秦儒家哲学文献译解》，商务印书馆2023年版，第2—3页）。在郝大维和安乐哲1987年版的《通过孔子而思》一

书中，他们使用的类似概念有如the fundamental background assumptions, those distinctive presuppositions, the uncommon assumptions,the cultural presuppositions等（参见Davil Hall and Roger T. Ames, *Thinking through Confucius*, Albany, NY: State University of New York, 1987, pp.11-12）。

48 Roger Ames, *Confucian Role Ethics*, pp.41-49.

49 所谓“文化无意识”，英文或可译为the cultural unconsciousness或the ethnic unconsciousness，也可称为一种collective unconsciousness。我指的是一种文化在漫长发展过程中逐渐形成的、文化中人广泛具有的“集体无意识”。这与荣格（Carl Gustav Jung）的“集体无意识”所指代的全人类共有的无意识不同（荣格观点，参见〔瑞士〕卡尔·古斯塔夫·荣格：《原型与集体无意识》，徐德林译，国际文化出版公司2018年版，第5—6、36—38页等）。

50 本尼迪克特认为文化内部有一种“无意识选择原则”，把大量的行为转化为某种一致的模式（参见〔美〕露丝·本尼迪克：《文化模式》，何锡章等译，华夏出版社1987年版，第37页）。克鲁克洪则认为可将文化区分为显型与隐型两个层面。其中显型文化指人们可以有意识地把握的内容，隐型文化则是人们通常自觉不到的背景性观念，由一系列无意识的文化预设构成。（参见〔美〕克莱德·克鲁克洪等：《文化与个人》，第3—34页）。

51 Claude Levi-Strauss, *Structural Anthropology*, translated from French by Claire Jacobson and Brooke Grundfest Schoepf, New York: Basci Books, Inc., 1963. 根据英译者在“译者前言”中的介绍，该书第三章比较了一些亲属系统的结构与当地语言的基本特征，并揭示亲属系统及婚姻原则与语言的同构；如果这一比较成功的话，则无疑促进了人们“进一步理

解那些支配社会生活的以各种方式展开的无意识过程”（an understanding of the unconcious processes which underlie the various manifestations of social life）（p.xii）。应该说，该书关心的主要问题还是人类普遍的无意识结构，而非特定文化的无意识。该书中译本有：陆晓禾等译：《结构人类学——巫术·宗教·艺术·神话》，文化艺术出版社1989年版；俞宣孟等译：《结构人类学》（第二卷），上海译文出版社1999年版；张祖建译：《结构人类学》（两卷本），中国人民大学出版社2006年版。

52 参见〔美〕孙隆基：《中国文化的深层结构》，广西师范大学出版社2004年版，“新千年版序”。

53 参见方朝晖：《文明的毁灭与新生：儒学与中国现代性研究》，中国人民大学出版社2011年版；《“三纲”与秩序重建》，中央编译出版社2014年版。

54 “集体的心灵程序”（the collective programming of the mind which distinguishes the members of one human group from another），参见Geert H. Hofstede, *Culture's Consequences: International Differences in Work-related Values*, p.21。

55 文化人类学关于这一问题的经典阐述，参见A. L. Kroeber, *Anthropology: Race, Language, Culture, Psychology and Prehistory*, New York and Burlingame: Harcourt, Brace & World, Inc., 1948; Melville J. Herskovits, *Man and His Works: The Science of Cultural Anthropology*, New York: Alfred A. Knopf, Inc., 1948。

56 关于这个问题较全面的论述，参见方朝晖：《“三纲”与秩序重建》，第166—200页。

57 “此世取向”一词，我以前也常用“此岸取向”或“此岸/此世取向”等表述。我的学生郭云鹏根据佛教经典里“此岸”包括死后，主张用“此世取向”。本书接受了他的意见，一律称“此世取向”。

58 本章关于中国古代的世界观“时空一体化”，即时间空间化、空间时间化的论述，受我的同事刘晓峰教授的启发。刘教授认为，中国古人将东、南、西、北与春、夏、秋、冬结合，认为四方与四季匹配，“时间和空间互相咬合，构成一个融天地于一体的时空一体化世界图式。这是一个由东与春、南与夏、西与秋、北与冬、中与季夏组成的基本时空图式。这个图式与五行、五音、五色、五味等配合，就是古代中国世界最基本的时空体系”。“这是一个动态的过程，时间在空间中每一天都处在周期性轮转之中；这又是一个规律性变化的过程，空间随着时间的轮转而不断发生周期性变化。”对于这种世界观的形成原因，刘教授的解释是：“对日影的观察确立了中国古代时空观的基调，北斗七星勺柄指向性的发现是时空一体化观念形成的契机，而季风与方位之间的对应关系为时空一体化观念形成提供了巨大支撑，农耕文化则是中国古代时空一体化观念产生的最重要基础。加之构成四季轮转空间的天与地，在中国古代构成一个天圆地方、二绳四维、斗为帝车、八风从律的‘六合’宇宙想象。”（参见刘晓峰：《中国时空一体化观念的形成》，《现代哲学》2023年第3期，第124—132页，引文在第124—125、130、124页。）我认为，古人所谓“六合”之所以又称为“宇宙”，正是将空间赋予时间含义，又认为并不存在脱离空间的先验时间这一思维所致。

59 〔美〕本杰明·史华兹：《古代中国的思想世界》，程钢译，江苏人民出版社2004年版，第372页。所谓“相关性宇宙论”（correlative cosmology）是史华兹、葛瑞汉等许多西方学者对中国古代宇宙论的描述，以阴阳五行为基础、认为宇宙万物皆相关联，人事与自然一致（参见同书，第363—394页）。

60 郝大维和安乐哲对此有精彩的分析，参见David L. Hall and Roger T. Ames, *Thinking from the Han: Self, Truth, and Transcendence in Chinese and Western Culture*, Albany, NY: State University of New York Press, 1998, pp.189-218。

61 参见《古代中国的思想世界》，第368—379页。

62《易·系辞上》："精气为物，游魂为变"。张载："鬼神者，二气之良能也。……鬼神之实，不越二端而已。"（张载《正蒙·太和》篇）

63《春秋左传》有"鬼犹求食"（宣公四年）、"鬼神乏主"（桓公六年）、"鬼有所归"（昭公七年）之说。《左传》多次指出，活人如被夺"魄"，即预期死亡将至（参见宣公十五年、襄公二十九年、昭公二十五年）。昭公七年，赵景子问子产："伯有犹能为鬼乎？"子产作了肯定回答，并说："人生始化曰魄，既生魄，阳曰魂。用物精多，则魂魄强，是以有精爽至于神明。匹夫匹妇强死，其魂魄犹能冯依于人，以为淫厉。"即人死后魂魄仍可能存在（一定时间）。尤其是伯有生时取物精华甚多，其家族又可依凭，故死后魂魄还能以其他方式再现，即是鬼。详尽的考察，参见余英时：《"魂兮归来！"：论佛教传入以前中国灵魂与来世观念的转变》，李彤译，载氏著：《东汉生死观：余英时英文论著汉译集》，侯旭东等译，（台湾）联经出版事业股份有限公司2008年版，第163—193页。

64〔古希腊〕亚里士多德：《形而上学》，吴寿彭译，商务印书馆1959年版，第5页。

65 参见方朝晖：《中学与西学：重新解读现代中国学术史》，中央编译出版社2022年，第221—269页。

66 Francis L. K. Hsu, *Americans and Chinese*, pp.10, 278.

67 Marcel Granet, *La pensé chinoise*, Paris: La Renaissance du Livre,

1934. 转引自 Michael J. Puett, *To Become A God: Cosmology, Sacrifice, and Self-Divinization in Early China*, Cambridge, Massachusetts and London, England: The Harvard University Asia Center of the Harvard-Yenching Institute, 2002, pp.8-9。

68 葛兰言:《中国人的信仰》，汪润译，哈尔滨出版社2012年版，第12、87、106等页。

69 Frederick W. Mote, *Intellectual Foundations of China*, second edition, New York: The McGraw-Hill, Campanies, Inc., 1989, pp.14-15.

70 参见上书，第22—23页。

71 参见上书，第23页。

72 〔美〕本杰明·史华兹:《古代中国的思想世界》，第425页。他特别指出，在理解中国古代"秩序"概念时千万不能用西方人的秩序概念来衡量，因为在西方传统中，"'秩序'直接意味着一种将诸神和鬼神从自然驱逐出去、只和抽象的'理性实体'（entes rations）打交道的还原主义的理性主义态度"(《古代中国的思想世界》，第31页）。然而，"在中国古代兴起的秩序观念能够包容甚至还能保存鬼神、诸神以及各种各样的'超自然'（在我们的意义上）现象"(《古代中国的思想世界》，第32页)。

73 Benjamin I. Schwartz, "Transcendence in Ancient China", *Daedalus*, Vol. 104, No.2 (Spring, 1975), pp.57-68（主要参见第58—60页）。

74《古代中国的思想世界》，第420页。

75 David L. Hall and Roger T. Ames, *Thinking from the Han: Self, Truth, and Transcendence in Chinese and Western Culture*, pp.189-285;"负面影响"见同书第228页。两人合作的另两部作品，即 *Thinking through Confucius*; *Anticipating China:*

Thinking through the Narratives of Chinese and Western Culture。同样的思想，安乐哲在2011年版的《儒家角色伦理学》(*Confucian Role Ethics*, Honolulu : University of Hawai'i Press, 2011, pp. 211-255)第五章作了更完整的阐述。

76 Kwang-chih Chang, *The Archaeology of Ancient China*, fourth edition, New Haven and London: Yale University Press, 1986, pp.414-415.另参见张光直:《考古学专题六讲》，文物出版社1986年版，第4—13页等。

77 参见张光直:《考古人类学随笔》，生活·读书·新知三联书店1999年版，第49页。

78 参见〔美〕杜维明:《存有的连续体：中国人的自然观》，刘诺亚译，《世界哲学》2004年第1期，第86—91页。另见氏著:《中庸：论儒学的宗教性》，段德智译，生活·读书·新知三联书店2013年版；Tu Wei-ming, *Way, Learning, and Politics: Essays on the Confucian Intellectual*, Albany, NY: State University of New York Press, 1993, pp.1-12, etc.

79 宇同:《中国哲学大纲》(全二册)，商务印书馆1958年版，第40页。

80 李泽厚:《历史本体论 己卯五说》，生活·读书·新知三联书店2008年版，第120页。

81 同上书，第281页。

82 参见上书，第156—188页。

83 参见上书，第269—287页。

84 李泽厚:《由巫到礼 释礼归仁》，生活·读书·新知三联书店2015年，第133页。

85 Michael J. Puett, *To Become A God: Cosmology, Sacrifice, and Self-Divinization in Early China*, Cambridge, Massachusetts and London, England: The Harvard University Asia Center of

the Harvard-Yenching Institute, 2002, pp.1-29.

86 较系统的论述，参见方朝晖：《文明的毁灭与新生：儒学与中国现代性研究》，第73—87页；《“三纲”与秩序重建》，第181—188页。

87 西方汉学家对关联性思维（或译“相关性思维”）的解释，多从阴阳互动、天人相感等角度立说，与本章“关系本位”有内在联系，但侧重点有别；其中以葛兰言（Marcel Granet）在20世纪30年代的论述较早，葛瑞汉和史华兹两人分别从不同角度对此作了进一步论述。本章倾向于认为这种“关联性思维”或是“关系本位”的一个产物。参见Marcel Granet, *La pensé chinoise,* Paris: La Renaissance du Livre, 1934; A. C. Graham, *Yin-Yang and the Nature of Correlative Thinking*, Singapore: Institute of East Asian Philosophies, 1986;〔美〕本杰明·史华兹：《古代中国的思想世界》，第363—394页；John B. Henderson, *The Development and Decline of Chinese Cosmology*, New York: Columbia University Press, 1984。综合的评论，参见Michael J. Puett, *To Become A God: Cosmology, Sacrifice, and Self-Divinization in Early China*, pp. 8-9, 16-17, 145-200。

88 梁漱溟：《中国文化要义》，载《梁漱溟全集》（第三卷），山东人民出版社2005年第2版，第94页。

89 Richard E. Nisbett, *The Geography of Thought:How Asians and Westerns Think Differently...and Why*, 2003.

90 Alan Page Fiske, Shinobu Kitayama, Hazel Rose Markus and Richard E. Nisbett, “The Cultural Matrix of Social Psychology”, in Daniel T. Gilbert, Susan T. Fiske and Gardner Lindzey, eds., *The Handbook of Social Psychology*, pp.915-981.

91 Mayfair Hei-hei Yang, *Gifts, Favors and Banquets: The Art of*

Social Relationship in China, Ithaca, NY: Cornell University Press, 1994; Andrew B. Kipnis, *Producing Guanxi, Sentiment, Self and Subculture in a North China Village*, Durham and London:Duke University Press, 1997.

92 参见翟学伟:《人情、面子与权力的再生产》,北京大学出版社2005年版;《中国人的关系原理:时空秩序、生活欲念及其演变》,北京大学出版社2011年版;《中国人的脸面观:形式主义的心理动因与社会表征》,北京大学出版社2011年版。港台地区(主要是台湾地区)有关中国人文化心理的研究,参见李亦园、杨国枢编:《中国人的性格:科际综合性的讨论》,"中研院"民族学研究所专刊乙种第四号1972年版;杨国枢主编:《中国人的心理》,江苏教育出版社2006年版;杨中芳:《人际关系与人际情感的构念化》,载杨国枢主编、台湾大学心理学系编:《人际关系与人际互动》(《本土心理学研究》第12辑),(台湾)桂冠图书股份有限公司2000年版,第105—179页。

93 参见费孝通:《乡土中国》(经典珍藏版),刘豪兴编,上海人民出版社2013年版,第23—29页。

94 〔日〕加地伸行:《论儒教》,于时化译,齐鲁书社1993年版。

95 牟宗三:《历史哲学》(增订八版),台湾学生书局1984年,第74页。

96 参见方朝晖:《波士顿学者论儒家(5)(6):《论语》、希腊哲学与现代文明——David R. Schiller》,分别载于2004年5月8日、2004年5月18日"孔子2000"学术网站:http://www.Confucius2000.com。另见David R. Schiller, trans., *Confucius: Discussions/Conversations, or, The Analects (Lun-yu), Translation, Commentary, Interpretation*, Charlton, Massachusetts: Saga Virtual Publishers, 2011,for "yi"(义), pp.11, 196 (Vol.1), 771 (Vol. 2); for "zhi"(智)pp. 453, 659 (Vol.1), 776 (Vol.2)。

他把“智”翻译为 moral wisdom, (being) morally wise。

97 参见〔古希腊〕亚里士多德：《尼各马科伦理学》（修订本），苗力田译，中国社会科学出版社1999年版，第126—132页，1140a23-1142a30；周辅成编：《西方伦理学名著选辑》（上卷），商务印书馆1964年版，第314—319页。

98 张舜徽：《周秦道论发微》，华中师范大学出版社2005年版，第83—85页。

99 于春海：《论取象思维方式：易学文化精神及其现代价值讨论之一》，《周易研究》2000年第4期（总第46期），第76页（另见于春海：《〈易经〉与取象思维》，中国社会科学出版社2016年版）。

100 王树人、喻柏林：《论“象”与“象思维”》，《中国社会科学》1998年第4期，第45页。

101 Francis L. K. Hsu, *Americans and Chinese: Reflections on Two Cultures and their People*, Garden City, NY: Doubleday Natural History Press, 1970.

102 Kwang-kuo Hwang, “Face and Favor: The Chinese Power Game”,*The American Journal of Sociology*, Vol. 92, No.4 (1987), pp.944-974;黄光国：《人情与面子：中国人的权力游戏》，载杨国枢主编：《中国人的心理》，第226—248页。

103 David Y. F. Ho, “Interpersonal Relationships and Relationship Dominance: An Analysis Based on Methodological Relationalism”, *Asian Journal of Social Psychology*, Vol.1, No.1 (1998), pp.1-16.

104 方朝晖：《文明的毁灭与新生：儒学与中国现代性研究》，第86页。

105 参见Andrew B. Kipnis, *Producing Guanxi, Sentiment, Self and Subculture in a North China Village*, Durham and London: Duke University Press, 1997; Mayfair Mei-hei Yang, *Gifts, Favors*

and Banquets: The Art of Social Relationships in China。

106　参见Francis L. K. Hsu, *Americans and Chinese: Reflections on Two Cultures and their People*。

107　Fritz Gaenslen, "Culture and Decision Making in China, Japan, Russian, and the United States", pp.88-89.

108　Kwok Leung, "Some Determinants of Reactions to Procedural Models for Conflict Resolution: A Cross-National Study", p.899.

109　参见梁启超:《新民说》,第12—16页,载氏著:《饮冰室合集》(典藏版)第19册(专集第3册),中华书局2015年版。梁云:"我国民所最缺者,公德其一端也。"(第12页)

110　参见梁漱溟:《中国文化要义》,载《梁漱溟全集》,第67—79页。梁云,"公德,就是人类为营团体生活所必需的那些品德。这恰为中国人所缺乏……自与西洋人遭遇,乃深切感觉到"(第68页),"中国人缺乏集团生活"(第72页),"团体与家庭二者不相容"(第76页)。

111　参见梁启超:《新民说》,第118—143页。

112　Fritz Gaenslen, "Culture and Decision Making in China, Japan, Russian, and the United States", pp.89-90; Harry C. Triandis, et al., "Individualism and Collectivism: Cross-Cultural Perspectives on Self-Group Relationship", pp.323-338.

113　参见方朝晖:《"三纲"与秩序重建》,第225—230页。

114　Talcott Parsons, *The Social System: With a New Preface by Byran S. Turner*, second edition, The Taylor & Francis e-Library, 2005, pp.63,135.此书于1951年伦敦初版,1991年再版。

115　Marilynn B. Brewer and Ya-Ru Chen, "Where (Who) are Collectivism? Toward Conceptual Clarification of Individualism and Collectivism", pp.133-151.布鲁尔和加德纳从"个

人、关系、集体”三个方面来分析和总结人格的三种类型，对于人格的两个方面即关系性自我与集体性自我之区别作了相当透彻的分析。参见Marlynn B. Brewer and Wendi Gardner, “Who is this ‘We’? Levels of Collective Identity and Self-Representations”, *Journal of Personality and Social Psychology*, Vol. 71, No.1 (1996), pp. 83-91。

116 杨中芳系统评述过中国文化中的价值观特点，参见氏著：《如何理解中国人：文化与个人论文集》，重庆大学出版社2009年版，第256—355页。

117 Harry C. Triandis, “Individualism and Collectivism: Cross-Cultural Perspectives on Self-Group Relationship”, pp.323-338; Fritz Gaenslen, “Culture and Decision Making in China, Japan, Russian, and the United States”, pp.78-103.

118 Wm. Theodore de Bary, *The Liberal Tradition in China*, Hong Kong: The Chinese University Press & New York: Columbia University Press, 1983. 中译本参见〔美〕狄百瑞：《中国的自由传统》，李弘祺译，香港中文大学出版社1983年版。

119 Francis L. K. Hsu, *Americans and Chinese: Reflections on Two Cultures and their People*, pp.155-175.

120 参见林毓生：《中国意识的危机：“五四”时期激烈的反传统主义》，穆善培译，贵州人民出版社1986年版。

121 参见〔德〕黑格尔：《精神现象学》（上、下卷），贺麟、王玖兴译，商务印书馆1979年版。

122 参见王汎森：《权力的毛细管作用：清代的思想、学术与心态》，（台湾）联经出版事业股份有限公司2013年版。

第二章　大一统问题

美国汉学家白鲁恂（Lucian W. Pye）认为，中国传统王朝永远走不出“分久必合、合久必分”的循环，是由于中国传统政治是建立在家长制权威之上的。用今天的话说，传统治理一直面临着“一统就死、一放就乱”的困境。

本章将讨论中国传统政治分、合张力的根源，以及儒家提出的解决方案。分、合张力是中国文化中一直存在的重大问题之一，其根源在于中国文化中根深蒂固的公私矛盾，后者又来源于中国文化的基本预设——此世取向、关系本位和团体主义。儒家提出解决这一矛盾的方案是倡王道、反霸道，反对“以力服人”。然而，儒家的王道大一统思想真的有效吗？是中国文化中克服公私矛盾以及分合张力的有效途径吗？让我们从批评地检讨白鲁恂开始。

一、“中国政治学”

美国著名的中国问题专家之一[1]白鲁恂在其《亚洲权力与政治：权威的文化维度》（1985）一书中这样分析中国传统政治文化：中国人从小在家庭教育中接受“父亲”这样的权威，即这位父亲独一无二，无所不能，独断专行；他是全家利益的最高代表，其权威是子女不能挑战或质疑的，否则就是对家庭的背叛。这样的家庭教育，导致中国人长大后在政治和社会生活中仍然一直在寻找这样一位“父亲”——家长式权威（paternalistic authority）——来保护自己。因此中国式政治权威是“父权型的”（paternalistic）。[2]白鲁恂认为，在上述父权型权威观念形成后，中国文化中的权力/权威观就具有了如下一些独特的特征：

1. 全能政治。中国人心目中理想的政治权威就个人而言是无所不能的（omnipotent），就其所代表的力量而言，还必须以解决社会生活中各方面可能的问题为最高目标，即政治要为整个社会乃至整个宇宙的秩序服务。而不是如在西方那样分而治之：政治权威只解决政治问题，宗教权威只解决宗教问题，法律权威只解决法律问题，等等。与西方不同，中国政治家往往要对全社会作巨大的承诺；在整个东亚政治传统中，政治的最高目的是解决所有问题，绝不是只解决政治问题。[3]当然，白氏所谓“全能政治”和政治学中常用的“极权政治”（totalitarianism）不是一个概念。

2. 意识形态化。中国政治的另一重要特征是高度的意识形态化。人们把过多的精力用于进行意识形态的论证和道义的（moralistic）证明，而不是关注具体、精确的政治过程。这导致了中国政治的非功利化。在西方，功利、效益和自我表达才是政治活动的主要目的，而中国人则把一些仅具象征意义的事物看得比政治活动本身还重要。中国人的意识形态争论，总是为政治人物自身的需要服务的，他们很少在实践中严格遵守意识形态原则。白氏认为中国也许是世界上理论与实践分离最严重的一个民族。[4]

3. 集权主义（centralization of power）。中国人从小接受的权威概念使他们认为“最高权力必须是独一无二的”，不能容忍多个最高权力中心同时并存。因为人们担心，一旦容忍分权，将会导致帮派之争，破坏秩序和谐。这种思想和中国的民族主义常常结合在一起表达。总体上说，亚洲人为自己从属于一个强大的集体而自豪，所以要求人们对国家、宗族或家庭忠诚。相比之下，日本长期的封建传统，使得多个权力中心并存得以容忍。幕府将军只是多个大名中最大的那一个。另一方面，日本人的多权力中心观也与其家庭结构有关。日本的长子继承全部财产制度与中国诸子均分财产不同，导致了别子为宗很是普遍；在日本家庭中，父权与母权并存，并相互竞争。白氏认为正是集权导致民主实践在中国的失败。[5]

4. 人格榜样。中国人传统上认为，力量来源于道德人格，而不是来源于实用主义的功利追求。而西方人则相反，认为力量就是来源于实用主义的功利追求。[6]西方文化中理想的领导人是支配能力强、决策作用大、敏于接受反馈的；而亚洲人心目中理想的领导人则是亲切、仁慈、善良、有同情心、说到做到、有牺牲精神的。[7]在亚洲，总体来说，靠人格榜样治国、有德才有威是其共同特征。白氏还认为，作为一种德性治国论（virtuocracy），“人格榜样治国”（rule by example）从本质上是违反政治的内在本质的，因为它的政治竞争和政策选择不以投入-回报为标准，不把政策偏好和政策选择作为最主要的追求。[8]亚洲政治的人治特点还体现在权力高度的个人化而不是制度化，也许除了日本之外，在其他亚洲国家政治领导人选拔过程都充满了不确定性。[9]

5. 关系学（*guanxi*）：白氏认为，和亚洲多数国家一样，中国人真正信得过的并不是公共权威，而是自己的私人关系，一个在政府没有私人关系的人会感到孤立无助。在中国历史上一直存在着超越私人关系的公共立场与私人关系（personal ties）、国家需要与帮派需要之间的此消彼长。[10]但是中国和日本之间最大的区别是：日本人虽同样重视和依赖关系，但他们公开地承认关系（on-giri），公开提倡将这种关系作为政治运作的基础。而在中国，私人关系一直被执政者视为公共利益的敌人，认为对国家忠诚的人就不会拉关系。由于私人关系遭到否定，对于非正式的权力关系该如何发挥作用也就缺乏任何指导原则。然而，这并不等于后者不发挥作用；相反，人人都时刻争相用它为自己服务。他们用关系瓦解公共权威，导致阴谋、权术盛行。[11]

6.“反政治性”：白氏认为中国传统文化中的政治严格说来恰恰是“反政治的”（anti-politics[12]），因为把意识形态问题看得比政治活动过程本身还重要，不注重政治活动本身的理性化；过于的道德化，不加置疑地强调献身与爱国，而不对政治价值进行公开讨论和质疑；崇尚集权，害怕分权，不利于政治的多元化，扼杀人们的创造力；对于政治过程和政治价值不敢开放批评，缺乏权力竞争意识。这种权力和权威观念从根本上说不适应于其实现现代化的需要。他还在其他地方指出，西方人把权力理解为“参与重要决策”，而亚洲人则认为有权意味着不必亲自费心，人们在权力阶梯上往上爬的精神动力来源于这样的想法，即有了权力就不必再事事亲自费心去作决定。[13]西方人认为作决定是一件让人兴奋的事情，被否定会让人不快；而亚洲人则认为，作决定要冒风险，所以有权力意味着有安全感，即只要遵守规章就够了，无须冒险。[14]西方人不言而喻地把进步等同于个体独立性的加强，但在东方文化中则不然。[15]

白鲁恂对中国传统政治中上述特征的分析未必正确，也不无偏见，但是我们需要深入地理解其观点是如何提出的。接下来，我们从文化心理学的角度，逐一分析白氏上述看法可能存在的问题。

二、集权需要

为了全面回答白鲁恂上面所提的中国传统政治问题，我先从白氏所讨论的“集权”问题说起。关于白氏所提到的其他问题，我将在下面几节渐次展开分析（但人格榜样等问题则在下一章中集中讨论）。白氏认为，中国人一直强调“中央集权”或所谓“大一统”[16]，是因为中国文化中一直有强大的离心力存在，即地方主义、帮派主义乃至宗族主义等势力。他指出，一方面，在中国，人们认为只有跟自己关系最近的亲密团体（primary groups）才是真正可靠的，所以帮派主义和地方主义在中国文化中永远无法根除；但是另一方面，在上层权力机关看来，地方主义和帮派主义又会破坏稳定与和谐，伤害统一与团结，所以要不断用集权来压抑分权，这就是中国文化中盛行集权主义并导致多元化被限制的根本原因。[17]现在我想结合文化心理学的研究成果来阐释一下白氏所说的问题。我先从文化心理结构说明白氏说法的缘由，然后在下一节引入儒家相关思想说明白氏的局限与不足。

根据本书第一章的研究，我们用关系本位和团体主义来解释上述离心力问题。白氏所说的地方主义、帮派主义乃至宗族主义，是中国文化中“关系式团体主义”导致的。所谓“帮派”，就是人们基于需要、感情等因素结成小的利益共同体——“小圈子”（in-groups）。帮派主义是关系本位或关系式团体主义给中国文化带来的公私矛盾的一种表现形式，而地方主义则是帮派主义的另一种表现形式（或者说，地方是放大了的帮派）。“小团体”“帮派”“圈子”“地方意识”等意味着私人关系、私人庇护，是一个由熟人或是感情比较深的人所构成的共同体，其成员之间互相比较了解、彼此比较信任。我们知道，在中国文化中，人们真正相信的并不是非人化的制度或规则（impersonal institutions/rules），而是私人关系。换言之，任何制度或规则都可能因为关系而被破坏。小团体、帮派、圈子等强化了人们之间的私人关系，并在此基础上形成一个足以与外界对抗的实体，达到保护自身的效果。

但是另一方面，小团体主义、帮派主义也有自身难以克服的缺陷。这是因为，帮派与帮派之间、地方主义与地方主义之间常常有无法调和的矛盾，甚至一代代延续着矛盾。帮派、势力、团体之间一旦结仇，特别是撕破了脸，往往很难再调和。这当然与中国式帮派主义建立在“关系本位”基础上因而特别重视脸面有关。在中国历史上，彼此有仇的家族之间、地方之间或江湖势力之间，往往会把仇恨一代代传下去，永难调和。当这种矛盾表现为地方与地方之间的斗争时，就会导致全社会的安全感彻底崩溃，引发不可调和的内战，最终导致人心思定，统一便成为人心所向。这是因为地方间、帮派间关系乃是中国式的私人关系的放大版。这与我们在古希腊城邦世界、欧洲封建社会以及日本封建时期所看到的多个权力中心长期并存的分而不合的局面迥然不同。

这里需要提醒大家重视一个事实，那就是中国人追求统一与日本人、德国人追求扩张是完全不同的。这一现象我认为还可用白鲁恂对中国人的“关系”与日本人的“关系”差别的分析来解释。

借用白氏的说法，中国文化中的关系本位与日本文化最大的不同在于，在日本，人与人之间的关系是建立在*on-giri*基础上的，即靠负疚（guilt）即情面（shame）来维系上下级关系。*On*指moral indebtedness（恩德），*giri*指the constraints a debtor feels toward a creditor（人情债等）。这导致在日本文化中，上下级之间的关系相当稳定，下级对上级通常不会有不满，上下形成一种互利互惠的局面。由此导致日本政治权威的两个特点，即一方面在人与人的关系中，每个人都对他人的感受高度敏感，人与人交往的手段和艺术高度发达；另一方面正式的体制结构僵化、死板，人与人相互模仿，追求一致。白氏认为，这两方面并不矛盾，是由*on-giri*的逻辑决定的，它们导致日本人在人与人关系中强烈的负疚感和面子意识，结果是没有人敢违背原则和规矩，过分保持与他人、秩序和规矩一致，导致创造力丧失。由于*on-giri*非常强烈，日本与中国不同之处就在于，私人关系得到公开承认，人们公开提倡将这种关系作为政治运作的基础。而在中国，私人关系无论何时都被作为与公共事业有害的东西对待。在日本，德与才（也即红与专）的矛盾得以克服。而在中国传统政治文化中，德与才的矛盾始终是一个棘手的问题。[18]所以在政治系统中，日本人的团队精神比中国要强得多。[19]

白氏指出，与日本人的*on-giri*相比，中国人的“关系”是一种比较脆弱、随时变易的关系，这是由于其中没有日本人那么强烈的*on-giri*机制。所以在中国，人与人的关系有时是相互利用的，非常功利；关系紧密到何种程度，并没有固定和客观的标准或模式，只是看具体个人之间交往的随机性，以及两个人性格、气质投合与否，或者说取决于两个人之间的“感情”（‘affective component’ of *guanxi*[20]）。这样一来，中国文化中的私人关系就表现得非常私人化和个性化，而不是公开化。这种关系无法公开利用，因为没有稳定和固定的模式；由于它无法客观化为一种机制，所以也没办法被公开地接受为政治操作的原则。这客观上导致中国人在人际关系中勾心斗角较为严重，给人们造成极大的心理负担。尤其是当人们关系不和、猜忌深刻之时，不安全感会空前强烈。[21]中国式私人关系的不确定性和不稳定性摧毁了中国人的安全感，也导致人们对统一和集中有一种近乎本能的需求。因此，白氏对中、日两国文化中“关系”的不同可以解释为什么中国文化需要统一和集权。

三、分久必合？

虽然白鲁恂一再批评，中国文化有强烈的集权倾向，不能容忍多个权力中心并存且处于竞争状态[22]，但是我们也可以说，中国人重视集权或大一统，恰恰是因为分裂和离心的倾向根深蒂固，有难以根除的文化土壤。

我们可能从小就听说过中国老话中有所谓“分久必合、合久必分”之说。所谓合指统一的中央集权以及专制；所谓分，可指地方的独立与自治，其中也包括宗族、宗教及行业等社会空间的独立与自治。合的极端而典型的体现，就是以秦代为代表的集权与专制。它不顾人民死活，不让地方自主，不给社会空间，不许行业自治，不容思想自由。它对于地方的管理，主要靠行政命令和武力镇压。这种高度集权和专制的政体为人们深恶痛绝，所以也不能长久。

分的极端而典型的体现，则是以春秋战国为代表的分裂与混战，在中国历史上出现过不止一次。它的最大特点是中央权威丧失殆尽，地方势力各行其是，诸侯争霸永难平息。它的另一特点是利和力成为社会生活中的主导力量，由于道德价值为人不齿、人心个个唯利是图，社会秩序彻底崩溃，社会信任和安全感普遍丧失。这种状态被儒家称为“礼崩乐坏”。如果说主张合的主要理论代表是法家，那么主张分的理论代表也许道家更接近些，在现代无政府主义或自由主义中也可找到相关表述。

无论是分还是合走到极端，都会造成巨大的破坏和悲剧，也是任何中国统治者必须严肃面对和竭力避免的。但是，分、合虽相互对立，却又各有其存在的合理性。道理很简单，只有分没有合，就变成了分裂与混乱；只有合没有分，就变成了极权与专制。分与合这种既共同需要又相互矛盾的关系，决定了它们对于中国社会发展的特殊重要性，处理不好的话，便容易导致“一统就死，一放就乱”。可以说，分与合的矛盾主导了中国历史几千年。[23]

研究过欧洲历史的人知道，希腊人喜欢分裂和自治，安于分裂和自治。古希腊同一民族有近千个城邦，小的只有几千人，大的也不过几十万人（其中公民只有数万人），即可自称为一个“国家”，享有充分的主权，不受外人统治。希腊人并不认为国家越大越好。亚里士多德曾在《政治学》第7卷（1325b33-1327a10）中探讨了一个理想的城邦人口和疆域的限制，以能在物质上自给自足、人际上相互熟识为原则，超过了这个限度将不利于建立理想城邦。吴寿彭考证认为，在亚氏心目中，“一邦公民人数不能超过万人”，“等于一近代国家一个小城市或一乡镇的境界和人口。”[24]这种把分发展到极致的传统，在罗马帝国崩溃后的西欧也出现过。[25]金观涛和刘青峰曾借马克思语，用“马铃薯”与“混凝土”之别来分别形容西方和中国古代社会结构之别。[26]

然而，这种希腊式的分而不合传统，在中国文化中似乎走不通。春秋战国就是与希腊类似的分而不合，但由于长期战乱，人心思定，最终还是合多于分。

也许有人会问：如果不走大一统道路，有没有更好的办法？答曰：具体来说，在没有中央权威之下，地方与地方之间、团体与团体之间的竞争容易呈现恶性循环的局面，只有统一才能真正消除这种无休止的纷争。这就像帮派主义的斗争必须有一个超越所有帮派的最高权威为之仲裁，也类似于春秋战国、魏晋南北朝、五代十国时期诸侯纷争的局面（尽管这几个时期的分裂都有外族或外人入侵因素，实际情况比我们上面说的本民族内部分裂复杂得多）。

如果说希腊人相安于分而不合，那么中国人则难安于分而不合。这也是由于中国文化心理中区分了“自己人”与“外人”。自己人与外人之间互不信任，安全感低。正因如此，中国人总希望把自己人的宗派或团体做大，因为从属于同一个更强大的集体，自身安全感也会更强（这当然是文化团体主义的思维方式）。这种倾向也是有利于“大一统”的。中国人关系的不稳定性、不确定性导致人们需要一个强大的团体来维护个人安全，因为大的团体，无论是国家还是宗族，抑或是其他团体，都可以以团体的力量对抗外人侵犯，消除潜在危险。

不过这里需要区分一下，中国人心目中的“外人”可分为两类：一种是真正的“外人”，即语言不通、文化不同、信仰迥异的异族。对于这种人，人们常常说“非我族类，其心必异”。正因为“其心必异”，所以没有强烈的统一他们的愿望，因为即使统一了也离心离德，依然没有安全感。古代常见的现象是，中国人追求统一通常局限于同一民族地区，后者在语言、生活方式、信仰等各方面都相同。汉、唐之君消灭一些少数民族政权，主要是因为持续不断的边境冲突对王朝安全构成了重大隐患（消灭后常以内迁等方式将其同化，使之与“我们”不再有别）；而对于琉球、安南、高丽等一些在他们看来安全隐患不大的小国，并无兴趣去武力征服并统一之，而是采取以藩属或羁縻的方式来处理。

我们看到，历史上汉人王朝虽然有不少向外扩张、包括武力扩张的行为，但基本上是以中原为中心缓慢进行的，没有像历史上许多非汉人帝国（包括波斯人、马其顿人、罗马人、蒙古人等人的帝国）那样，试图征服全世界，并以旋风般的速度建立起一个超大规模的帝国，其中绝大多数族群皆非本族人。

另一种是作为“潜在自己人”的“外人”，即语言、生活方式、信仰等皆同的本族人。对于这种人，中国人会有较为强烈的统一愿望，认为走向统一是必然的。因为人们认为，既然有共同的血缘，就应构建一个共同的“大家庭”，一致对外，给所有人足够的安全感。严格说来，上面所说的大一统或者说合的倾向主要限于这一范围。

四、何以大一统?

如果说中国文化既不适合走希腊型“分而不合”道路，也不适合秦制型“合而不分”道路，那么它是如何摆脱分与合的张力的呢？如果在现实中中国历史上的多数王朝走的是一条“寓分于合”的中道的话，那么在理论上儒家的王道学说则提供了解决分与合矛盾的理想方案。我们都知道，儒家坚决反对无止境的分。孔子的《春秋》讲尊王、正名分，后世的“三纲”提倡君为臣纲、事君以忠，讲的皆是此理。孔子说：“天下有道，则礼乐征伐自天子出；天下无道，则礼乐征伐自诸侯出。”

(《论语·季氏》)“八佾舞于庭，是可忍也，孰不可忍也？”(《论语·八佾》)“尊王”是《春秋》的核心宗旨之一，后世的“三纲”学说继承的正是此道。

儒家既然要维护合，那么它是如何解决分与合的矛盾呢？我们知道儒家反对专制，倡导臣道、民本，主张爱民、任贤。孔子曰：“以道事君，不可则止”(《论语·先进》)；孟子曰：“长君之恶，其罪小；逢君之恶，其罪大”(《告子下》)。这些都是在讲臣道，是反对专制的。儒家德治思想的逻辑其实很简单，那就是：如果不搞专制和特权，老百姓就会真心实意地拥护；如果爱民如子、任贤使能，统治者的地位就会稳固，权威就更强大，天下就更统一，就合得更好，“自西自东，自南自北，无思不服”(《孟子·公孙丑上》)。换言之，如果统治者利用特权与民争利，将自己的意志凌驾于人民之上，打压社会正气，重用奸佞小人，人民就会背叛，与其分道扬镳。

孟子曾非常经典地说明了这个道理。他说，天下的人君皆嗜杀人，“如有不嗜杀人者”，“民归之，犹水之就下，沛然谁能御之？”；天下的统治者皆贪私利，“王如施仁政于民，省刑罚，薄税敛”，则“天下之民皆引领而望之矣”(《孟子·梁惠王上》)。总之，大王如能“发政施仁”，将会出现“天下仕者皆欲立于王之朝，耕者皆欲耕于王之野，商贾皆欲藏于王之市，行旅皆欲出于王之涂，天下之欲疾其君者，皆欲赴诉于王”这样百川归海的场面（《孟子·梁惠王上》）。故曰：

> 得道者多助，失道者寡助。寡助之至，亲戚畔之；多助之至，天下顺之。（《孟子·公孙丑下》）

“天下顺之”，就是理想意义上的合；正由此“合”，方得出“地方百里而可以王”（《孟子·梁惠王上》）的结论。

我通过本书第四章论孝治部分及其他论证说明，孟子的性善论及孝治思想会赞同行业的自治。[27]理由大致是：性善论及孝治思想的目标是让人们“各尽其性”（我解读为每一个人潜能与价值的充分实现）；如果能各尽其性，人们就有了健康的人格和健全的生命；一个由健康人格和健全生命所构成的社会是最和谐的，也是最安定有序的；把各尽其性落实到具体的行业中，就是尊重行业自身的逻辑和规则，因为这是各行业的人们“尽其性”的唯一途径。按照同样的逻辑，我们也可以推论，儒家在今天一定会赞同地方自治；因为独裁者把个人意志强加于地方，让人们不能尽其性。由此可见，儒家主张的合是以分为基础的。

另外，儒家德治思想主张以德服人，反对以力服人，也是用分来促进合或大一统的。孔子说：“远人不服，则修文德以来之”（《论语·季氏》）。这是指聚合人心靠文德而不靠强制。因此，孔子的“修文德”在今天也可能倡导行业与社会的自治，这可以用孔子的“正名”思想来解释。所谓“君君、臣臣、父父、子子”（《论语·颜渊》），用我们今天的话说，就是每个人都按照自身角色的职责和要求来做事。因此，天下事的逻辑不是由统治者来定的，而是由角色的性质来定的。这一思想在后来进一步发展为：各行各业皆有其自身的规律，不能由长官武断地根据统治需要来管理。当然，在古代中国，社会分工不像今天这么发达，所以儒家也没有明确的社会分工和行业自治思想，但是重视各行业自治的精神在孔子那里是具备的。由此可见，孔子、孟子都追求合，但是是通过推行分来实现的。

儒家王道学说解决分与合矛盾的依据是什么呢？儒家认为，仁政爱民、社会/行业自治等，由于让人们“各尽其性”，能导致“人心归服”“天下一统”，所以能彻底解决分与合的矛盾。这就好比有的家长强迫子女服从，教育手段僵化，与子女关系崩解；有的家长尊重子女意见，教育方式民主，与子女融为一体。前者是求合而导致分，后者是由分而实现合。可见，分与合并不是必然矛盾的，关键是领导者、管理者能否认识到这个道理，实现思想的突破，找到融合的良方。

然而，在中国过去几千年的历史上，真正能按照孔、孟倡导的王道来做的王朝基本上是没有的。朱熹在与陈亮的交流中说过去千百年都是“架漏牵补”[28]，原因正在于此。现实中所存在的往往是“王霸杂用”（汉宣帝与其长子交流的内容），或者更极端一点说，是“外儒内法”。因为没有完全抛弃王道，所以不会像秦代那样短命；因为不能完全施行王道，所以长不过数百年。如果儒家的判断正确的话，那么问题出在哪里？就出在帝王的心胸上。因为求合，即驾驭、控制天下，是每一个执政者本能的渴求；当他们遇到分的要求时，往往难免想用霸道的方式来达到自己的目的，从而在压制分的时候也扼杀了社会的生机与活力。

大家可能会说，王道既然尊重人性的需要追求行业和社会的自治，那为什么非要走大一统道路而不走希腊式的分裂道路呢？这涉及中国文化的习性。如前所述，一方面，中国文化是一种团体主义文化。中国人需要在一个更大的集体中寻求安全感，这使人民自然地愿意归附贤能之君；另一方面，中国文化是一种关系本位的文化，中国社会存在人际矛盾。当分裂发生时，大家都没有安全感，不如统一有保证。从春秋到战国，秦统一中国虽靠武力，但与人心思定也不无关系。同样的规律也发生在从三国到隋唐的统一上。从五代十国到宋、辽、金，因为有多个异族王朝兴起，情况比较特殊，我们这里讲的统一主要是针对汉文化圈而言的。

应该承认，白鲁恂从帮派主义等解释中国文化中集权存在的必然性有一定的合理性。但是白氏认识不到，中国文化虽然需要集权，但不一定只能走白氏所言也是法家所倡导的那条道路。白氏对“关系”与集权之间关系的判断有一个巨大的误区，即他认为，大一统的途径只有一条，那就是压制地方自主、阻止社会自治、消灭文化多元等。白氏认识不到，保持中央集权并不一定要以牺牲地方多样性和社会自治为前提，两者并不存在必然的冲突。白氏所言只是中国历史上法家的做法，儒家还提供了另一种做法，即通过以德治国，集权并不表现为以公灭私，而是表现为以私促公。儒家当然也主张中央集权（所谓“君为臣纲”“大一统”），但认为要化解公私矛盾不能采取法家式的策略，即完全压制私（包括家庭、宗族、社会团体和地方等），还可以通过尊重和照顾私人利益这条途径得以实现。

儒家以德治国理论的逻辑是：当财富分配公正、社会正义得到体现时，人民对政府的怨恨会大大减少；当家庭、宗族的利益得到支持时，社会的道德有了强大基础，社会秩序也就有了保障（“以孝治天下”）；当合理的地方利益得到保障、正规的宗教自治得到支持时，人民与政府的矛盾就会被降到最低。

按照儒家王道思想，社会离心倾向强烈是因为社会正义得不到伸张、地方愿望得不到尊重等。如果统治者能够充分体谅人民疾苦，尊重社会需要，保障信仰自由，实现公平正义，人民就会归之如流水，这时“中央集权”

不但不会受到损伤，反而会得到空前的加强。

比如，董仲舒在给汉武帝的对策中指出，人们不遵纪守法、犯罪现象越治越多，就是因为当官的“与民争利”（参见《汉书·董仲舒传》）。因此，所谓“以德服人”“以善养人”“仁者无敌”等王道政治理想的说法代表了儒家化解社会矛盾的主张。须知，这些主张都不是以抛弃中央集权为前提的；相反，儒家认为一旦抛弃中央集权，诸侯背叛中央，就会出现春秋时期的战乱，后果反而更糟。这就是孔子作《春秋》的主要原因，也是历代儒家倡导“大一统”的原因。

那么，为什么当社会财富分配公平、特权利益受到抑制、人民需求得到反映、地方自治得以实施时，公私矛盾就可以缓解呢？这恰恰是由于中国文化的关系本位/团体主义所决定的，具体来说：

第一，人们之所以结成帮派或小团体主要是寻找安全感，或者说主要是现实的政治体制不公正，不能满足人们安全感方面的需要。

第二，当公共权威公正时，它给人们带来的安全感远远高于小团体给人的安全感，因为小团体永远不如大团体（国家）强大。文化团体主义的特征之一就是，集体越强大，安全感就越强。

第三，小团体中盛行的关系由于与公共利益相冲突，即使能让人得到暂时的利益，终究由于不合法律与正义而使人心理不安。这是帮派主义缺乏强大心理或道义基础的必然结果。

基于上述，我认为儒家的以德治国理论针对中国文化的习性提出了另一种解决社会矛盾，特别是分裂和离心倾向的方案，与法家通过压抑甚至消灭社会/人民自治来成全国家不同，儒家主张通过成全社会/人民自治来成全国家。历史证明，法家的做法会导致“一统就死，一放就乱”的恶性循环，而儒家的方案则避免了此种困境。儒家的经验似乎说明，由于德性权威在关系本位文化中有深厚基础，所以倡导以德治国的王道学说可以化解公私矛盾。如果这一说法成立的话，那就不仅证明白鲁恂的结论不正确（他只看到法家那一条道路），而且证明针对中国文化的习性，德性权威何以成为一种有价值的权力/权威模式，它与西方文化的权力/权威模式的表现是不同的（关于德性权威，我将在下一章作深入、全面的分析）。其主要特点是通过以德治国，让国家或权力部门实施社会正义，包括满足人民需求、打击特权阶层、公平分配财富、实现地方自治、保证行业和社会自主等一系列措施，从而保证和强化中央集权及其“大一统”管理。

五、权威之义

白鲁恂有一个核心观点，那就是中国人倾向于接受一个单一的最高权威而不是多个权威的同时领导，就像家中只能有一个家长代表最高权威一样。尽管白氏在其著作中强调了文化相对主义的眼光，并据此反对对亚洲权力/权威模式作价值评判，但事实上他本人对亚洲权力/权威概念的否定态度是非常明显的。比如他多次指出，上述中国文化的权力/权威观不适合现代化需要；只有中国人改变自身的权力/权威观，才能真正促进现代化。他说：

在中国这样一个高度中央集权、道德意识浓厚、权威依赖严重的政治系统中，实现自己的现代化之路似乎仍然是极其艰难的。……中国革命真正的“悲剧”在于，中国文化仍然是一种极其依赖权威的文化。[29]

在谈及中国政府为了促进现代化而进行的一系列以行政部门撤并为特征的改革时，他指出：

这些改革的成果并不动人，是因为它们并未触及核心等级关系及此一文化对权力和行为的态度。[30]

不仅如此，白氏认为这类改革反而会招致人们利用各自的关系为其寻求庇护，从而引发新的不安。他批评这是因为认识不到，只有分权、多样化和权力多元化，而不是动用国家力量把所有人集中到一个目标上来，才能真正促进现代化。他又说，中国历史上的“革命”，包括孙中山等人的革命，无非是为了追求一个更强有力的领导而已；中国文化从根本上缺乏追求政治和文化多样性的动力。[31]

中国人的权力/权威观念，是不是真的像白氏所说的那样有着致命的问题，非放弃不可，才能真正促进现代化？我认为答案是否定的，本章的主旨也在于说明这一观点。

首先，我们要承认，白氏所谓的“父权型权威”的若干特征在中国传统文化中确实存在，这深刻地表现在中国人“父母官”的概念上。中国人过去一直注重家教，家庭生活中以男性为中心（所谓“父为子纲”“夫死从子”）；在政治生活中，人们一直主张家、国一体，国是家的放大；所以中国人认为政府官员应该像父母一样关心、爱护人民。此外，中国人确实期望权威人物无所不能，有时会把一些清官、好官神化，具体体现在为其死后立祠上；人们也确实自古一直强调“大一统”，反对权力多中心（“天无二日，民无二主”），尤其典型地体现在儒家“三纲”思想中；中国人把政治意识形态化、道德化，以及崇尚人治而非法治，这些都是事实。

然而，正如白氏所注意到的[32]，亚洲许多国家的权威类型绝不仅限于所谓的父权型，其另一大特点是重视“德性权威”（系统论述见下章）。所谓德性权威，是指人们从内心信服有德之人，因而只有当有德之人在位时，才可能形成真正有效的管理和行政。这与英美等国家以效率和绩效为导向的权威类型有着本质区别。西方人可能不理解为什么在一些东亚国家会让年纪很大的人做部门最高领导，其实这与人们对年老者德性的信服有关。仔细研究德性权威人物可以发现，其所注重的作为领导人的仁慈、善良、尊重和理解他人，决定了其管理不可能以压抑、强迫等为特征，因而未必是如西方人所理解的专制统治。

比如，白氏所谓中国人从小在家教中就学会压抑真实情感、不敢挑战权威并不完全符合事实。这一点，我们从历代儒家关于君道、臣道的论述以及特别是有关谏君、格君的言论中即可证明。我在批评对“三纲”的误解中已经说明，古代儒家并无在君臣、父子、夫妇之间进行绝对的等级划分，从不提倡子对父、妻对夫、臣对君绝对服从；相反，无论是孔、孟、荀等先秦儒家，还是董仲舒、班固、刘向、马融等汉儒，无论是程朱理学还是明清大儒，都把谏诤当作臣子最重要的品德和要求。[33]另外，读过《春秋左传》的人都知道，“弑君三十六，亡国五十二”(《春秋繁露·灭国上》)，那时不仅权臣弑君时有发生，家奴杀主也时有所见，春秋时期的中国人从来都不害怕权威。事实上，秦汉以来中国历史走上了一条改朝换代不断、科举选拔官僚的道路，而没有走类似于印度那样把等级差异绝对化或如日本那样把贵族政治永久化的道路，正是由于在中国文化中不把权威绝对化，推翻、代替现有权威对中国人来说并不困难。如果我的论证成立，就可以推翻白氏的上述观点。

另一个巨大的问题是，白氏所信奉的“分权”（division of power[34]）导致竞争促进进步的思维在中国文化中未必行得通。白氏不止一次地提到，中国真正的问题在于，认识不到权力多元化才是真正有利于促进竞争和现代化的。他提到了中央集权与地方分权这个中国文化一直面临的矛盾，认为只有选择后者，让各地保持自己的独特性，在竞争中超越落后地区，实行权力多中心化，才是走向现代化的办法。[35]然而，这种观点可能是对中国历史不够了解所致。

如前所述，中国过去几千年的历史一直充满了分与合的矛盾，主要体现就是中央与地方的矛盾。如果从分权的角度看，中国历史上的“三代”比较接近。然而从西周封建到春秋战国，中国封建时代的问题便充分暴露出来，那就是由分权导致战争，国无宁日，家无宁日。类似这样的局面在中国历史上后来也出现过多次，虽然维持时间没有以前那么久，但每次的后果都一样，那就是诸侯割据，战火纷飞，民不聊生。虽然中国历史上后来也一直有过恢复封建的倡导或努力，但一直没有成功（顾炎武“寓封建之意于郡县”，显然与时代背景有关，也不是要完全回到封建）。白氏在书中提到，在民国军阀混战时期，中国确实出现过多元化和竞争性的政治格局，但这种情况为中国人所不齿；中国文化的习性使越来越多的中国人认识到，为了实现强国这个唯一目标，为了“救中国”，每个人都必须服从统一领导。[36]白氏的语气显然对此“文化习性”（白氏曾使用诸如traits, characteristics, predispositions of culture，与我所谓“文化习性”含义类似）持否定态度。然而，这显然是因为他没有认识到，统一领导符合中国的历史规律。这不能用分权、分裂以便实现多样化和多元化为标准，历史证明中西方文化走的道路不同，分权和分裂并不能给中国人带来幸福与安宁，相反带来的是水深火热的生活。

那么，统一领导是否必然意味着扼杀多样性呢？白氏所谓的“多样性”，就其书中所提及的而言，主要是指地方性多样性和文化多元化。狄百瑞（de Bary，1998）、包弼德（Bol，2001）曾经从乡约、私塾和书院等不同角度论证了中国古代社会自治的存在；冉枚烁（Mary Rankin, 1993）、罗威廉（William Rowe, 1993）、（Frederic Jr. Wakeman，1993）、魏斐德（Edward Shils，1996）和余英时（2004）等人也论证中国古代存在独立的私人经济组织。宋代以来中国的地方文化发展是有目共睹的，日本京都学派的研究可以在一定程度上证明这一点。白氏的一大问题在于不了解中国历史，他基本上是局限于从近现代中国来理解什么是中国文化的。然而，近现代中国遭遇了西方对其几千年传统文化最惨痛的冲击，因此也处于重新定位的特殊时期。为什么中国历史上的大一统并未导致白氏所谓的专制和落后呢？秘密之一可能在于，中国历代政治的权威类型并非如白氏所说的那么简单，传统的德性权威本身包括着尊重他人、尊重社会需要的精神在内。

应该承认的是，自汉代特别是宋代以来，中国文化建立了一套在“大一统”的前提下认可地方自治、实现社会自治、促进行业自治的治道。它的基本特点是，对国家官员的选拔和任免有一套完整的选择机制，对于皇位继承、皇子培养及皇室生活有一套严密的规定，宰相、六部、州县行政区划及管理方式等都有一套完整的制度。[37]这条治道不能说就是非理性的、完全靠强人领导、中央控制一切、君主随心所欲的极权统治，也不能说就是以完全否定地方多样性、消灭权力多中心为主要特点的。然而另一方面，从国家最高权力设置方式上看，它又确实是金字塔式的，只允许一个最高权力中心，故而是“大一统”的。这些正是历史所检验出来、实践证明有效并尤其适合中国文化的政治-行政体制。

真正对中国历史有所研究的人都知道，中国古代灿烂而辉煌的科技、文学、艺术、建筑、学术和宗教等各领域的成就，证明了中国古代社会并非一个压抑个人创造力、否定文化多元化、取消权力多中心的社会。但与西方不同的是，这种创造力、多元化和多中心并不是建立在类似西方那样把个体人权神圣化、地方独立绝对化的基础上的，而是基于另外一套不同的核心价值（仁、义、忠、信等，而不是人权、自由、平等）、不同的意识形态（儒家，而不是自由主义）、不同的行政体系（郡县制为典型）和不同的社会结构（小农经济为主）等之上。既然在古代条件下都可以拥有创造力和多元化，那么在今天更可以做到。然而近现代中国人由于在西方冲击面前失去了文化自信，在盲目模仿西方的过程中又出现了种种无法逾越的问题，导致人们曾一度找不到自身政治-社会建设的正确方向。

应当认识到，如果按照现代美国民主体制下的联邦制度来设计中国，建立类似于西方那样的地方分权体系，地方领导人的任免权不在中央，结果将有可能出现类似于春秋战国那样诸侯割据、军阀混战的局面。孔子的《春秋》、儒家的“三纲”学说，以及后世的春秋学，说的都是这个道理，那就是：完全独立的地方自治在中国行不通，放任自流的分权自由在中国不可行。在集权与分权、中央与地方、国家与社会关系上，中国人已有一套自己的办法，已经形成了自己的成熟模式，即使在今天也不能违背。坚持这一点，也是符合白氏自己所坚持的文化相对主义立场的。[38]

如果白氏所谓中国文化中的“父权型权威”是事实的话，那么其真实含义则要复杂得多，绝非如他本人所理解的那样简单。至少必须认识到，中国人通过发展德性权威，极大地消解了父权权威的专制成分，保障了社会空间的自我发展。这种德性权威的特点在于：通过尊重社会、保障人民来保障统一。但是白氏带着自己的价值判断来研究中国，他对中国政治模式的判断至少有两个错误：一是没有认识中国传统政治制度并非如他想象的那么集权、专制和非理性；二是没有认识到中国人在德性权威模式下，已经形成了一套自己的理性化模式，其特征不能用西方的标准来衡量。

六、全能政治

我们再来看看白鲁恂有关亚洲“全能政治”的说法。在西方人看来，政、教分离是现代政治的基本特点，与此相应的还有国家与社会分离、政治与行政分离、道德与法律分离等一系列概念。相反，白氏认为，中国人倾向于接受最高权威的全方位领导，也寄希望于他能解决所有的问题。据说，百姓将官员称为“父母官”，是希望官员像父母一样无微不至、无比周到的关心和照顾自己。这里我想说的是，从文化心理学的角度看，“全能政治”比较符合中国文化的心理机制。

从文化心理学的角度说，“全能政治”之所以更适合中国文化的习性，是中国人有一种根深蒂固的“总体主义”（holism）和“团体主义”（collectivism），特别是此世取向的思维方式。人们倾向于在从属或依附于一个较大的“总体”中找到自身的安全感，而这个较大的总体并不在彼世，是把此世界本身作为一个“总体”的。因此，中国人或亚洲人在政治运作上更多强调通过意识形态的方式先从“总体”上来定位自身，然后再落实到具体操作层面；而在思想深处，人们倾向于认为，政治必须解决这个世界作为一“总体”的全部问题，而不能只对其中一部分负责。因此，当人们将自身交给所在的某个团体时，他们希望这个团体的代理人——最高长官——能解决所有的问题。

应该承认，“总体主义”思维之所以出现，与中国文化自从伏羲画卦或者说“绝地天通”（《国语·楚语下》）以来，走的并不是一条以死后世界为主要目标的道路有极大关系。前面说过，无论是印度还是西方，都曾长期以死后彼岸世界为文化的终极目标，对于我们肉眼所见和感官所知的这个世界（this world）持消极、虚无与否定的态度。此即有些学者所谓的“外在超越”。这与中国文化的信仰世界不同。正是中国文化的此世化特征决定了中国人的“天人合一”“天人和谐”等思想成为主流，同时也在一定程度上决定了中国人的总体主义思维。原因是这样的，因为并不真的相信死后世界是另外一个世界，所以他们把这个世界当成生命的最后安身之所。既然生生死死都是在这个世界之中，那么这个世界之“总体”是人们不得不与之和合的。把这个“总体”当作一种神秘力量来崇拜，所以就有了“天人合一”“天人感应”等思想。这种世界观的内在倾向是什么呢？我认为就是让人不要去超越或否认这个世界，而是最大限度地与之融为一体。

与总体主义思维方式相应的是最高权威必须是独一无二的，当然也必须是全能的，即要对所有问题全面负责，而不是只解决一部分问题，把其他问题交给其他领域或专业了事。所有这些，都是为了防止世界碎片化而使人失去安全感。

美国文化心理学家尼斯贝特在《思维地图》（*Geography of Thought*，2003）一书中用多个试验证实了东亚人的总体主义思维方式，也体现了东亚人的关系本位。[39]比如东亚人愿意一起接受挑战，而美国人则更愿意一个人去接受挑战；在面对同一组事物时，东亚人倾向于把它们当作一个总体，而美国人则更倾向于把它们当作一个个独立的个体；在观看同一个对象时，东亚人比美国人看到了更多的背景；等等。这与许烺光在中国人的“处境中心说”（situation-centred）有类似的看法。“处境中心说”也是一种关系思维，其中包含总体主义倾向。孙隆基对中国文化深层结构的分析则说明，中国文化的“身-

心设计”导致人的安全感来自身心一体、物我一体、天人一体的和谐与安宁，安身和安心是人们最大的需要。[40]

上述心理学研究，有助于我们理解中国文化中的政治是一种全能政治，其目标在于从总体上满足心理安宁的需要。因为中国人不可能指望走出这个世界之外，到另一个世界寻找归宿，“这个世界”就是人们的终极寄托；把这个世界经营好，乃是其唯一的愿望。

不妨设想：这个世界本来就包含多个不同的部分，让其各个部分各司其职、独立运作有何不可？答案是：当然可以，但必须是在保持“大一统”的前提下。否则如果把各个部分完全独立运作，“总体”就被碎片化了。中国人会感到自己生活在一个“破碎的世界”里，内心当然没什么安全感了。所以像欧洲中世纪那样的政教分离，“恺撒的归恺撒，上帝的归上帝”，这种世俗与神圣“井水不犯河水”的分治之道，只能让中国人内心迷失方向，找不到归处。更何况，如后将述，这种“分权”在中国文化中往往和勾心斗角、争端四起联系在一起。也就是说，只有全能政治才能让中国人获得真正的安全感，也更适合中国文化的需要。

七、意识形态

白鲁恂在其书中强调，一些亚洲领导人所做的政治宣言，与其说有具体的政策性含义，不如说更多的是象征性宣誓。这种行为似乎具有某种欺骗性（因为它往往是为了强化领导人的权威），而不具实质性的政治意义。他似乎认为，亚洲政治的意识形态化特点与政治家运用象征性声明、宣誓和发言等手段是一样的，都体现了亚洲政治的“非政治性”，因为两者都没有把主要精力集中到实绩等政治过程这一最重要的环节上，而是浪费在一些虚幻不实的事情上。显然，白氏对这一特点是持负面看法的。但是我认为，如果我们认识到在一种以关系为本位的文化中，人心的安定是比任何政策或制度都更强大的力量的话，那么就可能不会再持此观点了。这是因为，中国文化的关系本位导致其另一大特征是从风效应。

尼斯贝特、松田高（Taka Masuda）在实验中发现，日本学生比美国学生能更多地汇报他们“看到了”鱼的感受和动机，显示东亚人对他人的“感受”较为敏感，而美国人则对他人的感受相对迟钝。[41]梁觉（Kwok Leung）和彭迈克（Michael H. Bond）等人则在实验中发现，与美国试验对象相比，中国试验对象更喜欢对所在集体（in-group）成员平均分配报酬；但是当分配对象是其他集体（out-group）成员时，他们往往采取更公平的分配方案，结论是中国人在奖金分配时比美国人更多地受到了人际关系的影响。在人际敏感度（interpersonal sensitiveity）高的文化中，和谐、团结更受注重，平均分配比公正分配更受偏爱。另一方面，在注重生产率、竞争及个人成就的文化中，公正原则更受偏爱。[42]

中国文化中对他人感受和意见的高度敏感，导致人与人相互效仿，形成中国文化中的"从风"效应。后面第七章将专门总结"社会风气"在中国治理中的特殊意义，这里只想指出，从政治学的角度说，"风"的问题也是所谓"人心朝向"的问题。当人心朝向一致时，就会形成一种合力，政治效益就大。我们常说"人心齐、泰山移"，又说"同心同德，众志成城"，实际上是众人之心在某种有感召力的号召之下形成了某种"风向"；众人皆望风披靡、望风而动，事业就无往不胜了。这反映了中国人把人心看成公共事业的基础。如果人心不统一，不仅缺乏精神动力，还可能会使某些人在背后拖后腿。在一个主要靠人与人之间复杂而不稳定的关系构成的文化中，人心的统一无疑是做成任何重大事情的基础或前提。也正因此，在中国历史上很多重要或重大的政治行为的完成，都以舆论上和心理上先造势为前提。所以白氏说的一些亚洲领导人所作的只具有象征意义而无具体政策含义的发言或讲话，可能是因为他们只想通过这些发言试探民众的反映，了解做某件事的民意基础，而不能简单地说就是"没有政策意义或政治含义"。另一方面，意识形态在中国文化中重大而不可缺少的作用就是统一与振奋人心。

现在的问题在于，如果不能把中国或亚洲政治的“意识形态化”这一特点说成是“非政治或反政治的”，那么接下来的问题就是如何为它们找一个好的意识形态了。在古代中国历史上，儒家就成了这种意识形态。虽然中国古代在不同历史时期意识形态并不统一（战国百家争鸣，魏晋玄学盛行，唐、元信奉佛教；汉、宋、明、清崇儒，然主流精神不一），但是从整体上来说，中国文化从西周以来是以儒家为主流的（不过这是宽泛意义上使用“儒家”一词），无论是魏晋、南北朝还是唐、元，真正对百姓日常生活起作用的还是儒家。近代以来，中华文明遭遇了前所未有的巨大挑战，人们对于儒家或中国传统文化的信念遭到了空前颠覆。所以中国的问题，并不是像白氏所主张的那样，应当走一条“去意识形态化”的道路，而应当探索什么才是真正适合中国文化的意识形态。自20世纪初以来，中国人一直在寻找理想的、真正适合中国文化习性的意识形态，从三民主义到马克思主义，还有其他不少意识形态（如新儒家、无政府主义等）在竞争中。一个多世纪以来，中国人在这个问题上进行了无比艰辛的探索，因为问题的关键在于此，而不在于白氏所谓的“去意识形态化”。

在白鲁恂看来，亚洲或中国政治总是过多地意识形态化。政治人物把较多的精力用在论证一些仅具象征意义的符号上面。我认为这说明中国人较多地注重心理上的满足，也说明精神和思想因素在中国人的集体生活中占有较重的分量。中国人做事之前，需要先在思想上形成共识，在精神上完成凝聚，在心理上达成默契。这些在其他文化中不能说没有，但是对于崇拜形式化原则的西方人来说，这类做法有时会被当成是浪费时间或舍本逐末，他们认为直截了当地提出规则比开展精神思想工作意义更大。

意识形态的重要性说明，在中国文化中，心理或精神上的统一或一致比制度上的规范或统一更重要，因为它满足了中国人对安全感的追求。中国文化的关系本位和处境中心等特点，说明中国人只有生活在一个团结的集体里才会感到踏实，只有处在和谐的环境中才会感到安全；而意识形态或思想上的统一，让他们感觉自己是生活在一个大的、完整的集体里，而不是孤立无助的。有时即使明知这个大的集体是人为塑造出来的虚幻之物，他们也觉得比没有好。对于一个高度此世化的文化来说，一个明确的“总体目标”是比其他任何东西都更为重要的。

意识形态的重要性表明了中国文化中政、教不分的现实性。关系本位的中国文化不可能走一条政、教分离的道路。诚然，在中国文化中确能允许“教”脱离“政”（如佛教、道教等），但不能允许“政”脱离“教”。中国人认为“政”必须依赖于“教”来管束，就像小孩需要家长来管教一样。像西方人那样，从中世纪以来一直信奉政、教分离，结果使政治成为脱离宗教的非道德化的系统，把功能上的功利和效益当作首要宗旨来追求，这在中国文化中是缺乏基础的。在儒学史上，我们看到一再强调道统高于政统；而在近代史上，则一度演变为自由主义、保守主义和马克思主义之争。

八、公私问题

关于大一统，最后一个极其重要的问题是公私问题，本节我们谈论如何从中国文化中根深蒂固的公私问题来看大一统问题，并以此为本章之结。[43]

日本学者沟口雄三研究发现，中国与日本的公私观念有一个很大的区别。在日本文化中，公与私主要是领域性划分，私时常被理解为在公之下、附属于公的成分，因而公与私不是对立或相互排斥的；而在中国，从先秦开始就赋予公私以强烈的道德含义，公与公正、公平、公道、公义等联系在一起，又与自然、天理、大同、天下等相联系，因而有鲜明的道德色彩。从先秦时起，就有大量倡导公、反对私的观点，东汉许慎《说文解字》更是把“私”之本字“厶”定义为“奸邪”，到程朱理学时则以“天理之公”与“人欲之私”相对立。明末以来，许多学者改为私欲辩护，又提出“合天下之私，以成天下之公”（顾炎武《日知录》卷三《言私其豵》）之说。[44]

由此可以理解，为什么“在中国没有产生将个人之间的契约作为‘公’原理的国家论、社会论”[45]。我认为，中日公私观念差异非常好地说明了公、私对立在中国文化的持久存在，这是对私进行批评并赋予公以强烈道德色彩的根本原因。明末以来对私欲的辩护，与历史上在法家那里得到最极端体现的以公废私，都体现了中国文化中寻求克服公私矛盾的良苦用心：要么是私统公，要么是以公统私。

白鲁恂也似乎发现中国文化永远面临着一个悖论——公私对立：一方面，中国人只有在私人关系中才能找到安全感，人们相信私人关系，争相拉关系为己服务；另一方面，在公共领域，他们又公开反对“拉关系、走后门”。中国人在公开的政治领域对于非正式的私人关系讳莫如深；人们都被要求对国家忠诚，而对于非正式的权力关系（informal operation of power）该如何发挥作用持负面态度。[46]这种公私对立在中国文化中最典型的表现之一就是中央与地方、公共利益与私人团体（包括家庭、宗族、团体、会馆和同乡会等）之间的矛盾。公私矛盾构成了中国政治的内在动力机制[47]，所以中国历史上一直存在着公共立场与私人关系、国家利益与小团体利益之间的对立和消长[48]。公私矛盾非常好地解释了中国文化中离心倾向（也即分裂倾向）产生的根源。

本书的看法是，公私矛盾在中国文化中根深蒂固，是由于中国文化的关系本位和团体主义所导致的。这是因为，中国人倾向于在自己与他人的相互关系中寻找安全感和人生价值；由于一个人不可能与所有人感情同样深，所以他们对不同人的方式也自然呈现出费孝通所谓的“差序格局”方式，于是容易形成由私人关系所构成的小圈子或私人共同体，这些共同体就是私的领域。公与私的区别在于，公是超越一切个体需要和私人关系、基于更大的公共需要而有的。由于私与公的对立以及公的不言而喻的正当性，私几乎是一个贬义词而常受挞伐，对公的颂扬和强调一直是官方舆论的重心。这种现象也时常会催生出一种伪善来：明明沉浸在私的追求中，却不能承认，甚至必须以公标榜。这使得公私矛盾几乎无法根除，所以这一矛盾几乎是中国文化中永恒的矛盾。

为什么同样是东亚的日本，公私矛盾没有成为永恒的矛盾呢（至少根据沟口的研究是如此的）？其中的秘密之一可能在于，日本的公是“领域性的公”，类似于《诗经·大田》中的“雨我公田，遂及我私”意义上的相互界限分明的公私[49]，“私是位于公之下，从属于公，而其领域的存在又得到承认的”[50]。而在中国，公私关系由私人关系决定，结果是公私边界也与日本表现得非常不同。[51]

必须认识到，中国文化中公私问题最独特的地方在于：公与私的边界没有一个超然的绝对标准，是公还是私取决于从什么范围看。对于每个人来说，其私的范围可以处于一直不断的变动中。每个人都以自我为中心，“我”是私，“集体”是公，于是有了初步的公私对立。当两个人关系亲近时，形成两个人之间的默契和共识，把他们与“外人”区别开来，于是有了属于两个人的“小私”，这是另一个层面的私。当一些人出于血缘、地缘、出身、身份、背景或需要等共同因素结成小团体时，就是“帮派”，也称为“同党”，这又是一种类型的私。当地方官员与其共同的上级即中央发生利益冲突，需要共同来面对时，就形成了所谓的“地方主义”。“地方主义”也是与国家相对立的新型的私。一个人可以同时生活在不同类型的私中，取决于他与谁在一起，以何人为外人。相应的，公的含义也在变动中。

同一个行为主体相对于一群人代表公，而相对于另一群人又可代表私。比如说，在中央与地方、公共利益与私人团体的矛盾中，国家常常是公的代表；而在国家与社会的矛盾中，国家则可能变成了私的代表，因为国家此时可能被少数统治者或特定阶层（如权贵）所控制，或者说为少数利益群体的私服务。

同一个行为，相对于一群人是私的，但相对于另一群人又是公的，反之亦然。正如费孝通所言，“在差序格局里，公和私是相对而言的”；一种行为从外向里看是私的，从里向外看又是公的，“当他牺牲族时，他可以为了家，家在他看来是公的”，但从宗族看来是私的；“当他牺牲国家为他小团体谋利益、争权利时，他也是为公，为了小团体的公”，但从国家角度看则为私，为了小团体的私。[52]总之，公私矛盾在不同领域、不同意义上会有不同的表现，只有从具体两个主体相互关系的具体处境出发才能确定谁代表公、谁代表私。

同一件事，有的人理解为公事，有的人则理解为私事。这是因为每个人都可以随时扩大自己的公私边界，尤其那些公认的公共事物。比如很多年来我们一直提倡“不能随地吐痰”这件事情，可以说是一件“公（共）”性质的事情。但有的人做得好，有的人做得不好。做得不好是因为他把此事视为与自己无关的公事；做得好则是因为他把此事视为与自己相关的私事。因此，做得好可以理解为当事人扩大了自己的私的范围，把某些公事也纳入私的范围了。可见一个人选择什么为公什么为私，完全是其自己的事情，取决于其思想境界水准，人与人之间根本没有共同一致的划分公私的标准。由于每个人的公私标准极不统一，导致“一刀切”的政策方案难以实施，有些政策措施还会引发新的社会矛盾。

总之，公与私的界限因时因地因人而异，高度情境化而难以固定，甚至同一个行为可以同时是公的（相对于自己所在的小团体）又是私的（相对外部的公共利益）。

图3是我根据费孝通的著作《乡土中国》中有关“差序格局”的说法绘制的，反映了中国人生活在根据亲

疏远近关系构成的关系网中，而中国人的私人世界完全由其与他人的关系来决定，其范围可以不断伸缩。图4则是日本学者沟口雄三所绘制的中国人的公私图，其中包含了中国人的公私的多层次性，从共同体（我想包括私人关系世界）之公私、君/国/官之公私到天之公私，公私在不同社会情境下的含义可以是不同的，可随时变动。这两张图都是由三个同心圆构成，彼此暗合，虽然构图原理不同。

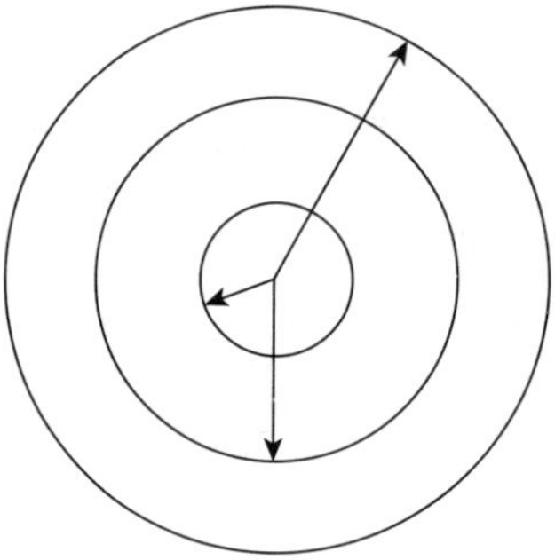

图3　人际关系之分层[53]

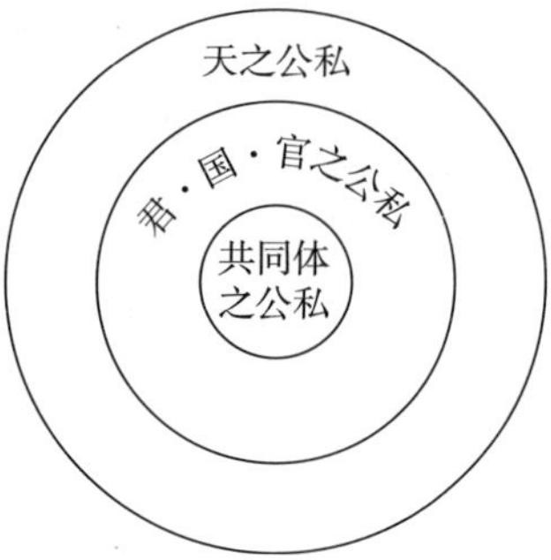

图4　公私关系之分层[54]

在中国文化中，公私边界虽不确定，但有一点是确定的：每个人都主要生活在私中，对公有一种本能的排斥，或者是一种为我所有的实用态度，这是导致千百年来主流文化一直反对私的根本原因。如果一个人真能公而忘私，那可能是他扩大了私的边界，把公纳入了私中。比如我们常常听说，“我为人人，人人为我”，“只有国家强大了，个人安宁才有保障”，这些都暗示追求公可以更好地成全私；又如当人们说“把小我融入大我中”（大我时常可指代国家或社会）时，暗示要通过大我来成全小我，或者说小我不可能脱离大我而独善其身。可见这几种公优于私的说法毕竟还是以私为归宿、以公为途径的，等于预设了公没有终极价值，同时它也进一步强化着一种信念：私才是至高无上的、无条件的。

我初步从如下六方面来概括中国社会中常见的公私矛盾：

（1）个人之间的矛盾（包括君子与小人的矛盾）；[55]

（2）个人与群体（包括家族、机构、国家和社会）之间的矛盾；

（3）私人群体（包括家族、企业、学校、帮派、圈子等，英文为in-group）与其他群体（out-group）或公共利益的矛盾；

（4）任人唯贤与任人唯亲之间的矛盾[56]；

（5）国家与社会之间的矛盾；

（6）中央与地方之间的矛盾。

事实上，上述几种矛盾都可以概括为公私矛盾，（1）（2）（4）是个人单独面对的公私矛盾；（3）（5）（6）是团体与团体关系中的公私矛盾：中央是公，地方是私；公共利益是公，私人团体是私；社会是公，国家是私。这些公私矛盾在中国文化中永难消除。

那么，在西方社会难道没有公私对立吗？西方人是如何处理公私矛盾的呢？按照费孝通的看法，西方社会也有公私对立（比如西方外交家在国际场合为自己国家争利益，甚至不惜牺牲他国利益），但与中国不同的是，他们的公私边界异常明确且固定不变。他说，“在西洋社会里，国家这个团体是一个明显的也是唯一特出的群己界线……他们不能不把国家弄成个为每个分子谋利益的机构，于是他们有革命、有宪法、有法律、有国会等等”；相反，“在我们传统里群的极限是模糊不清的‘天下’”。[57]

然而更重要的是，在西方社会，人们并不强调抽象的公，公的含义明确而又具体。就现代西方国家而言，它指独立个人之间的契约，国家在契约规定的限度内为个人利益服务。换言之，西方文化将国家作为“公”的含义明确界定为以私人利益为内容，公是私的集合，同时也明确规定了私的范围——所有人共同合法享有的私人利益及其获得方式。国家与个人的各自利益需求最后统一到宪法和法律上来，在宪法和法律层面，其实已经没有公与私的区分，或者说公私矛盾彻底消失了。事实上，西方人的法涵盖了一切可能意义上的公，并不止于国家所代表的公而已，即将在中国文化中一切可能代表公的共同体利益（宗族、单位、国家和社会的）都统一到法律上来。

要注意，西方人取消公私对立的前提是对公和私都作了重新界定（或称限定）：公必须是为了私的，而不是抽象和笼统意义上的公共利益，并通过法律条款明确规定了每个具体场合的内容及边界；私是指与所有人的私人利益和需要一致的私，而不是任意的、为所欲为的私人需要。其结果便是，人们被鼓励大胆、公开和自由地追求私而不必感到羞耻，这不仅因为法律的存在使人们在通常情况下不必担心逐私会伤害公，反而使人们意识到在合法的范围内追求私才是公共事业进步与发展之途。更重要的，由于私是合乎公的（通过法律保障），追求私也具有了道德上的崇高感和正义性。

因此，西方人虽然崇尚并追求私人利益，但他们把法凌驾于一切公私关系之上，以法律作为一切公私行为之最高仲裁。法既是公也是私：就其保障每个人的私人利益而言是私，就其代表所有人的共同利益而言则是公。毋宁说，法通过对公民行为普遍统一的界定，取消了公私矛盾。这里有一个前提，即西方文化——就其现代形式而言——主要是个人主义文化。在这一文化中，人们普遍相信个人独立存在甚于相信人伦关系及团体。这是西方人能够以法治精神来消除公私对立的文化心理基础。而中国人虽然也在不断地制定法律，但他们更看重私人关系，而不是代表公的法律；他们相信人情远甚于制度，法律对中国人而言缺乏神圣性和信仰基础，也可以说中国传统文化之根深蒂固的文化心理基础导致中国人无法走西方那种以法律来消除公私矛盾的道路。公私矛盾在中国文化中难以消除，主要还是由于关系本位的文化心理结构所致。

现在我们从公私矛盾来理解前面讨论过的分合问题。我倾向于认为，中国历史上走了一条“分久必合”的道路，而“分而不合”这种西欧封建模式在中国传统文化中也曾经在春秋战国及魏晋南北朝时期出现过，但后来都被证明行不通，原因可能与公私矛盾的性质有关。如前所述，一方面，如前已及，由于公与私、国家与社会、公共利益与帮派团体、中央与地方之间的矛盾，中国文化中有根深蒂固的分裂倾向，这也证明与分裂倾向作斗争是永恒的任务。但是另一方面，由于中国人需要在此世中安身，具体表现为要在一个完整而和谐的集体中找到安全感，而分裂必然导致所有人共同缺乏安全感，这正是中国文化不像希腊或西欧那样长期分而不合而能安然无恙的重要原因。

中国文化的一大问题在于，追求合的本能的无意识心理，导致专制甚至极权容易出现，“大一统”有时会耗尽整个社会的活力。对于中国古代政治来说，如何避免“被统死”是始终要面对的一大问题。在中国历史上，“大一统”并不意味着不尊重地方特殊性和民族多样性，而把分与合、地方自治与中央集权处理得比较好的是西周封建制。但是自从封建制随着秦统一而结束后，就再也无力恢复了。也可以说，春秋战国把封建制那种地方自治模式的弊病彻底地、淋漓尽致地暴露了出来。郡县制比较好地解决了分的问题，但又容易导致专制和极权。于是，人们创设了职业文官制度（包括科举制），通过将为官之道建立在一定的规则之下，在一定程度上极大地限制了专制和极权；而地方乡绅制度（包括乡约）则为保护地方特殊性作出了巨大贡献。从这个角度看，宋代确实是一个值得研究的案例，尽管其国家力量相对较弱。从根本上说，我认为儒家的"王道政治"思想，通过以德治国、礼法制度、任贤使能、移风易俗、建构人伦和以民为本等方式，提出了一整套克服公私矛盾从而消除分合紧张的办法。而且按照我在上面提到的，儒家的治道思想，由于支持社会及行业自治，也会极大地化解分合紧张，稀释分合矛盾，并最终归于"大一统"。

如果按照白氏自己所欣赏的米德（Magarette Mead）、本尼迪克特等人的文化相对主义，特别是其"不同的文化会产生不同风格的现代化"的观点，我们对于中国文化中的权力/权威模式，似乎不能持简单的肯定或否定态度。[58]我们应该认识到，文化自身的模式决定了这一文化的内在矛盾，以及为解决自身矛盾所采取的有效的权力和权威模式。比如，关系本位或关系式团体主义决定了中国文化并不适合走一条西方式分而不合的道路，中国历史上的极权和暴政不能用西方的模式来解决。由此出发，我认为对中国文化的权力/权威模式不能简单否定，所谓中国古代政治的“反政治性”严格说来体现了白鲁恂对中国文化习性的不了解。

注释

1 参见Douglas Martin, “Lucian W. Pye, Bold Thinker on Asia, is Dead at 86”, *New York Times*, Sep. 11, 2008。

2 Lucian W. Pye, *Asian Power and Politics: The Cultural Dimensions of Authority*, with Mary W. Pye, Cambridge, Massachusetts and London, England: The Belknap Press of Harvard University Press, 1985, pp.186, 198-200.

3 参见上书第43—45、49、183—184页。白鲁恂多次强调，中国人认为最高领导应当是无所不能的。他们总是寄希望于有一个各方面都很好的权威，由他出面来解决一切问题（同书，第184页）。因此，他们心目中理想的权威人物是具有某种神奇魔力的人，他们以近乎神话的方式来塑造上级的合法权力（同书，第186页）。白氏认为，亚洲政治的全能主义与其将政治理解为以身份为基础有极大关系。他说，“当人们认为权力与身份关系恰当的时候，政治行为的开展就不仅是为了社会中每一个人在任何状态下都获得尊严，而且一直是为了实现整个社会系统的稳定和秩序。”（同书，第49页）

4 参见上书，第186—187、204—209。

5 参见上书，第183—191页。

6 参见上书，第49—50页。

7 参见上书，第28页。

8 参见上书，第42页。

9 参见上书，第23页。

10 参见上书，第190页。

11 参见上书，第190—191、291—299页。

12 参见上书，第42页。

13 参见上书，第21页。

14 参见上书，第22页。

15 参见上书，第26页。

16 “大一统”与“集权”“中央集权”含义严格说来有别，但也有相通之处，本书在二者相通的意义上使用它们，即指中央政府或最高统治者对全社会全面地控制或统治。

17 Lucian W. Pye, *Asian Power and Politics: The Cultural Dimensions of Authority*, pp.292, 187-191, etc.

18 参见上书，第287—288页。

19 参见上书，第292—293页。

20 参见上书，第293页。

21 参见上书，第291—299页。

22 参见上书，第183—191、187—191、201—202、292、295—296页。

23 对于中国古代中分与合变奏规律的研究，参见葛剑雄：《统一与分裂：中国历史的启示》(增订版)，中华书局2008年版。金观涛和刘青峰两位学者对中国历史的“超稳定结构”问题进行了研究，他们试图从社会子系统（包括政治的、经济的和文化的）之间的相互配合这个角度来解释中国古代社会结构的“大一统”之谜。参见氏著：《兴盛与危机：论中国社会超稳定结构》(增订本)，香港中文大学出版社1992年版。

24 〔古希腊〕亚里士多德：《政治学》，吴寿彭译，商务印书馆1965年版，第356页注释。关于古代希腊城邦世界的“多中心”特点，参见顾准：《希腊城邦制度：读希腊史笔记》，中国社会科学出版社1982年版，第3—7页。

25 萧功秦在比较中西方文明历史的差异后认为，欧洲文明的演化方式具有“小规模、多元性与竞争性”特点，是“由于欧洲地理的多样性，有利于形成具有独立的小国家或小共同体”；而中国的地理环境及农耕文明，造就了中国文明的“大一统”趋势。“秦汉大一统是同质共同体互动的必然趋势，另一方面，大一统专政帝国反过来又运用国家高度的权威进一步采取同化政策”。他认为中国文化从同质个体凝聚成一个整体，主要靠的是“分”的方式。“分”指各得其分、定分止争，并从“礼”的角度把它制度化，从而“有效地避免无休止地对稀缺资源如财富、名誉、地位和权力的争夺，整个秩序的平衡也就得以保证”。相比之下，日本社会宏观结构具有与欧洲类似的“小规模、多元性、分散性的结构特点”，这是日本比中国更能适应西方挑战、较早成功实现现代化的原因。参见萧功秦：《从千年史看百年史——从中西文明路径比较看当代中国转型的意义》，《社会科学论坛》2007年第1期，第5—31页。

26 西方古代社会小国林立，缺乏足够通信联系，彼此分散而不相属，类似一袋马铃薯；中国古代社会则政治、经济、文化各子系统相互交融，呈“一体化”面貌，故形成稳定的大一统格局，类似一堆混凝土。参见金观涛、刘青峰：《兴盛与危机：论中国社会超稳定结构》（增订本），第21—22页。

27 参见方朝晖：《文明的毁灭与新生：儒学与中国现代性研究》，中国人民大学出版社2011年版，第186—203页。

28 朱熹答复陈亮时说：“千五百年之间正坐如此，所以只是架漏牵补，过了时日。其间虽或不无小康，而尧、舜、三王、周公、孔子所传之道，未尝一日得行于天地之间也。”（朱熹：《晦庵朱文公先生文集》卷三十六《答陈同甫第六书》，载朱杰人、严佐之、刘永翔主编：《朱子全书》（修订本）第21册，刘永翔、朱幼文校点，上海古籍出版社、安徽教育出版社2010年版，第1583页）

29 Lucian W. Pye, *Asian Power and Politics: The Cultural Dimensions of Authority*, p.213.

30 参见上书，第210页。

31 参见上书，第189—191页。

32 参见上书，第28、49—50页。

33 参见方朝晖：《为“三纲”正名》，华东师范大学出版社2014年版。

34 Lucian W. Pye, *Asian Power and Politics: The Cultural Dimensions of Authority*, p.189.

35 参见上书，第189、191、213—214页。

36 参见上书，第188—189页。

37 参见钱穆：《中国历代政治得失》，生活·读书·新知三联书店2005年版。

38 Lucian W. Pye , *Asian Power and Politics: The Cultural Dimensions of Authority*, p.28.

39 Richard E. Nisbett, *The Geography of Thought: How Asians and Westerners Think Differently ... and Why*, New York: The Free Press, 2003, pp.89-90, 99,142-143.

40 参见〔美〕孙隆基：《中国文化的深层结构》，广西师范大学2004年版，第12—226页。

41 Richard E. Nisbett, *The Geography of Thought: How Asians and Westerners Think Differently ... and Why*, p.60.

42 Kwok Leung and Michael H. Bond, “The Impact of Cultural Collectivism on Reward Allocation”, *Journal of Personality and Social Psychology*, Vol.47, No.4 (1984); Michael H.

Bond, Kwok Leung and Kwok Choi Wan, "How Does Cultural Collectivism Operate? The Impact of Task and Maintenance Contributions on Reward Distribution", *Journal of Cross-Cultural Psychology*, Vol. 13, No. 2 (Jun. 1982).

43 陈弱水、陈乔见对于公私概念的起源和原义及其自先秦至清末的演变、儒家公私观及其现代转型等问题作了系统梳理（参见陈弱水：《公义观念与中国文化》，（台湾）联经出版事业股份有限公司2020年版；陈乔见：《公私辨：历史衍化与现代诠释》，生活·读书·新知三联书店2013年版）。

44 参见〔日〕沟口雄三：《中国的公与私·公私》，郑静译，生活·读书·新知三联书店2011年版，第5—88、230—259页等。

45 参见上书，第78页。

46 Lucian W. Pye, *Asian Power and Politics: The Cultural Dimensions of Authority*, pp.295-296，201-202.

47 Lucian W. Pye, *The Dynamics of Chinese Politics*, Cambridge, Massachusetts: Oelgeschlager, Gunn & Hain, Publishers, Inc., 1981, "Preface".

48 Lucian W. Pye, *Asian Power and Politics: The Cultural Dimensions of Authority*, pp. 190, 201-204.

49 参见〔日〕沟口雄三：《中国的公与私·公私》，第74—75页。

50 参见上书，第244页。

51 在我看来，在中国之所以"没有产生将个人之间的契约作为'公'原理的国家论、社会论"（同上书，第78页），正因为一种独特的私人关系决定论的缘故。

52 费孝通：《乡土中国》（经典珍藏版），刘豪兴编，上海人民出版社2013年，第28—29页。

53 自我处在同心圆的中心，每一层同心圆代表一种私人关系。同心圆距我越近，与我的私人关系越亲密。参见费孝通：《乡土中国》(经典珍藏版),第25—27页。

54 〔日〕沟口雄三:《中国的公与私·公私》,第50页。此图绘制时略有变化,除掉了圆圈下层两行说明文字,图题为我所加。

55 关系本位导致的另一个后果就是,“君子”与“小人”之争几乎成为中国文化中独特的现象(我们很少在其他文化中看到从道德上对人有这样一种区分,或发挥同样重要的作用)。自从孔子以来,它主要是一种道德上的区分:君子就是那些能顾及他人感受、更考虑“公”的人;小人则相反,是那些罔顾他人感受、只顾“私”的人。尽管小人总遭唾弃,但往往再高明的君子也难免在其背后被指责为小人。这是因为,即使是君子,也不可能保证照顾所有人的感受,也可能在别人心目中成为小人;即使是小人,也会照顾亲近之人的感受,成为这些人心目中的君子。因此,君子/小人在理论上虽容易界定,在实践中却难分辨,它深刻地体现了以人际关系为本位的中国文化需要讲求做人方式,正因如此,君子与小人之争在中国文化中永恒存在。

56 中国文化中的公私矛盾有多种不同的表现方式,在行政上常表现为任人唯亲与任人唯贤的永恒矛盾。

57 费孝通:《乡土中国》(经典珍藏版),第29页。

58 Lucian W. Pye, *Asian Power and Politics: The Cultural Dimensions of Authority*, pp.13,19-21, 28.

第三章　德性问题：兼谈贤能原则

“德”或许是西周以来中国传统政治文化的最高原则之一，更是后来儒家政治思想的核心理念。[1]为什么会出现这种现象？是萨满信仰的遗留？还是氏族部落的崇拜？德与希腊哲学中的virtue（aretē）、南太平洋部落中的马那（mana）乃至韦伯著作中的卡里斯玛（charisma）真的是一回事吗？本章试图超越前人解释，从文化心理结构出发，揭开其秘密。

本章认为，德的本质要素由一种行为构成，即某种被认为真心帮助他人的行为，这一行为导致受惠者对施惠者存有感激之心。围绕这一本质要素，先秦政治思想中的德论形成了以德行、德性（德目）和德政三者为主要内容。由此我们得出，德是中国文化独特的关系本位的产物，反映了人与人在心理上的感应。这种感应是中国文化中一方服从于另一方的最有效条件，其最有效的政治权威——德性权威——正由此形成。德的提升之所以成为殷周之变的标志并代表一种政治理性，在于德性权威下的政治服从不是建立在强迫而是建立在心悦诚服的基础上，是人们自觉自愿的选择。正因如此，它能为政权合法性提供强大基础，促进政治文明的建设。

全部问题的关键在于需要解释为什么上述感应能够发生。前人之所以将德理解为某种氏族信仰或崇拜，或以马那、卡里斯玛释德，皆在于认识不到上述感应的重要性及其赖以发生的文化心理机制。但是一旦把这个问题搞清了，也就能正确看待德与西方文化中的virtue（美德）、morals（伦理）、morality（道德），以及与马那等之间的异同。下面，我将首先回顾近百年来有关德的讨论所涉及的若干重要问题，继而讨论从氏族属性、马那和卡里斯玛等角度看德性的流行理念，再试图提出一套重新理解儒家德论的框架。

一、德的现代讨论

“德”在儒家传统及中国古代政治中的含义及重要性，自古以来人所共知。不言而喻的事实是，“德”在先秦秦汉文献中频见。例如[2]：《周易》中78见（其中《易经》5见，《系辞》34见），《尚书》242见[3]，《春秋左传》中333见，《毛诗》中100见，《论语》中40见，《孝经》中15见，《孟子》中38见，《荀子》中112见，《礼记》中180见（其中《乐记》《中庸》分别是27见和22见），《周礼》中27见，《尚书大传》中33见。在非儒家文献中也不少见，其中《老子》中44见，《庄子》中205见，《墨子》中37见，《吕氏春秋》中108见。到了汉代，“德”字出现尤其频繁，其中出现次数尤多者有《淮南子》中301见，《春秋繁露》中162见，《白虎通》中144见，《论衡》中336见。《尚书》《诗经》《左传》《孝经》中绝大多数“德”均针对天子、国君、士大夫或贵族而言。

然而，德绝不仅是一个传统的问题。最近一百多年以来，学界关于德的讨论主要受两个重要因素的影响：一是出土文献，尤其是殷周金文和甲骨文的大量涌现，大大刷新了人们对于古代德论的认识，激起人们对于德在西周甚至殷商以来政治生活中地位的重新关注；二是文化人类学（包括民族学）理论的传播，导致很多人从原始氏族崇拜的角度来探索德论思想的原始含义及其政治文化功能。这两方面是相互关联、彼此互动的。

19世纪后半叶以来，大量青铜器和甲骨文的发现，极大地激发起人们研究这一范畴的兴趣。人们惊讶地发现，在西周以来的铜器铭文中，不仅有大量的“德”字，而且大都体现了周文化的政治价值和政治原则。张桂光主编的《商周金文辞类纂》汇集整理了《殷周金文集成》《近出殷周金文集录》《新收殷周青铜器暨器影汇编》及

“补遗”中一万六千余件铜器（除重出者）中的铭文，其中所列“德”字，据我统计有168例，除去异义当为165例[4]；在张亚初编著的《殷周金文集成引得》中，“德”字共111例，出现频度排在第181位。[5]由于张亚初《引得》中出现频度高于“德”的汉字绝大多数无思想性（如乍、子、父、命、女、已、公、唯、万……），有思想性的汉字笔者仅发现“天”（共425例，排在第44位）、“文”（405例）、“孝”（190例）等几例；考虑到其中“文”主要用于人名（文考、文祖、文神、文人、文王等），“孝”主要用于敬称（享孝、追孝、用孝、孝子、孝叔等），所以金文中出现频度排在最前面且思想性较强的词汇可能就是“天”和“德”了。而从目前来看，“德”字出现在铜器铭文中最早可能见于周成王时期的何尊及周康王时期的大盂鼎，在商代铜器铭文中迄今未发现此字。

将西周金文中有关德的文字与同一时期的传世文献，特别是《尚书·周书》相对照，往往发现不仅语言风格而且思想内容多有相近。这些充分说明，德或德论思想在西周政治生活中十分重要，可以说是起支配作用的政治原则之一。为什么德在西周时期如此重要？百年来，学界围绕这个问题提出了各种解释或猜测。

一种做法是从“德”字的起源出发来解释。不少学者曾认为，甲骨文可释为省、徝或循，同时兼“巡

视”“田猎”“征伐”三义（闻一多[6]），这似乎和西周时期德代表君王的权威力量这一含义一致（小仓芳彦、郑开）。[7]不过，目前多数学者将甲骨文隶定为“徝”，而非省、徜或循。[8]有人指出，将徝释为省等，乃因混淆（省）与（直）二形，盖上部从生，上部从丨（十），二字上形迥异，故释省、徜、循为误；又《说文》循从彳、盾声，然盾字不由直来，故徝也不当训循。[9]但是从甲骨文文例看，此字确似有循行察视及祭祀等义（徐中舒）。也有人认为，巡行、征伐、祭祀等义，当为甲骨文“徝”假借后起之义（张靖）。至于“徝”的造字本义，或以为当指直行［或者以为“直”之本字或繁文（如刘翔、黄德宽）］；或以为此字通“陟”，“有登、进之义”“表前进之意”[10]。而此直、登、进（甚至得）之义，究竟与西周时期作为政治原则的德是何关系，目前看来还不太好解释，至少从字面上看不出直接联系。因此，接下来我就不再从殷商文字来讨论西周以来德的问题。

20世纪以来对德的解释产生重大影响的另一来源是西方的人类学发现。目前有两种值得批判的有代表性的观点。我先讲其中一种，此观点将德与氏族的图腾崇拜联系起来，认为德当为原始部落或氏族的图腾崇拜，在很大程度上代表其氏族共同认可或崇拜的某种共同本质或普遍属性，持此说者多将德与生、性等概念联系或等同起来。这一观点最早由中国学者李玄伯（即李宗侗）

提出，后得到李泽厚、斯维至、巴新生和郑开等多位学者的赞同或呼应。[11]

李玄伯提出，中国古代的姓乃“原始社会之图腾”，反映氏族社会之性质，“性”“姓”古字写作生，也称为德，故姓、性、生、德含义相同，其本质是一种图腾。[12]他说，“德是一种天生的事物，与性的意义相似”“每个团体固然有其德（如周德），每个人亦各有其德”，《晋语》“异姓则异德，异德则异类”“足证每姓的德各不同”。[13]郑开将此种意义上的“德”称为“氏族的本质属性”。[14]

这一观点的基本逻辑也许可以这样表述：德代表事物之特殊或优异的品性（英文中“德”有时被译成virtue, power, moral force, inner power，或potency[15]），进一步而言，每个氏族也被认为有其特殊或优异品性，此即氏族的德。艾兰（Sarah Allan）的观点或许最有代表性：

> 正如所有植物（或动物）都根据其不同的种类进行再生，在同一物种中又有不同的类型（如红橡树、白橡树等），而一些种类比其他种类要优良、强壮、健康和美丽。所有人都有“德”，其总是可能经培养而卓尔不凡，但有些人则得天独厚，天生有着不同凡响的“德”。[16]
>
> “德”这个概念能理解为一种特质，在家族内世代相袭。虽是流体，但亦是创造生命的种子。……

> “德”既使氏族内某一个体与他者相区别，又使某一氏族或家族与别的相区别。[17]
>
> 在本喻层面，“德”的意象根植于种子的形象，或者更准确地说，是根植于包含人的种子或精华的水的形象。种子内蕴涵了每一个人的个体与作为家族血统成员的遗传的潜在的展现。[18]

此一观点，我称为“族性说”。

另一种与“族性说”有关但更早提出的观点，是从南洋原住民中流行的马那崇拜来理解德的早期含义的。持此说者，也常将马那与马克斯·韦伯所论述的卡里斯玛联系在一起。

最早提出此说的人可能是法国汉学家葛兰言（Marcel Granet），他在1929年出版的《中国文明》一书中讨论君主（overlord）时提到了中国早期的道-德（*tao-tô*）问题，将德称为君王“特有的天赋”（specific genius），说它具有“宗教和巫术的性质”（a religious and magic nature），君主的权力来自某种“神秘力量”；君主正是以此确立权威和引领国家的，同时他承受一切苦难和不幸，是一切人的楷模和榜样。[19]

李约瑟提出，“德”的初义指“祭司、先知、武士或国王所具有的‘吸引人心的’力量，他来看、看到、思考并征服”[20]，是针对“领袖”阶层而言的。因此，他把上古汉语中的德与古希腊文中的arête及美洲文化中的mana（神性）相关联。

李泽厚也认为，“德”可能是指巫、觋所具有的神奇品质，后来或指君王所具有的沟通天人的能力，这类似于倪德卫的一个说法，后者称德可能是神灵所能看到并喜欢的国王身上的一种品质或心灵能量。[21]

此外，西方学者如韦利（Arthur Waley）、卜弼德（Peter Boodberg）、阿兰·瓦兹（Alan Watts）、陈张婉莘（Ellen Marie Chen）、帕特森（John Patterson）、刘华夏（Vasili Kryukov）、艾兰、尤锐（Yuri Pines）等人[22]，以及中国学者李玄伯、斯维至、郑开等人，皆接受马那之说（从卡里斯玛讲的学者有尤锐、郑开等人）。此一观点，我称为“马那说”。

二、族性？马那？

（一）“族性说”疑问

首先，“族性说”在出土文献中是得不到证明的。持此说者皆回溯到原始社会和部落时代，认为春秋战国时期文献中残留着此一时期的相关记忆。然而即便我们回溯到商周，分析其时的“德”，也根本得不出相关的结论来。如前所述，甲骨文中“德”字初文隶作“徝”，主要作动词用。即使读为巡狩、征伐或祭祀，与上述人类学家意义上的氏族本性或图腾含义的不同也一目了然。若按闻一多和小仓芳彦等人的观点，从巡省释德，作为帝王的政治行为，与从族性释德，代表氏族的图腾，二者还不是一回事。最关键的是，商代迄今所见只是“德”之初文（学者也常视为“直”之本字或繁文），并未发现真正的“德”字。如果初民真的将氏族的本性称为德，为何甲骨文中不见“德”字？

再以“德”字初见的西周金文为例，不难发现，在西周以来青铜器铭文的所有文例中，通常情况下“德”都是形容个人（先王、先祖或其他人），或者形容“政”，或其他具体事物（如德言、德行），而未见用其来形容宗族的团体属性的。今以张桂光主编的《商周金文辞类纂》为基础，将铭文“德”重新分成如下几类：

一指美德，包括“经德/德经”“元德”“（元）明德”“天德”“经德/德经”“懿德”“介德”“安德”“默德”“烈德”“孔德”“不潜德”“纯德”“正德”“兹德”“雍德”“休德”“好德”“厥德”“其德”“兹德”“若德”“首德”“造德”“监德”等，共计94例。[23]

二指政德。包括“先祖考政德”“惠于政德”“用享政德”等，共30例。[24]

三描述人和物（个别指事物），作形容词，描述个人为多，包括“德人”“德叔”“德父”“德公”“德臣”“德尹”“余德”及“德言”“德行”“德戟”，共10例。其中描述的人包括亲属前辈、官员（臣尹）等。

四指行为，有“秉德”“为德”“慎德”“恭德”“敬德”“怀德”“用德”“永宝德”等，共9例。[25]这是指除去与前面第一、二类相重部分，只计“德”单独作为动词宾语（前无形容词或名词）的词例。因为基本上所有作名词用的“德”前面均有动词，所以在上述第一、二类句子中，“明德”多表述为“秉明德”，“政德”多表述为“惠于政德”“帅用政德”，“天德”多表述为“敬顺天德”，“厥德”多表述为“对扬厥德”，等等。在这类句子中，“德”前皆有名词或形容词。若将这类句例全算上，当然远不止9例。

五类为人名，共11例，多为作器或受赐之人，如“王赐德贝廿朋”“德作尊彝”。

上述词例中，第一类基本上都是用于描述个人的，特别是其中的“厥德”“乃德”“其德”“兹德”，句式就已提示指个人；至于用于形容词（第三类），更是一看便知是形容个人的德性或德行；而“政德”应是指爱民、惠民，类似孟子的“仁政”（但语境不同）。如果不计人名，则只有第四类从字面上不易看出德是指人德、政德或族德（其行为主体往往是先祖先王或当事人，即作器者）。另外，我统计的各词例中明确用于描述个人的［包括祖考、先王（文王/武王）、将领、家臣等］共23例，见下表：

表8 金文描述的个人之“德”

对象	铭文及器名	次数
君王	“文王正德”（大盂鼎）、“皇辟懿德”（师訇鼎）、“乃辟安德”（师訇鼎）、“肇淑先王德”（师訇鼎）、先王若德（毛公鼎）、先王之德（员作旅壶）	6
先祖	“皇祖考懿德”（单伯昊生钟）、“烈祖介德”（师訇鼎）、“公上父馭德”（师訇鼎）、“先祖烈德”（师訇鼎）、“先祖考政德”（逨编钟3器3见）；	7
他人	“师旟之政德”（叔尸钟2见）、“趞姬趞伯之德言”（趞伯簋）、“德人”（夅叔甫）、“德叔”（师臾钟）、“德父”（散氏盘）、“德公”（仲鏷父簋）、“德臣”（叔德簋）、“德尹”（蔡姞簋）、“余德”（王孙遗者钟）	10

应该说，铜器铭文中“德”基本上用作个人，与《尚书·周书》的情形是一样的，基本上没有将德用宗族和氏族特性的。

也许有人认为，早期认为君王具有延续氏族的责任，因而君王之德亦即宗族之德，或宗族属性。在我看来，此一说法值得商榷。我们在铭文和《尚书》看到的是如下情形：反复叮咛告诫，冀其克己自律，寓意完善德性；正因为君王有延续宗族的责任，故其责任重大，素养更高，异于众庶。这种德性完全针对个人而言，只体现对极少数人的要求，其内含也非常具体，无非是朝夕敬慎、恪尽职责、不得放纵、不可纵酒、施惠于民，等等。这是在讲纯粹的统治原理，与宗族的根本属性或图腾崇拜是两回事。

“族性说”的一个重要理由是传世文献中保留了一些氏族时期的残留记忆。其中最有名的一段话是《国语·晋语》中的如下一段话：

> 黄帝之子二十五人，其同姓者二人而已；唯青阳与夷彭皆为纪姓。青阳，方雷氏之甥也。夷彭，彤鱼氏之甥也。其同生而异姓者，四母之子别为十二姓。凡黄帝之子二十五宗，其得姓者十四人，为十二姓。姬、酉、祁、纪、滕、箴、任、苟、僖、姞、儇、衣是也。唯青阳与苍林氏同于黄帝，故皆为姬姓。同德之难也如是。昔少典娶于有蟜氏，生黄帝、炎帝。黄帝以姬水成，炎帝以姜水成。成而异德，故黄帝为姬，炎帝为姜，二帝用师以相济也，异德之故也。异姓则异德，异德则异类。……同姓则同德，同德则同心，同心则同志。……故异德合姓，同德合义，义以导利，利以阜姓。

这段话曾引起研究上古姓氏来源学者的高度重视，为人们广泛引用和研究。[26]这段话提到黄帝、炎帝二人及黄帝十四子异德而异姓，其核心观点却是“异姓则异德”。与流行观念的“男女同姓，其生不蕃”（《左传·僖公二十三年》）相比，这里增加了"德"来说明异姓婚姻的必要，理由似乎是"异德"可以"相济""阜姓"。这里确实将姓与德相连，"德"容易从字面上理解为氏族的属性。这段话常常被与《左传·隐公八年》如下一段话联系在一起解读：

> 天子建德，因生以赐姓，胙之土而命之氏。诸侯以字为谥，因以为族。官有世功，则有官族。

今按：司空季子之言，假如我们忽略"异德故异姓"与"异姓则异德"的矛盾表述，仍有重要费解之处。即黄帝和炎帝既然同为少典娶有蟜氏而生，怎么会不同姓呢？姓不是基于血缘而万世不变的吗？岂能因为德不同而姓不同？同样费解的是，黄帝之子二十五人，同父、四母之十四子怎么竟有十二姓？如果按后世姓是基于血缘的观点，便无法理解。故杨希枚以母系社会从妻居、从母姓解之。然而，且不说中国上古是否真有一母系社会（此说当今遭到考古学和历史学者的猛烈攻击），即便有，这一说法仍无法解释四母之子何以为十二姓而不是三姓？[27]

朱凤瀚利用大量考古发现及出土文献，系统全面地研究了商、周至春秋时期中国的家族形态，揭示了商周姓、氏来源及其与族名和居地的关系。他指出，在殷墟文字和西周古文字中尚未见“姓”字，“战国晚期秦诅楚文方有‘姓’字”；《左传·隐公八年》所谓天子赐姓在出土文献中并未得见，他由此推断周人文献中所谓“天子赐姓”，就是《国语·周语下》太子晋之言中“皇天赐姓”的“翻版”，无非是表达天子对受赐者族氏的存在及名号给予合法性上的认可而已。[28]

陈絜研究商周时代家族制度及姓氏来源，认为赐姓命氏是西周封建的特点，但西周以前政治制度不同，姓氏来源也应不同。从民族学和文化人类学成果看，陈絜认为，氏族之姓很可能来源于居住地（如黄帝姬姓、炎帝姜姓）或其他途径，“新的氏族会通过各种途径来获取氏族名号……有多少个新氏族就会有多少个新的氏族名号也即姓”[29]；并指出《国语·晋语》炎帝、黄帝及其后十二姓，“反映的是周人的一种姓氏观念，与传说时代的姓氏问题没有丝毫联系，更不符合民族学、文化人类学研究中所揭示的实际”，“所以，这些文字是不能作为第一手资料来利用的”。[30]

虞万里综合前人的大量成果，对甲骨文及殷商金文中的姓氏问题作了全面、深入的研究。他发现，先秦文献中的“姓”少得可怜，只有三四十个（其中最有名的就是黄帝之后十二姓及祝融八姓），且大多在甲骨文中无征；卜辞中“姓”字均非姓氏义，可读作“生”或“子嗣”等，故“卜辞并无‘姓氏’之‘姓’，所有者仅是

'氏'与'族'"[31]，这一发现与前面朱凤瀚的发现及杨希枚早年对先秦文献中"姓"字古义的发现相呼应。[32]另外，在出土及传世文献中氏或氏族则成百上千个，"殷商族氏林立，有氏而无姓"[33]。

如果说，姓或姓族指完全基于血缘而有，而氏或氏族主要基于政治、经济或军事目的所组成的集团（开初可能有一定血缘基础），那么这种姓或姓族的确立也可能是周人的发明。虞万里指出，"殷商或殷商以前无'姓'字，固亦不可能有赐姓之事"[34]。故《左传·隐公八年》所谓"赐姓"，恐怕只代表西周以后的做法。可以想象，周人夺天下，作长久蕃屏之计，定同姓不婚大法，故以德能、族系、身份等为据，选定几十个有名的"氏"，定之为"姓"，强调其血缘基础，以为分封依据；同时也承认久已存在的其他氏族，故必须区分姓、氏。这才是司空季子上述说法的真正背景。所以，司空季子所谓黄帝之子"得姓"，所得者原只是"氏"，到周代才上升为姓，唯此方能解释前述"同生而异姓"之说；而先秦文献中"姓"少得可怜也就容易理解了，它们都是西周分封的产物。这正是虞万里的研究给予我们的启发。

由此，我也认为，《国语》所谓同姓同德、异姓异德，与《左传》"天子建德"（其中"德"并非氏族属性），反映的都是周人有德者有姓的观点。黄帝之子二十五人唯十四人有姓，为何其他十一人无姓？不是因为这十四人有德吗？十四人分十二姓，唯青阳、苍林与黄帝同姓，乃德目不同故也。要理解这一点，我们可从周人的谥号中得到启发。东周时期诸侯效法天子立谥，当时较为流行的各国通用的谥号有文公、武公、惠公、孝公、庄公、桓公、成公、宣公、襄公、昭公、定公、灵公、穆公、僖公等，后各国卿大夫也纷纷仿效，自立其谥称文子、武子、庄子、桓子、穆子、僖子、宣子、襄子、昭子等。此类谥号，以一字反映当事人品质，文、武、惠、孝、庄、桓、成、宣、襄、昭、宣、灵、穆、僖等字，皆所以"象其德"(《左传·僖公三十年》)。周人赐姓固与立谥不同，但黄帝之后十四人十二姓，十四人德之不同大概类似上述谥号之不同；而另外十一人因德性不够，未获分封，故无氏（姓）。但若说此德反映了族性，不如说反映了个人品性。关键是，这些都反映了周人"以德有国"(《国语·楚语上》)的看法。正如周代以德立号的谥法在商代不存在一样，周人以德赐姓的做法也不反映周以前姓氏的实情。[35]

此外要注意，《晋语》黄帝、炎帝及其后代命姓的历史故事，距书中司空季子有2600年左右[36]，这可比孔子距离今天的时间还要长（孔子诞辰距今才2500多年）！今天没有那个遥远传说年代姓氏形成的任何证据，包括后世所谓"姓""性""德"等字都还没有出现。如果黄帝时代人们有了相关思想，只是未形诸文字，为何在文字形成之后，在十余万片甲骨文和一万六千余件青铜器中，找不到“姓”字、找不到以德为族性的证据？

还有一点需要注意，传世文献中屡次提到的“夏德”“周德”（这与上面提到的异姓异德问题相关），绝不能理解为某个宗族或王朝的根本属性甚至图腾崇拜，因为其含义非常清楚，就是指该王朝政治败坏，不能任贤，不能孝亲，不能爱民，不能自律等。故《尚书·召诰》称夏、殷两朝“唯不敬厥德，乃早坠厥命”，不可理解为不敬夏代或殷代所特有的、类似图腾的根本属性，而是在讲决定所有朝代兴衰的共同政治规律。又如，《左传·僖公二十四年》富辰提到“周德之不类”，所列内容无非就是“即聋、从昧、与顽、用嚚”，而“德之大者”就是“庸勋、亲亲、昵近、尊贤”。《左传·宣公三年》王孙满论统治合法性“在德不在鼎”，说“夏之方有德”包括“百物而为之备，使民知神奸”；其反面例子就是“商纣暴虐”，故“鼎迁于周”。可见有德、无德主要指统治好坏，包括是否任贤、亲亲、慈爱等；“周德虽衰，天命未改”代表的应当是王孙满对周王朝的信心或信仰。因为王朝虽衰，但基于其过去的惠泽，人们对之仍存感激，一时间不至于推翻它，这才是“天命未改”的真正原因。另外，结合金文和《尚书》不难发现，古人使用所谓某朝之德这类术语，绝不是试图说明某朝某族特有之德，而是在说对各朝各族的普适之德，与族性无关。

（二）“马那说”疑问

有关马那信仰最早的系统全面的研究之作是科德林顿（R. H. Codrington）于1891年出版的《美拉尼亚人：人类学与民俗研究》（*The Melanesian:Studies in Their Anthropology and Forklore*）一书，该书研究了生活在南太平洋岛屿的玻利尼西亚人和美拉尼亚人等许多原住民的马那信仰。科德林顿是这样概括马那的：

> 对超自然力的信仰；鬼神（spirits and ghosts）借助于它，以各种有效的方式造福于人；它是宗教礼仪及其实践的基础，一切可称为巫术或魔法的东西均由之而起。[37]

按照李玄伯的说法：

> 初民以为矢之能射者由于马那，网之能捕鱼者由于马那，船之能浮者亦由于马那。[38]

对于这种马那，科德林顿又称为“一种无形的力量”，其存在方式如下：

> 寄居于精神存在中，包括活人的精神或者死者

> 的鬼魂（ghosts）中；它还可以黏附在人的名字及其所拥有的各种东西，比如石头、蛇以及各种类型的事物上。[39]

本章不打算全面和系统地介绍“马那说”，但根据前人对马那最基本特征的描述，我试图得出：马那作为原始信仰，是一种神秘主义和非理性化的原始宗教观念，与中国人的德没有关系。

刘华夏（Vassili M. Kryukov）以科德林顿和罗格·基辛（Roger Keesing）的研究为基础，分析了马那在不同地区的存在方式，尤其是其与统治阶层的关系。[40]根据科德林顿及刘华夏的概括，我总结马那有以下特点：

（1）马那是所有生物皆有的一种神秘力量；

（2）它的来源（赋予者）是鬼神（gods and spirits）或天；

（3）对于普通人来说，拥有马那才能与鬼神沟通，拥有马那才能成功和交上好运；

（4）对于统治者来说，拥有马那代表权威和土地；

（5）获取马那的方式包括祭祀和循礼等，反之则会失去它；

（6）借助马那可操控各种事物，包括风雨、疾病、战争和诅咒他人等。

现在我们不禁要问：这种南太平洋部落流行的马那，

真的与金文和传世文献中的德是一回事吗？马那的本质是巫术，是原始信仰，德也是吗？借助马那可操控一切，德也是吗？为什么原住民认为所有生物皆可有马那，而中国人不说所有生物皆有德呢？

至少在铜器铭文和早期传世文献中绝对看不出德即是马那。马那主要靠祭祀等方式获得，需要天或鬼神赋予。而在铭文、《尚书》、《左传》等文献中，虽也不乏天降懿德的说法，但主流观点是有德才得天命。有德的方式主要不是靠祭祀等祈求于神灵，而是靠自己修行、自律、施惠于民和效法先祖先王等。[41]《左传》多次明确强调了敬德爱民比敬神甚至敬天更重要。这种修德的思想可以说遍布于西周至春秋时期的文献中。

也许马那与德的唯一共同之处是它们都代表某种特殊的力量，往往是统治权威。但一涉及其具体内涵，即很容易发现二者不是一回事。接下来，我们会发现，古人所讲的德其实是非常理性化的，与巫术或原始宗教有本质区别。

至于以卡里斯玛（charisma）说德，虽然表面上有相近处，但也很可疑。以马克斯·韦伯在《经济与社会》中所阐发的含义来看，卡里斯玛的特征如下：

> 一种个人人格品质，此人被认为特别优异，具有超自然、超人或者至少是极其罕见的力量或品性。[42]

韦伯还指出，卡里斯玛作为力量或品性，最初与巫术或先知有关，“对常人来说是不可企及的”[43]。因此，卡里斯玛人物赢得服从的方式“总是通过奇迹”，并且“由热衷于神启、英雄崇拜或对领导的绝对信任构成”。[44]这使我想起陈胜、吴广起义前，让人在鱼腹中放“陈胜王”三字以制造假相，白莲教、太平天国也有类似的做法，其实质都是制造奇迹，以树立权威。

请问：金文、《尚书》、《左传》等书中的有德者，也是这样的吗？是以“超自然、超人”这种不可理喻的方式体现自身的吗？

再问：西周有德者不是通过对人民、家族和臣下的恩惠，而是通过奇迹、神启和绝对信任获得后者的服从的吗？完全建立在非理性原始信仰基础之上、与巫术和魔法等有关的卡里斯玛，真的是德的本质特点吗？

对于以上问题，我们不难作出否定的回答吧。

三、德的本质要素

接下来，我们讨论应该如何理解德。我认为，德被较普遍地从族性、马那和卡里斯玛等原始信仰角度来理解，是缘于今人在阅读金文、《尚书》、《诗经》、《左传》等早期文献时，对其中赋予德的崇高、特殊威力无法理解。然而，德的崇高和特殊能量，其秘密不必诉诸族性崇拜或马那来解释，而可从本书前面所讲中国文化的关系本位的视角来解开。在下面的讨论中，我预设了从西周至春秋（包括孔子在内）甚至战国时期，在铭文和儒家主要经典中，德的基本含义或者说本质要素没有变化。这不是说，从西周到春秋以及战国时期，古人的德论没有演变，而是说我试图在历史演变中把握不变的核心。

我尝试提出一种对德的本质要素的理解。我认为，德的本质要素就藏在《说文·悳》“内得于己，外得于人”这一表述中。王夫之《说文广义》卷一〈悳〉云：

> 悳之为言得也。外得于人为“恩悳”，内得于己为“心悳”，从直从心，所得者心之直道也。通为感人恩惠之辞，得于人者心不忘，亦直道也。[45]

这里，船山强调德的本质在于“感人恩惠”，所谓“外得于人”即受恩于人，“内得于己”即心有感激。这是从受惠方出发说德。其“感人恩惠”四字固然揪住了要害，但也可以倒过来理解，即从施惠方出发说德。所谓“内得于己”，指内心想通了（有得于心），也就是有真心的意思，与儒家“慎独”“诚意”相近；所谓“外得于人”，指得到他人感激。也可以说，有德者“内得于己”是前提，“外得于人”是结果。不过，这两种理解，一从受者出发，一从施者出发，无论哪种理解，德都是既包含“内得于己”又包含“外得于人”，是内外一体、缺一不可的。在这两种理解中，德的本质要素都包含如下三个成分：

一是一方施惠于另一方。朱熹《论语集注·宪问》注“以德报怨”曰：“德，谓恩惠也。”金文、《尚书》《诗经》等称颂先王之德，无论指德性还是德行，都一定包含“前王施恩惠于人民”这一含义。《左传·襄公十四年》“武子之德在民”，同书成公十六年申叔时称“德以施惠”，成公十七年胥童曰“不施而杀，不可谓德”，襄公七年有“恤民为德”，其中的德应主要指对人民或他人有恩惠。《管子·正》曰：

> 爱之生之，养之成之，利民不得，天下亲之，曰德。

《道德经》第十章、第五十一章也有类似表述。虽非儒家言，但可谓抓住了德的要领。

二是另一方对施惠方有感激，因此德常引申为指感激或感恩（例如《诗经·硕鼠》“莫我肯德”）。钱穆先生称：

> 德者，在上者自己之人格与心地。以此为领导，且人与人、心与心之相感相通，非居上临下之比。[46]

他强调“人与人、心与心相感相通”，可以说一语中的。

德的真正秘密就隐藏于人与人的相互感应中。

三是受惠方认为施惠方出于真心；否则，所谓感激也就不存在了。经典中许多材料证明，当受惠方认为施惠者出于自利目的，并非真心关心和帮助受惠者时，会拒绝使用德来称赞施惠者。现举两例：

例一，春秋时期晋国大夫知罃（又称知武子）于宣公十二年邲之战中为楚国所俘，在楚生活近十年后，于鲁成公三年因晋国要求被释放归国。知罃临行前，楚共王与他有一段有趣的对话。楚王问："子其怨我乎？"知氏否定。王曰："然则德我乎？"对曰："二国图其社稷，而求纾其民，各惩其忿，以相宥也。两释累囚，以成其好。二国有好，臣不与及，其谁敢德？"（《左传·成公三年》）即楚王放其归国，无论有何动机，对于知氏来说都是一种恩惠（否则他就没有自由）。但知氏不承认其为"德"，因为这种行为本身并不是发自真心地爱护或帮助知氏，而是出于楚国自身利益的战略需要，故说楚王"不任受德"。虽然这里的"德"可以理解为感激、感恩，但也应包括楚君希望知氏能以德誉之这一期待。

例二，《左传·昭公二十六年》记载，齐国大臣晏子（晏婴）提醒齐景公，陈氏可能代齐而有齐国，理由是陈氏"虽无大德，而有施于民"：

豆、区、釜、钟之数，其取之公也薄，其施之

> 民也厚。公厚敛焉，陈氏厚施焉，民归之矣。《诗》曰："虽无德与女，式歌且舞。"陈氏之施，民歌舞之矣。后世若少惰，陈氏而不亡，则国其国也已。

显然，晏子认为陈氏厚施于民，民亦归之，但此等恩惠与德不是一回事。原因很简单，陈氏所为不过是韬光养晦、深谋远虑，也可以说是野心勃勃、深不可测，因此不能不防。说穿了，陈氏施惠并非出于真心，而是有贪欲的。

综上所述，我将德的本质要素概括为某种被认为真心关心、帮助或保护他人的行为。注意这里只是说构成德的本质要素，不是说德的全部含义或主要成分。这里的"他人"不是指所有人，而是与某人打交道的特定的人或人群。须知，德一般不是对自己而是对他人的评价，关键不是某人真心为人，而是某人被认为真心为人。具体来说，我认为德的本质要素可进一步解析为如下四层：

（1）关心、帮助或保护他人；

（2）这种行为被认为发于真心；

（3）通常受惠者对施惠者有感激之心（感激程度与受惠者认为施惠者用心/费心程度成正比，但也不排除有些人没有感激，这类人往往被知情者所指责）；

（4）若施惠者被认为纯粹出于私利，尤其是有回报要求或条件，则不以德称誉施惠者。

德常常发生于地位不相称的两方之间，被用于描述居优势地位的人，比如国君、贵族、君子、祖先、师长等。他们与受惠方地位悬殊，在双方关系中处于高度主动和优势位置，这决定了他们对后者的需求小于（通常远小于）后者对他们的需求，受惠方更容易相信施惠方不出于私利，而至少有真心为人的成分，故以德称之。当然，经传也有不少地方并不完全符合这里讲的要素，却称其为德，我认为那可能是在引申意义上使用德。

以上述（1）—（4）作为德的本质要素，可认为所谓德行、德政及德性，其含义皆在此基础上形成。或者倒过来说，这三者也是一个人能够真心为人的条件。经传中每每提到的“令德”“懿德”“明德”“大德”“至德”等当指德行时，是指包含此本质要素的行为，即真心为人的行为，至少是为了显示自己真心为人的行为；当指德性（德目）时，比如仁、义、忠、信、孝、悌、敬、礼、智等，是指某种类型的真心为人（行为或品质），或者能够在某些方面真心为人的素质条件；当指德政时，是指施惠于民、不求回报或能赢得人民感激的施政（进一步讨论见下节）。

在上述界定中，是否有真心为人是一个重要标准，这也与西周以来德、悳（悳）从心符这一事实相联。

例如，古人常讲“同心同德”“离心离德”（《尚书·泰誓》，《左传》引之）[47]，并称“同德则同心，同心则同志”（《国语·晋语上》）；《尚书·盘庚中》批评“汝万民”不能“暨予一人猷同心……故有爽德”。这是因为同德意味着君臣彼此皆真心诚意，故唯同心方可同德；反之，一方无真心，则不能同德，故离心必离德。此种说法一直延续到今天。

又如，《尚书·盘庚上》载盘庚训群臣，称“汝克黜乃心，施实德于民”，此处“施实德于民”当指向人民施舍恩惠，但前面加“克黜乃心”，与前面“汝猷黜乃心，无傲从康”联系起来理解，可见文本作者将真心与“实德”相联系。

类似的例子在早期文献中还有很多。比如清华简《祭公之顾命》“上帝度其心，享其明德”；师訇鼎“乃用心引正乃辟安德”；师望鼎“明厥心，哲（慎）厥德”；逨编钟“克粦明厥心，帅用厥先祖考政德”；《尚书·康诰》“朕心朕德，惟乃知”“用康乃心，顾乃德”；《尚书·立政》先批评“德暋”“暴德”“逸德”，后赞文王武王“有俊心”；《诗·大雅·大明》“小心翼翼……厥德不回”，《诗·大雅·皇矣》“帝度其心，貊其德音”，《诗·鲁颂·泮水》“克广德心”，皆将德与心相连而论；又如《易·益·九五》“有孚惠心……有孚惠我德”；《国语·楚语上》“心类德音”；等等。[48]

真心的反面是私心、贪欲，故古人多以此批评当事人无德。例如，《左传》宣公六年王子伯廖评郑公子曼满“无德而贪”，宣公十二年楚庄王自称“不穀不德而贪”，襄公二十六年师旷曰“臣不心竞而力争，不务德而争善，私欲已侈”，等等。

正因为真心与私心、贪欲相对，古人常主以诚立德、修德、树德，诚就是真心实意。古人“诚”“诚意”“致诚”是诚于己，唯诚于己方可诚于人，故是真心为人的前提。诚也与前述“德”之造字本义或寓“心思正直”（借张靖语）相关。

例如，《大学》以“明明德”为旨归，以八条目为阶梯，八条目则从“诚意”“正心”起论，“诚意”即真心，故曰“毋自欺”。《中庸》全书贯穿以诚立德思想，谓鬼神之德为“诚之不可掩”，谓“文王之德”“至诚无息”，“性之德”“诚之为贵”，“天下至诚”即“聪明圣知达天德者”，其道理与《大学》相近而更深。可以说，“慎独”与“至诚”，都是在讨论如何确立“真实无妄”之心。

孟子的态度则略有不同，然讲“养心莫善于寡欲”（《尽心上》），“学问之道无他，求其放心而已矣”（《告子上》），又曰“尊德乐义，则可以嚣嚣矣”（《尽心上》），皆体现了由心修德的思路。孟子反对“不得于言，勿求于心”，强调“行有不慊于心则馁矣”，主浩然之气“集义所生”（《公孙丑上》）。这些虽未说诚，实亦是诚，故曰“反身而诚，乐莫大焉”（《孟子·尽心上》）。至荀子，亦曰：“君子养心莫善于诚，致诚则无它事矣。”（《荀子·不苟》）

通过上述分析，我认为德是一个中国传统文化中特有的私人关系概念。在受惠者看来，施惠者是否真心以及真心到什么程度，是决定是否以德称之的最重要条件。虽然施惠者是否发自真心纯属个人主观见解，但不妨碍受惠者通过施惠者的一系列行为，包括其政策之外的关心，尤其是细节方面的照顾，来理解施者的用心，因而体现了心与心之间独有的关联，与中国文化的关系本位特点相应。

在现代中国人的生活中，通常受惠者明知施惠者有私心或私利，仍视其为德行，是因为受惠者认为施惠者没有提出回报要求。人们通常认为，若施惠者不要求回报，设身处地为受惠者着想，是在一种较高的素养层次上做人，虽以利人而利己，也属有真心。虽然这里存在如倪德卫所说的“德的悖论”，即施者不求回报，所以有德，但终因其得到了更大的回报，所以又违背了德。[49]但这不是纯逻辑问题，而是衡量标准问题。重要的不是有无回报，而是求不求回报，由此决定是否有真心（《道德经》第十章、第五十一章以“生而不有、为而不恃、长而不宰”为“玄德”，当也是此意）。受惠者认为施惠者有真心，这才是关键。对于前者而言，一个地位和权势高于自己的人帮助他人，在其没有要求回报的情况下，通常表明他有帮助他人的真心，他最终是否得到了回报则是另一回事。正因为不要求他人的回报及真心为人，所以会被他人认为这体现了其做人的品质，这是认为他有德的主要原因。

在政治世界，通常是当官员的所作所为被认为是认真履行了职守，体现了爱民的品德，其付出不以受益为前提，就可被称为有德。当然，如果事后被发现此人帮助他人经过认真算计，知道会得到何种回报，虽然他并未提出要求，也不宜称为有德。上面提到的齐国陈氏，就是如此。

在上述基础上，我提出一个旨在容纳德在先秦政治世界中不同用法的基本框架，如下：

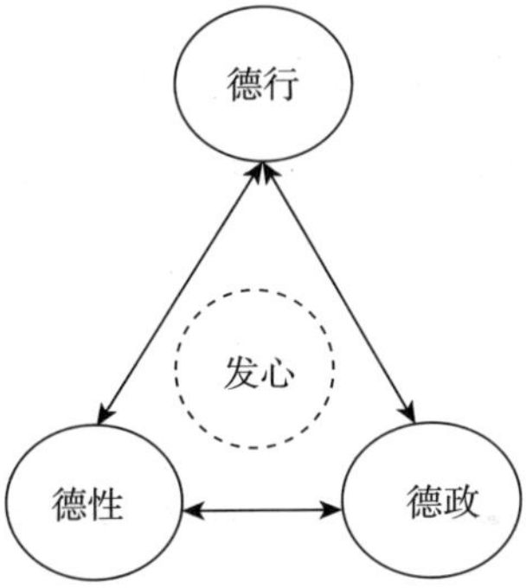

图5　先秦时期的德

图5将先秦政治世界中的德论概括为三要素：德行、德政和德性，而以发心为轴。这一框架主要解释政治性的德，而并非致力于全面解释先秦时期德的所有可能含义；而且即使政治性的德也有多种含义，我们也只聚焦其中占主导地位的含义。

具体来说，在图5中，“德性”指对当事人品质的概括。此词在先秦时期极为少见（仅见于《中庸》），但古人常常讲的仁、义、礼、孝、忠、信等，今人常称之为德目，实即德性（复数意义上）。因为一个人的品质很难无所不包，而不同人的品质也有不同，比如有的人重仁，有的人重义，故德目即代表了当事人的德性。德性是一个人能够真心施惠于人的保证。

至于“德行”一词，我主要用来指一种施惠于人的行为，但可细分为各种不同类型。古人对德行有多种说法。《郭店楚墓竹简》（五行）以仁、义、礼、智、圣五者“形于内”为“德之行”，[50]这似乎包含着对德性与德行的区分，核心是德行必以德性为基础。郑玄所谓“德、行内外之称，在心为德，施之为行”（《周礼·地官·师氏》郑注），若将德理解为德性、行理解为德行，似也可行。《周礼·地官·大司徒》区分六德与六行，《周礼·地官·师氏》区分三德与三行，似乎与郑玄意同而条分。

另外就是“德政”，我把它作为一个相对宽泛的概念，相当于古人“礼乐政刑”，包括政治制度、政策和措施等在内。德行与德政容易重叠，所有的德政均可视为包含德行，不过这里德行意在强调体现个人关系，德政意在呈现政治行为。此外，古人常常德行、德性（德目）不分。[51]德政与德行一样，在政治世界以施惠于民为特点。因此，德性、德行和德政，都体现德的本质要素。

在德行、德政、德性之上，之所以再加一个“发心”，主要是古人认为德必定意味着一种积极有意的行为，在金文和《尚书》中大都表现为要求当事人敬慎自律，暗示先王之德乃有心之行；《左传》《论语》等春秋时期文献中的德也不言而喻地预设了当事人有心为之这一前提；至于在《大学》《中庸》《孟子》《荀子》等战国时期文献中，德更是明确地作为积极的存心之举来对待。这一点上面讲“真心”时已经说明。

德行、德政、德性三者之间存在相互作用的机制。首先是发心→德行→德政、德性。有了发心，才会有德行，即施惠于人，才会提出德政。有了德行、德政，被人评价成某种德性。其次，有德性也会导致发心，表现为德行和德政，即德性→发心→德行→德政。有的统治者德性未必好，出于功利目的施行德政，但德政可塑造人们的德行和德性，即德政→德行、德性。

美国斯坦福大学著名汉学家倪德卫（David S. Nivison）曾总结甲骨文和金文中的“德”，认为有如下含义：（1）慷慨；（2）不自我放纵；（3）自我牺牲；（4）负责（至少在祭祀中）；（5）谦虚和礼貌。[52]这些根据卜辞和金文所作的归纳，内容虽然正确，但无法揭示德的内在逻辑。所谓“慷慨大度”“自我牺牲”是指施惠于人的德政，“不自我放纵”“负责”皆属图5“发心”范畴，即金文、《尚书》中以德告诫时，希望对方发心修德；“谦虚、礼貌”实与德性有关，即在政治-社会生活中德一定要通过德性来实施。因此，我认为倪氏的这一总结反而不如他在其他地方“A为B做了某事，B因而感恩于A”[53]这一总结切中要害。

四、《左传》中的德

尤锐专门研究了《左传》中的“德”，认为《左传》中“德的政治用法明显处压倒地位，德较少被用来指个人道德”，且“从未在道德修身的语境中讨论德”；而在政治场合，包括天子权威、霸主权威和国君统治方面，德均时常被视为一种“卡里斯玛力量（the charistmatic power）”。[54]尤锐认为《左传》中德与修身无关，未必符合事实。殷周金文、周初八诰中那些叮咛告诫，要求君王或臣下克己自律，勿纵勿耽，当然属于修身，而《左传》中的德论无疑承自西周。[55]在稍后我们所例举的管仲对齐桓公的要求中，以及很多其他例子中可以看到其讨论的正是修身问题，其所谓修德包含着要求当事方不要有贪心贪欲。[56]

另外，尤锐否定《左传》与《论语》“德”的连贯性也可商榷。诚然，从春秋时期的德到《论语》中的德含义有发展，但不外德行、德政和德性这几重含义，而且也都体现了上述德的本质要素，这一点在下章讨论德与威的关系时还会涉及。如果如尤锐所说，德代表一种神奇的卡里斯玛力量，那也可以说，德并非如尤锐所言，与道德无关，而是恰恰相反，其力量来自道德。正因为我们下面所说的，是德的本质要素（“真心施惠他人”）导致了德的威力，所以真心施惠于他人自然当属道德范畴。下面我们将讲到，为什么德的威力不能如尤锐那么简单地说成一种巫术般的普遍信仰。

《左传》一书中“德”字出现次数居儒家十三经之冠，尤其是在“德”的大量历史记述中，上下文较为清晰，有助于我们辨明早期“德”之义。下面通过《左传》，我试图说明春秋时期的德论符合前面所讲的德行、德性和德政三者构成的框架，以此体现上述德的本质要素。特别是《左传》中有些德之行，涉及制度、政策和策略等，虽然从表面上看不到“真心”这一内容，但我认为可理解为是真正落实德的措施，或者说是使人民感觉统治者“真心为他们着想”。

让我们以齐桓公为例说起。齐桓公是《左传》重点描写的人物之一，其中有不少从德的角度对他的评价，既有肯定也有批评。比如僖公十九年，陈穆公请诸侯“无忘齐桓之德”；宋国大臣司马子鱼称“齐桓公存三亡国以属诸侯，义士犹曰薄德”，此处子鱼之意在劝宋襄公不要贪心求霸，故虽称齐桓“薄德”，实赞其存三国之惠。齐桓公之有德，尤其体现在“存三亡国”（即鲁、卫、邢）上。此外，赞赏齐桓公之处还包括：僖公二十六年展喜谓齐桓公“纠合诸侯而谋其不协，弥缝其阙而匡救其灾”；僖公二十八年曹伯之竖称齐桓公“为会而封异姓”；昭公十年以“陈锡载周”称齐桓公以“能施”而霸；昭公十三年叔向称赞齐桓公“从善如流，下善齐肃，不藏贿，不从欲，施舍不倦，求善不厌”等。这些出于列国名臣的话，多次提到了桓公“施舍”，惠及列国，同时提到他“不从欲”，说明德与施惠的正向联系，以及与贪欲的反向联系。

僖公七年的传文进一步说明齐桓公之德的含义。是年，齐侯联合宋、鲁、陈诸国伐郑。自庄公二十八年（前666年）以来，齐、楚争霸聚焦于郑国，郑国本为齐之同盟，后几次服从于楚。故此次伐郑，必欲服之而后已。此次郑国慑于齐国之威，派世子华“听命于会”。世子在会上提出要求，让齐桓公帮助自己除掉泄氏、孔氏和子人氏这三族政敌，称是他们导致了郑国的背叛。世子并称，齐桓公如能做到，郑国愿为齐之“内臣”。齐桓公欲从之，遭管仲劝阻。管仲认为世子华身为大子，欲“求介于大国以弱其国”，可见其人品；“夫合诸侯，以崇德也，会而列奸，何以示后嗣？”

管仲为什么认为听从世子华不符合以德服诸侯？这是因为齐桓公大合诸侯，要以大义相号召；郑国是否服齐，所当服从的是齐侯宣称的公义，而不是齐国的武力（虽然齐国动用了武力，但至少表面上以大义号召）；如果齐侯为了让郑国服从，接受世子阴谋，介入郑国内斗，所彰显的就不是公义，而是一味求霸的私心贪欲。这就体现了与德正好相反的特点。齐侯如果醉心于私心贪欲，诸侯不可能心悦诚服。管仲此前就建议齐桓公“招携以礼，怀远以德”，这些都不能以私心和贪欲为前提。

也许有人会说，齐桓公接受管仲建议，没有介入郑国内政，也是出于私心，即为了真正服诸侯。然而，文本作者并没有称桓公以德，只是管仲希望他对诸侯“绥之以德”。而列国后来称道桓公之“德”，那是因为桓公确实施惠于人，使诸侯有理由相信他有真心。而在他处齐桓公表现了私心、贪欲的地方，《传》文即批评其“不务德”，如僖公九年周宰孔称“齐侯不务德而勤远略”。

下面，我们再以《左传》中一系列对德的定义性说法为例，来说明古人德之义包含前面所说的本质要素——“真心为人”。这些定义性的说法，大都涉及德行、德性或德政。

隐公十一年，“君子”评周桓王，“恕而行之，德之则也”。周天子若能宽恕他人，可以立德。宽恕乃发心行为，故与德有关。

桓公二年，臧哀伯谏鲁桓公，“夫德，俭而有度，登降有数，文物以纪之，声明以发之，以临照百官。百官于是乎戒惧，而不敢易纪律”。此处表面上以“俭而有度，登降有数”为德政，实批评鲁桓公贪欲无度，取部大鼎，纳于大庙；而“有度”“有数”实指立德之方，非以度、数本身为德，因遵行度、数，需要无贪欲私心，造福社稷民人（后面僖公二十七年称“礼、乐，德之则也”，其中德之义可仿此理解）。这里度、数指德制，即礼乐，亦即德政也。《国语·周语》晋文公请隧，王曰：“昔我先王之有天下也……内官不过九御，外官不过九品，足以供给神祇而已，岂敢厌纵其耳目心腹以乱百度？”后面三次提到德，规劝叔父“光裕大德”“懋昭明德”，也类似将礼制与德相联，间接表示礼之含义之一正在于限制私欲，包括耳目心腹之欲。

僖公二十四年，富辰谏周襄王“不忍小忿以弃郑亲”，是“弃德崇奸”，又曰：“庸勋、亲亲、昵近、尊贤，德之大者也。”所谓“德之大者”，不是说“庸勋、亲亲、昵近、尊贤”即是德，而是指天子立德之方，属于上面所说德政的范畴。表面看来这里的“德”是讲用人之道，捍卫西周以来封建亲戚的精神，仿佛是私心，与前面所讲德之义有别，但《传》文紧接着称“周之有懿德也，犹曰莫如兄弟，故封建之”，即通过亲亲之道来“怀柔天下”。按照《孝经》的说法，“圣人之德无以加于孝”，因为圣人“因亲以教爱”；“周公郊祀后稷以配天，宗祀文王于明堂以配上帝”，能够感动天下，“是以四海之内各以其职来祭”。因此，“圣人之教，不肃而成，其政不严而治，其所因者本也”。细想可知，富辰之谏包含着这样的思想：周室以亲亲教导天下，让万民相亲爱，是西周以来天下数百年安宁秘诀所在，包含周室对天下惠泽。另外“庸勋、亲亲、昵近、尊贤”包含着任贤使能的精神，体现帝王不以私欲为主宰，而以天下为发心。同段富辰建议周襄王不要出于私好“德狄人”，也有助于理解前面“德之大者”。

宣公十二年，楚庄王称“武有七德”，即“禁暴、戢兵、保大、定功、安民、和众、丰财”，称自己“所违民欲犹多，民何安焉？无德而强争诸侯，何以和众？利人之几，而安人之乱，以为己荣，何以丰财？”即禁暴、戢兵、保大、定功、安民、和众、丰财可称武德，也属于德政范畴。这里“七德”是安民、利人之普惠，“无德”是私心、贪欲之表现，体现在“强争诸侯”及“利人之幾”“安人之乱”的心理上。

襄公十年，论因晋卿范宣子之让而论懿德和昏德，讲晋国大臣相让不争，以相争不让为败德，“世之治也，君子尚能而让其下，小人农力以事其上，是以上下有礼，而谗慝黜远，由不争也，谓之懿德。及其乱也，君子称其功以加小人，小人伐其技以冯君子，是以上下无礼，乱虐并生，由争善也，谓之昏德”。这里的“让”似为德行，核心是让与争相对。争与私心相联，让与公心相关，故皆与发心有关。让可惠及晋国，故让与德有关。这些均可帮助我们从“真心与否”来理解德。昭公十年晏子谓“让，德之主也，谓懿德”，也是从让讲德。

襄公二十七年，子木问赵孟：“范武子之德何如？”

对曰："夫子之家事治，言于晋国无隐情，其祝史陈信于鬼神，无愧辞。"子木问范武子之德性，赵孟答以范武子之德行，以德行反映德性。"言于晋国无隐情"，指范武子无贪私之心；"于鬼神无愧辞"，指无见不得人之事，这些与慎独有关。范武子无贪欲私心，方能面对鬼神和国人，故曰有德。

《左传》中还有其他一些对德的说法，比较明确地体现了从具体的德行和德目论德。如僖公三十三年"敬，德之聚也，能敬必有德"，文公元年"忠，德之正也；信，德之固也；卑让，德之基也"；文公十八年"孝敬忠信为吉德，盗贼藏奸为凶德"；成公十年、昭公十年"忠为令德"；等等。这些都是以德行论德性，而德性表现于德目。其中的德行，如敬、忠、信、让、孝，都包含真心为他人着想的含义：敬是敬重他人，忠是忠于他人，信是取信于人，让是利于他人，孝是孝敬他人（前辈）。又襄公九年以元、亨、利、贞为"四德"，联系《中庸》以"知、仁、勇"为"天下之达德"，这些德性/德目的含义表面上没有"真心为人"之义，但我们要理解，古人认为一个人的德性是保证其真心为人的最有效条件，或者说是保证当事人能"真心关心、爱护和帮助他人"的素质条件。我认为，在政治语境中，当古人使用德来称道或劝谏某人（通常是天子、诸侯、大臣和贵族，或有可能管理天下的君子等）时，上述本质要素是不可缺的。

当然，《左传》中德之最突出特点是作为一种政治权威。本章的要点在于从德的本质要素来揭示德性权威产生的机制，这里先将《左传》中有关德作为政治权威的论述分成如下几类，制成表9，下节我们再讨论所谓德性权威的缘由。

表9　《左传》中的德性权威

分类	原文	思想
盟主[57]	以德绥诸侯（僖公四年），招携以礼怀远以德/绥之以德/合诸侯以崇德也（僖公七年），桓公存三亡国以属诸侯义士犹曰薄德/文王闻崇德乱而伐之/今君德无乃犹有所阙/无忘齐桓之德（僖公十九年），未有代德而有二王/德以柔中国（僖公二十五年），无德何以主盟/主诸侯而不务德（文公七年），小国之事大国也德则其人也不德则其鹿也（文公十七年），在德不在鼎（宣公三年），我求懿德肆于时夏/柔服德也（宣公十二年），以不孝令于诸侯其无乃非德类也乎/树德而济同欲焉（成公二年），诸侯怀德畏讨/霸主将德是以（成公八年），德则不竞寻盟何为/柔服而伐贰德之次也（成公九年），君唯不遗德刑以伯诸侯（成公十六年），我德则睦否则携贰/以德绥戎（襄公四年），大国不加德音而乱以要之/我实不德而要人以盟（襄公九年），四邻诸侯不闻令德/夫恕，思以明德……是以远至迩安（襄公二十四年），晋君宣其明德于诸侯…所以为盟主也（襄公二十六年），诸侯归晋之德只非归其尸盟也（襄公二十七年），不修其政德而贪昧于诸侯（襄公二十八年），信我实不德而以隶人之垣以赢诸侯（襄公三十一年），修德以待其归若归于德吾犹将事之况诸侯乎/先王务修德音以亨神人（昭公四年），君无违德方国将至（昭公二十六年），昔成王合诸侯城成周以为东都崇文德焉（昭公三十二年）	盟主需要以德服诸侯，不能以力服人

续表

分类	原文	思想
战争[58]	度德而处之/不度德不量力（隐公十一年），我实不德齐师何罪（庄公八年），齐方勤我弃德不祥（僖公三年），齐侯不务德而勤远略（僖公九年），四德皆失何以守国（僖公十四年），服者怀德贰者畏刑/姑树德焉以待能者（僖公十五年），有德不可敌/能以德攻（僖公二十八年），念德不怠其可敌乎（文公二年），德之不建民之无援（文公五年），晋楚不务德而兵争/非德莫如勤（宣公十一年），德刑政事典礼不易不可敌也/无德而强争诸侯/德立刑行政成事时典从礼顺若之何敌之/我则不德而徼怨于楚/武有七德（宣公十二年），无德以及远方莫如惠恤其民（成公二年），不穀恶其无成德（成公十三年），德刑详义礼信战之器也（成公十六年），小国无文德而有武功祸莫大焉（襄公八年），祥习则行，不习则增，修德而改卜（襄公十三年），兵之设久矣所以威不轨而昭文德也（襄公二十七年），吴日敝于兵暴骨如莽而未见德焉（哀公元年），民保于城城保于德（哀公七年），二君不务德而力争诸侯（哀公十年）	德是战胜敌人的真正力量
为政[59]	以德和民（隐公四年），君人者将昭德塞违（桓公二年），训诸司以德（桓公十三年），君其修德而固宗子（僖公五年），民不见德而唯戮是闻（僖公二十三年），大上以德抚民/弃德崇奸祸之大者也（僖公二十四年），孝敬忠信为吉德盗贼藏奸为凶德（文公十八年），御奸以德御轨以刑（成公十七年），恤民为德（襄公七年），我之不德民将弃我（襄公九年），在其君之德也（襄公十八年），夫铭天子令德/昭明德而惩无礼（襄公十九年），不德而有功忧必及君（襄公二十三年），甚德而度德不失民（襄	唯德可以安民治政

续表

分类	原文	思想
	公三十一年），吾乃今知周公之德与周之所以王也（昭公二年），不修政德亡于不暇/德远而后兴（昭公四年），仪式刑文王之德日靖四方（昭公六年），盛德必百世祀（昭公八年），吾闻抚民者节用于内而树德于外（昭公十九年），若有德之君外内不废上下无怨/唯有德者能以宽服民（昭公二十年），诗曰无念尔祖聿修厥德（昭公二十三年），君其务德无患无人（昭公二十四年），君无秽德又何禳焉/若德回乱民将流亡（昭公二十六年），九德不愆作事无悔（昭公二十八年），能布其德（哀公元年），务德而安民（哀公十年）	
国家	天而既厌周德矣（隐公十一年），召穆公思周德之不类/周德既衰（僖公二十四年），周德虽衰（宣公三年），其周德之衰乎（襄公二十九年），虢多凉德（庄公三十二年），楚大而不德（昭公十一年），	国之德
天命鬼神	天而既厌周德矣（隐公十一年），天祚明德/周德虽衰天命未改（宣公三年），国之将兴明神降之监其德也（庄公三十二年），鬼神非人实亲惟德是依（僖公五年）	天命鬼神与德

五、德何以有威？

《左传》向我们集中展现了德是建立政治权威和统治合法性的最重要前提，与金文、《尚书》、《诗经》相关记载相呼应。在西周以来的文献，包括《尚书》《诗经》及铜器铭文中，我们看到了大量以德来称颂先王或劝诫统治者的记载，证明德在古人心目中的崇高地位。可见古人认为德是任何统治者都需要竭力去建立的东西，是一切良好的政治统治的基石。

现在来到本章讨论的重心：这种德性权威是如何产生的？

倪德卫非常有见地地指出，古代文献中的“王德”作为“道德力”（moral force）发生的内在机制在于受惠者对施惠者有近乎强迫的人情债压力，他称之为“感恩之债”（gratitude debt）：

> 受惠者为了回报施惠者而感受到一种强迫，这种感受如此强烈，似乎从施惠者（君王）那里发射出一种心理力量，让人们在他周围朝向他活动。[60]

这里，倪德卫无疑触及了德成为政治权威的内在原因，他称之为sympathetic causal relationship，中译本作“交感的因果关系”[61]。这里最关键的地方是，施者与受者之间形成了感应，一切德性的权威力量均来自此感应，他把这一过程概括为：“A为B做了某事，B因而感恩于A”。由于意识到这种基于感恩而形成的德在中国社会如此强大，与其他文化显然不同，倪德卫写了如下一大段感慨性质的话：

> 对友好或礼物或服务的感激之情，是我们都知道的。这是为人的一部分。但是，在某些社会里，它通过社会化和社会压力而以无限的方式被非常地扩大了，以至于它似乎成为一种包围着的习理力量。中国社会正是如此。它现在是如此，以前（一直倒回到我能研究它的时候）也是如此。在这种社会中，当你为我做某事或给我某物时，我感到要在此时或别时恰如其分地作出反应的强迫性会如此之大，以至于我不把它看作我自己的心灵结构，而是看作源自你的心灵之力，这种力使我调整自己朝向你。这种力就是你的“德”或者你的“道德力”。[62]

多么精彩啊！他指出，我们西方人当然也会对他人的帮助或服务有感激之情，但不同的是，在中国社会中，这种以人情债方式体现的人与人交感被无限地放大，达到了对他人有强制性作用的地步，这是导致德有威的原因，但显然主要只在中国社会中有威！这段话难道不是道出了中国社会的特殊性吗？不是说明了德在中国文化中具有巨大威力之极有启发性的见识吗？

然而，倪德卫这段话也给我们留下了巨大谜团。即为什么在中国，或者说唯独在中国文化中，以人情债或感恩心为核心的德的磁力场会形成，并产生无比强大的威力？可以这样来概括：全部秘密在于前面说过的，中国文化建立在此世取向和关系本位的预设之上。

正如前文所反映的，德的本质要素是对别人真心帮助的感激。一个人对别人有了感激之心，自然就会产生心理作用，在没有回报之前心里总是有歉疚，不管是有意的还是无意的。感激、歉疚、欲报，体现了受惠者对施惠者在心理上的感应。在中国文化中，人与人之间在心理和情感上相互依赖的程度极深，特殊的身-心二元一体式的生命观导致了这样的现象：中国人在“心”被感动的情况下，可以为另一个人赴汤蹈火、在所不惜，为之生、为之死（参见导论第五节）。这就是孟子所谓“以佚道使民，虽劳不怨。以生道杀民，虽死不怨杀者”“王者之民……杀之而不怨，利之而不庸”（《孟子·尽心上》）的缘由，故古人常讲“得民心者得天下”。

德反映的是中国文化中人心之间特有的相互感动。有了这种感动，人们才会真心信服于其领导者。因此，德无疑是中国人彼此之间建立自觉自愿的相互信任和服从关系的最有效途径。此即孟子所谓“以德服人者，中心悦而诚服也，如七十子之服孔子也”（《孟子·公孙丑上》）。

德之所以在中国文化中具有强大威力，从根本上体现了人与人在价值上、心理上和情感上相互仿效和相互影响的关系本位逻辑，这一逻辑决定了身在上位的人，其行为方式以有形或无形的方式最深刻、最有力地影响着下位者，对整个世界产生巨大冲击。“在上位者，洒濯其心，壹以待人，轨度其信，可明征也，而后可以治人。”（《左传·襄公二十一年》）儒家认识到，领导者必须以德服人，而不能以力服人，故德性原则可看作文明原理的一部分。

在政治领域，德主要指政治人物对众人的影响力。儒家经典中大量有关“任德”的奇效以及所谓“上行下效”的文字，是中国文化中德性权威的鲜明例证。“上之行”就是在位者必须首先展现其“德”，才能让人信服，不管他们目前还能不能从总体上被称为有德者。上行下效是中国文化中人与人相互窥视的产物，而在此相互窥视的文化中，有德者的真实含义是：他是令人无话可说、发自内心尊敬的权威，因此只有“任有德”才是最有效的组织或管理方式。所以我们发现儒家所谓的德治，是中国文化习性的产物。用孔子等人的话说，有德则身正，身正则民服，故能“居其所，而众星共之”（《论语·为政》）；“一正君而国定矣”（《孟子·离娄上》）；《大学》云：“上老老而民兴孝，上长长而民兴弟，上恤孤而民不倍。”类似这样的话在古代经典里不胜枚举。

德具有强大的威力，还因为在深刻而复杂的人与人相互依赖的需求网络中，德行或有德者，会为人们提供强大安全感的满足。在中国文化中，“有德”还有两个意味深长的意义：一是在最低意义上，德意味着没有锋芒，不会让他人感到心理上的威胁。人与人的心理依赖，使得人们需要在与他人关系中找到安全感，由此进一步导致人与人相互防范，甚至勾心斗角。因为把自身的安全感建立在他人身上，既是不得不然的选择，又是不靠谱的（人的可变性太大），远不如建立在上帝或梵等抽象实在之上让人心安，因为后者是高度稳定、从来不变的。二是在高级意义上，德意味着以一种不给人心理压力的方式关爱、呵护他人。《中庸》中之所以引《诗》强调"德輶如毛"，其背后含义之一是，有德者在爱护他人的同时，不让对方感到有心理压力。为什么这才是真正强大的德？因为在人际关系社会中，每个人都会对人情债比较敏感。当他们发现来自他人的关爱需要自己回报时，这也成为其一种心理负担。

中国文化的关系本位导致人们只崇拜人格化的权威，而不崇拜非人化的权威，而德代表一种让人们心悦诚服的人格权威。非人化的权威如鬼神等，人们最初会惧怕其神秘力量，所以会祈祷其保佑，但是谈不上从内心深处尊敬或崇拜，或者只在其表现出人性的地方才会真心崇拜。有些人（如《诗经》中的文王）由于生前有德，死后其鬼神也获得巨大权威。但是对于这类鬼神的崇拜，与对于天的崇拜一样，也是从人间之德的角度出发的，并不是由于其神性而崇拜它。所以祭祀中的崇敬之心，归根结底还是在崇敬德。

殷人尊事鬼神，而不重德；周人重德，也事鬼神。是否重德的结果决定了是否可以真正有效地组织管理，是否能让人心悦诚服。因为只有德能建立在内心感动的基础上，而鬼神则不能让人内心感动，鬼神崇拜是建立在对神秘力量恐惧的基础上的。殷人没有认识到德的重要性，是其认识上的偏颇；而周人认识到德的重要性，与其说是人文主义，不如说是政治理性主义，或者说是其更加务实的结果。

如果认为周人重德，就抛弃了尊事鬼神的传统，显然不是事实。把周人的人文理性与鬼神崇拜对立起来，以此理解殷周之变，当然无法接受。因为周人重德取得成效后，非常巧妙地提出，这种成效正是鬼神所主张的。也就是说，重德才能得到鬼神的庇佑。周人真心地认为鬼神就是重德的，所以把两种传统衔接而不是对立起来（故《中庸》有“鬼神之为德，其盛矣乎？”）。这样，他们反而从天道鬼神的角度为德作了新的论证。

总之，德治在中国文化中盛行，德性原则成为儒家治道的原则之一，是此世取向和关系本位这一文化心理结构的产物。那就是，重视来自此世而不是彼世、来自人而不是神的关照。在紧张复杂的人际世界中，这种关照最温暖、最难得；它像一股春风温暖人心，令人安慰，让人放松；或像一泓清水滋润心田，使人平和、安定。

由此我们理解，德在中国文化中为何有无限神奇的力量："不言而信，存乎德行"（《周易·系辞上》）；"不肃而成""不严而治"（《孝经·圣治章》）；"民日迁善而不知为之者"（《孟子·尽心上》），甚至"杀之而不怨，利之而不庸"，真可谓"所过者化，所存者神"（同上），故曰"穷神知化，德之盛也"（《周易·系辞下》）。

可以说，德性权威思想在西周初期已经盛行，在孔子以来的儒家传统中一直延续。当然，对德的权威抬得最高的可能是孔子，把德的功能说得最神奇的可能是《中庸》。

《论语·为政》开篇第一句便是"为政以德，譬如北辰，居其所而众星共之"。在诸家对"德"的注解中，我以为钱穆之注最为精到。钱云：

> 德，得也。行道而有得于心，其所得，若其所固有，故谓之德性。为政者当以己之德性为本，即所谓以人治人。[63]

综合《论语》中多处孔子对统治者自身品质的强调，[64] 我认为此处读"德"为统治者自身品质/素养是合适的，它也体现了西周以来认为德性为成功统治必要条件这一基本观点。孔子有所发挥的地方，也许可以这样理解：有德者在位，臣下对之衷心拥戴，主观能动性自觉调动，行为有条不紊；人民对之心悦诚服，道德自主性充分激发，社会井然有序；故能形成所谓“众星四面旋绕而归向之”（朱熹《论语集注·学而》）的局面。总之，这段话体现了孔子对统治者德性巨大威力的认识。

对德性权威发挥极致的则是《中庸》。《中庸》第十六章（朱子分章，下同）称“鬼神之为德，其盛矣乎”，不仅表现为“视之而弗见，听之而弗闻，体物而不可遗”，而且表现为“使天下之人，齐明盛服，以承祭祀。洋洋乎如在其上，如在其左右”。鬼神之德的神奇威力可想而知。第27章称圣人之道由乎“至德”，故能“洋洋乎发育万物，峻极于天”。复论君子修身，有如下成效：

> 君子动而世为天下道，行而世为天下法，言而世为天下则。（第二十九章）
>
> 君子不动而敬，不言而信。（第三十三章）
>
> 君子不赏而民劝，不怒而民威于铁钺。（同上）

《周易·系辞上》“默而成之，不言而信，存乎德行”是同一个意思，盖君子所修者乃德也。故《中庸》最后归结为：

> 《诗》曰：“不显惟德，百辟其刑之。”是故君子笃恭而天下平。

"君子笃恭而天下平"，即《论语·为政》"居其所而众星共之"，亦即《论语·卫灵公》舜"无为而治""恭己正南面而已矣"之义。

可以说，《中庸》从头至尾贯穿的一个最重要线索就是修德。"德"在全书出现22次，开头讲慎独、中和及第二至十一章论中庸，均在于修身，修身所以立德。故自第十二章以来德论问题逐渐呈现，其归宿则在于"大德敦化"（第三十章）。

由上可知，中国文化中的德，与西方语言中的morals, morality以及希腊文virtue（ἀρετή, aretē）等并不完全是一回事，甚至有根本区别。中国人的德，绝不是柏拉图所说的美德——如智慧、正义、勇敢、节制这四大美德——所能代表的，也不是个人权利、自由等西方概念所能理解的。因为后者并不具有我们这里所讲的本质要素及在人际社会中的巨大威力。

六、德治与贤治

我曾从如下方面总结儒家一整套以德治国的思想：

首先，儒家认为最高统治者最重要的品质就是德性。《周易·乾·文言》九二"见龙在田"为"君德"，称其"德博而化"。《尚书·尧典》谓尧"克明俊德"。《诗·大雅·皇矣》载"帝谓文王，予怀明德，不大声以色"，故统治者当“明明德于天下”（《大学》）。或以爱、敬为天子至德，“爱敬尽于事亲，而德教加于百姓，刑于四海”（《孝经·天子章》）。儒家又以天为德之最高典范（故“至德”方可参天[65]），以文王为人间至德最高典范。[66]

其次，儒家强调领导者的德性之所以重要，是由于对下位者影响极大，所谓“赫赫师尹，民具尔瞻”（《诗·小雅·节南山》）。孔子曰：“政者，正也。子帅以正，孰敢不正？”（《论语·颜渊》）“上老老而兴孝，上长长而民兴弟”，故“君子有絜矩之道”（《大学》）。荀子曰：“君子者，治之原也。……原清则流清，原浊则流浊”（《荀子·君道》）。

再次，儒家认为，领导者的德有如下功能：（1）唯至德方可明天道、践人道，“苟不至德，至道不凝焉”（《中庸》）。（2）唯至德方可正朝廷、服四方，“不显维德，百辟其刑之”（《诗经·周颂·烈文》），“有觉德行，四国顺之”（《诗·大雅·抑》）。（3）唯至德方可服人心、顺民意，“非至德，其孰能顺民如此其大者乎”（《孝经》）。（4）唯至德方可安天下、致太平，“溥博渊泉，而时出之。溥博如天，渊泉如渊。见而民莫不敬，言而民莫不信，行而民莫不说”，故“君子动而世为天下道，行而世为天下法，言而世为天下则”，“苟不固聪明圣知达天德者，其孰能知之！”（《中庸》）

又次，德也是确立政权合法性的基础，这也是因为天只护佑有德之人，因德的终极来源是天。“天命有德，五服五章哉”（《尚书·皋陶谟》），“皇天无亲，惟德是辅”（《左传·僖公五年》引《周书》）。《左传·宣公三年》载楚子问鼎于周定王，定王对曰：“在德不在鼎。……天祚明德，有所厎止。”周之代商，被周人认为是商王失德从而失天庇祐的结果，“不（丕）显文、武，皇天引猒（厌）厥德，配我有周，膺受大命”（毛公鼎）[67]，故“王其德之用，祈天永命”（《尚书·召诰》）。

最后，为了确立德性，领导者须以修身为第一要务，“慎厥身修思永”（《尚书·皋陶谟》）。孔子曰：“修己以安人”“修己以安百姓”（《论语·宪问》）。《大学》以“明明德”开篇，复称“自天子以至于庶人，壹是皆以修身为本”，则修身所以“明明德”也。“请问为国？曰：闻修身，未尝闻为国也”（《荀子·君道》）故“君子终日乾乾，夕惕若”（《易·乾·九三》），“以反身修德”（《易·蹇·象》）。如何修身？曰：“敬以直内，义以方外，敬义立而德不孤。”（《易·坤·文言》）

对德性权威的认识，必然导向中国文化中盛行贤能政治。

我们知道，认识到领导者德性的重要，就自然要求提高一切官员的德性，此即所谓任贤问题。由此可以理解，与以德治国密切相关的治道思想就是任贤使能。白鲁恂多次提到亚洲文化特别是东亚以人格榜样治国的现象（rule by virtuous men, or rule by moral example）。[68] 当代学者贝淡宁（Danil Bell）[69]、陈祖为（Joseph Chan）[70]、白彤东[71]等也为中国古代贤能政治（meritocracy）辩护。[72] 如果说西周行封建，强大的世袭制度不可能真正实现任贤使能，所以更强调“德治”（重要最高统治者的德性和整个政治统治之德），那么到了春秋战国特别是秦汉以来，郡县代替了封建，任贤使能的现实条件已经具备，因此儒家更重视贤能政治。

从《尚书》开始（其中许多内容反映西周以来特别是春秋以降思想），任贤使能思想即已十分丰富。“济济多士，文王以宁。”（《诗·大雅·文王》）孔子主张“为政在人”“其人存，则其政举。其人亡，则其政息”（《中庸》）；孟子倡“尊贤使能，俊杰在位”（《孟子·公孙丑上》）；荀子则以为尊贤与否为决定政权成败的关键，“尊圣者王，贵贤者霸，敬贤者存，慢贤者亡，古今一也”（《荀子·君子》）；董仲舒认为即使圣人在位，也需要众贤辅佐，“天积众精以自刚，圣人积众贤以自强”（《春秋繁露·立元神》）。

贤能原则体现了在以人伦关系为本位的中国文化中，人间问题的解决主要靠人而不能靠神的治人主义特点。虽然其中不乏“形而上”的因素，但“天道”在中国文化中绝不是可以客观化的规则或律令，对天道的体悟始终需要依赖于人格高尚的君子或圣贤。此世取向决定了这是一个以人与人的关系为本质力量的文化，真正的权威必然是人而不是神。由于人是最具决定性的力量，如何保证品德兼优的人掌权成为头等大事。所以古人特别强调“为政以德”(《论语·为政》)、“授有德，则国安”(《管子·牧民》)。“关系本位”的后果之一就是在上位的人对他人的示范作用特别大。

中国文化中关系本位或者说关系式团体主义，导致人们或缺乏内在凝聚力，即有私德无公德的问题，亦即前面讨论过的梁漱溟所谓“中国人缺乏集团生活”，以及孙中山所谓“一盘散沙”问题。关系本位不仅意味对集体、团体缺乏感情，更意味着人们对集体事务和公共事务缺乏热情或积极性，由此他们更倾向于把重要事情交给掌握权力的人来处理，这也导致其对掌权者期待甚高。这或许便是中国人历来渴望清官和父母官的另一重要原因，也是任贤使能的重要文化土壤。

贤能原则也是打破人与人裙带关系最有效的利器之一。中国文化习性最大的弊病之一在于人情面子盛行、私人关系吃香。而定期举行的公开选拔，人才的不断流动，则成为打破人际关系的利器。后世的科举制度所发挥的正是这种作用。中国成为职业文官制度最发达的国家，一方面固然是由秦汉郡县制的兴起所直接造成的，另一方面也是基于人们从西周封建制衰落中汲取的历史教训所致，其中最大的教训就是封建制中根深蒂固的裙带关系问题。故《尚书·尧典》载尧试舜，体现发现人才、任贤使能的重要实践；《左传·襄公二十一年》有“外举不弃仇，内举不失亲”之说；后世有“三顾茅庐”之事；士大夫有“不事王侯，高尚其事”(《周易·蛊·上九》)之道。

自孔子以来，儒家文献中君子、小人之辨盛行。君子本以位言，意味着身份和地位；后世尚以德言，意味着道德人品。君子文化说明了，在一个以人伦关系主导的文化中，是以人而不是神为学习目标的。易言之，人主要在同类而不能一味在异类——比如鬼、神等——身上寻找标准。这种向同类取法的倾向，导致以同类中的成功者为典范，这种典范就是君子。所以君子概念的盛行很大程度上源于中国文化的此世取向和关系本位。君子概念的影响力本身也意味着中国文化中的治道必然走精英主义路线。不过，这里的“精英”主要是指道德高尚、令人崇敬之人，而不是指身份尊贵、让人畏惧之人。

换个角度看，人际关系盛行最大的弊端是导致小人得势、君子冷落。在这个意义上，任贤使能意味着杜奸、去谗，是针对人际关系弊端而来。“大君有命，开国承家，小人勿用”(《易经·师·上六》)。小人“朋党比周”(《荀子·臣道》)，“狃于奸宄，败常乱俗”(《尚书·君陈》)，故人君当“远小人，不恶而严”(《易·遯·象》)。

“巧敏佞说，善取宠乎上，是态臣者也。上不忠乎君，下善取誉乎民，不恤公道通义，朋党比周，以环主图私为务，是篡臣者也”(《荀子·臣道》)，“今多奸谀以取媚，挠法以便佞，苟得之徒，从而贤之，此灭贞良之行，而开乱危之原者也”(《潜夫论·务本》)。故“用圣臣者王，用功臣者强，用篡臣者危，用态臣者亡”(《荀子·臣道》)。为政之道在于“贤能不待次而举，罢不能不待须而废，元恶不待教而诛”(《荀子·王制》)。

白鲁恂曾认为中国古代的贤能政治是“反政治的”(anti-politics)[73]，因为它没有把效益和功利作为政治的直接目标。然而，如果我们认识到上述中国文化中一系列根深蒂固的矛盾，即可发现，任贤才是比较好的解决上述矛盾的办法之一。所谓“有德者”，在儒家学说中就是指君子或圣贤，而君子或圣贤本身的重要特征之一就是重义轻利，因为他们的人格达到了以义的态度看待利的境界，所以他们是化解公私矛盾、君子小人矛盾、中央与地方矛盾、社会利益与国家利益矛盾的最重要力量。

白鲁恂在其书中分析了巴基斯坦和印度尼西亚等国自“二战”后独立以来，曾尝试全面接受西方式政治体制，特别是通过大选、议会、法治和政党等制度的引入来建立一个现代国家。然而，它们的实践导致了巨大的混乱，因为亚洲人心目中的权威/权力概念与西方人不同。人们不仅发现通过民选上来的官员常常“无德”，更重要的是其办事方式不符合亚洲人所熟悉的心理习惯，也不能保证效率。白氏认为，亚洲人真正在心理上接受的权威/权力模式是家长式的以德治国模式。这些国家的人民并不信任投票选举出来的领导人。由于亚洲人民仍信奉德性权威，也导致他们难以接受或适应西方民主制度。[74]这涉及政治文化的问题，也是本书的一个基本观点，即没有脱离文化心理土壤的理想制度。

七、现代任贤论

曾有这样一则报道：山西运城“房媳”张彦因两个户口和多套房产被停职调查，她的背后是以运城市原财政局局长孙太平为核心的“官员家族”——张彦的丈夫孙宏军是原夏县公安局局长，孙家成员及亲属至少有15人在运城市担任官员、公务员或国企领导。[75]

一人被调查，一个家族落马，看上去令人心惊的现实，在今日并不是稀罕事。北京大学冯军旗博士通过访谈某县161名副科级及以上干部而撰写的博士论文《中县干部》，就描写了与山西运城相似的农村：一个普通县城有21个“政治大家族”和“140个政治小家族”。“房媳”所处的“政治家族”只是不小心露出狐狸尾巴的那一个。[76]

权力家族化在中国历史上起源甚早。三代行“封建”，“世卿世禄”制即是权力家族化。应该承认，从战国游士的兴起到秦汉郡县的确立，是对权力家族化制度的沉重打击。随着人才流动的加大，官员选拔的公开，家族和背景的作用也被削弱了。但这丝毫也不意味着权力家族化就消失了；相反，它以新的方式出现，并表现出了顽强的生命力。

这是因为郡县制虽然废除了世卿世禄，却无法废除世家大族。虽然从汉到唐，中央政府为完善郡县制作了不少努力，但门阀世族仍然控制着国家官员的选拔和任命。如果说在西周，权力家族化采取公开与合法的形式，那么到秦汉以后，权力家族化则采取间接和隐蔽的方式。宋代以来，随着门阀世族毁于战乱，科举制度全面落实，权力家族化再受重创，“上品无寒门，下品无士族”的现象得到了根本扭转。但即便如此，也不意味着权力的家族化就消失了。明代的中央集权和清代的部族政治，都使得外戚和宦官更易登上权力中枢的核心。

为什么中国古代数千年间政治制度经历了沧海桑田，而权力家族化却绵延不绝？从三代到战国，从秦汉到隋唐，从两宋到明清，官员制度几多变迁，可权力家族化却花样繁多、不断以新的形式复活，根源究竟在哪里呢？

应当充分认识到，权力的家族化虽受制度影响，其根源却在文化习性，即中国人的文化心理结构。具体说来，权力家族化的深厚土壤是中国文化的关系本位。费孝通"差序格局"说，意指每一个中国人都生活在一个由近及远、由亲及疏的关系网络中；中国台湾学者黄光国指出，在以人际关系为基础的中国人的权力游戏中，人情和面子起着枢纽的作用。中国文化心理结构决定了亲情至上，亲人之间不仅分享权力和财富，更共享幸福和安乐。另外，关系本位的文化心理还导致关系超过公义、人情大于法理、小团体高于国家。这些可以说是中国文化中权力家族化的文化根源。正因为上述文化心理根深蒂固，才导致权力家族化无法根除。只要这一心理结构持续存在，无论制度如何变换，它总能见缝插针，变相再生。

一种流行的观点认为权力家族化可以通过民主政治来根治，很多学者也正因为对民主的威力深信不疑，才动辄批评古人愚昧。应该承认，在现代民主政治条件下，新闻自由、舆论监督和议会质询等制度对于避免权力家族化有着前所未有的巨大作用，但这只是一方面。另一方面，民主政治也容易使权力家族化更为盛行。这是因为在民主政治下，可以打着个人自由的旗号公开进行家族化，家族、亲友和人脉可以形成庞大的利益集团，以滚雪球的方式不断发展；它以官官相护、官商勾结为特点，绑架选民、操纵舆论，收买议员、控制司法。"二战"以后各国的经验表明，个人主义传统越强的文化，其民主实践越容易成功；团体主义传统越强的文化，其民主实践越容易走样。在帮派林立、小团体主义盛行、私人关系吃香的文化中，民主实践更容易造成族群的撕裂和社会的动荡。这是因为当每个人都是关系团体的一员时，竞选就不再是个人的自由选择，而成了若干势力集团间的对决。今天你如果到日本、韩国、新加坡、菲律宾、印度乃至中国台湾等地看看，裙带关系非但没有因民主而削弱，反而更加盛行，并由于可采取公开、合法的方式，使其成为民主政治无法铲除的毒瘤，极大地妨碍着民主制度的完善和公平正义的实施。事实上，在很多非西方国家和地区，虽然效仿西方建立了民主制度，但国会和媒体为若干大的政党、资本家或其他利益集团所牢牢控制，所谓的分权制衡和舆论监督，有时只是表面现象而已。

民主无效、铲除文化心理无效，那究竟怎样做才有效？只要我们正视历史，不难得到启发。早在春秋战国时期人们就提出了如何规范官员选拔、以避免权力家族化的问题。《左传·襄公二十一年》中所谓“外举不弃仇、内举不失亲”，讲的就是“任人唯贤”的问题。孟子提出的“尊贤使能、俊杰在位”(《孟子·公孙丑上》)，可以说鲜明地体现了当时的时代需要。“任人唯贤”与“任人唯亲”相对，显然有针对“权力家族化”的含义。站在现代立场，贤能政治之所以比民主政治更适用于中国文化，一方面是因为帮派主义、地方主义等根深蒂固的文化习性会使党派之争走向负面，导致帮派斗争和社会撕裂；另一方面是因为中国人从文化心理上更崇拜的权威或真正能信服的权威永远是有德者，而不是其他类型的人。也可以说，中国文化中有效的权威概念决定了以德治国或贤能政治的必要性。

但是，要把“任人唯贤”（或“尊贤使能”）的原则落实为制度绝非易事，直到汉代人们才真正有意识地建立起一套尊贤使能的制度，并在此后两千多年里不断完善和发展它。从汉代的察举、征辟到魏晋的九品中正，再到隋唐以来的科举，实际上是试图通过社会推荐加公开考核的方式把官员选拔社会化、公开化和透明化。由于当时社会上受教育人数稀少，普通民众根本没条件接受教育，加上魏晋以来门阀世族兴盛，因此直到宋代科举制度才得到了比较彻底的落实。

这里需要强调，虽然权力家族化在中国历史上从未中断，但是总体上确实有一种不断被削弱的趋势。如前所述，从西周封建到秦汉郡县，就是一个巨大进步；从魏晋世族到隋唐科举又是一个进步；宋代科举制的发展与完善，则可以说是人类制度史上前所未有的壮举。明、清两朝虽专制，但较为完善的科举制度仍发挥着破除权力家族化的巨大作用。

因此，我们不能因为权力家族化未能被根除而轻诋古人。事实上，正因为文化心理结构根深蒂固，不可能根除，才导致制度的完善是一个漫长曲折的过程。期望找到一种可以彻底铲除权力家族化的制度，只是浪漫而不切实际的幻想。现代人正因为长期受这种幻想支配，才无视古人的经验，找不到解决办法。

多年来，不少人对古代官员选拔制度（包括察举征辟制、九品中正制和科举制等）的评价停留在“维护中央集权”“钳制人民思想”等之上，认识不到这套制度的特点之一是通过把权力社会化、公开化和透明化来避免权力的私人化和家族化，是把任贤使能制度化的伟大努力。而它之所以经过一千多年到宋代才达到比较完善的境地，说明任何制度的建立都不仅是思想家个人的美好设想，还取决于一系列复杂的文化及社会因素。我认为，中国古代的科举制等至少在三个方面给我们以深刻启发：

第一，官员选拔过程透明化。科举制度等告诉人们，一个人不需要搞关系、找后台，只要有真才实学，即可能通过正常制度一举成名，成为最重要官员。这当然沉重地打击了裙带关系。可以说科举制在官员选拔过程的公开化程度上远远超越了今天，极大地带动了全社会共同参与国家事务的积极性。

第二，官员培养过程社会化。即由于国家官员的选拔标准之一是学术和人品，特别是后来以“四书五经”为取士教材，这使得官员的培养过程可以社会化。政府无须亲自主导教育过程，社会便能自发形成一个长期且持续的人才成长的学习过程。

第三，官员选拔标准道德化。古人认为衡量一个人是否合格，不看他是否与现政权保持一致，不看他是否听话和服从，而看他是否孝亲，是否正直（抗言直谏），以及是否精通“四书五经”，等等。这些标准严格说来是非现实化的，更有利于发现人品端正和信仰坚定的人。

另需指出的是，古人为了避免权力家族化所采取的努力还有一个重要方面，即对官员的监督制度，这就是历史上相当发达和完备的监察御史制度。

然而，我们在讨论中国古代的贤能政治时，一定要避免一个误区，那就是以为有一种可以彻底解决中国人裙带关系的方法。裙带关系及其所衍生的权力家族化，其背后的深厚土壤是关系本位的文化心理。只要这个土壤存在，权力家族化就永远不会根绝。但中国历代王朝的“任贤使能”也确实是对症下药，并有所成效，但绝不是永久和彻底地解决问题。同时，我也绝不认为如本节开头所说的地方家族势力的问题可以简单依靠任贤使能便可一下子解决，更不是低估政治透明化和舆论监督在今天的强大作用。

注释

1 郑开指出：“‘德’不仅是独步于前诸子时期（春秋末年之前）

思想史的关键词和支配性主题，而且也是中国思想史特别是先秦思想史中最核心的概念之一。如果追溯其源，我们就会发现‘德’的观念乃是西周甚至整个中国青铜时代的‘时代精神’和‘思想主题’之经纬，它几乎无所不在地渗透在西周时期的制度（礼）和思想的所有方面。”（郑开：《德礼之间：前诸子时期的思想史》，生活·读书·新知三联书店2009年版，第1页。）他还认为“诸子哲学（如儒、墨、道、法、名和阴阳家）正是从深厚的‘德’的思想文化传统的背景中脱颖而出的哲学创作”（同书，第1—2页）。其说堪称精当。陈来也指出：“春秋时代可以说是一个‘德行的时代’。”（陈来：《古代思想文化的世界：春秋时代的宗教、伦理与社会思想》，生活·读书·新知三联书店2002年版，第269页。）需要指出的是，本书所关注的是传统政治文化。我们知道，即使是春秋以后，德性原则也一直是过去两千多年儒家政治思想甚至中国历代王朝的核心政治原则之一。

2 数据源自刘殿爵、陈方正主编的各书《逐字索引》，分别为台湾商务印书馆和香港商务印书馆1992—2006年版（《老子》数据源自道藏本王弼注本。《孝经》数据源自书同文古籍数据库《四部丛刊09增补版》建德周氏藏宋刊本影印本电子版）。

3 据闫林伟统计，在较为可靠的十六篇西周文献中“德”字凡83见，其中《牧誓》0见、《洪范》6见、《金縢》1见、《大诰》0见、《康诰》8见、《酒诰》7见、《梓材》3见、《召诰》9见、《洛诰》4见、《多士》4见、《无逸》2见、《君奭》12见、《多方》4见、《立政》13见、《顾命》1见、《吕刑》9见。《费誓》《文侯之命》《秦誓》反映的是春秋时期，故不计算在内。

4 参见张桂光主编，陈曦、秦晓华副主编：《商周金文辞类纂》（全八册），中华书局2014年版，第357—360页（第一册）、第1752页（第五册）。鄂君启书三例“德”（写作）当读作特，为假借字（据张亚初《殷周金文集成引得》）。

5　参见张亚初编著：《殷周金文集成引得》，中华书局2001年版，第491—492、1511—1512页。

6　参见闻一多：《释省徝》，载朱自清、郭沫若、吴晗、叶圣陶编辑：《闻一多全集（一）·乙集 古典新义》，“民国丛书”第三编，上海书店1991年版（据开明书店1948年版影印），第515—516页。

7　参见〔日〕小仓芳彦：《〈左传〉中的霸与德：“德”概念的形成与发展》［原载氏著：《中国古代政治思想研究》（青木书店1970年版）］，许洋主译，载刘文俊主编：《日本学者研究中国史论著选译》（第七卷），中华书局1993年版，第1—27页；郑开：《德礼之间：前诸子时期的思想史》，第132—185页。

8　参见李学勤主编：《字源》（上），天津古籍出版社2012年版，第136、138页；黄德宽主编：《古文字谱系疏证》（全四册），商务印书馆2007年版，第152—154页（“徝”“德”）、第2204—2205页（“省”）、第3734页（“循”）；徐中舒：《甲骨文字典》，四川辞书出版社1998年版，第168—169页。

9　参见〔日〕小野沢精一：《德论》，载赤塚忠、金谷治、福永光司、山井涌编集：《中国文化丛书2：思想概念》，株式会社大修馆书店1968年版，第160—161页；张靖：《德字音义原始及文献新释》，清华大学中国史专业2019年硕士学位论文，第7—9页。张靖还以为，盾不从直声，《说文系传》“盾”字厂声，且甲骨文盾作等形，与“徝”字迥异（同上文）。

10　参见黄德宽主编：《古文字谱系疏证》（第一册），第152页。也有学者认为升、登、得等含义皆出同音假借，为后起义，不当为初义，见徐中舒：《甲骨文字典》，第169页；刘翔：《中国传统价值观诠释学》，华东师范大学出版社2010年版，第95页。叶树勋也批评了简单地从“得”特别是“得自天命”来理解德在周初之义（叶树勋：《“德”与“得天命”的关系：西周“德”观念的一个问题》,《现代哲学》2021年第4期，第131—139页）。

11 参见斯维至:《说德》,《人文杂志》1982年第6期，第74—83页；李泽厚:《孙老韩合说》(1984年)，载氏著:《中国古代思想史论》，人民出版社1986年版，第87页；巴新生:《试论先秦“德”的起源与流变》,《中国史研究》1997年第3期，第31—42页；郑开:《德礼之间：前诸子时期的思想史》，第187—242页。

12 参见李玄伯:《中国古代社会新研》，开明书店1948年版，第33—41页。

13 参见上书，第184页。

14 郑开:《德礼之间：前诸子时期的思想史》，第223页。

15 Arthur Waley, trans., *The Analects of Confucius*, New York: George Allen & Unwin, Ltd., 1938, p.33; A. C. Graham, *Disputers of the Tao: Philosophical Argument in Ancient China*, La Salle, Illinois: Open Court Publishing Company, 1989, pp.13-15;〔美〕艾兰:《水之道与德之端：中国早期哲学思想的本喻》，张海晏译，上海人民出版社2002年版，第115页。韦利主张译为moral force, 葛瑞汉多译为potency。

16〔美〕艾兰:《水之道与德之端：中国早期哲学思想的本喻》，第116页。

17 参见上书，第119—120页。

18 参见上书，第120页。

19 Marcel Granet, *Chinese Civilization*, Kathleen E. Innes and Mabel R. Brailsford, trans., New York: Meridian Books, Inc., 1958, pp.249-251（引文在第251页）。该书法文版于1929年出版，英文版于1930年出版。另外，我在该书中未见到作者明确使用“mana”一词，目前不清楚谁是明确使用“mana”

描述德的第一人。

20 参见〔美〕李约瑟：《中国科学技术史第二卷：科学思想史》，何兆武等译，科学出版社、上海古籍出版社2018年版，第252页。

21 李泽厚认为："'德'……大概最先与献身牺牲以祭祖先的巫术有关，是巫师所具有的神奇品质。"（氏著：《说巫史传统》，上海译文出版社2012年版，第27页。）倪德卫在李泽厚之前也提出过类似说法（参见〔美〕倪德卫：《儒家之道：中国哲学之探讨》，周炽成译，江苏人民出版社2006年版，第29页）。史华兹引用过倪德卫的观点（参见〔美〕本杰明·史华兹：《古代中国的思想世界》，程钢译，刘东校，江苏人民出版社2004年版，第76页）。

22 Peter Boodberg, "The Semasiology of Some Primary Confucian Concepts", *Philosophy East and West*, Vol.2, No.4 (1953), pp.317-332; Arthur Waley, trans.& ed., *The Way and its Power: Lao Tzu's Tao Tê Ching and Its Place in Chinese Thought*, New York: Grove Press, 1958, pp.31-32; Arthur Waley, trans., *The Book of Songs*, New York: Grove Press, 1960, p.346; Alan Watts, *Tao: The Watercourse Way*, Harmondsworth: Penguin Books, 1979, p.9; Ellen Marie Chen, "The Meaning of *te* and *Tao te Ching*: An Examination of the Concept of Nature in Chinese Taoism", *Philosophy East and West*, Vol.23, No.4 (1973), p.195; John Patterson, "Mana: Yin and Yang", *Philosophy East and West*, Vol. 50, No.2 (2000), p.230［以上信息转引自Huaiyu Wang, "A Genealogical Study of *De*: Poetical Correspondence of Sky, Earth, and Humankind in the Early Chinese Virtuous Rule of Benefaction", *Philosophy East and West*, Vol. 65, No.1 (2015), p.109。事实上，我在卜弼德（Peter Boodberg）和阿瑟·韦利（Arthur Waley）的著作中均

未见到明确使用“mana”来描述德的，因此王怀聿应当只是从含义接近说的]。另见Yuri Pines, “*De*德in the *Zuozhuan*《左传》”, *Journal of Chinese Philosophy*, Vol.48 (2021), pp.130-142。

23 按出现次数多少罗列：“（元）明德”33例，“厥德”21例，“懿德”9例，“经德/德经”6例，“其德”“乃德”各3例，“元德”“纯德”各2例，其余皆1例。

24 其中“惠于政德”22例，“先祖考政德”3例，“师旟之政德”2例，“用享政德”“政德”各1例。《类纂》“政德”类共列入97例，但大多数未出现“政德”术语，故未完全采纳。

25 “秉德”3例，“为德”2例，“慎德”“恭德”“敬德”“怀德”“用德”“永宝德”各1例。

26 所有的研究中，当以杨希枚的研究为最。杨曾历时十余年撰长文《〈国语〉黄帝二十五子得姓传说的分析（上）（下）》，分别发表于《“中研院”历史语言研究所集刊》第34本，1963年）、《清华学报纪念李济先生七十岁诞辰论文集》（1976年）；又撰《论晋语黄帝传说与秦晋联姻故事》（原载《大陆杂志》第26卷第6期，1963年。参见氏著：《先秦文化史论集》，中国社会科学出版社1995年版）

27 四母之中已有青阳、苍林同于黄帝，此二母同姓（姬姓），故四母只有三姓。虞万里对杨希枚及相关的母系社会说作了有力的批驳，参见虞万里：《中国古代姓氏与避讳起源》，华东师范大学出版社2023年版，第90—94页。

28 参见朱凤瀚：《商周家族形态研究》，商务印书馆2022年版，第20、31页。

29 参见陈絜：《商周姓氏制度研究》，商务印书馆2007年版，第30页。

30 参见上书，第28—29页。

31 参见虞万里：《中国古代姓氏与避讳起源》，第8页。

32 杨希枚发现，“古籍铭文中所谓‘姓’”，主要指“子或子嗣”“族或族属”“民或属民”。参见氏著：《姓字古义析证》（原载《“中研院”历史语言研究所集刊》第23本，1951年），载《杨希枚集》，中国社会科学出版社2006年版，第45—46页。

33 参见虞万里：《中国古代姓氏与避讳起源》，第52页。

34 同上书，第77页。

35 对于商周家族制度及姓氏名号的来源，已有很多研究。朱凤瀚揭示甲骨卜辞所反映的商代氏族名号与族名、居住地的同一性。参见氏著：《商周家族形态研究》，第33—145。

36《左传》中司空季子（又称胥臣，臼季）的事迹见于僖公二十三年至文公五年，即公元前637至前622年。黄帝、炎帝的时代据历史传统推算应该在公元前3000年左右。

37 R. H. Codrington, *The Melanesian: Studies in their Anthropology and Folk-Lore*, Oxford: Clarendon Press, 1891, p.192.

38 李玄伯：《中国古代社会新研》，第129页。

39 R. H. Codrington, *The Melanesian: Studies in their Anthropology and Folk-Lor*e, p.191.

40 Vassili Kryukov, "Symbols of Power and Communication in Pre-Confucian China (on the Anthropology of '*De*'): Preliminary Assumptions", *Bulletin of the School of Oriental and African Studies, University of London*, Vol.58, No.2(1995), pp.314-333.

41 相关总结，参见林佩儒：《先秦德福观研究》，《中国学术思想研究辑刊》十四编第六册，（台湾）花木兰文化出版社2012年版，第7—14页；李德龙：《先秦时期“德”观念源流考论》，吉林大学出版社2016年版，第80—92页。

42 Max Weber, *Economy and Society: An Outline of Interpretive Sociology*, Vol.1, Guenther Roth and Claus Wittich, eds.,

Berkeley and Los Angeles, California: University of California Press, 1978, p.242. 中译本参见〔德〕马克斯·韦伯：《经济与社会》（第一卷），阎克文译，上海人民出版社2010年版，第351页。

43 同上。

44 同上书。英文版，见第242页；中译本，见第352页。

45 ［清］王夫之：《说文广义》，《船山全书》第9册，岳麓书社2011年第2版，第149页。

46 钱穆：《论语新解》，九州出版社2011年版，第28页。

47 《左传·昭公二十四年》引文有"同心同德"和"离德"，无"离心离德"。

48 相关讨论，参见匡钊：《心由德生：早期中国"心"观念的起源及其地位》，《中国哲学史》2020年第6期，第23—30页。

49 参见〔美〕倪德卫著，〔美〕万百安编：《儒家之道：中国哲学之探讨》，周炽成译，江苏人民出版社2006年版，第40页以下。英文版见David S. Nivison, *The Ways of Confucianism: Investigations in Chinese Philosophy*, edited with an introduction by Bryan W. Van Norden, Chicago and La Salle, Illinois: Carus Publishing Company(Open Court), 1996, pp.34-43。

50 荆门市博物馆编：《郭店楚墓竹简》，文物出版社1998年版，第149页。

51 德行、德性和德目三者的关系，参见陈来：《儒学美德论》，生活·读书·新知三联书店2019年版，第337—378页等；郑开：《德礼之间：前诸子时期的思想史》，第331—337页等。

52 David S. Nivision, *The Ways of Confucianism: Investigations in Chinese Philosophy*, p.30. 中译本参见〔美〕倪德卫著，〔美〕万百安编：《儒家之道：中国哲学之探讨》，第34页。引文为自译。

53 同上书。中译本，见第30页；英文版，见第25页。

54 Yuri Pines, “*De* 德 in the *ZuoZhuan*《左传》”, pp.130-142（引文在第130页）。

55 林佩儒：《先秦德福观研究》，第7—14、23—26页。

56 例如，《左传·僖公二十四年》“心不则德义之经为顽，口不道忠信之言为嚚”，同书哀公二年“二三子顺天明，从君命，经德义”，《国语·晋语》“诸侯之为，日在君侧，以其善行，以其恶戒，可谓德义矣”，同书《楚语上》“且夫私欲弘侈，则德义鲜少；德义不行，则迩者骚离而远者距违”。

57 内容相近的材料还有如《论语·季氏》：“远人不服，则修文德以来之。”《孟子·梁惠王上》“曰：德何如，则可以王矣？曰：保民而王，莫之能御也。”《孟子·公孙丑上》“以德行仁者王，王不待大，汤以七十里，文王以百里。以力服人者，非心服也，力不赡也；以德服人者，中心悦而诚服也，如七十子之服孔子也。”

58 相近材料还有如《国语·周语上》：“先王耀德不观兵。……是故周文公之颂曰：‘载戢干戈，载櫜弓矢；我求懿德，肆于时夏，允王保之。’”

59 相近材料还有如《大学》：“有德斯有人，有人斯有土。德者本也，财者末也。”《孟子·公孙丑下》：“辅世长民莫如德。”《孟子·公孙丑上》：“孔子曰：‘德之流行，速于置邮而传命。’”

60 David S. Nivison, *The Ways of Confucianism: Investigations in Chinese Philosophy*, p.32. 中译本参见〔美〕倪德卫著，〔美〕万百安编：《儒家之道：中国哲学之探讨》，第38页。引文为自译。

61 同上书。中译本，见第39页；英文版，见第32页。

62 同上书。中译本，见第30页。英文版，见第25—26页。

63 钱穆：《论语新解》，第25页。

64 参见《为政》(2.18,2.19);《颜渊》(12.11, 12.17, 12.18. 12.19)。又,《卫灵公》:“子曰:‘无为而治者,其舜也兴!夫何为哉?恭己正南面而已矣。’”(15.5)联系其上一章更好理解,子曰:“由,知德者鲜矣!”(15.4)(阿拉伯数字为篇号加章号,见杨伯峻:《论语译注》,中华书局2018年版。)

65《礼记·经解》:“天子者,与天地参,故德配天地。”《论语·阳货》:子曰:予欲无言。……天何言哉?四时行焉,百物生焉,天何言哉?”《易·乾·文言》“飞龙在天,乃位乎天德……夫大人者,与天地合其德,与日月合其明,与四时合其序,与鬼神合其吉凶。”

66《诗·大雅·文王》云:“仪刑文王,万邦作孚”;《中庸》极论“文王之德之纯”,大盂鼎称“井(型)禀于玟王正德”。

67 中国社会科学院考古研究所编:《殷周金文集成》(修订增补本)第二册,中华书局2007年版,第1534—1541页。

68 Lucian W. Pye, *Asian Power and Politics: The Cultural Dimensions of Authority*, with Mary W. Pye, Cambridge, Massachusetts and London, England: The Belknap Press of Harvard University Press, 1985, pp.42, 48-50.

69〔加拿大〕贝淡宁:《贤能政治》,吴万伟译,宋冰审校,中信出版集团2016年版。英文版见Daniel A. Bell, *China Model: Political Meritocracy and the Limits of Democracy*, Princeton, NJ: Princeton University Press, 2015。

70 Joseph Can, “Democracy and Meritocracy: Toward a Confucian Perspective”, *Journal of Chinese Philosophy*, Vol.34, No.2 (2007), pp.179-193.

71 白彤东:《主权在民,治权在贤:儒家之混合政体及其优越性》,《文史哲》2013年第3期;《探寻理想政体:儒家的差等秩序》,张宁博等译,北京大学出版社2024年版(主要参见第

2—4章，第35—117页）。

72 此一讨论在中国大陆可能为蒋庆所开启，参见氏著：《广论政治儒学》，东方出版社2014年版，第1—42；《政治儒学：当代儒学的转向、特质与发展》，生活·读书·新知三联书店2003年版（此为蒋氏较早代表性论述，对西方式民主政治多有批评）；《再论政治儒学》，华东师范大学出版社2011年版（此书系统阐述其“儒教三院制”，即所谓通儒院、国体院和庶民院，并提出所谓太学监国制和虚君共和制）。众多学者关于贤能政治的讨论，参见Daniel A. Bell and Chenyang Li, eds.,*The East Asian Challenge for Democracy: Political Meritocray in Comparative Perspective*, New York: Cambridge University Press, 2013。

73 Lucian W. Pye, *Asian Power and Politics: The Cultural Dimensions of Authority*, p.42.

74 参见上书，第50—51页。

75 刘一丁：《运城“房媳”背后的官员家谱》，《新京报》2013年6月24日。

76 冯军旗：《中县干部》，北京大学社会学系2010年博士学位论文。

第四章　人伦问题

两千年来，人伦问题被视为儒家治道的核心问题之一，儒家经典以“人伦尽”“人伦之至”为最高道德理想，《中庸》以“五伦”为“天下之达道”，孟子称“人人亲其亲、长其长而天下平”（《孟子·离娄上》）。为什么人伦问题对于儒家具有核心的重要性，并被视为治道必由之途？

本章主要试图从文化心理学成果出发，来说明如下观点：因为中国传统文化建立在此世取向和关系本位的预设基础上，中国人需要在人与人的关系中确立自我，而不是在人与超验存在如上帝的关系中，或者对死后世界的追求中确立自我。因此，在中国传统文化中，人伦关系不立不仅意味着人与人的关系失去了稳定连续的纽带，而且标志人们的安全感将彻底丧失，无所不为，社会秩序也由此大乱。在这种情况下，一切治理都将变得极其困难，故为儒家治道所不容。

一、人伦新热点

近年来，中国学术界兴起了一股重新反思和检讨人伦问题的思潮。下面略述其概。

2010年2月10日，我在《中华读书报》上发表了一篇名为《怎么看“尊王”、“忠君”和“三纲”》的文章。此后，我又在《天津社会科学》2011年第2期发表《“三纲”真的是糟粕吗？——重新审视“三纲”的历史与现实意义》一文，这两篇论文引起了广泛的争论。此二文包含着我从“三纲”角度重新审视中国古代人伦思想之心得（此类争论后结集成两本书）。此后，我于2013年在《文史哲》第3期发表《人伦重建是中国文化复兴必由之路》，其中提出“中国文化从古至今是一种关系本位的文化，由此决定了人伦关系建设是社会秩序建设乃至中国文化复兴的基础”，因此主张重建人伦“必须重新认识中国文化的核心价值是五常和忠孝，而非自由、平等、人权等西方价值观”[1]。本章内容正是在该文基础上修订而成的。

2014年，吴飞在《中国哲学史》第4期发表《近世人伦批判与母系论问题》一文，文章指出，“对三纲五伦的批判和反思，是现代中国思想的一个中心话题”。文章检讨了肇端于清末、延续了百多年的对传统人伦思想的批判和摧毁，认为有“三条线索”：一是“从压抑人性的角度批判传统礼教，这是最主流，同时影响也最大的批判”；二是“通过对法律体系的转变，在社会实践中改变传统的礼法体制”；三是“在社会史的研究中，对母系论的接受成为人伦批判的理论基础”。[2]此后若干年，吴飞仍有多篇关于该论题的文章发表。

2015年，唐文明在《道德与文明》第6期发表《人伦理念的普世意义及其现代调适：略论现代儒门学者对五伦观念的捍卫与重构》一文。此文指出，儒家认为，“人类从野蛮时代走向文明时代的一个根本标志就在于认识到人伦之理的重要性”，因为“人伦理念关乎人与动物的区别”。他在分析了张之洞、刘咸炘、柳诒徵、曹元弼、谢幼伟和陈寅恪等人面对西方自由、人权等观念，对儒家人伦思想特别是三纲五伦进行辩护的基础上，提出了这样的看法：“一方面，在现代调适过程中，人伦中的支配性因素不应当因为接纳现代自由观念而被完全放弃；另一方面，孝有统摄五伦的意义，所以人伦的现代性重构仍将以孝为核心。”[3]同年，唐又在《读书》杂志第5期发表《从陈寅恪悼念王国维的诗文谈起》一文，借黑格尔的学说来梳理消极自由、反思自由与伦理自由的关系，认为王国维之死，既是体现了传统儒家的人伦思想（殉君臣大伦），也体现了“一种内在的、意志的自由，或自我决定意义上的自由”[4]。也就是说，儒家的人伦思想特别是其中的三纲思想，绝不违反现代人所追求的“意志自由”，堪为洞见。此后，唐文明汇集多篇文章，出版了《彝伦攸斁：中西古今张力中的儒家思想》（2019年）一书，该书以站在现代立场反思人伦问题为中心。2023年，唐文明发表《承认理论的创造性回归：一项关于人伦构成的哲学研究》一文[5]，借鉴诸多域外资源，对其有关人伦的看法进行了系统、深入地分析和总结。

2017年，有两本有关人伦方面的极有分量的专著问世，即吴飞的《人伦的“解体”：形质论传统中的家国焦虑》与张祥龙的《家与孝：从中西间视野看》。其中吴飞的专著从“形质论-文质论”这一新颖的理论框架出发，深入、全面地梳理了西方历史上及近代中国的人伦解体问题，对长久以来西方“形质论”传统中的自然与文明的张力深表疑虑，并由此阐述在“文质论”传统下，儒家人伦应如何以另一种方式处理自然与文明关系。吴著横跨哲学、政治学和人类学等诸多学科，论证精详，视野开阔。张祥龙则对中西思想传统中的孝、家以及相关的乱伦等问题进行了深入地比较和分析。五年后，张祥龙又在其原书基础上增加了重要文章，推出了增订版。增订版从现象学的时间概念出发，试图为孝奠定本体论基础。[6]此间，2017年第11期《读书》杂志还以“家与人伦关系”为主题，邀请甘阳、张祥龙和吴飞以三人圆桌会议的形式，专门讨论了当下应如何看待家与人伦问题。

上述讨论一方面重视“三纲”和“五伦”的问题，另一方面则凸显了家和亲亲的问题。人所共知，儒家人伦问题以家或亲情为重心，家和亲亲是反思人伦首当其冲的关键。早在2010年，商务印书馆就出版了笑思的专著《家哲学：西方人的盲点》，集中批判西方文明中的“反家主义”。此后2019年，孙向晨在张祥龙《家与孝》一书之后推出了《论家：个体与亲亲》，引起了较大反响。[7]孙向晨化用海德格尔和列维纳斯等人的学说，从“生生”——“在世代存在”这一独特视角，重新解读儒家的家与人伦概念，提出“个体”与“亲亲”“双重本体”的新概念。个体本体体现个体自由和尊严，亲亲本体体现“中国人的‘意义世界’”，包括儒家对伦理、家庭和国家天下等的理解。他认为中国传统的亲亲观念“在今天依然有着强大的生命力”，但其价值必须通过个体本体来实现。孙向晨与唐文明立论方式迥异，但都对儒家人伦与个人自由的关系给出了积极而正面的回答。

另一个与上述人伦问题有关、同样掀起巨大争论的话题是“亲亲相隐”问题。这场争论始于刘清平于2002年发表在《哲学研究》上的一篇文章，该文批评儒家亲亲思想导致腐败。[8]此后，以郭齐勇为代表的一方与以邓晓芒为代表的另一方展开了激烈争论。再后来，不少持其他立场的学者也加入了其中。至2011年郭齐勇主编

《〈儒家伦理新批判〉之批判》出版，这场争论已延续十年，至今余音未绝。[9]由于从根本上涉及对儒家人伦关系及其现代意义的反思，因此这场争论无疑属于当代中国学界对人伦反思的重要组成部分。

此外，在社会学领域，翟学伟《人伦、耻感与关系向度：儒家的社会学研究》等一系列论著[10]，也代表着从社会学角度对中国人伦问题的反思和研究。其研究路径与许烺光、杨美慧和阎云翔等境外华裔学者的相关研究相近，当然也与港台学者杨国枢、杨中芳、黄光国和何友晖等人有关华人人际关系的研究密切相关。[11]这些研究虽集中于当代中国，但也同时分析其与传统人伦思想的内在关联。在历史学方面，从君臣关系等人际关系角度展开研究的专著有侯旭东的《宠：信-任型君臣关系与西汉历史的展开》《汉家的日常》等。[12]社会学与历史学等学科的研究与前面具强烈价值关怀的哲学研究迥然不同，它们多半是经验型和实证性的，但让我们看到了更加真实的古今人伦世界，启发性丝毫不亚于前者。

以上介绍不足以概括最近十几年来国内人伦研究的全部重要成果，但至少引发我们的好奇：引起当代中国学界强烈关注人伦问题的根本原因是什么？我认为这个问题兴起的背后一定有深层原因。即人伦问题本是几千年儒家传统中最重要的线索之一，而在儒家传统中，确如上述唐文明所言，人伦秩序是衡量文明还是野蛮的最重要标准。人伦思想不仅涉及儒家传统的核心，也涉及几千年中国传统在今天能否转化的问题。毕竟，今天的中国与古代不同，在经历了一个多世纪西化浪潮的冲击下，我们应如何看待儒家人伦观念与西方价值观，特别是与民主、自由、人权和平等等的关系？而要回答这问题，就必须回答：人伦思想在中国古代几千年盛行的根本原因是什么？它为什么会成为中国古代文明的标准？一旦我们回答了这些问题，自然便会清楚导致人伦盛行的古代原因是否还存在。如果存在的话，那么我们今天重建中国文明恐怕不能回避人伦问题。

接下来，我们就从文化心理结构这一独特角度来探讨人伦问题在儒家和中国古代文明中重要地位的深层原因，以此为基础来看人伦原则的现代意义。我的答案非常简单，就在本书第一章所讲的关系本位预设中。下面我们先介绍古人学说，再按本书思路进行分析。

二、先秦时期的人伦学说

“伦理”一词究其汉语本义而言，指人与人关系之条理，而非西文morality或ethical之义，后者源于希腊或罗马的规范、习俗之义，与汉语有别。因此，儒家治道中的人伦概念实指人与人关系之规范或条理。

今按：伦，本义当指人与人关系之次序或条理。《说文》:“伦，辈也，从人仑声。一曰道也。”辈，据段玉裁注，指“同类之次”，其中“次”当指次序、排序，故段氏复以“道”“理”释伦。郑玄注《礼记》《仪礼》以“类”“比”释“伦”[13]，与段注之义一致。[14]又：仑（侖），甲骨文作，金文作。《说文》:“仑，思也，从亼从册。”或以为其下部指乐管（则与龠同）。从字形看，像书籍或乐管排列整齐的样子。

在甲骨文、金文及先秦文献中，“仑”“伦”“论”“纶”四字有时通假；区别言之：伦指人与人关系条理；论指思考事物条理；纶本指青丝绶，段注以为指“纠青丝绳”，然“经纶”(《易·屯·象》) 之“纶”则指治理。因此，“伦”的本义与“文”一致。文有纹理之义。如果说“文”比较抽象，“伦”就比较具体。

直接以伦指人伦关系，当是西周主要是春秋以后的事情。《周易》《左传》《公羊传》《孝经》皆未见“伦”字，《诗经》《仪礼》《周礼》中的“伦”字少见，皆不指人伦 (《诗经》中仅1见，《仪礼》中4见，《周礼》中1见);《尚书》中“伦”字共6见，指人伦者3见，皆在《洪范》(“彝伦”);《穀梁传》中3见 ，指人伦。至《论语》《孟子》《礼记》《荀子》，“伦”渐多指人伦。除“人伦”一词外，还有《论语》《孟子》“大伦”或“人之大伦”等用法。似乎证明在孔子之前，直接讨论人伦的文献很少，而孔子或为主要影响者。虽然如此，各家人伦思想十分丰富，不仅限于这些名词。比如《仪礼》中未出现“伦”字，然全部内容（即行为礼仪）皆关于人伦；《孝经》中未出现“伦”，但其核心内容（即孝）也是人伦。

《尚书·洪范》曰：“天乃锡禹洪范九畴，彝伦攸叙。”这可能是最早明确重视人伦关系并以之与天道相连的文献。《郭店简·成之闻之》“治人伦以顺天德”一段，将人伦秩序等同于天德。此外，《毛诗序》称《诗》的功能是“经夫妇，成孝敬，厚人伦”；《礼记·礼器》称“天地之祭，宗庙之事，父子之道，君臣之义，伦也”，即祭祀天地祖宗、确立父子君臣皆为人伦秩序。

古人对于人伦的具体内容有不同的说法，即使同样数目的人伦也可能理解不同。古人通常也不直接称其为二伦、三伦或五伦、七伦、十伦，而有时称为“六位”（《郭店简·六德》）、“六亲”（《管子·牧民》）、“六顺”（《左传·隐三年》）、“七教”（《礼记·王制》）、“十义”（《礼记·礼运》）、“十礼”（《左传·昭二十六年》）或“纲纪”或“纪纲”（《诗·大雅·朴棫》《荀子·劝学》《白虎通·三纲六纪》等）。

潘光旦对自先秦至清代人伦概念的历史演变作了最为详尽的研究，其所列材料极好地说明了人伦问题对中国几千年思想之特殊意义。[15]不过他统计古书里“二伦”“三伦”直到“十伦”的标准与这里不同。下面，我将在毛奇龄和潘光旦等人的基础上，用古人的术语来概括古人对于人伦具体内容的不同说法：

1. 一伦说

《孟子·万章上》："男女居室，人之大伦也。"《周易·序卦》："有男女然后有夫妇，有夫妇然后有父子，有父子然后有君臣，有君臣然后有上下，有上下然后礼义有所错。"又《周易·家人·彖》："男女正，天地之大义也。"古人不当以男女为唯一大伦，然从《序卦》看，后世以男女为人伦之本（或称三纲之首）实源于此。

2. 二伦说

或以长幼、君臣为人之大伦。《论语·微子》载子路曰："长幼之节，不可废也；君臣之义，如之何其废之？欲洁其身，而乱大伦。"以长幼和君臣二者为大伦。

或以父子、君臣为大伦。《孟子·公孙丑下》景子曰："内则父子，外则君臣，人之大伦也。"以父子和君臣为大伦。《论语·颜渊》齐景公问政于孔子，孔子对曰："君君、臣臣，父父、子子。"亦重君臣、父子二伦。

3. 三伦说

或重父子、兄弟、夫妇三伦。《周易·家人·彖》"父父、子子、兄兄、弟弟、夫夫、妇妇，而家道正；正家而天下定矣！"此与《管子·牧民》"六亲固"之说相似，"六亲"即父母、兄弟、妻子（据毛奇龄《四书賸言》卷二），皆以父子、兄弟、夫妇为三大伦。

或重君臣、父子、夫妇三伦。《荀子·天论》"若夫君臣之义，父子之亲，夫妇之别，则日切磋而不舍也”，《郭店简·成之闻之》“制为君臣之义，著为父子之亲，分为夫妇之辨”，《郭店简·六德》“夫夫、妇妇、父父、子子、君君、臣臣，六者各行其职”，似皆以君臣、父子、夫妇为三大伦。

或重君臣、父子、兄弟三伦。《左传·隐三年》：“君义，臣行，父慈，子孝，兄爱，弟敬，所谓六顺也。”

或重父子、君臣、长幼三伦。《礼记·文王世子》：“父子、君臣、长幼之道得，而国治。”

4. 四伦说

或重亲亲、尊尊、长长、男女有别四伦。《礼记·大传》：“亲亲也，尊尊也，长长也，男女有别，此其不可得与民变革者也。”以亲属、上下、长幼、男女四者为人伦之重。

或重君臣、父子、兄弟、夫妇四伦。《礼记·礼运》：“礼义以为纪：以正君臣，以笃父子，以睦兄弟，以和夫妇，以设制度，以立田里，以贤勇知。”

5. 五伦说[16]

或重君臣、父子、兄弟、夫妻、姑妇五伦。《左传·昭公二十六年》：“君令、臣共、父慈、子孝、兄爱、弟敬、夫和、妻柔、姑慈、妇听，礼也。”

或重君臣、父子、夫妇、兄弟、朋友五伦。《中庸》：“君臣也、父子也、夫妇也、昆弟也、朋友之交也。”

或重父子、君臣、夫妇、长幼、朋友五伦。《孟子·滕文公上》："教以人伦：父子有亲，君臣有义，夫妇有别，长幼有序，朋友有信。"《礼运》"修十义"："父慈、子孝、兄良、弟弟、夫义、妇听、长惠、幼顺、君仁、臣忠十者，谓之人义。"《礼运》似与《孟子》一样有五伦思想，而说法不同。

或重男女、夫妇、父子、君臣、上下五伦。《周易·序卦》："有天地，然后有万物；有万物，然后有男女；有男女，然后有夫妇；有夫妇，然后有父子；有父子，然后有君臣；有君臣，然后有上下；有上下，然后礼义有所错。"此中"男女"与"夫妇"似作两伦，非一伦。

或重君臣、父子、兄弟、上下、夫妇五伦。《礼运》："以正君臣，以笃父子，以睦兄弟，以齐上下，夫妇有所。"

6. 七伦说

《礼记·王制》称"七教：父子、兄弟、夫妇、君臣、长幼、朋友、宾客"，涉及父子、兄弟、夫妇、君臣、长幼、朋友、宾客七伦。

7. 九伦说（或称纲纪说）

《白虎通》："三纲者何谓也？谓君臣、父子、夫妇也。六纪者，谓诸父、兄弟、族人、诸舅、师长、朋友也。"涉及君臣、父子、夫妇、诸父、兄弟、族人、诸舅、师长、朋友九伦。

8. 十伦说

《礼记·祭统》："见事鬼神之道焉，见君臣之义焉，见父子之伦焉，见贵贱之等焉，见亲疏之杀焉，见爵赏之施焉，见夫妇之别焉，见政事之均焉，见长幼之序焉，见上下之际焉，此之谓十伦。"以鬼神、君臣、父子、贵贱、亲疏、爵赏、夫妇、政事、长幼、上下为十伦，将人鬼、上下关系皆纳入，则人伦范畴甚广。

综上可知，汉代"三纲六纪"之说后出，实为前人多种人伦说之精细化。首先列入九种最常见的人伦；然后列出其中三种最重要者，即君臣、父子、夫妇三大伦，称为"三纲"；余下的称为"六纪"，从而既照顾了人伦关系的多样性，又突出了人伦关系的层次性。[17]

人伦原则毫无疑问可看作儒家治道之文明原理的展开，但从其展开的具体方式又可见中国传统文化习性的力量，具见下。

三、顾炎武说人伦

下面，我们以顾炎武出发，探讨古人重视人伦的原因。顾炎武《日知录》卷十三"正始"条中分辨"亡国"与"亡天下"，称"亡国"不过是"易姓改号"，而"亡天下"则是人与人相残杀，所谓"率兽食人""人将相食"。[18]

顾氏所谓"亡天下"，实指人伦灭绝，所谓"使天下无父无君而入于禽兽者也”。其说因正始年间事而发，彼时“国亡于上，教沦于下”“胡戎互僭，君臣屡易”。[19]顾氏举嵇康之子嵇绍为例，称其不计其父为司马昭所杀之仇，委身事晋，“三十余年之间，为无父之人亦已久矣”。嵇绍不以为耻，反以为荣。时人不以为耻，反以为尚。“自正始以来，而大义之不明，遍于天下”[20]。顾氏“亡天下”之语虽常被引用，然若揆诸原文语境，真正同意其观点者又有几人？

顾氏所谓“仁义充塞”“入于禽兽”，指人伦关系的正常准则遭到了破坏。他说嵇绍为无父之人，其逻辑或许是：一个人的父亲被杀了，此人还效力于杀父之人或其后代，于心何安？此人还算个“人”吗？这里有一种父子人伦观：父子关系是人之大伦。在古人看来，儿子是父亲生命的延续，父子之恩大于一切，为人子若不能替父报仇，则失去了为人的根本。抛弃了这一准则，人将不成为人，即所谓“无父无君，入于禽兽”。这也正是孟子人禽之辨的宗旨之一。

今人或许不一定能理解顾氏的论点，但是不妨换个角度看。从大的历史情境出发，即可发现：正因为君臣之道不彰，父子之义不明，所以政权更迭像走马灯一样频繁，谁的势力大谁就称帝。先是曹氏代汉，接着是司马氏代魏，再接着战火烧到了司马氏内部。没有“八王之乱”，何来“永嘉之祸”？西晋王朝才延续半个世纪就覆灭了，难道与纲常毁弃无关？历史是否证明，当人伦准则遭到公然破坏，整个社会盛行的便是利益和势力，而不是仁义忠信，于是出现了孟子所说的“上下交征利”（《孟子·梁惠王上》）局面。这种局面是否正是导致魏晋时期政局不稳、朝代更迭频繁的重要因素？如果是这样的话，那就说明儒家重视人伦不是没有道理的。

荀子云：

> 圣也者，尽伦者也；王也者，尽制者也。两尽者，足以为天下极矣。（《荀子·解蔽》）[21]

所谓“尽伦”，表示人与人之间关系达到了理想、完善和极致的境地。孟子、荀子均认为，圣人作为最高典范的含义之一就是把人伦做到极致。孟子曰：“规矩，方员之至也。圣人，人伦之至也。”（《孟子·离娄上》）在儒家传统中，理想的人际关系（尽伦）至少包含如下方面：一曰亲情，即家庭和睦、亲人相爱、父慈子孝。二曰角色，即“君君臣臣父父子子”（《论语·颜渊》）。做领导就像个做领导的样子，做父母就要有父母的修为，当老师就要有当老师的风范。三曰德性，即仁、义、礼、智、信、忠、孝等受推崇。按照儒家的观点，魏晋时期人伦解体表现为仁义忠信被废弃，人心被撕裂，导致我们在现实中看到君臣关系、家庭关系和朋友关系等一切关系的扭曲，以及与此相应的道德滑坡、信仰失落和社会失序等问题，进一步导致政局动荡不休，政权更迭频繁。这对于理解为何儒家重视人伦关系似乎有帮助。

“尽伦”并非荀子一己之言，而是整个儒家社会政治思想之重要方面。我们不能忘记，数千年来，“尽伦”代表着数千年来中华民族道德的基础。只是自20世纪以来，受西方某些价值观的冲击或权力至上等意识形态的支配，中华民族几千年赖以立身的基础性道德——人伦道德——遭到了摧毁，其结果就是贬低亲情、否定仁义、抛弃忠信等传统价值，变成崇尚利益，相信权谋，崇拜势力。

在中国式人伦关系的“差序格局”中，以亲情为基础，实现一个“尽伦”的社会，“人人亲其亲、长其长而天下平”（《孟子·离娄上》），是一个自然而然的理想，故成为历代儒家追求的目标（《中庸》以五伦为“天下之达道”）。孟子曰“舜明于庶物，察于人伦”（《孟子·离娄下》）；尧“使契为司徒，教以人伦：父子有亲，君臣有义，夫妇有别，长幼有序，朋友有信”；三代之学“皆所以明人伦也”（《孟子·滕文公上》）。汉代以来盛行的“三纲五常”，是以人伦为本的典型写照。

四、中西人伦之别

今天，任何一个了解西方家庭生活和工作方式的人，大体也了解一些西方人在人际关系上与中国人的不同。比如西方人一般不接受子女长大、成人后还脱离不了父母，甚至长期依赖父母，也不认为子女有为父母养老的义务。这与其基督教背景有关，因为他们不认为子女的生命是父母所赋予的，上帝才是所有人唯一的“父亲”。从这个意义上说，人间的各种人伦差等，比如父子、君臣、长幼、师生乃至上下之间的“差序”或等级，在西方文化中只有相对的意义，个人与上帝之间的等级差异才是绝对的。因为预设了灵魂不死，死后世界无限长，人间的君臣、父子、夫妇、兄弟和朋友等关系在死后不复存在，也没有了意义，所以西方人相对来说在人际关系上比较平等，不太重视等级差异。此外，基督教的彼岸取向决定了西方人认为人伦关系和谐、美满固然重要，但并不代表个人奋斗的终极目标或终极归宿。这是因为基督教相信世界是上帝创造出来以考验人的，此世间迟早要终结，并没有绝对的真实性和实在性。

中国人千百年来重视死后盖棺定论，对一个人一生的总结最为重要，其中包含死者在人世间和人伦中的贡献和德性。这也是因为中国人对死后世界不很确定，并认为即使死后灵魂存在，其生前各种标识（包括身份、头衔等）也依然不变，故此生此世的成就及功德大小对每个人来说都具有完整的意义。但是对于相信来生来世的西方人来说则不然，死后世界不仅确定，而且与今生今世截然不同，此生获得的所有荣誉、头衔和成就在死后都得归还上帝，此生的身份和标识也在死后彻底解除，死亡代表生命的全新开始。

对于相信灵魂不死的西方人来说，个人奋斗的终极目标绝不是维护人伦和服务人间；恰恰相反，个人奋斗的目标是超越人伦和奔向来世，即走向上帝之城。故活着的目的就是为来世奋斗。因此，同样的人伦关系，对于中国人和西方人而言具有完全不同的分量。由上可知，此世取向对于理解人伦关系在中国文化中的意义十分重要。

不过上面讲的主要是现当代，那么古代呢？我认为，大约早在三千年前，中西方文化的基本路径差异已然形成。我们从商代甲骨文及殷周铜器铭文可以大体判断，那时的中国人已经沉浸在浓重的祖先崇拜中，此外还有一整套天神、地祇和人鬼的说法（天神包括昊天及日月、时辰、风雨、雷霆等在内，地神包括大地及山川、河岳、五谷等在内，人鬼包括所有死者如祖先及先公、先王等）。中国人的神灵大体不外这些。当然，人鬼是分三六九等的。诸如女娲、盘古（三国时才有）等一些个别的神，他们与三皇五帝一样都代表某种由人死后变成的神，都属于人鬼中比较特别的类型。这些鬼神与活人一起构成了中国人的世界。

到了西周，人们以天的信仰容纳了对帝（作为天神）

的崇拜，正式确立了中国文化此世取向的性格。在这一基础上，一切世间的存在，包括人、鬼、神，都并存于一个世界中，他们之间的关系及存在空间具有终极的实在性，而处理他们之间的关系就构成了中国人最重要的事情。具体来说，对于鬼神，主要是通过祭祀的方式来处理，而祭祀通常不由个人（除了天子祭天地是个人行为）而是由宗族来进行的；而对于生人，则主要通过人伦的规范来处理，而人伦主要是由个人而不是集体来进行的。人伦的“差序”之所以重要，是中国人死后的身份由其活时决定的，即祖先还是祖先，父母还是父母。也就是说，当下的人伦具有永恒性，不会因死亡而消失。

在西方文化中，从古希腊时起，人们就生活在与我们迥然不同的“世界”中，这一点我们在希腊神话中看得最清楚。首先我们要知道，希腊神话中的那些神，在古希腊人看来是真实存在的，绝不是如我们所理解的只是“虚构”。看过荷马史诗《伊利亚特》《奥德赛》和希罗多德《历史》的人都知道，希腊人对他们是多么崇拜。今天到雅典看到古希腊神殿的遗迹，其叹为观止的规模和精致也很说明问题。下面不妨以据传是由赫西俄德所创作的《神谱》《工作与时日》两书为例[22]，来看看希腊人的人伦观。

第一个匪夷所思的事情是阴阳颠倒。天神乌拉诺斯由地神盖亚所生，即天由地所生且受地统治，这里完全没有乾父坤母和阳尊阴卑的概念。同时，无论是地神与天神都不代表一切，他们各自的性格和心理问题都不少，且还要为自己的权位而争斗。后来盖亚怂恿自己的儿子克洛诺斯去谋害乌拉诺斯，这种天神与地神之间你死我活斗争的情形是中国人难以想象的。这说明希腊人的宇宙观并非以天地为最大、以六合为范围的世界，中国人天圆地方、阴阳相配、天地合而万物生的宇宙观并不适用于希腊人（《礼记·郊特牲》:“天地合而后万物兴焉。”）。按照《白虎通·三纲六纪》，君臣、父子、夫妇三种关系之所以称为三纲，是它们代表了典型的阴阳之道，“一阴一阳谓之道。阳得阴而成，阴得阳而序，刚柔相配，故六人为三纲”。三纲即三大伦，即一切人伦之纲，它们代表了最典型的阴阳关系。希腊创世神话完全否定了这一点，当然也无法为一切人伦关系定准绳了。

另外，虽然不少希腊诸神也可以纳入中国的天神和地祇的范围内（但显然不包含人鬼），但其中很大一部分并不在此之列。宇宙之王，无论是宙斯还是其前辈，就其主宰角色而言，确实有点像商代人的上帝。但总体来说，希腊人的神不仅神力超凡，更重要的是高度的人格化，有情感、有意志、有个性、有绯闻，故事太多，冲突不断。这些如同小说一样生动有趣，跌宕起伏。中国人很难将神想象到如此丰富具体的地步，更重要的是，这些故事在塑造人伦关系上实在谈不上有多大教育意义。

总体来说，希腊诸神之间的关系以反抗、斗争而不是和谐、敬爱为主。三代宇宙之王乌拉诺斯、克洛诺斯和宙斯之间的主线就是对王位的无情争夺，而他们三人本是祖父、父亲和儿子三代呢！

根据《神谱》，那些统治宇宙的王往往自私、贪婪和残忍。就拿宙斯来说，他为了推翻父亲克洛诺斯的统治，绞尽脑汁，不惜手段，最后把亲生父亲关入地狱；上台后他又和他的父亲一样担心王位被子女篡夺，不惜将其亲生子女吞入腹中。他不仅不懂子孝父慈，也不会爱民如子。普罗米修斯盗取火种，本是造福人类的事，但却触犯了他的天威，以潘多拉的盒子祸害人类。“人类各部落原本生活在没有罪恶、没有劳累、没有疾病的大地上”，却因宙斯的报复，“为人类制造许多悲苦和不幸”，使“疾病夜以继日地流行，悄无声息地把灾害带给人类”。[23]他还心胸狭小、酷好报复，且手段残忍，将普罗米修斯捆绑在高山上，剖开其胸膛，令老鹰啄其肝脏。如此缺乏仁爱之心的人，竟然成为希腊人心目中最高的宇宙之王，这与我们中国爱民如子、圣德无疆的三皇五帝反差多么巨大啊！

除此之外，希腊神话人物中最让中国人不能接受的就是乱伦。比如，大地之神盖亚分别与天神乌拉诺斯、海神蓬托斯以及地狱之神塔耳塔罗斯结合或发生关系，一女三夫，而这三人分别是自己的儿子和兄弟。如此乱伦如何理解？此外，克洛诺斯和宙斯都为了夺权而谋害生父。而在其他希腊神话中，也有著名的俄狄浦斯弑父娶母之事，让人想起《旧约圣经》上所记载的，亚伯拉罕为了证明自己的忠诚，居然决定杀子向上帝献祭。这样的行为在自古以来的中国文化中是绝对不能接受的，当事人也会受到最严厉的谴责。让我们看看儒家是怎么说的吧！孔子肯定“父为子隐，子为父隐”（《论语·子路》），孟子认为舜为天子，其父杀人，他会窃父而逃（《孟子·尽心上》），可以说与西方人理解人伦有天壤之别。

为什么西方人能接受这样的乱伦故事，甚至崇拜其中的当事人呢？难道希腊人不怕崇拜这样的神，会给人间带来错误示范从而毁坏人伦吗？我觉得这只能从世界观（或者说宇宙观）预设不同来解释。即希腊人并不以生活于其中的自然（由大地、天空和万物构成）为终极实在，因而他们没有“天人合一”“天人和谐”的信念，他们的理想也不是要把这天地宇宙整体建成一个“和谐家园”，而后者恰恰体现了中国文化中的团体主义。

对于希腊人来说，天地宇宙并不是一个具有实在性的整体和每个生命的终极归宿与最高目标。希腊人生活在高度分裂的城邦里，据说有近千个独立城邦，即使面对非希腊帝国的强大威胁，也不追求把所有城邦统一成一个大帝国（那对他们可能是梦魇）。恰恰相反，长期的海洋生活以及血缘纽带的解脱，导致他们把个人奋斗看得至高无上。而希腊神话中的神每一个都是鲜活的，个性鲜明的，这对他们而言才是最重要和最值得效仿的。而很多西方人在看到中国远古神话人物，尤其是三皇五帝等，几乎都是千篇一律地关心、爱护和奉献他人，虽高尚无比但个性全无时，反倒会感到乏味无趣，甚至怀疑这些能否被称为神话。

特别值得一提的是，希腊城邦以公民个体而不是家庭、家族为主体。城邦的前提是家族统治解体，个人从血缘纽带走出来才有了公民，当然不可能理解中国人以家庭为中心、以孝为基础的人伦理想。从希腊神话故事中可以看出，其主流价值是正义而不是仁爱，这正是公民社会的特点，即亲情不再是主导力量，这与西周封建亲戚制度恰成鲜明对照。

由于希腊文化不是建立在此世取向、关系本位和团体主义之上的，所以不可能像中国人那样以家族、孝道为中心，不可能像中国人那样重视人伦。我们可以说，像孟子、荀子和顾炎武等儒家的人伦观，以及以人伦建构天下秩序的治道思想，在希腊文化土壤里绝不可能成为主流。

五、文化心理结构

早在20世纪初叶，以美国人类学家博厄斯（Franz

Boas）所领导的文化相对论思潮，就对当时占主流地位的文化进化论展开了激烈批判，并以大量雄辩的人类学和考古学等方面的资料推翻了古典进化论的一系列重要观点。这些论点也在长达一个多世纪的漫长岁月里对中国社会科学领域产生了巨大影响力，至今不衰。这些论点包括：人类所有的文化都遵从同样的发展规律，从低级向高级不断进化，人类各文化的发展有共同的终极目标或方向，等等。

文化相对论证明了人类不同文化存在不同的逻辑和规则，就像语言的语法规则一样，因此不同的文化可能存在不同的价值体系和评判标准。在对一个文化的深层规则或内在逻辑没有充分了解之前，不可盲目对其作价值评判。其实，并不存在对人类所有文化普遍适用的统一的文化进化规律或方向，也不能轻易对其他文化是否高级或低级作出结论。

其后，本尼迪克特（Ruth Benedict）、萨丕尔（Eward Sapir）和克鲁伯（Alfred Kroeber）等人分别从文化心理学的角度来说明文化的"模式"（patterns）问题，指出每一种文化均有自己的独特模式，它可能是由与该文化相关的"文化无意识"所构成的。文化的深层无意识结构，可能决定了一个文化的价值体系、运行机制及目标追求等。[24]

一个民族的政治、经济、制度和科技等可以发生天翻地覆的变化，但其文化心理基础可能并没有发生明显的变化。而一个文化的核心价值、社会整合方式和制度模式，有时是建立在其深层文化心理结构之上的。今天，在工业化和现代化席卷全球的时代里，世界上每一个民族都面临着极为深刻的社会结构、政治制度和经济基础等各方面的变化；但历史已经证明，这些变化不足以说明一个民族的核心价值和生活方式就会被颠覆。日本就是典型一例。[25]文化价值的连续性部分可归因于某种风俗习惯的惯性，但也不尽然。

根据目前文化心理学界对于中国文化模式，也即中国文化深层心理结构的研究，我认为中国文化的核心价值，特别是其以人伦为核心的特色，可以从中国文化的深层心理结构来说明。鉴于中国文化自身数千年来一贯的深层心理结构至今并未发生变化，所以今天及未来中国文化的核心价值仍然不变。

本书前面曾提到，李泽厚在20世纪70年代末至80年代初提出了有名的“积淀说”，探讨中华民族的“文化心理结构”。我认为对这个问题讲得更透辟的是美籍华裔学者孙隆基。他站在文化心理学的角度，试图说明中国文化对于“人”的设计与西方文化迥然不同。即中国文化把“人”设计成“身–心”的联动结构，而西方文化是把“人”设计成“灵（魂）–肉（体）”的分裂结构。[26]我想这样来简单总结一下孙氏的观点：西方文化中的“灵

（魂）”与中国文化中的“心”是不对称的，因为灵是不死的，灵与肉是分裂的、对立的；肉代表堕落、世俗和邪恶，灵代表超越、彼世和真理。而在中国文化中，“心”是会随“身”一起死的，“心”与“身”从来都不是分裂的，“身”也不是堕落和邪恶的象征。

我认为，“身–心设计”便于我们理解为何中国文化把人理解为层级化的关系网络中的存在，因为每个人都是依存于其他人和对象的，“人情”和“面子”成为人际关系中最重要的两个枢纽。所谓“层级化”，费孝通称为“差序格局”，指人与人的关系按照亲疏远近来划分层次，距离越近，双方感情联结越深；随着亲疏远近的不同，对待彼此的方式也发生变化。这种设计导致人生的安全感不是来自从背景和对象中独立，而是相反，来自个人最大限度地融入关系和融入世界。用孙氏的话说就是，安身和安心是中国文化的深层心理结构，而追求动态的不断超越则是西方文化的深层心理结构。[27]我认为，孙隆基所揭示的中国文化的深层结构，不仅可以说明为什么中国文化是一种关系本位的文化，更重要的是可以说明为什么儒家以人伦关系为枢纽重建秩序，从而以“五常”和忠孝为其核心价值。

当然，孙隆基的学说也有局限。孙氏在理论上的最大误区有二：一是完全缺乏文化相对论的视野，认识不到中国文化的深层结构有其自身的合理性。即从某种意义上讲，文化的深层结构是超出价值评判而客观存在的文化现实；不同文化的深层结构之间有时缺乏可比性，不能用一种文化的立场来衡量另一种文化。实际上，孙氏陷入了用西方文化中的人格概念来衡量和评判中国文化中的人格的误区，结果完全不能欣赏中国文化深层结构的优点，更不可能欣赏中国古代的修道者在这一文化结构中如何超越深层结构的束缚，从而实现中国文化的自我发展的。

二是不能从“自我修复机制”这一角度来理解文化的深层结构。即每种文化都有一种针对其内在问题的自我修复机制，这体现在文化中的先师、思想家和宗教领袖出于对自身文化心理结构致命问题的洞察而提出相应的解决方案上；这一解决方案的功能和价值往往并不旨在改变其深层结构（其实也改变不了），而是在其深层心理结构的基础上对症下药。从这个角度看，中国历史上的儒、道、释、法等诸家学说，从某种程度上可以说正是针对中国文化的心理结构问题而提出的相应解决方案。这些解决方案当然不是为了改变上述“身-心设计”及“关系本位”，但体现了针对关系本位的问题而来的鲜明特征。

比如，如孙隆基所言，中国文化中对人的“身-心”设计导致了中国人的自主性不强，有所谓强烈的“母胎化”倾向；但是另一方面，无论是儒家，还是道家、佛家，所追求的恰恰是如何通过身心的修炼来实现人格的独立，从而摆脱对环境的依赖心理。[28]再如，孙氏指出，中国文化的深层结构导致中国人有强烈的要面子、铲平主义、嫉妒他人、相互攀比的心理，但是他没有认识到，道家的修炼所要达到的境界恰恰是让人们“无己、无功、无名”(《庄子·逍遥游》)，从而摆脱这些世俗的物累；而儒家则主张通过义利之辨、人禽之辨以及克己修身等来帮助人们正确看待他人，节制自己的情欲和本能，并基于层级化的关系来重塑人伦世界，使之归于理性。由此我们理解，“尽伦”实际上就是儒家对于如何组织和完善人伦关系的理想，而“五常”和忠孝正是为了实现“尽伦”。

总之，儒、道、释所提供的方案都不是要改变中国文化的深层结构（身心设计、关系本位），却体现了如何把人伦关系导向积极的方向，即导向如何在关系中建立自我，完善人格，实现独立。因而中国文化中人的独立和自由的表现形式与西方是不同的，即不是追求摆脱生存处境的抽象独立性，而是通过关系来实现人格的独立性。这正是今日以狄百瑞、杜维明和安乐哲等人为代表的北美社群主义所试图说明的，兹不赘述。[29]

六、人伦始于亲亲

从霍夫斯泰德（Geert Hofstede）“文化是集体的心

灵程序”[30]这一观念出发，研究一个民族的文化，就是要探索这个民族在多大程度受制于其历史传统所遗留给它的“集体无意识”[31]。由此我们就可以分析这个民族今天的生活，包括它的价值、制度和生活等许多方面在多大程度上受到这些无意识支配。文化心理学的意义在于，提醒我们认识一个民族在社会变迁特别是社会整合中究竟遵循怎样的规律。其中包括：这个民族的文化在何种情况下容易自我瓦解或走向堕落；在何种情况下才能自我整合起来而不是一盘散沙；以及这个民族过去几千年来所走过的道路，哪些是由其文化习性所决定的，哪些不是；这个民族在今天所面临的主要问题究竟是什么，它与其过去所面临的主要问题有何相似之处；等等。

此世取向、关系本位和团体主义导致中国人以家庭为人生的中心，由此特别重视亲情。原因如下：

（1）中国人的关系世界是“差序格局”的，越是亲近的人交往越深，也越有感情，因此对亲人的感情被视为最有价值；

（2）中国人的关系世界是希望“抱团”的，人们随时希望建构出一个能给自己带来安全感的“小团体”来，而家庭无疑是建立此团体理想和首要的选择；

（3）中国人的此世取向导致其在此世生活中探求精神的归宿和生命的不朽，子女是自己生命的延伸，所以是摆脱死亡恐惧的精神寄托。

关系本位的一个必然后果就是，家庭是中国人常规普遍的人生归宿，亲情是中国人挥之不去的精神寄托。因为在所有的关系中，家中的亲情是最亲密也是最重要的关系，它理所当然地成为了中国人最大的心灵港湾。更重要的是，家庭和亲情是中国人能够活出人样子来的最重要基地。

由此我们就能理解中国文化中社会秩序重建的主要起点是亲情，以及儒家为什么倡导亲亲。因为中国文化中最大的现实是人人皆欲亲其亲，人人皆欲建其家；从经营家这个私的领域开始，使之归于正，社会秩序才能开始；家是社会的最基本单元，也是社会最强固的单元；从亲亲开始，道德教育才能落实，社会秩序方能起步。否认这个现实，社会道德的理想将不切实际，社会秩序的方案将流于空谈。在其他文化中，家庭可能也有类似功能，但不像在中国文化中这么强烈和突出。

关系本位决定了，中国人是注定要在对人特别是对亲人的感情中认识人生和理解生命的。儒家揭示了中国文化这样一种活的灵魂，即在无边的亲情世界中“成为人”。牟宗三先生在《历史哲学》一书中对此作了极为精彩的描述，他说[32]：

宗法的家庭族系，依着亲亲之杀，尊尊之等，实兼融情与理而为一，含着丰富无尽藏的情与理之

> 发扬与容纳。……在此种情理合一的族系里，你可以尽量地尽情，你也可以尽量地尽理。而且无论你有多丰富的情，多深远的理，它都能容纳，决不能使你有无隙处之感：它是无底的深渊，无边的天。五伦摄尽一切，一切摄于五伦。
>
> 无论为天子，为庶人，只要在任何一点上尽情尽理，敦品励行，你即可以无不具足，垂法后世，而人亦同样尊重你。
>
> 就在此“尽”字上，遂得延续民族，发扬文化，表现精神。你可以在此尽情尽理，尽才尽性；而且容纳任何人的尽，容许任何人尽量地尽。

梁漱溟先生也曾将中国人亲情关系的理想境界描述为[33]：

> 要在有与我情亲如一体的人，形骸上日夕相依，神魂间尤相依以为安慰。一啼一笑，彼此相和答；一痛一痒，彼此相体念。——此即所谓“亲人”，人互喜以所亲者之喜，其喜弥扬；人互悲以所亲者之悲，悲而不伤。盖得心理共鸣，衷情发舒合于生命交融活泼之理。

牟宗三和梁漱溟先生所描述的中国文化中的亲情，

体现了人伦世界的精彩和魅力。亲亲变成了现实，人心才有了依归；亲情得到了深化，人生才有了温暖。亲情是人间之爱的起点，亲亲是社会秩序的基础；故曰："人人亲其亲、长其长而天下平。"(《孟子·离娄上》)让人们舍亲而爱人，废私而爱公，就是在追逐无源之水、无本之木，就是在掏空社会道德的根基，堵塞社会秩序的源泉。

儒家认识到的正是中国文化这一铁的逻辑：中国人是必须在家和亲情之爱中成为人的，因此中国文化中对人民真正的爱，体现为鼓励人民经营家庭，追求亲情；而不能把政权利益凌驾于亲情之上，让人们在二者冲突时为政治利益而背叛亲人、抛弃亲情。既然真正的道德是为了成全每一个人的生命，而在中国文化中只有诉诸亲情才能实现这一点，因此培育亲情就是培育社会道德的肥田沃土。故而前述牟宗三将中国文化中的亲情世界描述为"无底的深渊，无边的天"；梁漱溟则描述为形骸上相依、神魂间相慰。两位所描述的人伦世界，虽偏重于家庭亲情，但其意义绝不限于亲情，而可延伸至所有类型的人际关系中，从而体现人伦世界的精彩和魅力。

孟子是这样解释的：亲情的最大功能在于培育人的"恻隐之心""羞恶之心""辞让之心"和"是非之心"。"四端"好比暗夜里的明灯，一旦被点亮，人间之爱就有了源头，从此它就像那潺潺的溪水，奔腾不息，流向远方。有了这个源头，人生才复归正位；有了这个源头，生命才赢得尊严；有了这个源头，人性才放射光芒。故曰：

> 凡有四端于我者，知皆扩而充之矣，若火之始然、泉之始达。苟能充之，足以保四海；苟不充之，不足以事父母。(《孟子·公孙丑上》)
>
> 仁之实，事亲是也。义之实，从兄是也。智之实，知斯二者弗去是也。礼之实，节文斯二者是也。(《孟子·离娄上》)
>
> 亲亲而仁民，仁民而爱物。(《孟子·尽心上》)

曾几何时，中国人把家庭和亲情当作见不得人的“私”而予以否认，以至于鼓励父子、夫妇、亲人之间相互揭发，彼此检举，或划清界限。这种做法完全违背了中国文化的基本逻辑，无视其中人成为人的常规方式，使千千万万的人性扭曲。其结果就是：一方面你看到很多人一心一意地追逐着家庭的利益，另一方面又不得不高喊着要舍亲而爱人、废私而爱公。“皇帝新装”的闹剧在多地上演，但谁也不知道最后结局是什么。人们从这一场场闹剧中学到的只能是蒙骗、作假。久而久之，人心会变得冷漠，良知和正义感会从人心中消失。人不成其为人，何谈道德建设！

按照儒家的看法，应当公开提倡以亲情为本，教育人们由己及人，由私及公，学习长幼之序、敬长之方、忠信之道，并以此为基础学习如何成为真正的人。

七、从丧祭看亲情

也许祭祀是说明儒家如何处理中国文化中的人伦尤其是亲情问题最好的渠道之一。儒家试图通过祭祀来凸显亲情，进一步引导社会秩序。原本一个此世取向的文化不应重视祭祀，因为它的全部目标均在此世，但是我们看到，在中国文化中，恰好是高度此世取向的特点，导致祭祀成为中国人进行心理安慰的最有效方式。这是因为，在没有灵魂不死的强大传统的文化中，身边人特别是亲人的死去，最容易触动一个人的心弦。死的遗憾永远无可挽回，死的损失永远无法弥补。对于中国人来说，天人永隔的伤痛最刻骨铭心。所以，祭祀成为人们满足心理缺憾、表达心中敬意的最有效方式之一，也导致了祭祀传统在中国从上古起就非常发达。

接下来，就来看一下儒家是如何通过祭礼，试图引导人们在祭祀中认识人生的责任，以达到成功改造人的效果的：

首先，儒家强调，祭祀必须无限虔敬，因为这是尊重死者最好的方式。“敬尽然后可以事神明，此祭之道也”（《礼记·祭统》）。如果一个人能以严肃、虔敬之心祭祀，就可以对人生多一分理解，对生命多一分珍惜。因为每一个死者的离去对其来说是人生的谢幕，而对活着的亲人来说则是严重的警示。他的今天，将无可避免地成为我的明天，谁都无法阻挡死亡的来临。由此，我们也对人生少了一分贪恋，因为我们在有生之年对于金钱、财富和名利的所有聚集，终究是生不带来、死不带去的。死，特别是亲人的死，让我们认识到命运的无常和可怕，体会到生命的脆弱与无奈。我们由此对人生不敢再掉以轻心，不敢再玩忽怠慢或挥霍浪费。

其次，儒家认为，祭祀可疏导人们的感情，塑造个体的人格，成为社会道德的强大基础。“严威俨恪，非所以事亲也，成人之道也”（《礼记·祭义》）。在祭祀中，通过回忆死者的音容笑貌，生者的痛楚达到顶点［“思其居处，思其笑语，思其意思，思其所乐，思其所嗜”（《礼记·祭义》）］；“祭如在，祭神如神在”（《论语·八佾》）。在深深的遗憾和叹息中，人们不得不严肃面对死者的心愿；在痛苦的回忆和哭泣中，人们不得不认真调整人生的坐标。“亲丧，固所自尽也”（《孟子·滕文公上》）。从此，人们对生命的含义有了新的理解：我们在死者的期待中站起，在先人的庇佑下前行。我们在丧祭中走向成熟，逐渐成为有责任感的、顶天立地的人。从此，我们的成功与失败、光荣与梦想，都和死去的亲人息息相连。

最后，儒家认为，祭礼作为一种集体活动，可以达到有效塑造人伦关系和社会秩序的效果。孔子云："宗庙之礼，所以序昭穆也。"(《中庸》) 祭祀不仅升华了人们与亲人之间的情感联结，也对人生的下一步有了更明确的规划；今天人们对于死者的承诺，是要用自己的一生来兑现的。在这一过程中，人们体验到精神的升华，感受到生命的沉重。也正是在这一过程中，人们对于自己所处的位置、对于如何恪尽职守以及如何处理自己与他人的关系，都有了更清楚的认识。因此，祭祀不仅可以让人们认识人生的职责和使命，还起到了理顺人群关系和塑造社会秩序的作用。"夫祭有十伦焉：见事鬼神之道焉，见君臣之义焉，见父子之伦焉，见贵贱之等焉，见亲疏之杀焉，见爵赏之施焉，见夫妇之别焉，见政事之均焉，见长幼之序焉，见上下之际焉。"(《礼记·祭统》) 孔子说，一个人懂得了禘尝之义，治国将易如反掌（参见《论语·八佾》)。

在一个并不是以死后世界为导向的文化中，祭祀恰恰是强化人生责任、确立人生信念和整顿社会秩序等为此世服务的最佳方式之一。因此，在此世取向的中国文化中，对于死和死者的祭祀也是此世取向的。儒家明确主张，把死者当作生者世界的一部分或延伸［"洋洋乎如在其上，如在其左右"(《中庸》)］，而不是将二者分开；对于死者的祭祀，其主要功能也在于更好地认识"生"。

因此，在中国文化中，对于死者的祭祀，同样达到了改造生者、重塑此世的效果。但是显然，这种效果是通过与佛教、基督教完全不同的方式达到的。明白了这一点，我们就能理解，为什么在鬼神观念并不精致、死后世界并不清晰的中国文化中，儒家却异常地重视祭祀。

虽然祭祀在古代世界各地非常普遍，在包括古印度、古埃及等在内的许多王朝或国家里，都可以看到发达的祭祀传统，但它们在这些文化中的含义和功能或许与其在中国文化中迥然不同。在这些国家中，祭祀往往是以彼世为导向的，即为了配合这种文化对于死后世界的追求服务的。而在中国则不然，祭祀严格说来是为此世服务的。

> 丧三年，常悲咽；居处变，酒肉绝；丧尽礼，祭尽诚；事死者，如事生……

《弟子规》中的这些话，在我看来极好地展现了中国文化之活的精神。中国人最真实的生命状态和精神面貌正是在亲情中得到了具体生动的体现，在祭祀中得到了淋漓尽致的发挥。在现代中国西化运动的浪潮中，人们曾把祭祀祖先的活动称为迷信，在人生观教育中不再以孝亲为本。今天，也许最值得思考的问题之一恰恰是，如何认识中国人情感世界、精神世界之最深刻的基础。

曾子曰："慎终追远，民德归厚矣。"（《论语·学而》）在古人看来，重建社会道德，需要从最基础的工作做起。具体来说，就是要从最生动地展现中国人的精神面貌和真实人性的亲情入手，找到社会秩序重建的正途。

八、重新面对人伦

以亲情为基础，可以实现一个"尽伦"的社会。而这正是历代儒家所追求的目标，同时也决定了儒家是以五常和忠孝为基本价值的。易言之，仁、义、礼、智、信、忠、孝等之所以成为中国文化的核心价值，在于其适合于"尽伦"的社会理想。今天我们认识到：中国文化的深层心理结构未变，仍然以"尽伦"为社会理想，由此也决定了适合于这种文化的核心价值。

然而，在核心价值问题上，有两种意识形态一直在误导着我们：一是国家主义，二是自由主义，它们代表了两个极端。国家主义的价值观是以国家需要或团体利益为不容置疑的道德准绳，要人们无条件地把服从国家或团体当作义务。这种价值观有违"差序格局"的现实，让人们将真实的情感隐蔽起来。早在两千多年前，儒家就对墨子不顾"爱有差等"现实的"兼爱"提出了强烈批评；同时，也坚决批评法家将国家权力和公共利益置于无上地位，而不尊重个体生命的尊严和价值，否认社会自治的逻辑和私人生活的合法性。

从关系本位的文化习性看问题，可以发现，私人情感、私人需要和私人动机容易与公共道义相对立，与社会和谐相对抗，和天下安宁相矛盾。这是导致法家、墨家废私存公的主要原因，也是现代国家主义/团体主义意识形态产生的思想动因之一。但是法家和墨家忘记了公是以私为基础的，公的最终目标还是成全私；如果完全否认私人生活的合理性和私人情感的合法性，也就容易走到初衷的反面，阉割正常情感，摧残正当生活，以至于抹杀人格、毁灭人性。这样的悲剧在人类历史上曾经上演过无数次，其过时性早已被证明。相反，儒家虽注重亲情之爱，提倡亲亲相隐，但是它们绝不是让人们沉溺于家庭之私，固守亲情之爱，而是要在理解中建立自我，在五伦中完善人格，在治平中提高修养；为此它们必须将其善端扩而充之，此即所谓“壹是皆以修身为本”(《大学》)。这一点，杜维明、狄百瑞等一大批学者已经作过大量有说服力的论证。[34]

另一种长期误导我们的意识形态是自由主义的价值观，即以追逐个人自由、权利为至高无上的道德价值，这种价值观自从五四运动以来对中国人的思想影响甚巨。一个多世纪以来，许多学者强调了自由、民主等西方价值观的重要性，却忘记了中国人在人伦关系中安身的基本逻辑。我曾在有关地方指出，自由之所以没有成为中国文化的核心价值，并非如一些西方人所想象的那样，是由于中国人愚昧落后、听命于权威，而是由中国文化的心理结构所决定的。[35]为什么这样说呢？因为在中国文化中，人伦关系是这个社会中人安身立命的最重要土壤，中国人需要在人与人、人与社会和人与自然等的关系中寻求安全感，承认这一事实才是中国文化中一切秩序和道德建设的正确起点。上面我们说，私人情感、私人需要和私人动机容易与关系的和谐、整体的团结以及世界的安宁这些中国人根深蒂固的信念相对立，这决定了中国文化中人有时易走极端，错误地把私当作恶来对待；这也决定了另一种后果，即自由主义引进中国后，很容易在现实中导致个人主义，进一步演变成自我中心主义而遭受批判。原因无他，因为自由主义也好，个人主义也罢，都没有把建立和谐的关系、确立中国人心灵的恰当归宿当作主要任务。这等同于对中国文化的现实视而不见。[36]我认为，由于中国文化的心理结构不同于西方，自由主义和个人主义的价值观不可能成为中国文化的核心价值。

法家和墨家的国家主义、公共主义废私存公，西方文化的自由主义废公存私，代表两个相反的极端，它们在中国文化中都难以大行其道，其深层原因在于违反了中国文化关系本位的逻辑。我认为，只有儒家采取了符合中国文化关系本位逻辑的做法，起到了积极规范、塑造和引导其中秩序的作用，所以能大行其道。其秘密在于：儒家要人们正视人伦关系，一切从人伦关系入手；儒家要人们积极建立自己，绝不要丧失自我，但自我的确立需要诉诸人伦关系。它不是西方的自由主义，但同样重视个体的尊严与价值；它也不是法、墨的国家主义或公共主义，但同样有助家国的秩序与安宁。不妨让我们从以儒家所倡导的忠、仁这两个价值为例来说明吧。

长期以来，盛行着这样一种观点："五常"和忠孝是封建道德，是为维护封建统治秩序服务的，是建立在愚忠的基础上。然而，"忠"字从中从心，本指从内心良知出发来做人，特别是处理人事关系，因而代表一个人对自己生命尊严的理解。宋明理学家常常说"尽己谓忠"（程子、朱子皆有类似言论[37]），用今天的话说就是，忠是为了对得起自己的良心。当一个人接受一项职责时，也就是他用自己的人格向另一个人乃至向国家甚至天下人作出一项神圣的承诺，即自己将尽最大努力来完成它。正是在这种忠的精神中才能树立一个人的人格尊严，正是在这一过程中我们才能感受到古人身上的温度。中华民族过去几千年一路走来，历经无数艰辛，它的每一步前进、每一项成就，都有这种忠的精神在其中。忠的功能在于让人格获得尊严，让灵魂获得升华，让生命获得价值。

再以仁为例。前面已说过，它是指建立在"爱有差等"基础上的爱，以亲情之爱为起点，进一步上升到对他人、对万物和整个世界的爱，也体现了中国人是从亲情出发学会理解人，并担负起做人的责任。仁这种爱区别于其他类型的爱的另一重要特点在于，它是建立在对他人真实和深切的情感的基础上，因而也应当是自然的爱。通过它，同样让一个人的人格获得尊严、灵魂获得升华、生命获得价值。

用同样的方式来思考，可以发现，仁、义、礼、智、信、忠、孝等价值观具有同样的功能。说仁、义、礼、智、信、忠、孝等是中国文化中的核心价值原因就在于，它们都是以人际关系为导向的，其社会功能是维护一种合情合理的社会秩序。“五常”和忠孝鲜明地体现了关系本位的中国文化自我整合（即“尽伦”）的需要；也体现了中国人从亲情出发、从齐家做起理顺一切人际关系，特别是社会关系的文化逻辑。和自由、人权等一样，“五常”和忠孝也是普世价值，它们分别代表了西方社会和东方社会不同的核心价值。普世价值和核心价值区别在于，前者是就一种价值的人性意义而言的，而后者则是考虑一种价值赖以存在的文化心理基础。中西方文化的心理结构不同，所以会有不同的核心价值。

如果能摆脱由文化进化论所强加于我们的错误的思维框框，并能认识到国家主义和自由主义（包括个人主义）这两类价值观的局限性，就会重新认识中国文化的核心价值。其实并非这种核心价值不清晰，而是我们自己被各种思想所误导，才对其视而不见，甚至嗤之以鼻的。

儒家治道的人伦原则是中国文化关系本位的生动体现。它说明，在一个以人际关系为主导的文化中，一切秩序都源于人伦关系的理顺。虽然全世界所有的文化都有人伦关系，其中很多文化都十分重视人伦，在实行政教合一的宗教如印度教、伊斯兰教、犹太教以及中世纪天主教中，都比后世的基督新教更重视家庭伦理。但是这些宗教的彼世取向决定了人伦关系在其中没有终极价值，且与中国文化中人伦关系表现方式迥异。

中国文化中的人伦关系并不以彼世/彼岸为标准，而是呈现为基于活生生的个体之间的知情意交流基础上所形成的某种规范或道德规则，并以人情和面子为其内在动力机制，这正是由中国文化的特点所决定的。这里值得反思的问题是：为什么古人认为人伦关系稳定了，社会就稳定了？为什么人伦关系在儒家治道中几乎成为社会长久安宁的基础和保障？其中的原因就在于中国文化以此世为取向，在一个世界预设下，人们并不相信抽象的法则和强制的规定，而宁愿相信那些与人伦关系密切相关、与人情深刻相连的价值和道德。

人伦原则提醒我们，社会秩序不是由任何外在力量强行制造出来的，而是由它自身内在的规则形塑出来的，是一个自生自发的形成过程。这里体现了尊重世界自身固有规则的此世精神。人们不要想当然地按照个人主观想象或政治/宗教信仰来强行制造秩序。

“孝弟忠顺之行立，而后可以为人；可以为人，而后可以治人也”（《礼记·冠义》），人伦为本也是“以人治人”思想的生动体现。儒家赋予这种人伦秩序以神圣性，认为就其代表人文而言，它源于天文；就其代表人道而言，它源于天道。只有从中国文化的关系本位出发，才能较好地理解为什么中国文化盛行以人伦为本。

如何进行人伦建设？从儒家的观点看，家庭教育是社会教育的核心和枢纽。下面，我引用《孝经》中的几段话作为本章的结束语：

> 教民亲爱，莫善于孝；教民礼顺，莫善于悌；移风易俗，莫善于乐；安上治民，莫善于礼。礼者，敬而已矣。故敬其父则子悦，敬其兄则弟悦，敬其君则臣悦，敬一人而千万人悦。（《广要道章》）
>
> 君子之教以孝也，非家至而日见之也。教以孝，所以敬天下之为人父者也；教以悌，所以敬天下之为人兄者也；教以臣，所以敬天下之为人君者也。（《广至德章》）

注释

1　方朝晖：《人伦重建是中国文化复兴必由之路》，《文史哲》2013

年第3期，第83页。

2 参见吴飞：《近世人伦批判与母系论问题》，《中国哲学史》2014年第4期，第116页。

3 唐文明：《人伦理念的普世意义及其现代调适：略论现代儒门学者对五伦观念的捍卫与重构》，《道德与文明》2015年第6期，第5、6页。

4 唐文明：《从陈寅恪悼念王国维的诗文谈起》，《读书》2015年第5期，第128页。

5 参见唐文明主编：《教化传统与制度实践》（《公共儒学》第3辑），上海人民出版社2023年版，第85—132页。

6 参见张祥龙：《家与孝：从现象学视野看》（《张祥龙文集》第13卷），商务印书馆2022年版。

7 参见陈建洪：《如何理解儒“家”的当代复兴？》，《中山大学学报（社会科学版）》2021年第3期，第120—127页；汪沛：《列维纳斯的爱欲现象学及其东方回声：围绕〈论家：个体与亲亲〉的一个讨论》，《复旦学报（社会科学版）》2022年第2期，第48—56页。

8 参见刘清平：《美德还是腐败？：析〈孟子〉中有关舜的两个案例》，《哲学研究》2002年第2期，第43—47页。

9 相关争论意见，参见郭齐勇主编：《儒家伦理争鸣集：以“亲亲互隐”为中心》，湖北教育出版社2004年版；邓晓芒：《儒家伦理新批判》，重庆大学出版社2010年版；郭齐勇主编：《〈儒家伦理新批判〉之批判》，武汉大学出版社2011年版；林桂榛：《“亲亲相隐”问题研究及其他》，中国政法大学出版社2013年版。另外，《学海》杂志2007年第1、2、4期刊有多篇专题争论文章（作者为邓晓芒、陈乔见、丁为祥、龚建平和胡治洪）。

10 参见翟学伟：《中国人的脸面观：形式主义的心理动因与社会表征》，北京大学出版社2011年版；《中国人的关系原理：时空秩序、生活欲念及其流变》，北京大学出版社2011年版；《人伦、耻感与关系向度：儒家的社会学研究》，北京大学出版社2022年版等。

11 参见杨美惠：《礼物、关系学与国家：中国人际关系与主体性建构》，赵旭东、孙珉译，江苏人民出版社2009年版；黄光国、胡先缙等著，黄光国编订：《人情与面子：中国人的权力游戏》，中国人民大学出版社2010年版；阎云翔：《礼物的流动：一个中国村庄中的互惠原则与社会网络》，李放春、刘瑜译，上海人民出版社2017年版。

12 参见侯旭东：《宠：信-任型君臣关系与西汉历史的展开》，北京师范大学出版社2018年版；《汉家的日常》，北京师范大学出版社2022年版。

13 参见《礼记》之《曲礼》《乐记》《中庸》篇，以及《仪礼·既夕礼》郑氏注。

14 [汉] 许慎撰，[清] 段玉裁注：《说文解字注》，上海古籍出版社1988年第2版，第372页。

15 参见潘光旦：《说“五伦”的由来》，清华大学《社会科学》1948年第4卷第2期，第89—140页。

16 《尚书·舜典》：“慎徽五典，五典克从。”其中“五典”古人注以为五伦，然经文未明言指五伦，故此处忽略。

17 方朝晖：《试论“三纲”的两种含义及其历史演变》，《文史哲》2020年第6期，第22—34页。

18 [清] 顾炎武撰，[清] 黄汝成集释：《日知录集释》，栾保成点校，中华书局2020年版，第681页。

19 参见上书，第680—681页。

20 参见上书，第681—682页。

21 我对此处文本中“尽伦”语句的重视，最初得益于同事唐文明的启发，在此致谢。

22 〔古希腊〕赫西俄德：《工作与时日 神谱》，张竹明、蒋平译，商务印书馆2009年版。

23 同上书，第4页（原诗第90—105行）。

24 关于文化相对论、文化模式学说及对其的批评，参见方朝晖：《文明的毁灭与新生：儒学与中国现代性研究》，中国人民大学2011年版，第71—73、259—335页。

25 John Clammer, *Difference and Modernity: Social Theory and Contemporary Japanese Society*, London and New York: Kegan Paul International Ltd., 1995; *Japan and its Others: Globalization, Difference and the Critique of Modernity*, Melbourne, Australia: Trans Pacific Press, 2001.

26 参见〔美〕孙隆基：《中国文化的深层结构》，广西师范大学出版社2004年版，第12—40页。

27 孙隆基指出，西方文化的深层结构"具有动态的'目的'意向性，亦即是一股趋向无限的权力意志"，它"不断追求变动，而变动又总是导向超越与进步"（参见〔美〕孙隆基：《中国文化的深层结构》，第9—10页）。相比之下，中国文化的深层结构，"则具有静态的'目的'意向性"，"在个人身上造成的意向是'安身'与'安心'，在整个社会文化结构中则导向'天下大治'、'天下太平'、'安定团结'，而其政治之意向亦为'镇止民心，使少知寡欲而不乱'"（同书，第10页）。

28 比如《论语》载孔子讲"匹夫不可夺志"（《子罕》），"古之学者为己""修己"（《宪问》），"求诸己"（《卫灵公》），"患所以立"（《里仁》），"己欲立"（《雍也》），"不学礼无以立"（《季氏》）；《中庸》有"中立而不倚，强哉矫！国有道，不变塞焉，强哉矫！国无道，至死不变，强哉矫"；孟子讲浩然正气，讲大丈夫；庄子讲所谓"物物而不物于物"（《庄子·山木》）。

29 Wm. Theodore de Bary, *Asian Values and Human Rights: A*

Confucian Communitarian Perspective, Cambridge, Massachusetts: Harvard University Press, 1998; *The Liberal Tradition in China*, Hong Kong: The Chinese University Press & New York: Columbia University Press, 1983; David L. Hall and Roger T. Ames, *The Democracy of the Dead: Dewey, Confucius, and the Hope for Democracy in China*, Chicago and Lasalle, Illinois: Open Court, 1999; Tu Wei-ming, *Centrality and Commonality : An Essay on Confucian Religiousness* (*A Revised and Enlarged Edition of Centrality and Commonality: An Essay on Chung-yung*), Albany, NY: State University of New York Press, 1989.

30 Geert Hofstede, *Culture's Consequences: International Differences in Work-Related Values*, abridged edition, Newbury Park, London, New Delhi: SAGE Publications, 1984，p.21.

31 荣格所谓"集体无意识"是针对全人类而言，列维-斯特劳斯对这一问题的研究更接近本章内容。参见〔法〕克洛德·列维-斯特劳斯:《结构人类学》(1—2)，张祖建译，中国人民大学出版社2006年版。

32 参见牟宗三:《历史哲学》(增订八版)，台湾学生书局1984年版，第74—75页。

33 参见梁漱溟:《中国文化要义》，载《梁漱溟全集》(第三卷)，山东人民出版社2005年第2版，第87—88页。

34 参见〔美〕狄百瑞:《中国的自由传统》，李弘祺译，香港中文大学出版社1983年版(该书英文版由同一出版社同年出版);《〈大学〉作为自由传统》，刘莹译，载哈佛燕京学社、三联书店主编:《儒家与自由主义》，生活·读书·新知三联书店2001年版，第184—193页; Wm. Theodore de Bary, *Learning for One's Self : Essays on the Individual in Neo-Confucian Thought*, New York: Columbia University Press, 1991; Tu

Weiming, *Humanity and Self-Cultivation: Essays in Confucian Thought*, Berkeley, California: Asian Humanities Press, 1979.

35 参见方朝晖：《文明的毁灭与新生：儒学与中国现代性研究》，第68—98页。

36 事实上，早在20世纪40年代，梁漱溟先生就曾指出，中国文化是一伦理本位的文化，故无人权自由观念。他认为，西洋人的个人有向外求自由之“势”，形成扞格、对抗，故求“消极性的自由”（参见氏著：《中国文化要义》，《梁漱溟全集》第三卷，第249页）。而在中国，“伦理本位使中国人混而不分，不成对立，不过使自由不得明确而已。而遇着对立时候，又无可以对立者（个人抗不了），则自由不立”，中国人的“人生向上”“相与之情厚”，导致“人权自由首先就从这里发生不出来”。（同书，第248页）

37 ［宋］程颢、程颐：《二程集·河南程氏遗书》卷二十三、二十四，中华书局2004年第2版，第306、315页；［宋］朱熹著，［宋］黎靖德编：《朱子语类》卷六《性理三》，中华书局1986年版，第101页。

第五章　孝治问题

现代社会与古代社会的最大差别，是在家庭和国家之间出现了一个不是基于血缘关系纽带的巨大空间，即市民社会，由经济实体、社会团体和公共领域等构成。市民社会的自治和理性化是现代社会健康发展的基本条件。古典儒家修、齐、治、平的个人成长设计，由于在家和国之间缺少“社会”这个环节而面临挑战。

本章分析认为，《孝经》主张基于人的尊严、遵循人的天性、顺应人民自发的需求等孝治思想，与现代市民社会自治和理性化的思路一致，可以转化为促进行业及社会自治的重要资源。从黑格尔和涂尔干重视从宗教、道德、习俗等传统资源来实现市民社会自我管理这一思路看，儒家确立正名分、敦风俗、立规矩、树传统的治道思想，同样有助于今天中国市民社会的自治与理性化发展。

本章拟从市民社会的角度，探讨儒家孝治思想的现代意义。

一、市民社会热

经过一百多年艰难困苦的现代化改造，过去以小农经济和宗法制度为主体的中国社会结构发生了天翻地覆的变化，与此相应的是在经济、法律、学术、文化和教育制度等方面，中国社会已经像是一个“现代社会”了。与鸦片战争时的中国相比，今日社会结构的主要特征是，过去以血缘纽带或宗法关系为基础的社会结构已经基本上被非血缘的、根据私人需要而组织起来的社会关系所代替；人与人之间的社会结合主要是根据共同兴趣和职业发展需要来决定，而不是由家族或血缘的纽带所决定的；社会分工的高度发达，不仅给人们提供了更多的就业机会，而且也使得人们更倾向于把职业追求当作实现个人人生潜能和价值的主要途径；公共领域代替了私人领域（由互联网、大众传媒、出版机构、结社集会等组成的公共舆论领域，是现代市民社会的有机组成部分）。

不少学者论述了改革开放以来中国市民社会的发展，说明了自“文革”结束以来中国出现了“小政府、大社会”现象。这一切似乎都可以看成是中国市民社会已经发展起来的证据。市民社会研究之所以成为20世纪90年代中国学术界的一个重要热点，绝不是出于单纯的学术兴趣，而是现实关怀的产物，其基本思路是：市场经济的发展将有可能促使中国出现一个类似西方早期市民社会那样的社会空间，这个空间不仅独立于任何可能的政治及意识形态而存在，而且终将会反过来以市民阶层的力量推动现实政治及社会结构的改造。[1]

那么，当代中国究竟有没有市民社会呢？这涉及"市民社会"一词的含义问题。一般认为，"市民社会"（拉丁文写作civilis socitas，其中societas是协会、结社、联盟的意思）一词最早出现于14世纪的欧洲，其含义可以追溯到亚里士多德和西塞罗有关城市文明共同体的概念中[2]，从洛克、亚当·福格森、卢梭、康德到黑格尔、马克思、葛兰西、哈贝马斯、普特南等，直到20世纪70年代以来东欧市民社会运动[3]，市民社会概念的含义有一个漫长的演变和发展过程。[4]总体来说，我认为17世纪末、18世纪初所形成的现代市民社会，本是指欧洲中世纪以来从封建束缚和血缘纽带中走出来的自由民（bourgeois，包括商人、手工业者、自由民或第三等级等）所构成的社会，它的最大特点有二：一是超出了血缘关系纽带；二是与国家相对区分。[5]至于市民社会的主要成分，我认为主要有三部分。一是经济实体。它是指市场经济或现代社会生产关系的主体成分，黑格尔称其为"私人利益的体系"，马克思称其为"私人利益关系的总和”。[6]今天看来，它应当包括学校、媒体和出版社等一切作为生产关系一部分的实体单位在内，即涂尔干所谓的法人单位（corporations）。二是公民团体。即所谓associations，或称civil associations，或称自愿团体（voluntary groups），包括非政府组织（NGOs）。中文泛称为公民结社。[7]这类团体大多不是出于个人经济利益或职业生涯规划而建立的，而是代表某种共同兴趣、需求或信仰的群体，往往伴随政治动机（比如影响国家政策）。信仰团体如宗教机构也应纳入此范畴。三是公共领域。从早期的咖啡屋、报刊媒体到现在的互联网，从中发展出来的体现大众意见的公共舆论空间，是公共领域的主要成分。[8]

本章把一切超出血缘关系的非政治性的组织、机构、单位、团体和协会等实体从总体上称为市民社会。比如现代中国的公司、企业、学校、出版社、媒体和社会团体等皆属于我所谓市民社会的范围，不管它们是否为国有。我之所以采用这样一种宽泛的定义，一方面在于本章是基于古代中国与当代中国在社会结构上的巨大差异来研究未来中国社会方向的，另一方面是我认为不能把自由主义的市民社会概念当作不容置疑的前提预设来研究中国。

不过，本章所采用的市民社会概念与西方流行用法的重要区别在于，后者把一切政府建立的组织或机构排除在市民社会之外。这种将国家与市民社会的界限划分得一清二楚的做法，与欧洲近代的历史事实相符，但不符合中国的国情。对于中国来说，有大量组织或机构，包括国有企业、公立学校、官办组织（如文化协会、出版社和新闻媒体等）可能具有深厚的官方背景，但同时其职能又表现出强烈的非政治性。一方面，这些组织或机构虽然由政府投资，但是另一方面，它们长期以来与政府或政治国家之间存在矛盾和张力，这种张力反映了它们对于自身内在价值和独立性的追求。事实上，近几十年来这些组织或机构也有过多次与政府脱钩的改革，但实际上很难做到，这也体现了中国的特殊国情。

此外，把国有企事业单位纳入中国市民社会范畴中来，还因为就各行业自身的特性而言，它们本质上是非政治性的，这些单位终究是围绕着自身的目的而存在的。从长远眼光看，这些单位最终的或未来正确的方向是回到自身的目的和自治的轨道上来，这就具有典型的市民社会成员的特点。比如中国大多数的学校（包括大、中、小学等）都是公立的，但是这不等于说这些学校不应当把教书育人当作其根本任务，这个任务是非政治性的。又比如中国目前大多数医院也是国营性质的，但不等于说这些医院的根本任务不是治病救人，这个任务也是非政治性的。其他大量的国有企事业单位也是如此。

我曾专门论证，鉴于国情，中国市民社会不能走西方市民社会的道路，特别是以国家与社会相对立，以私有产权、自由市场、宪政法治和代议制政府等为市民社会的基本标志。[9]因此，如果采取西方的或自由主义的市民社会定义，将完全私有产权、宪政法治、民选政府等作为市民社会的基本前提，不仅一开始就要断定当代中国没有市民社会或有但极其弱小，而且同时也预设了未来中国如果要发展市民社会，就只能走西方自由主义的道路。

还有一种狭义的市民社会定义，把市民社会主要等同于“非政府组织”，或公民结社（associations or civil assoiations）。本章不采用这种定义（并不否认非政府组织为市民社会的重要组织部分），一方面基于历史事实的考虑，另一方面也是因为本章关切的重心在于从总体上考虑中国社会未来的发展方向。非政府组织在中国目前虽数量众多，但毕竟不是当代中国社会的主体成分。作为改革开放以后才逐渐兴起的组织，它们的自我组织、管理水平以及规模实力均远不能与各类企业、学校、出版社和媒体等组织或机构相提并论。事实上，后者才是代表未来中国社会发展方向的主导力量。接下来，我将试图说明，各类法人单位实体的自治与理性化发展才是当代中国最值得关切的问题之一。

本章的主要内容是以《孝经》为例，探讨儒学与当代中国市民社会发展的关系。

二、市民社会的挑战[10]

爱德华·希尔斯（Edward Shils）指出：

> 孔子所构想的政治秩序并不包含市民社会。儒家也没有在与家庭和国家相区别的意义上、作为一种制度和活动方式之集合体的市民社会概念。[11]

从今天的角度看，我们必须承认，儒家学说中根本没有“(市民)社会”这一概念，所以“齐家、治国、平天下”的个人修身阶梯从“家”直接跳到了“国”，中间没有“社会”这一环。人们可能因此认为也许儒家的内圣概念可以与现代人相接，但是外王方面就有问题了。真的是这样吗？在回答这个问题之前，我们先来讨论一下市民社会的兴起对儒学的挑战。

（一）社会结构的转换

我认为社会结构的转换主要体现在三个方面。

其一，现代人生活在市民社会中，家庭细胞化，政治成为一门特定的职业，政治对社会的主宰作用不再像古代那么重要等一系列现实表明，现代人在价值追求中不可能再把“治国、平天下”当作自己的主要事业，因为现代人大都是生活在特定行业和职业中的人，他们读书、做学问不应当也不可能以治理国家乃至于管理天下事务为首务。即使从政，在现代社会也只是众多职业中的一个，而不具有在价值上高于其他一切职业的特殊的崇高性。然而，现代人不从政不等于没有“外王”理想。现代人的“外王”理想体现在他们所追求的个人职业中，以及由其职业行为决定的事业追求上，不过这种“外王”带有现代社会分工的特征。既然是职业化行为，就不一定是为了家或国。

其二，随着社会空间的迅速分化、劳动分工的高度专门化以及物质财富的极大丰富，使得人们在选择一项职业、追求一番事业时从过去压倒一切的求生需要以及与此相应的责任感和使命感，转到以满足人的兴趣爱好、促进人的潜能和创造力的发挥、体现人的自由本性、实现人性的全面发展这一方向上来。因此这个时代最大的“道德”无疑是为人们自由追求事业提供必要的条件，其中最基本的条件就是让每一个社会空间和职业按照自己的内在逻辑来运作，而不受来自任何一种政治或其他势力的干预。也就是说，现代公民在“外王”方面应从过去的“齐家、治国、平天下”转变到社会空间的理性化以及行业的自治和发展上来。

其三，现代人不仅仍然生活在家庭中，而且主要生活在职业化的追求之中，他们在道德方面的主要问题必定来自如何处理职业行为与人性价值的关系，来自如何在具体的、职业化的追求中赢得人性的尊严与价值。在这样一种情况下，人们在外在行为方面最大的道德理想之一应当是把握“职业的神圣感与尊严”，而不是“尊王”“大一统”“君臣父子之道”等一类价值规范，尽管人伦关系仍是当代中国人生活中所不可回避的重要问题。

从上述角度看，《大学》八条目中的“外王”部分，“治国”“平天下”这两个条目的内容都面临着重大调整。也许今天的儒家应当将“外王”从“治国”改为“治业”了。如果说在古代，“齐家、治国、平天下”对于每一个有知识、有文化且有良知的人来说是一种使命的话，那么对于现代人来说，他们在“外王”方面的主要困境是如何选择真正适合其发挥潜能的职业（也可称之为“事业”）。我们应该认识到，现代社会空间的高度发达，职业门类的空前分化，为人们选择适合发挥自己潜能和创造力的行业提供了无比广阔的空间，因此一个现代公民的事业追求（或称职业追求）不应单纯是谋生，而应同时出于人性自由的需要。也就是说，在“外王”方面，现代人基本上是通过特定的职业来成就自己的人生的。除了极少部分例外之外，一个现代人不管其天赋、资质如何，都往往需要通过特定的职业来实现自己的人生价值。像古人那样认治国、平天下为所有人共同的最高事业的思维，在今天无疑过时了。

（二）政府角色的变化

现代社会空间的一个重要特征就是，所有的社会单位都不可能封闭自足。

首先，这些社会单位彼此之间关系的增强，使其时刻处在极为密切的相互影响中。一所学校需要同时跟供电局、供水公司、煤气公司、建筑公司和房屋土地管理局等在内的几个甚至几十个其他社会单位打交道，少了哪一个环节，学校都无法正常运转。这种无比密切的交互影响是古代根本没有的。

其次，这些社会单位对公共管理部分（政府部门）的依赖性空前加强，再也不像农耕时代的主要经济单位——家庭那样，可以一辈子不与政府打交道而自给自足。比如商店需要治安部门保证安全，建筑公司需要城建主管统一规划，所有单位都必须跟水、电、气等部门打交道。结果是，由于各社会单位、部门之间的矛盾和纠纷出现的机率大大增加，有大量的事情需要政府部门来仲裁或统一规划。

这一切都充分表明社会对政府的管理职能要求大大提高了，与此同时，对政府的合法性要求也大大增强了。这就是涂尔干所说的，现代社会是有机型社会，而传统社会是机械型社会；在现代社会中，社会整合（social solidarity）的程度空前加强。

假如我们把市民社会理解为现代社会里一切超出血缘纽带之外、出于非政治目的建立——不管它们是否由政府投资建立并实施管理——的一切组织或机构［比如学校、企业（包括国营企业）、协会或团体、宗教组织等，但不是政府职能部门］，那么可以说，尽管现代市民社会对政府的依赖性很强，但与此同时，又必然要求保持其独立性。事实上每一个不同的社会空间都有自己独立的运作逻辑，而且这些运作逻辑应当受政府保护，绝不能随意干扰和破坏它们。由于政府和社会之间的关系太过密切，所以往往是政府的一个小小的举动便可能引起社会的强烈反响。在这种情况下，过去那种孤立、分散的小民和官府之间的对抗就变成了有组织的社会空间和政府之间的对抗，而社会绝不允许政府随意按照自己的意愿胡作非为。现代市民社会对政府的主要要求包括：透明度，决策程序的理性化，政府官员的素质，政府官员的产生程序等，社会的发展趋势也必然是社会和政府的互动代替了政府自身的单向自律。

在这种情况下，政府在整个国家、社会及个人所构成的整体中的位置发生了一个根本的变化。即从凌驾于一切可能社会空间之上的万民之主的地位，变成了社会的服务机构、社会的“服务员”。但是由于政府客观上是相互倾轧中的不同社会空间的仲裁者和协调者，而且必须主导整个社会的建设，因而拥有相当特殊的权力，这也很容易使其利用市民社会的内部混乱（特别是在社会自身还缺乏自治能力的时候）来谋取个人或部门利益，从而导致滥用职权和贪污腐化等。

与现代社会相比，古代政府凌驾于社会（严格说那时现代意义上的“社会”还不成型，这里指一切非政治领域）之上似乎比现代要严重得多，然而那时社会在经济上自给自足的程度比较高，交通、通信的不发达，新闻传播手段的缺乏，使得政府的“手”并不能真正伸到社会的每个角落。只有在现代，政府对个人、对私生活、对社会的干预才可能达到空前绝后甚至无孔不入的地步。

今天的社会较之古代所发生的改变还在于：（1）有了独立的社会空间，也就是有了市民社会，包括市民社会的最重要成分——公共领域（由大众传媒、各种文化传播途径以及各种可能的非私人的舆论空间构成），对政府的制约能力大大增强了。以社会机体的力量与政治势力相抗衡，毕竟比个人或家庭的力量要强得多。（2）社会价值以及国家合法性基础的最高解释权不再是国家而是变成了社会，更准确地说是公共领域讨论的产物，或社会精英的共识。

（三）社会自治与理性化

从现代政治发展的特点看，真正推动政治朝向合理化方向发展的力量是社会而不是政治自身。相对于市民社会，民主和法治等社会制度好比是漂浮在市民社会汪洋大海中的小舟，反而处于相对次要的位置。因此，社会空间能否健全有效地发展自身，就成为影响政治及其制度发展方向的决定性力量之一。同时，社会空间自身能否理性地组织起来，是决定其能否有效地对抗政府的关键所在。当政治家们通过权谋、交易手段欺骗大众时，只有有效地组织起来的社会团体才有力量与之抗衡。如果社会本身是一盘散沙，那么独裁者或军阀就有胆量凌驾于其上为所欲为。在中国文化中，这一点尤其突出。无疑，在建设中国现代性的过程中，社会空间的自治和理性化是比政治民主化与法治化等制度建设更为基本的任务（当然二者要同时进行）。

所谓“社会空间（或行业）的独立、自治与理性化”，至少包括：

（1）各个社会空间（或各行业）需要确立自己的基本价值理念，以发挥人的潜能与创造力，实现每一个人的自由、价值与幸福为宗旨。也就是说，社会空间有自己独立的价值目标。

（2）社会空间（或各行业）的自治。即各社会空间形成自己的运作规范和内部管理模式，并在政府的监督下逐渐产生自我约束和自我调整的能力。

（3）社会空间（或各行业）的理性化。我在这里借用它来指社会空间不仅有自我约束、自我管理的能力，而且能够一方面在内部通过任人唯贤等方式来形成良好的行业风气，让各行业、各单位成为人们能够安身立命的乐园；另一方面，在外部，各社会空间能够积极有效地与其他空间及政府之间良性互动，而不是恶性竞争。[12]

上述三个要素决定了在现代社会条件下，政府只是社会的监督者和管理者，非但不能垄断各行业的社会资源，而且也不能以政治需要为准绳来规定社会空间或行业的发展方向和方式。

三、黑格尔和涂尔干之所见

按照戈兰·海登（Goran Hyden）的观点，托克维尔（Alexis de Tocqueville）早在19世纪上叶就重视市民社会的自治或自我管理问题。他对国家权力和大众暴政（the tyranny of the majority）这两种相反的力量都不放心，把市民社会特别是其中的社会组织当成反对这两种危险的最强大屏障。基于对法国大革命教训的反思，他认为"由自我管理的社会组织构成的积极的市民社会"能够对公民进行教育。市民社会"可影响权力的分配，并为公民直接参与公共事务提供机制"。[13]

在《法哲学原理》中，黑格尔（G. W. F. Hegel）也谈到市民社会如何自治和自我管理的问题，尤其体现在他对"同业公会"的重视上。黑格尔认为，由于市民社会的成员每个人都带着“特殊利益的自私目的”，需要通过同业工会而使其自私目的获得普遍性。[14]通过加入同业公会，每个成员“属于一个整体，而这种整体本身是普遍社会的一个环节，又他有志并致力于这种整体的无私目的，……因此，他在他的等级中具有他应有的尊严”[15]。“只有在同业工会中，正直才获得其真实的承认和光荣。”[16]同业公会“是作为成员的第二个家庭而出现的”，对其成员有自我教育和管理的职能；因此同业公会不仅保护成员的财富和权利，也会要求成员的技能和德性。[17]也因如此，同业公会乃是“工商业的伦理化”，并让后者“获得了力量和尊严”。[18]黑格尔将同业工会与旧式行会区别开来，因为后者陷入了自我服务，没有“自觉的能思考的伦理”，所以没有力量和尊严。其结论是，“婚姻的神圣性和同业公会的尊严性是市民社会的无组织分子所围绕着转的两个环节”[19]。“同业公会局限的和有限的目的，在自在自为的普遍目的及其绝对的现实中，具有它的真理性。”[20]

现代社会学的奠基人之一涂尔干（Émile Durkheim）尤其重视市民社会的自治与自我管理，并对此作过非常精彩的论述。不过他与托克维尔等人的不同之处在于，他是以现实的法人单位（corporations，中译本译为“法人团体”）而不是自愿性社团（associations）为探讨对象的，更加贴近于本章中的“市民社会”之义。另一方面，涂尔干并不是从自由主义立场而是从传统道德如何重建这一角度来看市民社会的自治和自我管理问题的。本章将涂尔干所说的市民社会的自我管理称为市民社会的理性化。下面，我重点介绍一下涂尔干在《社会分工论》“第二版序言”中对于市民社会的自治和理性化的看法。

涂尔干主要讲述了在大工业兴起并彻底冲破了传统道德规范的情况下如何重建社会道德的问题——这也正是前文所谓市民社会（包括各行业）的自治和理性化问题，他希望通过“法人团体”［每个法人团体代表一个“职业群体（professional groups）”］来承担起建立社会道德规范的使命；不过，法人团体不能再像古罗马和中世纪时期那样局限于城镇和地方性的习惯（这是它在大工业时代被摒弃的主要原因），而应扩展为全国性的、不受地域限制的职业群体。毫无疑问，涂尔干所谓的“法人团体”和“职业群体”，属于前面所说的市民社会之典型而主要的成分。

涂尔干对法人团体在未来社会中的重要性给予了极高的评价：

> 我们甚至可以合理地假定，法人团体将来会变成一种基础，一种政治组织的本质基础。……难道我们真的不能合理地预想到，法人团体在未来也会相应地发生变化，成为国家的基本划分形式，成

为基本的政治单位吗？社会也将不会是今天这个样子，即由大片土地合并而成的聚居地，它将成为一种由国家法人团体所构成庞大体系。……如果证实了国家为了认清自身，需要由各种职业组合而成这个问题的话，它同时难道不也承认了职业组织（the organised profession）和法人团体(the corporation)将会变成公共生活的主要机构这个事实吗？[21]

既然法人团体已成为现代社会的主力军，那么它对整个社会的道德面貌也有着不可估量的影响。他批评有些人误解了法人团体的“真实本性”，不了解法人团体“在我们整个的集体生活中所占的地位”[22]，并指出：

我们之所以认为它（——指法人团体，引者）是必不可少的，并不在于它促进了经济的发展，而在于它对道德所产生的切实影响。在职业群体里，我们尤其能够看到一种道德力量，它遏止了个人利己主义的膨胀，培植了劳动者对团结互助的极大热情，防止了工业和商业关系中强权法则的肆意横行。[23]

一方面，在传统社会，社会主要经济单位是家庭，而家庭也确实承担起了确立社会道德规范的任务；但是另一方面，现代社会是在冲破了传统社会结构的基础上诞生的，社会主要经济单位不可能再是家庭，法人团体和职业群体才是现代社会最主要的组成部分，也是其中最基本的经济单位。因而，必须认为法人团体乃是现代社会最重要的基石，法人团体和职业群体理应担负起为现代社会建构道德规范的主要任务：

> 在过去，家庭负有着制定道德和法律准则的责任，……我们已经讨论过，在罗马和中世纪时期，法人团体是怎样产生相同的需要，同时又是怎样满足这些需要的。而对于未来的法人团体来说，则要发挥更强大、更复杂的作用，因为它的范围扩大了。……我们必须确认互助双方之间的团结感，确认精神和道德之间的同质性，这正是职业相同的人们最容易做到的。[24]

在现代社会早期即中世纪，法人团体确曾以行会的方式确立道德规范，包括引入家庭道德模式（祖先崇拜、公共宴饮等活动）来建立行业规矩。但可惜到了大工业时代，行业模式由于其自身的局限性而被无情淘汰。

最早的人类群体是家庭，人们由此而发展家庭生活的道德规范。家庭至今仍然是人类道德的最重要来源之一。但是后来随着人们走出家庭、进入社会，原来的家庭道德就不够了。一方面，法人团体仍然因袭，特别是开始时期因袭着家庭道德模式；另一方面，它也不得不发展出新的道德模式。家庭成员与法人团体都代表人类共同体，不过前者以血缘关系为基础，后者以职业关系为基础。随着分工的不断分化，“职业在我们生活中的地位也显得越来越重要。……尤其在家庭失去了它以前的统一的和不可分的性质以后，同时也失去了自己绝大部分的效力”[25]。虽然法人团体一开始是按照家族模式塑造出来的，仿佛不过是家族的一种新的、扩大了的形式——考虑到过去的家族也有集体经济活动和职能分工，法人团体也许可看成家族的承继者[26]，但是随着贸易的发展，它又为人们走出家门与同行交往、形成城镇及行会后所进一步确立。法人团体的出现，也确立了“一种新的行为方式”，不同于原来家族组织下的行为方式，它代表了“一种新的结构”[27]。与在家族环境里需要家族的道德和法规相似，在法人团体里也需要一套职业道德和法规，并行之有效。由于这种道德和法规形成的环境不同于家族，所以其内涵与前者既有相似性，也有重要区别。

涂尔干十分重视西方中世纪的行会制度在道德建设方面的积极作用，认为它前期是通过引用家庭道德价值来建构行业行为规范，后来又发展出了新的内容。他强调，法人团体和行业制度是我们时代正常的社会组织结构的基础，因而也是一切秩序的源头。“在我们这个时代的群众组织里，如果不存在任何一种行业制度，那么剩下的便只能是一个真空，这是任何语言都无法形容的。我们目前所缺少的，正是正常的社会生活功能所必需的整个社会机构体系。”[28]

此外，他还提出，分工不会造成社会的支离破碎，而有利于社会有机结合和自我调节；但分工也是不够的，一种好的行为模式依赖于“某个群体的权威来维持”，“只有建构完整的社会才能拥有道德和物质的最高地位，它不可避免地要为个人立法，同样，也只有集体构成的道德实体才能凌驾于私人之上”。[29]并指出，国家或政治社会不能成为社会道德建设的主体，只有职业群体即法人团体来承担。[30]

涂尔干所谓的“法人团体”或“职业群体”，可以说是市民社会的主力军，因为它主要指游离于家庭纽带之外的人们出于同样的从业需要而结合起来的实体。涂尔干也指出，中世纪兴起的法人团体乃是资产阶级、第三等级。[31]由上可知，涂尔干对法人团体和职业道德的强调，实际上是在强调一种行业和社会自治思想，而他的重心在于在行业和市民社会内部重建自身的道德。

四、以《孝经》为案例

从涂尔干的观点看，儒家的道德建设虽主要集中于家族、适合于传统社会，但未必不可像罗马时期的家族伦理一样延伸到行会和工业企业中来。那么，儒家传统有没有可能在原有基础上发展适应现代市民社会或法人团体需要的道德建设途径呢？接下来，我拟以《孝经》为例，来分析一下儒家孝治思想的精神实质，说明它与现代市民社会自治的要求是否一致。

今本《孝经》共18章[32]，其中第一章提纲挈领，讲到了本书的主要内容为三个方面：一是至德，二是要道，三是孝行。大体来说，至德是人应有的德性，要道指统治天下应有的方式。如果说至德针对个人、指向内在，那么要道则是针对天下/社会、指向外部。孝行本指个人的行为，在本书中包括事亲、事君和立身这三方面。在《孝经》中，孝行是把至德与要道串连起来的关键因素。即孔子认为，一个人的德性是通过孝行建立起来的。在这一建立过程中，个人会自然而然地具备了治理天下的能力。

围绕上述三个方面，我认为《孝经》的结构大体如下：

（1）第二章至第六章：至德，分别讲述天子、诸侯、卿大夫、士、庶人这五种人应有的德性。这体现了该书考虑人的身份不同，其所最当具备的品行也有侧重点的不同。这与现代人追求平等的思维逻辑不同。因为人的身份不同、角色不同，其需要注意的品德自然有所不同。比如庶人无社会职责，以个人利益为其最大追求就无可指责。《孝经》中对庶人品德的要求限于“用天之道，分地之利，谨身节用，以养父母”。相应地，天子职责高于所有人，对其品德要求也最高。《孝经》认为天子应当具备爱、敬两种内在的美德，行为可为全天下效法。其中爱为仁爱，敬为尊长，爱、敬对应于《礼记·大传》中的亲亲和尊尊。“爱敬尽于事亲，而德教加于百姓，刑于四海”为天子之孝。对于诸侯、卿大夫、士的要求分别体现为不骄不溢、效法先王、忠顺事上等，相比之下这些美德就显得次级一些，或可看作爱、敬这两种美德的自然延伸。除了第五章将忠、顺看作爱、敬的自然延伸外，第三章诸侯的不骄不溢和第四章效法先王，均可看作敬的结果。从另一方面看，这五种人的美德虽有不同，但并非毫无关系，也许可以说后四种人的美德均是天子至德的一部分，即便是庶人之孝也是出于爱亲之意，而天子当为天下最高榜样，故其德性要求最高，其理想状态可称为至德。

（2）第八、九章：要道，主要阐述先王理想的治天下之道。其中第八章讲孝治，其内容包括“不敢遗小国之臣”“不敢侮于鳏寡”“不敢失于臣妾之心”，故得天下之欢心，即弱小之人皆得其爱。它与孝的关系，从后果看是可以更好地事其先王、先君、其亲，从前因看则似乎是因为由孝生出的爱心。第九章讲圣治，以周公为典范，其内容包括“德义可尊，作事可法，容止可观，进退可度，以临其民”，这种至德的效果是“其民畏而爱之，则而象之”，所以能实现大治。这显然是把至德与要道直接关联起来，即在圣人那里，这两者是完全不分的。所以《孝经》也代表了一种内圣以实现外王的立场。进一步看，《圣治》章还强调了，圣王的至德是通过孝行体现的。“昔者周公郊祀后稷以配天，宗祀文王于明堂，以配上帝”，可见圣人之德无加于孝。所以在圣人这里，孝行、至德与要道三者也都是不分的。

（3）第十、十一、十五、十七、十八章：孝行。第十章讲述孝行的具体内容，包括事亲、事君和立身三方面。其中孝子事亲又有居、养、病、丧、祭。同时强调孝亲远不限于这些对亲人的直接行为，还包括居上不骄、为下不乱、在丑不争。第十一章强调了不孝之罪。第十五、十七章讲述孝子事亲、事君过程中谏诤的重要。第十八章讲述亲丧之礼。

（4）第七、十二、十三、十四、十六章，深入阐明孝行、至德、要道这三者之间内在贯通的逻辑，并在第十六章达到高潮。其中第七章概述孝之所以实现治，是这样做“则天之明，因地之利，以顺天下”。第十二章说明通过孝、悌可使人民相亲相爱、相互礼顺；第十二、十三章都说明统治者要以身作则，率先行孝，敬天下之人父、人兄、人君；“所敬者寡而悦者众”，为顺民之道。第十六章强调明王亲身行孝，感天动地，鬼佑神助，故上下皆治，无所不通。“事父孝，故事天明；事母孝，故事地察；长幼顺，故上下治。”“通于神明，光于四海”，所以东西南北、无思不服。

五、《孝经》中的孝治思想

综观《孝经》全书，可以发现，《孝经》的主旨并不在于通常意义上的孝敬亲人，而在于让统治者如何通过孝行建立至德、明白要道，从而实现天下大治，故被有些人称为儒家孝思想中的“孝治派”[33]。所以“治”的问题才反映《孝经》的核心。其中，有如下几个重要思想值得关注：

（1）强调孝合乎人的天性。“天地之性人为贵”“父子之道，天性也”。（第九章）合乎人的天性的孝行还包括谏诤在内，“故当不义，则子不可以不争于父，臣不可以不争于君”（第十五章），“进思尽忠，退思补过，将顺其美，匡救其恶”（第十七章），唯此方能上下相亲，人人和悦。

（2）圣人之治可以“不肃而成、不严而治”（第七章）。这使人想起《中庸》讲君子“不见而章，不动而变，无为而成”“不赏而民劝，不怒而民威于鈇钺”，“笃恭而天下平”等说法。今人不禁要问的是，为什么圣人或明王之治有如此神奇的功效？我想原因有三：

一是圣王之治敬重天下所有人，即所谓“敬其父则子悦，敬其兄则弟悦，敬其君则臣悦，敬一人而千万人悦”（第十二章）；“教以孝，所以敬天下之为人父者也；教以悌，所以敬天下之为人兄者也；教以臣，所以敬天下之为人君者也”（第十三章）。

二是圣人教人行孝，合乎人的天性；“不爱其亲而爱他人者，谓之悖德；不敬其亲而敬他人者，谓之悖礼。以顺则逆，民无则焉。”（第九章）“夫孝，天之经也，地之义也，民之行也。天地之经，而民是则之。则天之明，因地之利，以顺天下。是以其教不肃而成，其政不严而治。”（第七章）

三是圣王并非诉诸说教，而是以身作则，让人心悦诚服。所谓“先之以博爱”“陈之以德义”“先之以敬让”“导之以礼乐”“示之以好恶”（第七章），“言思可道，行思可乐。德义可尊，作事可法。容止可观，进退可度，以临其民。是以其民畏而爱之，则而象之”（第九章），“因严以教敬，因亲以教爱”（第九章），故“周公郊祀后稷以配天，宗祀文王于明堂，以配上帝。是以四海之内，各以其职来祭”（同上）。

这里要提醒注意的是，“教”是《孝经》中的重要概念，在该书中并不同于今人所谓学校教育和书本教育，而主要是指人君或统治者率先垂范以示人。第七章“先王见教之可以化民也”，是故“先之”“陈之”“先之”“导之”“示之”等。这段话，是对“教”最好的阐释，后面第九章以来多次反复出现的“教”，都是这个含义。

《孝经》这种孝行、至德、要道相连的思想，在其他诸多儒家经典中同样得到反映。比如《中庸》讲舜、武王、周公大孝或达孝，“善继人之志，善述人之事”“敬其所尊，爱其所亲，事死如事生，事亡如事存，孝之至也”。最后讲“圣人之道”，“苟不至德，至道不凝焉”。正因为圣人“聪明圣知达天德”，故能“经纶天下之大经，立天下之大本，知天地之化育”。

六、孝治与现代社会

现在，我们也许可以分析一下《孝经》中的孝治思想。首先我想说明，儒家的孝治思想在逻辑上与前文所述行业及社会自治思想是完全一致的。换言之，如果古代儒家生活在今天，他们一定主张行业及社会的自治。原因如下：

（1）《孝经》的孝治思想理论基础之一是敬重全天下人，即让每个人的尊严获得保障。它假定统治者若能让人们普遍获得尊严，社会自然会安定下来。这是倡导孝治的主要原因之一，“教以孝，所以敬天下之为人父者也；教以悌，所以敬天下之为人兄者也；教以臣，所以敬天下之为人君者也。”（第十三章）“敬其父则子悦，敬其兄则弟悦，敬其君则臣悦，敬一人而千万人悦。所敬者寡而悦者众，此之谓要道也。”（第十二章）《孝经》第二章强调了爱、敬为天子统治天下的基本德性，“敬”字在全书中共出现了23次。如果说，孝悌是在家族生活中体现对人的敬重的主要方式，那么尊重行业价值、推动行业自治也许是在法人团体或市民社会中体现对人敬重的主要方式。由于过去人们主要生活在家庭、家族及君臣关系中，所以敬重的最好体现是行礼，核心在于行孝。今天人们主要生活在家庭、行业及单位中，其受到敬重的方式不仅包括推行孝道，而且应当包括尊重其行业价值。如果行业价值得不到尊重，人们被要求按照政治或其他外在需要来行事，违背行业内在需要，这便是一种现代的霸道政治。

（2）《孝经》的孝治思想另一理论基础是合乎人的天性的生活方式。“天地之性人为贵。人之行莫大于孝，孝莫大于严父”“父子之道，天性也，君臣之义也。”“不爱其亲而爱他人者，谓之悖德；不敬其亲而敬他人者，谓之悖礼。”（第九章）这些话充分体现了孔子认为孝亲因为合乎人的天性，才被称为“天之经、地之义、人之行”；而孝正因为合乎人性，才会成为“顺民如此其大者”（第十三章），“圣人之教”之所以能“不肃而成，不严而治”，是“其所因者本也”（第九章）。从今天的需要来看，人的天性除了在爱敬亲人外，还包括发挥个人的潜能，自由从事自己喜欢的职业，自由地思想和行为。这是现代社会区别于古代社会的最重要的方面。从这个角度说，行业及社会的自治是合乎人的天性的现代生活方式。

由上可以理解，“孝治”背后蕴含着家族自治的逻辑，这一逻辑可自然延伸为社会自治和行业自治。《孝经》虽未明言家族自治，但从其尊重人的天性、基于人的尊严、顺应人民的需求、令千万人悦的思想可以看出，家族自治是孝道的必然要求。如果儒家生活在今天，很容易从这一精神出发，主张和要求行业及社会自治。不仅如此，儒家还会重视统治者以身作则来推行行业及社会自治。

《史记·曹参世家》记孝惠元年，以曹参为齐丞相，“参尽召长老诸生”，问如何“安集百姓”。应召诸儒上百人，然“言人人殊”，参“未知所定”。后听说胶西有盖公，治黄老，“使人厚币请之”：

> 既见盖公，盖公为言治道贵清静而民自定，推此类具言之。参于是避正堂，舍盖公焉。其治要用黄老术，故相齐九年，齐国安集，大称贤相。

这则故事讲曹参为相于齐国期间，听盖公“治道贵清静而民自定”之言而成治。盖公之言虽属黄老之术，然也可从儒家角度来解读，它与《孝经》“不肃而成、不严而治”以及所谓“贵清静而民自定”有一致性，其共同精神是让人民按自性行为，不必人为干扰。宋代大臣王岩叟在元丰八年六月上哲宗《论治道贵清静俭约奏》中言：

> 臣观历代君臣讲治道者多矣，然莫如贵清静而敦俭约。盖天下本无事，因扰之而事多。事多则民劳，民劳则怨，民怨则国家有缓急，虽赏之而不为用。此所以莫如贵清静也。天下之人所以养生送死者本自足，由夺之而后困，困而后为盗贼。[34]

“天下本无事，因扰之而事多。”“天下之人，所以养生送死者本自足，由夺之而后困，困而后为盗贼。”这说明古人早就认识到，治理之道关键在于顺应人民自身自然而然、自生自发的需求。[35]而这种自生自发的需求由于符合人民的天性、尊重个人的需要，因而最容易实现社会安宁和天下大治。这种无为而治的治道思想，即“清静而民自定”的精神，与《孝经》“不肃而成，不严而治”的精神是一致的。用现代话说，就是指让人民按照自性组织自己的社会、自治自身的行业。

七、孝与社会 – 行业自治

通过《孝经》的孝治思想研究，我想说明：儒学虽然从未正式从理论上涉及“社会”特别是市民社会，但并不等于它的理论资源对于市民社会来说是完全不相容的。这一研究与爱德华·希尔斯以一种自由主义的市民社会概念为标准来分析儒学中有无市民社会资源是不同的，尽管我们都认为儒家中有与市民社会发展有利的资源。[36]

事实上，在过去几千年历史中，中国并非完全没有出现过与现代市民社会相类似的东西，而儒学也曾经在其中发挥过积极作用。在中国历史上，儒家不仅一直倡导史学和政治的理性化发展，而且也同样强调学术、家族、地方社会、宗教乃至包括商业在内的百业的自治与理性化。这些思想，正如狄百瑞等人所说的那样，非但没有过时，且极有现实意义。包弼德（Peter K. Bol）[37]有关唐宋转型的研究，余英时及许多当代中国学者[38]围绕儒家伦理与中国商人精神的研究，狄百瑞[39]对于中国古代家族自治、村社自治、教育自治的研究，以及近年来学术界关于中国近代早期公共领域的研究[40]，都可以说明：行业的自治与理性化，不仅可以从儒家思想中得到有力支持，而且在中国古代社会中也有长久的实践，并不是新鲜的现代事物。我曾在有关论著中试图证明，史学乃至政治行业作为一个行业的自治与理性化在中国古代是非常发达的。[41]

但是另一方面，与西方自由主义传统不同的是，在孔子和孟子等人看来，行业的理性化不是“如何限制国君”这么简单的事，而在于一种良好的风尚和传统能否形成，这需要通过人格的典范和一代代的努力。这体现在孔子的“正名”思想中。从中我们也可以看出儒家政治思想与西方现代政治思想的一个重大不同，即不是将社会的希望寄托于一套客观、普遍和人人可依的法（宪法和法律）中，而是寄托于良好传统的树立，并通过该传统的树立来达到与西方的法同样的功效，即对多数普通人的约束。《论语》中就有这样的表述：

> 齐景公问政于孔子，孔子对曰：“君君、臣臣、父父、子子。”（《论语·颜渊》）
>
> 子路曰：“卫君待子而为政，子将奚先？”子曰：“必也正名乎！”子路曰：“有是哉，子之迂也，奚其正？”子曰：“野哉，由也！君子于其所不知，盖阙如也。名不正，则言不顺；言不顺，则事不成；事不成，则礼乐不兴；礼乐不兴，则刑罚不中；刑罚不中，则民无所措手足。故君子名之必可言也，言之必可行也。君子于其言，无所苟而已矣！”（《论语·子路》）
>
> 子曰：“觚不觚，觚哉！觚哉！”（《论语·雍也》）

“正名”的表面意思，用今天的话来说，就是拥有与自己的职位和角色相符的品质，包括个人的主观素质、职业道德、责任感和能力等。孔子的言论虽然针对政治家而发，但也适用一切行业及社会空间的自我建设。

过去不少人认为，孔子的“正名”思想体现了儒家将希望寄托于一两个人的道德品行而不是制度上，陷于人治而无法治。其实这种看法过于简单化了。孔子的用意不仅在于为君有为君之道、为臣有为臣之道、经商有经商之道和为学有为学之道，而且更重要的是，他认识到多数普通人是需要有制度性的管束的，这个能管束他们、使其言行合制的事物不是别的，而是社会风气或行业传统；然而，这样的风气或传统不可能自发地形成，需要有人来确立。那么谁有资格来确立呢？答案只能是贤能之辈，而不可能是普通人。

孔子显然认识到，不能寄希望于普通人的道德自觉，所以才主张通过俊杰出来引导社会风气，形成行业传统，确立行业规范，从而引导绝大多数不够自觉的人们。他显然知道，好的传统可以一代代传下去，约束无数原本道德境界不高的普通人；好的传统还可以经过后人的不断耕耘臻于完善，培养出一代又一代新人。一个社会中固然不可能人人皆是君子，但人品端正、德才兼备的人也是任何时候都有的，关键在于能否发现并提拔他们。也只有通过这些人才能实现行业风气的转变和行业传统的确立；再通过转变行业风气，确立行业传统，即可让上上下下、各行各业都能确立符合其各自角色的标准。这就是“正名”，也是《孝经》中重视

"教"的主要原因。

因此，"传统""风气"和"规范"，与托克维尔所谓"民情""风俗"甚至宗教功用相近，也与涂尔干所谓的行业道德或职业道德建设性质相同，可以达到与"法"同样的效果。所以"正名"的精神实质并不是"人治"，而是"治人"，或者用今天的话说叫作"收拾人心"，我把它理解为儒家的"行业理性化"思想，它主张通过端正行业风气，引导多数人自觉遵守行业规范，让人们充分认识到如何让自己的道德素质、人格自尊和行为方式等与自己的身份、角色相符，从而形成广泛的约束力。《孟子·梁惠王下》曰：

> 君子创业垂统，为可继也。

"正名"思想的真正效果，落脚于行业传统的树立。就政治而言，存在优良政治传统的树立问题；就学术而言，存在学术传统重建的问题；就商业领域而言，存在商业传统重建问题；其他所有行业也是如此。各行各业莫不存在同样的问题，也就是说各行各业都需要"正名"。行业传统的树立，既可以规范行业行为，也可以端正行业风气。

这些正是儒家在行业和社会自治方面的主要特点，由此很容易理解为什么《孝经》的孝治思想，特别是其重视教化、重视德性、敬畏人心和遵从人性的思想有助于行业和社会的自治和理性化，从而有助于当代中国市民社会的发展。但如果我们站在自由主义立场，容易发现《孝经》及儒家的礼治、教化、孝悌和贤能思想与现代市民社会的要求格格不入，从而无法找到理解中国市民社会未来发展方向的正确路径。

注释

1 有关当代中国市民社会研究，参见李熠煜：《当代中国公民社会问题研究评述》，《北京行政学院学报》2004年第2期，第92—96页；邓正来：《国家与社会：中国市民社会研究》，四川人民出版社1997年版。

2 参见《布莱克维尔政治学百科全书》（英文版主编戴维・米勒、韦农・波格丹诺，中译本主编邓正来），中国问题研究所组织翻译，中国政法大学出版社2002年版，第125页。

3 对东欧市民社会较全面的分析研究，参见Michael Bernhard, "Civil Society and Democratic Transition in East Central Europe", *Political Science Quarterly,* Vol. 108, No.2 (Summer, 1993), pp. 307-326；简略概括，参见Edward Shils, "Reflections on Civil Society and Civility in the Chinese Intellectual Tradition", in Tu Wei-ming, ed., *Confucian Traditions in East Asian Modernity: Moral Education and Economic Culture in Japan and Mini-dragons*, Cambridge, Massachusetts: Harvard University Press, 1996, pp.39-40。

4 参见方朝晖：《市民社会的两个传统及其在现代的汇合》，《中国社会科学》1994年第5期，第82—102页；Larry Ray, “Civil Society and the Public Sphere”, in Edwin Amenta, Kate Nash and Alan Scott, eds., *The Wiley-Blackwell Companion to Political Sociology*, first edition, Chichester, West Sussex & Malden, Blackwell Publishing Ltd., 2012, pp.240-244。另参见何增科：《市民社会概念的历史演变》，《中国社会科学》1994年第5期，第67—81页；邓正来、〔美〕J.C.亚历山大编：《国家与市民社会：一种社会理论的研究路径》，中央编译出版社1999年版。

5 我曾论证认为，在西方思想史上，市民社会大体上有两种不同的理解传统：一种传统是把它理解为citoyen（公民）的社会，其典型表述形式是société civile或civil society。从西塞罗到洛克、亚当·福格森、卢梭、孟德斯鸠、康德等思想家，基本上把它理解为出现了城市的文明政治共同体。另一种传统则把它理解为一个由bourgeois（资产者）构成的社会，其典型表述形式是bürgerliche Gesellschaft，主要由黑格尔和马克思发展出来。参见方朝晖：《市民社会的两个传统及其在现代的汇合》，第82—102页。

6 参见〔德〕黑格尔：《法哲学原理》，范扬、张企泰译，商务印书馆1979年版，第197—252页；〔德〕马克思：《论犹太人问题》，《马克思恩格斯全集》第1卷，人民出版社1956年版，第419—451页；以及《马克思恩格斯全集》第3卷，人民出版社2002年版，第163—198页；〔德〕马克思：《德意志意识形态》，《马克思恩格斯全集》第3卷，人民出版社1960年版，第56—70页等。

7 戈兰·海登（Goran Hyden）考察了四个代表性人物的市民社会概念，即洛克、黑格尔、潘恩和托克维尔（在考察黑格尔时连带涉及了马克思和葛兰西），并从政府与社会关系、私人经济利益和公民团体（associational life）这几个不同维度研究市民社会。参见Goran Hyden, “Civil society, Social Capital, and Development: Dissection of a Complex Discourse”, *Studies in Comparative International Development*, Vol.32, No.1 (1997), pp.3-30。

8 公共领域与市民社会的关系，参见Jürgen Habermas, *The Structural Transformation of the Public Sphere: An Inquiry into a Category of Bourgeois Society*, Thomas Burger, trans., Cambridge, Massachusetts: The MIT Press, 1989。

9 方朝晖:《对90年代市民社会研究的一个反思》,《天津社会科学》1999年第5期，第19—24页。

10 相关的研究，参见林安梧,《从“外王”到“内圣”：以“社会公义”论为核心的儒学:后新儒学的新思考》,《西南民族学院学报（哲学社会科学版）》2001年第2期，第1—7页；马长山:《东亚法治秩序的局限与超越维度》,《中国法学》2003年第3期，第183—190页；张舜清:《公民社会与儒家伦理》,《中州学刊》2006年第4期（总第154期），第130—133页；等等。

11 Edward Shils, “Reflections on Civil Society and Civility in the Chinese Intellectual Tradition”, p.46.

12 “理性化”(rationalization)是韦伯和哈贝马斯常用的词汇，而我这里所使用的“理性化”一词含义无疑已与韦伯和哈贝马斯等人有相当大的差别。应该说，西方语境中的“理性化”一词具有非人化（impersonal）、规则高于一切、产出最大化等特征，这些均与中国传统文化精神不合。

13 Goran Hyden, “Civil Society, Social Capital, and Development: Dissection of a Complex Discourse”, pp.6-7.另外，托克维尔在《论美国的民主》中未见使用“市民社会”一词，但在讨论多数暴政和民主共和制度的保障时，确实大量涉及了市民社会

成分的作用，认为“在市民社会中，中立的媒体舆论、自由的新闻、独立的报刊、自由结社、志愿组织、宗教、法学精神和理论都能对政治国家的权利产生牵制作用”（参见张婧、丁社教：《从托克维尔到哈贝马斯：探寻市民社会的特征》，《西安建筑科技大学学报（社会科学版）》，2014年第4期，第33页）。托克维尔比较明确、具体地论述到了市民社会的牵制作用包括法律家群体、宗教团体、民情、市镇等因素。其相关言论，参见〔法〕托克维尔：《论美国的民主》（上卷），董果良译，商务印书馆1988年版，第301—367页。

14 参见〔德〕黑格尔：《法哲学原理》，第248页。

15 参见上书，第249—250页。

16 参见上书，第250页。

17 参见上书，第249页。

18 参见上书，第251页。

19 同上。

20 参见上书，第252页。

21 〔法〕埃米尔·涂尔干：《社会分工论》，渠敬东译，生活·读书·新知三联书店2017年版，“序言”，第39页。英文为我据该书英文版所加。

22 参见上书，第41页。

23 参见上书，第22页。

24 参见上书，第38页。

25 参见上书，第29页。

26 同上。

27 参见上书，第30页。

28 参见上书，第41页。

29 参见上书，第16、17页。

30 参见上书，第17页。

31 参见上书，第34页前后。

32 本章所用为今文《孝经》唐明皇本。应该说，唐明皇本今文《孝经》虽有个别改经之处，但也是往往参照古文《孝经》而作，个别改动其实是使原文更加通顺，此一问题此处不作细论。《孝经》今古文差异不大，除了极个别字句之外，主要是古文本多出《闺门》一章。关于唐明皇本与今文《孝经》其他版本的差异描述，参见陈璧生：《孝经学史》，华东师范大学出版社2015年版，第214—229页。关于《孝经》的作者、版本和今古文等复杂问题，参见刘增光：《晚明〈孝经〉学研究》，上海古籍出版社2015年版，第35—83页。

33 黄开国：《论儒家的孝道学派：兼论儒家孝道派与孝治派的区别》，《哲学研究》2003年第3期，第46—52页。

34 ［宋］赵汝愚编：《宋名臣奏议》卷三，四库全书本。参见曾枣庄、刘琳主编：《全宋文》卷二二一八《王岩叟》，上海辞书出版社2006年版，第382—383页。

35《宋史全文》也记载宋高宗曾言："大抵治道贵清静，人君不生事，则天下自然受福。"（见《宋史全文》卷二十一中《宋高宗十四》，"绍兴十五年秋七月乙巳"条，汪圣铎点校，中华书局2016年版，第1699页。）

36 Edward Shils, "Reflections on Civil Society and Civility in the Chinese Intellectual Tradition", pp.38-71.

37 参见包弼德：《唐宋巨大历史变迁的现代意义：对nation观念的重新思考》，http://www.yannan.cn/data/detail.php?id=2293，最后访问时间为2004年4月30日；Peter Bol, "The Rise of Local History: History, Geography, and Culture in Southern Song and Yuan Wuzhou", *Harvard Journal of Asiatic Studies*, Vol.61, No.1 (Jun. 2001), pp.37-76。

38 参见余英时：《儒家伦理与商人精神》，沈志佳编，广西师范大学出版社2004年版；章颖颖：《略论儒家伦理与明清之际社会转型：以山西商人为个案的研究》，《同济大学学报（社会科学版）》2004年第6期，第39—46页（此文以明清时期山西商人为例，讨论韦伯新教伦理与资本主义关系的命题）；唐琼：《从町人思想看儒学在日本近代化中的功效》，《中共四川省委党校学报》2006年第3期，第102—105页（该文论述了町人阶层如何从儒家义利观中吸取有利于商业的精神）。

39 W. T. De Bary, *Asian Values and Human Rights: A Confucian Communitarian Perspective*, Combridge, Massachusetts: Harvard University Press, 1998.

40 英语世界学者关于中国早期市民社会的部分讨论，参见Philip C. C.Huang, "'Public Sphere'/'Civil Society' in China?", Paradigmatic Issues in Chinese Studies Ⅲ, *Modern China*, Vol. 19, No.2 (Apr. 1993), pp.216-240。

41 参见方朝晖：《文明的毁灭与新生：儒学与中国现代性研究》，中国人民大学出版社2011年版，第186—203页。

第六章　礼法问题

为什么中国文明曾被认为是一种礼教文明？为什么儒家千百年来不遗余力地倡导礼？礼大于法为什么是古代中国制度建设的主流？这其中的关键在于，礼基于人情，更契合中国文化的关系本位心理。

本章将重点研究中西文化中的制度基础之异同，即礼治与法治赖以存在的文化心理基础区别，并基于此认为法治（rule of law）在西方文化中有深厚土壤，但是在中国文化中则不然；中国文化需要法治，但最有效的制度基础是礼治。

一、重新认识礼

“凡治人之道，莫急于礼。”（《礼记·祭统》）数千年来，儒家一直主张“礼大于法”，所谓“导之以政，齐之以刑，民免而无耻；导之以德，齐之以礼，有耻且格”（《论语·为政》），可以说非常典型地反映了儒家治道重礼的特点，本章称此为礼治原则（英文中ritualism有时译作“礼制主义”，但与本章的“礼治原则”含义尚有区别。“礼治”的英文可译作rule of ritual）。

儒家礼治思想实际上以确立人伦秩序为宗旨，“程以立数，礼以定伦”（《荀子·致士》），“礼者，人主之所以为群臣寸尺寻丈检式也，人伦尽矣”（《荀子·儒效》）。如果说人伦原则更强调道德的主观性，那么礼治原则则更强调道德的客观性；人伦原则稍软，礼治原则稍硬。从人伦原则出发，有纲纪之说；从礼治原则出发，有礼乐之道。

儒家一直强调，礼的主要功能是“理万物”（《礼记·礼器》），为“上下之纪、天地之经纬”（《左传·昭公二十五年》）。“绳者，直之至；衡者，平之至；规矩者，方圆之至；礼者，人道之极也”（《荀子·礼论》），故“治国不以礼，犹无耜而耕也”（《礼记·礼运》）。这说明，礼制承担着社会制度的功能。如果这一观点正确，也就自然驳斥了另一种常见的观点，即儒家把社会治理的希望完全寄托于圣贤、寄托于道德，而不像西方人那样寄托于制度。

儒家交待得十分明确，制礼的主要目的是限制每个普通人都有的正常的“人欲”，甚至强调了即使圣人也

“不能加于礼”，就像再巧的工匠也必须遵守“绳墨”一样（《荀子·法行》）。

为什么儒家主要从礼而不是法的角度来谈制度建设？为什么儒家一直主张礼大于法？本章认为，其秘密在于，在中国传统社会里，从来都是非正式的制度胜过正式的制度，习俗、传统的力量大于制度、法律的力量，心理的权威强于条文的权威。礼治思想代表了中国文化需要从伦理道德角度来建设理想社会秩序的重要特点，不能简单地用所谓“泛道德主义”来批评。

如果法治是用统一的、一刀切的制度来管理这个社会，那么礼治则用传统的、习俗化的力量来管理这个世界。在以人情、面子为机制的中国文化中，凡是不符合人情的制度、法律和规则，随时会被人们灵活变通。“法家不别亲疏，不殊贵贱，一断于法，则亲亲尊尊之恩绝矣”（《史记·太史公自序》），而儒家则“缘人情而制礼，依人性而作仪”（《史记·礼书》）。但儒家绝不是放任人情，任其泛滥，而是积极引导，合理规范。“人情者，圣王之田也。修礼以耕之，陈义以种之。”（《礼记·礼运》）由此我们理解，为什么礼才是维护社会和人间秩序最重要的纽带，比法更能发挥约束中国人行为的作用。这当然不是说，中国人自古以来不重视法律，或中国文化不需要法律，毕竟“徒善不足以为政，徒法不足以自行”（《孟子·离娄上》）。我只是说礼大于法，并没有说礼代替法。可以这样说，礼是中华文明的关键所在。所谓：

> 先王之制礼乐也，非以极口腹耳目之欲也，将以教民平好恶而反人道之正也。(《礼记·乐记》)
>
> 象天地而制礼乐，所以通神明，立人伦，正情性，节万事者也。(《汉书·礼乐志》)

二、礼的特征与本质

先论礼之义。

“礼”源于祭祀[1]，进一步演变成一系列重要场合的礼仪活动，即所谓典礼（也称礼典），与今本《仪礼》内容相应。典礼应当是“礼”最初和最主要的含义[2]，包括吉、凶、宾、军、嘉五礼，又有冠、婚、丧、祭、朝、聘、射、乡饮八礼之分（参见《礼记·昏义》《大戴礼·本命》），此外还有郊、社、尝、禘、馈、奠、射、乡、食、饗十礼之说（参见《礼记·仲尼燕居》），等等。

“礼”也进一步引申为代表正式的制度体系，即所谓“礼制”。在《周礼》一书中，我们看到那么宏大的王朝制度，包括三公六卿的等级、春夏秋冬四官的配置、各级官员的职守和待遇等皆被纳入礼的范畴。[3]此外，《礼记·曲礼下》所述天子五官如司徒、司马、司空、司士、司寇之分，以及“天子建天官”“六大”“天子之六府”“天子之六工”等皆属礼制范围。

“礼”还可从上述人间世界的秩序，延伸到自然世界甚至整个宇宙，代表天地间一切秩序。《左传》记载子大叔论礼，一方面把礼的范围大大拓宽为涵盖一切事物的规矩，有声、色、味之律，有喜、怒、哀之度；[4]另一方面又把礼的地位大大提高到“天之经，地之义”的地步，成为“上下之纪、天地之经纬”。也有人说，礼本来就源自天地，代表天地间最高秩序和法则，所以无比神圣，“本于大一，分而为天地，转而为阴阳，变而为四时，列而为鬼神”(《礼记·礼运》)；“体天地，法四时，则阴阳，顺人情”(《礼记·丧服四制》)。[5]正因如此，古人认为礼保证了天地万物及人间社会一切事物的有效运行，“天地以合，日月以明，四时以序，星辰以行，江河以流，万物以昌，好恶以节，喜怒以当”(《荀子·礼论》)。

沈文倬认为，礼可分为曲礼、典礼和礼制；[6]如果说典礼指特定场合中的礼节，那么曲礼则指日常生活中的礼节，曲礼当为典礼含义的具体展开。[7]严格说来，这些只是礼的形式，无论曲礼、典礼还是礼制，代表的都是人物交接的恰当方式。所以古人也把礼定义为恰当的、合乎分寸和尺度的行为或行为方式。《说文解字·礼》曰：“礼者，履也。”[8]《礼记·祭义》云：“礼者，履此者也。”《礼记·仲尼燕居》曰：“言而履之，礼也。”《荀子·大略》云：“礼者，人之所履也。”现在，我们可以将礼的几种不同层次的含义区分如下：

表10　礼的层次

	礼之义	示例
4	整个宇宙的规范	如天地、阴阳、五行
3	政治行为的规范	如礼制
2	社会行为的规范	如典礼、曲礼
1	个人行为的规范（或恰当方式）	如曲礼、典礼

上面四个不同层次的“礼”中，从第一到第四，范围不断扩大，但其根本含义是一致的，无非是人与事物之间某种规范的关系，“礼”或许可以定义为人与人、人与万物（包括鬼神和自然）交接时的伦理规范；而王朝制度的典章制度及天地宇宙的法则，或可看作这种规范的进一步延伸或客观外在表现。所以，古人把礼看成“人道之极”(《荀子·礼论》)，“理万物者”(《礼记·礼器》)。

古人特别强调礼的主要功能在于塑造行为规范，确立生活秩序。“夫礼，禁乱之所由生，犹坊止水之所自来也”(《礼记·经解》)。“讲信修睦，尚辞让，去争夺，舍礼何以治之？”(《礼记·礼运》)“朝觐之礼，所以明君臣之义也；聘问之礼，所以使诸侯相尊敬也；丧祭之礼，所以明臣子之恩也；乡饮酒之礼，所以明长幼之序也；昏姻之礼，所以明男女之别也”(《礼记·经解》)。“以正君臣，以笃父子，以睦兄弟，以和夫妇，以设制度，以立田里”（《礼记·礼运》）。[9]

但是，把礼的本质理解为规范或秩序，同时不需要把它与传统、习俗相等同。至少在儒家看来，礼并不是某种机械的规矩或被动接受的习惯，“礼”的目标在于追求和谐、健康的共同体生活——人们相互尊重，彼此敬让；人人各安其分，不相僭越；人们彼此关爱，和乐融融；人民秩序井然，有条不紊，即所谓“父慈、子孝、兄良、弟弟、夫义、妇听、长惠、幼顺、君仁、臣忠”（《礼记·礼运》）。[10]如果说礼代表的是规矩、规范，那也只是它的形式，而不代表其实质，礼的目标是实现人与人相互尊重、彼此恭敬、和谐相处。单纯的规矩、规范可能演变成机械和死板的条条框框，与人性的内在需要相对立。正因为礼的本质目的在于创造理想、充满活力的生活共同体，才被称为“国之干”（《左传·僖公十一年》）、“国之纪”（《国语·晋语》）、“政之舆”（《左传·襄公二十一年》）和“治辨之极”（《荀子·议兵》）。

三、礼与法之别

礼之所以有上述功能，是因为它有如下一些重要特征：

一是重分。荀子称“人道莫不有辨，辨莫大于分，分莫大于礼”（《荀子·非相》），司马光称“礼莫大于分”（《资治通鉴卷第一·周纪一》）。“分莫大于礼”与“礼莫大于分”并不矛盾，而是从不同角度说。礼是分的规范，故曰“分莫大于礼”；分是礼的发用，故曰“礼莫大于分”。所谓“分”，严格说来，指根据每个人在人伦关系中的年龄、身份、位置和性别等来确定每个人的职责，以实现人人各司其职、各尽其能、各安其分。古人认为，先王害怕人欲膨胀无度、导致混乱，故“制礼义以分之”（《荀子·礼论》）；以“定亲疏，决嫌疑，别同异，明是非”（《礼记·曲礼》）；“使有贵贱之等，长幼之差，知贤愚、能不能之分，皆使人载其事而各得其宜”（《荀子·荣辱》）。所以，“分”的问题，反映了礼因人、因事和因地制宜的特点，“无别无义，禽兽之道也”（《礼记·郊特牲》）。[11]这与反对考虑每个人特殊情况和具体情境而随时变通的法存在着本质区别。[12]

二是主敬。礼标志着对生命的敬畏。“礼者，敬而已矣。”（《孝经·广要道》）礼源于祭，祭礼塑造着对生命的敬畏之心。荀子认为，礼有“三本”：“天地者，生之本也；先祖者，类之本也；君师者，治之本也……故礼上事天，下事地，尊先祖而隆君师。”（《荀子·礼论》）在祭祀中，对人间权威的服从被对超人间权威的崇拜所代替，从而使人间的秩序获得了神圣内涵，使共同体生活有了神圣基础。没有这个内涵和基础，共同体生活及其礼仪规矩就不稳固。此外，祭祀实现了对人间权威的驯化，使之走向理性。当然，敬畏绝不仅仅体现在祭祀之中，古人认为一切人类行为都要主敬，才能体现礼的精神。《论语》中“敬”字出现二十多次，“出门如见大宾，使民如承大祭”（《论语·颜渊》），正是把礼的精神转化为日常生活中每一个行为的细节。

三是称情。荀子又谓礼为“称情而立文”（《荀子·礼论》），多述喜怒哀乐之情合理发泄之道。在人生道路上，有痛苦也有欢乐，有悲伤也有喜悦。一方面要让真情实感得以发泄[13]，另一方面又要发泄得合乎分寸和尺度，这就是“称情立文”。文者，饰也。“事生，饰欢也；送死，饰哀也；祭祀，饰敬也；师旅，饰威也……创巨者其日久，痛甚者其愈迟。三年之丧，称情而立文，所以为至痛极也。齐衰、苴杖、居庐、食粥、席薪、枕块，所以为至痛饰也。”（《荀子·礼论》）“人情者，圣王之田也，修礼以耕之。”（《礼记·礼运》）“缘人情而制礼，依人性而作仪”（《史记·礼书》）。相互尊重、彼此敬让、秩序井然、和乐融融的共同体生活之所以出现，恰在于每一个人的情感都得到了满足。更准确地说，是每一个人情感都得到了适度的满足。[14]

四是养性。“礼者，养也”“以养人之欲，给人之求。”（《荀子·礼论》）[15]当人的情感、欲望和需要得到了恰如其分的满足、没有逾越分寸时，即对人的生命构成滋养。“孰知夫出死要节之所以养生也！孰知夫出费用之所以养财也！孰知夫恭敬辞让之所以养安也！孰知夫礼义文理之所以养情也！”（《荀子·礼论》）《左传·昭公二十五年》谓“淫则昏乱，民失其性”，“是故为礼以奉之”。《汉书·礼乐志》也引刘向“礼以养人为本”之语。可见礼的本质不在于通过一套规范或规矩来统治别人，也不是人为地追求统一或一致，而是要让每一个人健康地成长、健全地发育。“五四”以来，人们多指责礼教“吃人”，这是一个理论与实践的差距问题，即在现实实践中礼有时被当成了机械和死板的礼仪规矩，但那岂是礼的本义？

总而言之，“礼”不是硬性的约束机制，而是同一共同体中多数人在心理上认同、在情感上接受的行为规范，其根本精神在于对人和物的尊重。可以这样说，一套政策或制度就其本身而言也许不是礼，但当被人们从心理上广泛接受为人与人相互尊重的行为方式从而赋予它以某种道德意义或价值时，就成了礼。

有了这些理解，我们可以总结一下礼与法的区别。应该说，礼与法的区别主要不在形式上，而在内在精神上。梁漱溟先生曾这样区分礼与法：

> 凡一事之从违，行之于团体生活中，人情以为安，此即谓之礼；……大家相喻而共守，养成这么一种习惯。成为习惯即叫礼。所谓“礼”这个东西，除了道德上的义务或舆论上的制裁之外，它没有其

它的最后制裁（如法一样有打有罚）。[16]

凡一事之从违，行之于团体生活中，借外面有形的，可凭的标准以为决定，可行者行，不可行者止；取决于外面，于事为便，此即谓之法。在法表面上的标准很清楚，很明白，很确定；然与内里人情不一定就相恰。在法上来解决一切问题，凡不合法者，他都有一个解决或制裁。[17]

李泽厚先生曾对礼、法之别总结如下[18]：

表11　礼法之别

礼	法
（1）非成文的习惯原则（“经”）	（1）成文的规范形式
（2）重情境和条件（如“礼尚往来”），有更多灵活性、特殊性和差异性（“权”）	（2）重普遍和确定，追求一定的平等和一致
（3）个体的自觉和主动	（3）个体的被动与服从
（4）公德（公共行为）与私德（内心修养）合而为一	（4）只求行为表现公德，不问内在私德如何
（5）更多社会舆论的制裁和谴责	（5）主要由政府部门制裁处理
（6）目的性（本身即目的）	（6）工具性（本身乃手段）
（7）情感性（归结于“仁”）	（7）非情感性（与“仁”无关）
……	……

同时李泽厚也对中国历史上所实际存在的“礼法交融、合情合理”的治理方式及断案特点进行了非常好的

总结，认为共包括四个方面：（1）屈法伸情；（2）原心论罪；（3）重视行“权”；（4）必也无讼。[19]

由于礼以人们在心理和情感上的认同为特点，导致它不像法那样强调统一的、一刀切的形式，而是更强调其处境化和人情化的特点。[20]尽管一些礼后来被以书面形式确定，表面上与法无异，但对人的约束方式仍有所不同：违背了礼可能被人嘲笑和批评，甚至给自己带来严重后果，但不一定会受到硬性的制裁；违背了法必定可受硬性的制裁。法律的权威来自国家机关，而礼的权威来自舆论，特别是地方社会或私人生活圈内的舆论，未必与国家权威有关系。另一方面，法律作为一种形式性原则，虽有强制性，但可以随时制定、随时废除；而礼虽没有法那样大的强制性，却不能随时制定或废除。因为礼往往首先作为一种风俗习惯自然而然地形成，而后才受到正式认可。但它一旦形成，往往就已具有巨大的惯性，在人心中形成强大的力量，比法律的影响力要更加根深蒂固。所以，礼与法作为对人的约束各有特点、各有优劣。我们不能简单地说，法治一定高于礼治。

四、礼在今天过时了？

现代人重法轻礼，其中最有代表性的观点也许是德国社会学家滕尼斯（Ferdinand Tonnies）关于“礼俗社会”与“法理社会”的划分，前者不过是一个借由图腾、宗教、传统和礼俗等权威让人们被动地连接在一起的共同体而已。[21]另一相关的观点是昂格尔关于习惯法、官僚法和法治法（又译法律秩序）的区分。[22]根据他的区分，礼相当于西方历史上的习惯法，当然是比较落后的制度，迟早要过渡到以法治为主。

在全面反驳这些观点之前，首先要问的一个问题是，礼治是不是像许多人所认为的那样仅仅适用于传统社会？在通向现代化的过程中，儒家的礼治思想是不是完全过时了？近代以来，不少西方学者研究了礼，特别是儒家的礼学，向我们展示了礼学在现代社会中的普遍意义。下面，我提供一组资料，来帮助大家理解。

1993年诺贝尔经济学奖得主、美国杰出的经济学家道格拉斯·诺思（Douglas C. North）所著《制度、制度变迁与经济绩效》一书[23]是目前西方新制度经济学领域的名作之一，该书对正式制度与非正式制度的关系作了相当精彩的分析，指出非正式制度是一切正式制度赖以形成的条件，也是一切后者得以有效运作的前提。一切正式制度比起其背后支撑它的非正式制度来说，前者是冰山露出海面的部分，而后者是冰山深藏在大海深处的基体。诺思所谓的“非正式制度”，指的是习俗、规范、传统、风气、潜规则和流行观念等。我们都知道，法律是正式制度，“礼”无疑接近于非正式制度。根据诺思的观点，我认为可以得出，“礼”是“法”的基础；“礼”广泛普遍渗透在我们的生活中，比“法”更能反映一个社会生活的本质。

人类学家玛丽·道格拉斯（Mary Douglas）从符号学的角度论证了礼作为文化的习俗和传统，其作用比正式的法律制度大得多。[24]道格拉斯并不是一位儒家学者，但他系统、全面和深入地探讨了“礼”（ritual）的重要性，认为礼是传统社会最重要的文化资源，而现代西方人通常所谓的“自由”不过是一种幻觉。她以大量宗教、儿童认识论及语言学等方面的例证来证明：人从来到世上的那一刻起就生活在种种关系、规范、规矩、礼节和结构等之中，每一个语言及行为都是社会规范影响的产物，不存在脱离礼节规范的绝对自由，改变和变革只是用一种规范与结构取代另一种规范与结构而已，而非彻底摆脱它们。道格拉斯进一步认为，现代社会中礼的衰落是其文化贫困的一种表现。

赫伯特·芬格莱特（Herbert Fingarette）《孔子：即凡而圣》一书[25]对礼的作用有极精彩的阐发。他受西方语言分析哲学影响甚大，自身也不是一位专业的儒学研究者，甚至不懂汉语，但是他的这本书却对西方汉学界产生了振聋发聩的影响。从他以后，西方汉学界对《论语》及儒学的认识有了巨大飞跃。而这本书阐发最有力的方面就是儒家的“礼”这个概念。芬格莱特以极其生动的语言告诉我们，礼在当代人（主要指西方人）的生活中无处不在：教室、教堂、公司、企业里等，只要是人与人相遇的场合都有礼。[26]芬格莱特认为，“礼”是一种神奇的力量，有时不能言喻但却威力无穷。他还论证认为，正是这个我们平常意识不到的礼，是决定一切人与人交往成败的关键，而且是人与人的动态关系中“使人成为人”的关键所在。

美籍华裔学者柯雄文（Antonio S. Cua）教授对儒家的礼学作了相当精彩和深入的分析。他认为，仁和礼是道德生活中两个相反相成的范畴。仁好比是道德行为的实质或内容，礼好比是道德行为的形式或准则。他引用现代西方伦理学理论指出，任何道德行为都不可能没有外在的标准，否则道德学说将失去规范意义。一个理想的人格，应该是道德生活上述两个方面的完美结合，儒家的君子正是这一结合的典范。[27]另外，礼也可以说是人与人最恰当的交往方式，这也就是它有时在英文中被译为propriety, rules of propriety, rules of proper conduct的原因。他还强调，从儒家传统看，礼还可以成为道德、宗教和审美三种价值的最高统一体。儒家并不仅仅从祭祀的角度谈礼（宗教），也不仅仅从道德修养的角度谈礼（道德），还注重礼乐并举、礼乐交相为用（审美）。由此可见，儒家的礼绝不是僵化、压抑人性的教条和阻碍进步的负担；相反，它至少有两个重要功能：从个人的角度讲，它是培育道德人格、使人性自我实现的重要渠道；从社会化角度讲，它是区分人群关系的准则或规范。[28]此外，另一位华人学者杜维明也在其有关论文中对仁与礼的含义及关系作了相近的分析。[29]

南乐山（Robert Neville）是美国波士顿大学的一位神学家，对儒学也情有独钟。[30]“礼”成为他所重点阐发的对象，他认为礼代表一个文化中最重要的意义象征系统，礼的特殊重要性体现在：任何成熟发达的文明均是象征符号发达、丰富与和谐一致的系统，保证象征符号的和谐一致及有效运作是文明成败的关键，或者说文明好坏的标志。儒学的礼给我们一个重要启发就是：孝敬而非索取好处，尊重而非使用权力，友爱而非利用他人，才是人类生活中最重要的东西。他说，文化是由礼构造出来的；礼代表文明的规范；礼构成或意味着人类的和谐。他进一步从实用主义哲学出发指出，现代世界中文明的日益多样化和多元化，导致不同文化和文明之间的碰撞与融合成为现代世界上的主要问题之一。在这种情况下，儒家礼学给我们的启示之一是，如何努力营造一种不同文化之间在生活习惯、行为方式、思想方式和风俗价值等方面的全面和谐。

《东西方哲学》杂志2001年有一篇题为《儒家之礼与自我的技术：一种福柯式解释》的文章，专门讨论儒家礼教思想与西方自由主义的关系，韩国学者咸在凤

（Hahm Chaibong）在文章中论证认为，表面看来，儒家的礼教思想与西方自由主义是完全对立的，一个注重训练、适度和道德，一个讲独立、自由和自主；但是从另一方面看，二者之间所谓对立也可能是假象。因为自由主义者虽然把个人自由看得高于一切，却从来不告诉人们如何运用自由、如何实践自由。从这个角度讲，儒家的礼学思想注重个人训练，这对于西方人如何在实践中运用自由同样是必不可少的，可见礼学与自由主义之间的鸿沟是可以填平的。[31]

约翰·克莱默（John Clammer）是研究日本问题的专家。他指出，当代日本社会到处渗透着礼的精神（ritualism），“礼制化”（ritualization）在日本社会中起着人们无法想象的消解冲突、促进和谐的作用。西方人习惯于把现代日本看成一个没有现代性的等级社会，而不知道实际上在日本社会，礼制之所以受到广泛的尊重，乃是通过礼所形成的等级秩序受人青睐。它与西方人心目中的等级秩序含义并不一样。比如日本的等级秩序不仅允许个人自由存在，而且创造了生命更好成长的秩序。良好的礼把本来分离和对立的现实结合起来，并允许个人创造力的发挥。在日本，身份等级制并不意味着最上层的垄断集权，西方平等主义下高度发达的分工也会导致大众生活在牢牢控制的鸽笼中。日本人“礼尚往来”的习惯证明了这个社会在深层上以相互关照为核心的精神，这一精神有助于合作。他认为，日本的现代化是对西方现代性概念的严峻挑战，而礼是理解当代日本现代性的关键概念之一。[32]

五、法治的西方土壤

现代中国人崇尚法治。法治在现代世界也已成为一种不可动摇的神话。然而，很少有人认真地研究法治（rule of law）的本质。一个非常重要的问题就是，西方的法治源远流长，自古希腊罗马以来未曾中断，是由于它在很大程度上来自社会基层，是自下而上、自发形成的事物。法治，从某种意义上说，反映的正是西方人对于社会秩序的基本认识。西方人所谓"法"（law）本是指像自然规律一样的绝对法则；人类社会的秩序作为一种内在而自发的法则被揭示出来，就是"法"。这一概念非常典型地体现在西方自然法思想中。早在古罗马时期，人们就曾将法律分为自然法、市民法和万民法三种（如果除去针对外族的万民法，只有两种），后来自然法传统一直影响到近代西方所有的法律思想家。按照孟德斯鸠的说法，"自然法"乃是先于人类社会、"单纯渊源于我们生命的本质"[33]。他又说："法是由事物的性质产生出来的必然关系。"[34]这种关系从本质上是由上帝赋予事物的法则。就像自然事物之间存在上帝所赋予的自然法则一样，在人这种“智能的存在物”之间也存在上帝所赋予的人间法则。维尔说，欧洲在中世纪早期就强调“法律是确定不变的神启的习惯模式，它可以由人来适用和解释，但不能由人来改变。就‘立法’的人来说，他们实际上是在宣布法律，澄清这一法律究竟是什么，而不是创造法律”[35]。

这种法所代表的人类社会的内在规律或法则，统治者也只能发现它，而不能根据主观意志和需要创造它的思想，即使在当代自由主义思想家哈耶克那里也得到了继承，后者强调法律的真正基础是自生自发的秩序。[36]康德的法律观表面看来反对自然法传统，醉心于从先验的角度寻找法律的基础，[37]但是从另一角度看，他与自然法学者一样，均认为人类社会内在具有的必然规则即是法，都把法看得无比神圣。这种法治思想，在中国文化中是不存在的。无论是管子、韩非子还是儒家，所讲的法均非某种内在、先验而超越的法则，与rule of law（法治）思想有本质区别。

现在我们不禁要问：在中国文化中，那种自发产生的、合乎人的内在本质、可以找到先验基础的秩序也是法律吗？至少在中国历史上，人们并不这么认为。正如何意志（Robert Heuser）所云：“西方的法在中国古代的对应物，并不是《书经》称之为‘法’的事物，而是‘礼’这个概念。”[38]关于自古以来中国文化中最有效的制度是礼而不是法这一点，学界已有共识。这里有两个需要大家共同关注的问题，即为什么中国文化中内在、自发的秩序是礼而不是法？此其一。其二，在中国，既然西方意义上的法治仍未作为一种自发的秩序产生过，那么通过强制措施人为地建立它是否可行？

对于第一个问题，人们也许会说，中国古代社会结构决定了礼治秩序在当时是可行的，那是因为礼治适合于熟人社会；而到了现代大型的、以陌生人为主的社会，礼治已不适应，只能追求法治。然而这一观点的问题在于，一方面，无论注重法治的古希腊城邦，还是近代早期的欧洲小共和国（现代法治的发源地），其规模均远比古代中国的王朝小得多（人口少则数千，多不过数万，且四邻相望，大体熟悉）。与中国古代王朝相比，它们才更近于熟人社会。从这个意义上说，欧洲的法治恰恰是在熟人社会中诞生的。另一方面，即使在现代的大型民族国家，人们也照样可以按照熟人社会的原则来对待其制度。就以今天的中国而言，无论人们之间一开始多么不熟悉，只要他们发生交往，就把大量精力用于建立熟人关系上。这种熟人关系除了表现在人们在其所在工作单位、所在行业、所在居住区、所在街道甚至所在城市建立熟人关系网外，还通过同学、同乡、同事、亲戚、朋友等一系列方式建立了大量的熟人关系，遇事就通过这些关系来化解。即使没有关系的双方当事人，一旦遇到问题，也会千方百计找关系来解决。易言之，无论国家多么大，无论结构如何不同，中国人总是把陌生的关系变成熟人关系，用熟人的原则来解决陌生人的问题。

按照谢遐龄先生的观点，“中西文化在其根基处就不同”。其中一点就是，中国人更重视人情而不是无条件地遵守制度，对于脱离人情但具有高度抽象性和普遍性的制度，通常没有很高的热情。据此，中国社会的法治化进程会有很多阻碍，而这无关乎熟人社会/陌生人社会、静态社会/动态社会、农业社会/工业社会之分。[39]

我也曾在几年前指出过，中国文化中人与人关系整合的机制是人情和面子，人们天生对于非人化、冷冰冰和没有人情味的制度与规则缺乏热情和信念。所以，对中国人的人际关系从制度上约束的最好方式不是通过“法”，而是通过“礼”。从文化模式上看，中国文化中人与人的关系呈现为费孝通所说的“差序格局”，凡是凌驾于具体个人关系之上的抽象法则，则由于其脱离人情、不顾处境而难以给人们带来心理上的安全，所以这种文化对法治有天然的排斥心理。[40]

费孝通的“差序格局/团体格局说”，从文化模式上回答了谢遐龄所谓“根基处不同”。费氏说：“在中国传统的差序格局中，原本不承认有可以施行于一切人的统一规则。”[41]因为中国人效忠于非常生动和具体的私人关系，即使大臣对于国君的忠，也是基于其私人感情，所以非常缺乏公德意识。“一个差序格局的社会，是由无数私人关系搭成的网络。……传统的道德里不另找出一个笼统性的道德观念来，所有的价值标准也不能超脱于差序的人伦而存在了。……因为在这种社会中，一切普遍的标准并不发生作用，一定要问清了，对象是谁，和自己是什么关系之后，才能决定拿出什么标准来。”[42]反映在制度上，就是中国人重礼治，因为礼重视差异、等级和处境等因素。

相反，在西方社会中，社会结构是“团体格局”的，人们建构一种超乎个人之上的、无形的团体，此团体对人们彼此之间的私人关系持否定态度，公共和普遍的规范便成为整合一切人际关系的基础。一个相应的结果是，出现了“笼罩万有的神的观念”，“团体对个人的关系就象征在神对于信徒的关系中”，其中有两个重要方面：“一是每个个人在神前的平等；二是神对每个个人的公道。”由此，我们才能理解美国《独立宣言》中“全人类生来都平等，他们都有天赋不可夺的权利”这句话的真正含义。[43]

类似的观点美籍华裔学者许烺光也提出过，他从文化心理学的角度解释为什么西式的法治在中国没有发展起来：因为法律是impersonal（非人化的），而中国人一切依赖于具体的处境和人的感情，而不是什么绝对的标准；“在中国人的哲学里，对法律的解释是依据情境和人的感情，而不是依据绝对标准”[44]。由此看来，中国人排斥法治，可能与中国文化根深蒂固地注重情境和人情有关。

按照谢遐龄的观点，导致上述中西差异的深层原因之一，是“中国思想缺乏抽象化了的普遍性”，“中国社会未曾出现抽象人格”。[45]体现在哲学上，是中国没有出现过希腊哲学那样“形式、质料的割裂与对立”；体现在宗教上，是中国没有出现过“抽象程度极高的纯形式的神”。[46]根据费孝通和谢遐龄的分析，我们可以说，抽象和普遍的法律，就像上帝的一只手，对每一个独立和平等的个人进行统治。因此，法治作为一种社会秩序，从哲学上反映了西方人追求抽象普遍性，从宗教上反映了西方人信奉超验支配力。无论是强大的自然法传统还是先验的法的形而上学，无论古希腊罗马的法治制度还是近代西方的法治传统，只有从这个角度才能找到其真正秘密。

现在来看上述第二个问题，对于没有法治的文化心理土壤的中国文化来说，法治可以人为地强加上去吗？对于这个问题，费孝通先生早已指出：“法治秩序的建立不能单靠制定若干法律条文和设立若干法庭，重要的还得看人民怎样去应用这些设备。更进一步，在社会结构和思想观念上还得先有一番改革。”[47]而谢遐龄则持悲观的看法，认为也许至少再过五百年甚至两千年。[48]我认为，既然中西方文化的模式不同，各自分别适用于礼治与法治，为何一定要让中国走西方模式的道路呢？

这里我想简单地提一下伯尔曼。伯尔曼特别反对把法律理解为一系列规则和法则的总和，他强调在法的历史发展中，“活动重于规则”。所谓“活动重于规则”，内含之一是人们内心对于法的普遍信仰。他说：

> 法律必须被信奉，否则就不会运作；这不仅涉及理性和意志，而且涉及感情、直觉和信仰，涉及整个社会的信奉。[49]

这段话强调了法律赖以存在并有效运行的文化-心理基础，即法律系统从来都不是某个人凭天才的想象或精密的理论构建起来的，而是源于深厚的生活土壤，来源于最普通的人们在日常生活中、在自己的感情世界中、在自身的直觉和想象中认可或追随的信念。这也是我们理解西方法治概念不适用于中国的重要原因之一。

伯尔曼批评了狭隘的法律概念，即“仅仅把法律看作通行的规则、程序和技术”，而不能以整体的和历史的眼光看法律，因为现代西方法律体系的形成是多元的历史的产物，其中包括“基督教和犹太教的历史、希腊的历史、罗马的历史、教会的历史、地方的历史、本国的历史和国际的历史，等等”[50]。他强调要从欧洲中世纪后期丰富生动、高度复杂的历史源头来理解法律，并引用布莱克斯通的话指出，在英格兰曾经流行过的法律包括“自然法、神法、国际法、英国普通法、地方习惯法、罗马法、教会法、商人法、制定法和衡平法”[51]。

最后，我想从文化团体主义的角度来看法治在中国文化中的局限性。礼治和法治的另一重要区别在于，法治只对当前的这事情（指纠纷）负责，而礼治要把当前的这事情（如纠纷）和整个社会秩序的追求甚至和宇宙的和谐等联系在一起。所以，礼治可以满足中国人在心理上的更大的安全需要。欧洲近代的法治是在一个高度分裂的、权力多元化的世界里维系秩序的有效选择。法代表一种形式原则，对事不对人，所以司法独立是法治的基本前提。然而，在中国则不然。当“天下”出现了巨大分裂、权力高度多元化之后，人们的安全感彻底破坏，重建安全感最有效的途径就是再统一。问题出在中国人不能安于权威的分裂和混乱，而西方人却可以，这就是文化团体主义的问题。我们知道，法治只是社会秩序的一个方面，在欧洲历史上，它曾与分裂以及权力/权威的多元化并存。

六、为何是礼教文明？

两个人之间若有矛盾，需要处理，比较圆满的结局是双方事后都感到心安。万一发生纠纷，诉诸法律，则已撕破脸皮，从此不能心安。这就是中国人的法律观：法治的理想境界是无需法律，即“无讼”——人们自觉礼让，秩序自发形成。故孔子曰：“礼乐不兴，则刑罚不中”(《论语·子路》)，此即所谓“礼大于法”的由来。“夫礼者，禁于将然之前；而法者，禁于已然之后。”(《大戴礼·礼察》)礼防于内心，法防于外表；礼诉诸自律，法诉诸他律。相较之下，礼的作用似更重大。

这里涉及如何看待法治的另一项重要内容——个人权利——的问题。按照梁漱溟先生的观点，法治难以完全与中国文化相适应，其根本原因之一恰在于它是以个人权利为核心的，这是因为个人权利会导致争斗，而争斗会破坏关系，导致无法合作。早在20世纪30年代，他就指出，中国文化是“伦理本位的”，重视人情人心，故适合于礼制；西洋文化是“个人本位的”，重视个人权利，故适合于法制（即今日术语“法治”）。如果说法治的特点是以势迫、以力争，那么礼治的特点就是“伦理情谊、人生向上”。中国人“本乎伦理以为秩序”[52]，故难适应以个人权利为核心的法治。

梁漱溟总结认为，西洋文化中有效的社会整合方式就是注重权利、外势和制衡，表现为运用各种强力“相质相剂”，在碰撞中求平衡，在平衡中相制约。[53]他认为这种社会整合方式体现了西洋人的文化习性：摆脱限制，不断外冲（今天也被称为外在超越）；进一步导致在社会生活中更重个人权利，在经济生活中更重私人财产，在官僚制度中发明三权分立，在政治制度上提倡政党竞争。

这种以相互制衡、彼此竞争为特征的设计，在西洋文化中“本是他固有精神”，但在中国文化中实行起来却意味着对于人的不信任，后患无穷。[54]孔子曰：“不逆诈，不亿不信。”（《论语·宪问》）中国人需要在礼让中达成谅解，在谅解中变得和气，在和气中建立情谊，在情谊中找到安宁，这才是做事的正常路数。相反，“走防制牵掣的路，越走越窄，大家都是不好的心理，彼此相待不高，心气越降越低，弊端越来越多，这个完全不是救弊之道！”[55]用这种方法搞地方自治，等于是让地方自乱。他说：

> 欧洲人以其各自都往外用力，向前争求的缘故，所以在它制度里面，到处都是一种彼此牵掣，彼此抵对，互为监督，互为制裁，相防相范，……所谓政治上三权分立，就是这个意思；……中国人于此尤不适用。用在中国政治上，则惟有使各方面互相捣乱而已。[56]

另一方面，梁漱溟还指出人权作为一种核心价值在中国治理过程中可能带来的问题，即大家都为自己的权利而斗争，结果不再注意给别人留面子，人家也不给自己留面子，于是双方较上了劲，斗来斗去，什么事也做不成。他说：

如果从个人权利出发，那如何能使他合！[57]

由于受西方影响，有些地方搞乡村自治时，特别强调村民的权利，乡村自治法规充斥着相互检举和罢免的内容。但是如果真的这样做，就会导致人与人反目成仇，“从此你办事我捣乱，我办事你捣乱”，公家的事一事无成。[58]

所以中国社会的治理，“不能走法的路，就只能走礼的路”，“走的是与西洋恰好相反的路。”[59]这条礼的路有什么特点呢？就是重视人与人的伦理情谊，从人生向上的角度引导人们。[60]对于团体组织中人与人之间的矛盾与不和，“总要以情动，以理喻，而必不可以势相胁”[61]。他说：

我们这种组织的运用，与西洋比较起来，是各走一路。所谓各走一路者，即刚才所说的一条是法的路，一条是礼的路。[62]

礼仪就是让每个人的生命力出来。[63]

中国将来的社会组织构造是礼俗而非法律。[64]

梁漱溟明确提出中国要建的新组织就是新礼俗：

> 所谓建设，不是建设旁的，是建设一个新的社会组织构造；——即建设新的礼俗。为什么？因为我们过去的社会组织构造，是形著于社会礼俗，不形著于国家法律，中国的一切一切，都是用一种由社会演成的习俗，靠此习俗作为大家所走之路（就是秩序）。……西洋社会秩序的维持靠法律，中国过去社会秩序的维持多靠礼俗。不但过去如此，将来仍要如此。中国将来的新社会组织构造仍要靠礼俗形著而成，完全不是靠上面颁行法律。所以新礼俗的开发培养成功，即社会组织构造的开发培养成功。新组织构造、新礼俗，二者是一件东西。[65]

我曾在有关论著中指出，[66]在中国文化中，当制度没有了礼的精神，就成为机械死板的框框；当社会没有了礼的规范，就变成没有灵魂的机器。今人在西方思想影响下，或者普遍认为只有民主和法治等制度才是决定一个社会是文明与进步还是野蛮与落后的主要标准，但若衡诸中国文化，因为其逻辑不同，所以制度至上和规则主义在中国文化中是行不通的。

礼治思想代表了中国文化需要从伦理道德角度来建设理想社会秩序的重要特点。尽管近代以来人们大量批评儒学的所谓“泛道德主义”，可是如果我们从中国文化的习性出发，即可发现这一批评之片面。不管现代人是否承认，他们在现实生活中还是要从伦理道德的角度来重建秩序。所谓伦理道德，并不就是今人通常所理解的道德说教，而主要包括社会风气的改造、行为规范的塑造和社会道德的提升等内容。我们要明白，中国社会中历来都是非正式的制度胜过正式的制度，习俗和传统的力量大于制度和法律的力量，心理上认可的权威大于官方政策的权威。

如果法治代表用统一的、一刀切的制度来管理社会的话，那么礼治代表的则是通过习俗、传统和规范的力量来进行管理。中国人认为制度是死的，而人是活的；凡是不符合人情的制度、法律和规则的，随时会被人们根据具体情况调整。所以，礼才是维护社会和人间秩序最重要的纽带，礼比法更能发挥约束中国人行为的作用。

七、礼教文明亟待重建

如果说以个人为基础的社会适合法治的话，那么以关系为本位的社会则更适合礼治。

中国人对于法与礼有完全不同的评价：法治标，礼治本。然而在西方文化中，这种判断未必有同样大的意义。因为在西方社会，民法作为基层社会最基本的约束力量早已深入人心，它实际上就是在社会生活中比礼更加强大得多的力量。法作为一种纯粹形式的规则，在西方社会的作用绝不仅仅是消极的防范机制，而是代表一种积极有效的整合力量。许烺光先生曾将法在西方人心目中的作用与上帝相比，指出西方人相信“人的世界”一定要通过“非人或超人的力量”来支配。[67]用古希腊哲学家的话来说就是，具体的个人好比无规则的质料，只有超越时空的理念/形式才能支配他们。柏拉图、亚里士多德均认为，人是有限的动物，应当追求无限的理念/形式或真理。

如果说“法”是一种硬制度，那么“礼”就是一种软制度，后者是以多数人在心理上认同和在情感上接受的规范为内容的。如前所述，礼的精神在于自己所面对的人、物和事的尊重。前面说过，礼是中华文明成为文明的关键所在。中国文化之所以走上了一条“礼大于法”的道路，而没有形成严格意义上的“民法”（civil law），与其关系本位的特征有关。

李泽厚先生曾指出，中国历史上的礼法交融是建立在梁启超所谓“私德”基础上，与现代法治社会的公法追求相矛盾。他认识到西方的法治观念由于不重人情而有局限性，而中国人的援情入法也有徇情枉法等弊端，所以一方面提出可能需要新一轮礼法交融以补西方法治不足，另一方面也认为完全的礼法之治不符合现代社会超出血缘性联系的需要。为此他提出区分社会性道德与宗教性道德，前者即公德，后者即私德，并想说明现代社会公德与私德兼需互补的观点。[68]

然而，通过前面的讨论，可以得出这样的结论：在中国文化中，虽然法治（法制）从来都必不可少（无论是过去还是现在），但其作用不能与礼治（礼制）相提并论。李泽厚显然没有从文化习性的角度看待中西方社会制度的不同基础，以及由此决定了法治-礼治在中西文化中的重要性有轻重之别。既然现代中国文化的习性因袭了过去，其有效的制度不能仅仅从人情的利弊来判断。孔子说："导之以政，齐之以刑，民免而无耻；导之以德，齐之以礼，有耻且格。"（《论语·为政》）这一观点恰当地描述了礼、法在中国文化中不同的功能：法充其量不过是消极的防范措施，不能从根本上解决社会问题；德和礼让人们从内心树立道德感与尊严意识，从而自觉建立和维护秩序，是更加治本的解决之道。[69]

多年来，我们在社会制度建设过程中受到一种我称为"性恶论思维"的支配，即相信圣人千载难逢、常人难免有欲，所以只能寄希望于以恶制恶，由此相信制度决定论，特别是以制衡和对抗为特征的司法独立和三权分立。这种主张认识不到：在中国文化中，制度建设上升不到礼的高度，就会违背人情、伤害人心，往往堕落为法家式的严刑峻法，收效甚微，甚至适得其反。在"性恶论思维"支配下，许多中国人都相信，竞争、利益激励和奖惩机制是调动员工积极性、促进单位竞争力最有效的管理措施，但如果实施不好则会导致勾心斗角、人心狡诈、唯利是图、风气败坏、伤人自尊、寒人良心。因而，有些治理措施或许并不一定能建立好的习惯、规矩和传统。我们应避免用法家简单粗暴的方式进行管理，而是要像儒家那样，主张治理的最大任务在于“得人”，而“得人”的最大关键就在于尊重人。

需要明确的一点是，无论是国家制度，还是学校、公司和地方制度，只有当它们不是压人、约束人的法则而是养人、敬重人的规矩时，才是活泼的，才能转化为礼制。强调它们是法则，乃是法家的态度——不遵守就会有惩罚。追求成为礼制，才是儒家的态度——遵守是出于自重。只有人们学会自尊、懂得自重，人性才得以复苏，人心才得以向上。因此，今天的主要任务未必只是重建新制度，而是赋予旧制度以新义，为之输入精神、找回灵魂。

我们今天讲从礼的角度进行制度建设，就是指本着顺人之情、养人之性等激发人心活力的方式来引导社会，塑造规矩，形成传统。这绝不是可以靠颁发条文、下达文件等行政手段能实现的，而是需要真正从尊重人的角度设计制度，推动工作。

“隆礼尊贤而王，重法爱民而霸，好利多诈而危，权谋倾覆幽险而亡。”（《荀子·强国》）我们要实现一种转变：不能只单纯依靠法律、政策和制度来治理，还要加上礼俗、礼制和礼乐来治理。政治制度、社会制度和单位制度等究竟是硬性的制度，还是软性的礼制？当一套体制把人当作追求利益的动物，那么整个体制也就成为丧失精神的机器、丧失灵魂的躯壳。反之，如果一套体制把人当作高贵的生命，处处引导，时时激励，它就体现了礼制的特征。这时人们相互尊敬、彼此礼让，真正能感受到集体的神圣与职业的自豪，这就是礼治。

注释

1 “礼”字的文字学根源证明了这一点，参见《说文·礼》。《礼记·礼运》：“夫礼之初，始诸饮食，其燔黍捭豚，污尊而抔饮，蒉桴而土鼓，犹若可以致其敬于鬼神。及其死也，升屋而号，告曰：‘皋！某复。’然后饭腥而苴孰。故天望而地藏也，体魄则降，知气在上，故死者北首，生者南乡，皆从其初。”又云：“先王患礼之不达于下也，故祭帝于郊，所以定天位也；祀社于国，所以列地利也；祖庙，所以本仁也；山川，所以傧鬼神也；五祀，所以本事也。”

2 参见沈文倬：《略论礼典的实行和〈仪礼〉书本的撰作》，《宗周礼乐文明考论》（增补本），浙江大学出版社2006年版，第1—47页。臣瓒、叶梦得、朱熹、段玉裁、阮元、黄以周、皮锡瑞等人皆指出，汉人所谓《礼》或《礼经》，即后世《仪礼》，“仪礼”之名为汉以后人所加。《仪礼》内容即本章“典礼”。皮锡瑞说，史公、班固所称《礼》，即今本《仪礼》，不及《周礼》和《礼记》。蒋伯潜说：“西汉时人仅认《仪礼》为《礼经》，在

‘三礼’中之位置为最高。”（蒋伯潜：《十三经概论》，上海古籍出版社1983年版，第323页）另参见［清］皮锡瑞：《经学通论》，中华书局1954年版（“三礼”）；［清］黄以周：《礼书通故》，中华书局2007年版，第3—11页；周予同：《群经通论》，上海人民出版社2012年版，第26页。

3《周礼》作为书名起于西汉末刘歆，该书原名《周官》或《周官经》（参见［宋］王应麟：《困学纪闻》卷四，［清］翁元圻等注，上海古籍出版社2008年版，第464、469、571页；［清］黄以周：《礼书通故》，第1—21页；章太炎：《国学讲演录》，华东师范大学出版社1995年版，第94页；蒋伯潜：《十三经概论》，第251—252页）。然自东汉以来，人们已习惯将该书所记视为“礼制”，故沿用此义。章太炎引《左传·隐公十一年》“礼经国家、定社稷、序民人、利后嗣”一句曰：“《周礼》则经国家、定社稷之书也。”（章太炎：《国学讲演录》，第94页。）

4《左传·昭公二十五年》：“淫则昏乱，民失其性，是故为礼以奉之：为六畜、五牲、三牺，以奉五味；为九文、六采、五章，以奉五色；为九歌、八风、七音、六律，以奉五声。为君臣上下，以则地义；为夫妇外内，以经二物；为父子、兄弟、姑姊甥舅、婚媾姻亚，以象天明；为政事、庸力、行务，以从四时；为刑罚威狱，使民畏忌，以类其震曜杀戮；为温慈惠和，以效天之生殖长育。民有好恶、喜怒、哀乐，生于六气，是故审则宜类，以制六志。哀有哭泣，乐有歌舞，喜有施舍，怒有战斗；喜生于好，怒生于恶。是故审行信令，祸福赏罚，以制死生。生，好物也；死，恶物也。好物，乐也；恶物，哀也。哀乐不失，乃能协于天地之性，是以长久。”类似的观点也参见《史记·礼书》：“人体安驾乘，为之金舆错衡以繁其饰；目好五色，为之黼黻文章以表其能；耳乐钟磬，为之调谐八音以荡其心；口甘五味，为之庶羞酸咸以致其美；情好珍善，为之琢磨圭璧以通其意。”

5 又，“夫礼，先王以承天之道，以治人之情。”“是故夫礼，必本于天，殽于地，列于鬼神，达于丧祭、射御、冠昏、朝聘。故圣人以礼示之，故天下国家可得而正也。”“夫礼必本于天，动而之地，列而之事，变而从时，协于分艺。其居人也曰养，其行之以货力、辞让：饮食、冠昏、丧祭、射御、朝聘。故礼义也者，人之大端也。”（《礼记·礼运》）

6 沈文倬：《略论宗周王冠之学》，《宗周礼乐文明考论》（增补本），第114页。

7 郑玄、孔颖达皆分《礼》为经礼、曲礼，然谓经礼即《周礼》，曲礼即《仪礼》（清人考证出郑玄未用“仪礼”一词），章太炎也主此说。朱熹承叶梦得、臣瓒而驳其谬，指出“经礼”即《仪礼》所载（亦即典礼）；而“曲礼”乃“礼之微文小节”，“如今《曲礼》、《少仪》、《内则》、《玉藻》、《弟子职》篇所记”。《礼器》中“经礼三百，曲礼三千”，《中庸》中“礼仪三百，威仪三千”，其中经礼与礼仪同，曲礼与威仪同。然经礼与曲礼之关系，则或以为经礼为常礼，曲礼为变礼（蓝田吕氏）；或以为经礼制之凡，曲礼制之目（叶梦得）；或以曲礼为“经礼中之仪文曲折”，即经礼之展开也（孙希旦、黄以周）；或以曲礼为“日常生活中的小威仪”，则与经礼全然不同（沈文倬）。若以《礼记·曲礼》看，则可依叶、孙、黄之说，即曲礼乃典礼之外、日常之礼，也是典礼所包含的交待之道的具体展开，本章从此说。孙希旦又区分曲礼为三：“一为《仪礼》中之曲折，一则古《礼》篇之《曲礼》，一则《礼记》中之《曲礼》也”，未知当否（郑玄《目录》谓《投壶》《奔丧》为《曲礼》之正篇，孔疏谓为逸《曲礼》）。参见［清］孙希旦：《礼记集解》，中华书局1989年版，第1—3页；［清］黄以周：《礼书通故》，第1—3页；章太炎：《国学讲演录》，第103页；沈文倬：

《略论宗周王冠之学》，第114页。

8 还有如《白虎通·情性》："礼者，履也，履道成文也。"《汉书·公孙弘传》："礼者，所履也。"

9 又如《礼记·礼运》："礼者君之大柄也，所以别嫌明微，傧鬼神，考制度，别仁义，所以治政安君也。"《礼记·经解》："衡诚县，不可欺以轻重；绳墨诚陈，不可欺以曲直；规矩诚设，不可欺以方圆；君子审礼，不可诬以奸诈。"《史记·礼书》："大路越席，皮弁布裳，朱弦洞越，大羹玄酒，所以防其淫侈，救其雕敝。是以君臣朝廷尊卑贵贱之序，下及黎庶车舆衣服宫室饮食嫁娶丧祭之分，事有宜适，物有节文。"《汉书·礼乐志》云："象天地而制礼乐，所以通神明，立人伦，正情性，节万事也。"

10 《左传·昭公二十六年》："君令臣恭，父慈子孝，兄爱弟敬，夫和妻柔，姑慈妇听，礼也。君令而不违，臣共而不贰，父慈而教，子孝而箴，兄爱而友，弟敬而顺，夫和而义，妻柔而正，姑慈而从，妇听而婉，礼之善物也。"

11 《大戴礼记·哀公问于孔子》："民之所由生，礼为大。非礼无以节事，天地之神明也，非礼无以辨君臣上下长幼之位也，非礼无以别男女父子兄弟之亲、昏姻疏数之文也。"

12 刘泽华倾向于从"分"来理解礼的本质。他说："礼的精神实质就是'分'。……'分'、'别'、'等'表现在社会生活各个方面，如君臣上下之分、等级之分，财产与权力的等差之分，职业之分，衣食住行器用之分等等。通过'分'使每个人各就各位，各奉其事，各尽其职。'分'的目的就是要维护社会的等级秩序。"（刘泽华：《先秦礼论初探》，载陈其泰、郭伟川、周少川编：《二十世纪中国礼学研究论集》，学苑出版社1998年版，第81页）他又说，"分""别"等是礼的主导，但是为避免分导致的压抑和对立，儒家又提倡"仁""和""中""让"，作为对其负面效果的调剂（参见同书，第81—84页）。

13《荀子·大略》："礼以顺人心为本。"

14《汉书·礼乐志》："人性有男女之情，妒忌之别，为制婚姻之礼；有交接长幼之序，为制乡饮之礼；有哀死思远之情，为制丧祭之礼；有尊尊敬上之心，为制朝觐之礼。"

15《荀子·礼论》云："故礼者，养也。刍豢稻粱，五味调香，所以养口也；椒兰芬苾，所以养鼻也；雕琢刻镂，黼黻文章，所以养目也：钟鼓管磬，琴瑟竽笙，所以养耳也；疏房檖貌，越席床笫几筵，所以养体也。故礼者，养也。君子既得其养，又好其别。曷谓别？曰：贵贱有等，长幼有差，贫富轻重皆有称者也。故天子大路越席，所以养体也；侧载睪芷，所以养鼻也；前有错衡，所以养目也；和鸾之声，步中武象，趋中韶護，所以养耳也；龙旗九斿，所以养信也；寝兕、持虎、蛟韅、丝末、弥龙，所以养威也；故大路之马，必信至教顺，然后乘之，所以养安也。"

16 梁漱溟：《乡村建设理论》，《梁漱溟全集》（第二卷），山东人民出版社2005年第2版，第382页。

17 参见上书，第382—383页。

18 李泽厚：《己卯五说》，生活·读书·新知三联书店2003年版，第192页。

19 参见上书，第201—210页。

20 明代首辅张居正在父亲去世后，没有选择离职丁忧。这显然违背了当时普遍通行的礼制。但是有了两宫皇太后及万历皇帝的特许，这一行为又变成合理的了。尽管如此，张的行为还是引起了许多人的强烈不满，并在日后给其带来了麻烦。但是，我们不能说张这样做违法。也不能说，皇太后及皇帝公然鼓励违法。有关历史背景，参见黄仁宇：《万历十五年》，中华书局1982年版。

21 参见〔德〕斐迪南·滕尼斯：《共同体与社会：纯粹社会学的基本概念》，林荣远译，商务印书馆1999年版。

22 参见〔美〕R. M. 昂格尔：《现代社会中的法律秩序》，吴玉章、周汉华译，译林出版社2001年版。

23 Douglass C. North, *Institutions, Institutional Change and Economic Performance (Political Economy of Institutions and Decisions)*, Cambridge: Cambridge University Press, 1990.

24 Mary Douglas, *Natural Symbols: Explorations in Cosmology, with a New Introduction,* London: Routlege, 1996.

25 Herbert Fingarette, *Confucius:The Secular as Sacred*, New York: Harper and Row, 1972. 中译本参见〔美〕赫伯特·芬格莱特：《孔子：即凡而圣》，彭国翔、张华译，江苏人民出版社2002年版。

26 比如，当我们以学生身份坐于教室内时，我们必须跟老师保持一种距离，发言要听从老师指示，不能随便离席，不可大声喧哗，不能打断老师讲话，等等。如果我们拒绝这些规矩的话，老师便一刻也不能在教室里教学了。又如，当我们走进商场购物时，我们就不能像在家里跟兄妹一样地说笑，不能席地而坐，必须注意店员的反应，等等。如果我们不遵守这些规则，商店也就开不成了。类似的现象在日常生活中遍地皆是，芬格莱特在书中也例举了一些。仔细思考可以发现，这些规矩与法律最大的区别就是，它们通常不是明文规定的，而是约定俗成的；它们的精神在于对人应有的尊重，捍卫权利不是其精神实质。恰恰是这些约定俗成的规矩构成了我们日常生活的绝大部分内容，反映了礼在现代人生活中的广泛存在，其巨大力量远远超出了我们的想象。

27 Antonio S. Cua, “Reflections on the Structure of Confucian Ethics”, *Philosophy East and West*, Vol.21, No.2(1971), pp.125-140.

28 Antonio S. Cua, "*Li* and Moral Justification: A Study in the *Li Chi*", *Philosophy East and West*, Vol.33, No.3 (1983), pp.1-16. 柯雄文另有专门论述荀子礼学的论著，参见Antonio S. Cua, "Dimensions of *li* (Propriety): Reflections on an Aspect of Hsün Tzu's Ethics", *Philosophy East and West*, Vol. 29, No. 4 (1979), pp.373-394.

29 Tu Wei-ming, "The Creative Tension between *Jên* and *Li*", *Philosophy East and West*, Vol.18, No.1/2 (1968), pp.29-39。杜维明认为，礼是仁在特定情境下的外化，礼体现了儒家不只是在理论上谈仁，而且要在入世中实践仁的精神。如果说仁代表一种内在性原理，那么礼就代表一种特殊性的原理。礼好比是世界的准则。有礼而无仁，人不成其为人；有仁而无礼，仁将是空谈。仁与礼之间存在一种张力和平衡，需要人在实践中体认和把握。

30 Robert C. Neville, *Boston Confucianism: Portable Tradition in Late-modern World*, Albany, NY: State University of New York Press, 2000.

31 Hahm Chaibong, "Confucian Rituals and the Technology of the Self: A Foucaultian Interpretation", *Philosophy East and West*, Vol. 51, No. 3 (2001), Eighth East-West Philosophers' Conference, pp.315-324.

32 John Clammer, *Difference and Modernity: Social Theory and Contemporary Japanese Society*, London and New York: Kegan Paul International Ltd., 1995, pp.105-107, 110, etc.

33 〔法〕孟德斯鸠：《论法的精神》（上册），张雁深译，商务印书馆1963年版，第4页。

34 同上书，第1页。

35 〔英〕M. J. C.维尔：《宪政与分权》，苏力译，生活·读书·新知三联书店1997年版，第23页。

36 参见〔英〕弗里德利希·冯·哈耶克：《法律、立法与自由》（第一卷），邓正来、张守东、李静冰译，中国大百科全书出版社2000年版。

37 参见〔德〕康德：《法的形而上学原理：权利的科学》，沈叔平译，商务印书馆1991年版。

38 〔德〕何意志：《法律的东方经验：中国法律文化导论》，李中华译，北京大学出版社2010年版，第45页。

39 参见谢遐龄：《马克思主义与儒学：我们是否仍处于经学时代？》，载唐文明、曾亦主编：《中国之为中国：正统与异端之辩》，世纪出版集团、上海人民出版社2012年版，第14、15页。

40 参见方朝晖：《文明的毁灭与新生：儒学与中国现代性研究》，中国人民大学出版社2011年版，第68—102页。

41 费孝通：《乡土中国》（经典珍藏版），刘豪兴编，上海人民出版社2013年版，第54页。

42 参见上书，第34—35页。

43 参见上书，第31页。

44 Francis L. K. Hsu, *Americans and Chinese: Reflections on Two Cultures and their People*, Garden City, NY: Doubleday Natural History Press, 1970, p.361.

45 谢遐龄：《马克思主义与儒学：我们是否仍处于经学时代？》，第19页。

46 同上书，第21页。

47 费孝通：《乡土中国》（经典珍藏版），第55页。

48 谢遐龄：《马克思主义与儒学：我们是否仍处于经学时代？》，第16页。

49 〔美〕哈罗德·J.伯尔曼：《法律与革命：西方法律传统的形成》，贺卫方等译，中国大百科全书出版社1993年版，第iii

页，着重号为我所加。

50 同上书，第ⅳ页。

51 同上书，第ⅲ—ⅳ页。

52 梁漱溟:《乡村建设理论》，第175页。

53 同上书，第388页。

54 同上书，第251页。

55 同上书，第329页。

56 同上书，第250页。梁漱溟也谈到了以竞选为特征的民主制度在中国社会中应用起来容易走样的问题。以当时的村长选举为例，由于告村长状的人很多，于是设立监察委员会。结果发现，有的村里选举村长，选来选去还是原来的人或是其亲属当村长，甚至是村里最坏的人当村长。等监察委员宣布选举无效时，村民们一哄而散。

57 同上书，第325页。

58 同上书，第327页。

59 同上书，第383页。

60 同上。

61 同上书，第387页。

62 同上书，第385页。

63 同上书，第386页。

64 同上书，第277页。

65 同上书，第276页。着重号为我所加。

66 方朝晖:《中国文化的模式与儒学：以礼为例》,《复旦学报（社会科学版）》2010年第1期，第83—91页。

67 许烺光认为，美国人对于世俗政权的态度有时与他们对于上帝和法的态度是一致的（Francis L. K. Hsu, *Americans and Chinese: Reflections on Two Cultures and their People*, p.226, etc.）。许烺光还指出，中国人在发生矛盾时宁愿诉诸中间人或妥协，而不是采取无止境的斗争方式。日本学者滋贺秀三对中西方法律作了极为精彩的比较分析，其结论与许的观点类似。参见〔日〕滋贺秀三等著，王亚新、梁治平编：《明清时期民事审判与民间契约》，王亚新等译，法律出版社1998年版，第1—53、112—138页（寺田浩明对滋贺秀三、中村茂夫等人研究成果的总结）。

68 参见李泽厚：《己卯五说》，第210—215页。

69 本章并不否认法治在现代中国的巨大意义。关于法治如何建设，这是另一个重大话题，非本章所能展开（拟日后另辟专题探讨）。这里只想指出，未来中国法治的建设，首先要从法理学做起；而在法理学中，需要明确定位法与礼的关系，自觉地把法作为促进礼的途径，从礼的高度理解法的功能，此其一；其二，要对西方法治的基本概念如个人权利、司法独立等作重新界定，从更高的层次定位法的地位和作用；其三，要认真检讨最近一个多世纪以来抛弃中国古代法律思想传统、盲目应用西方法治观念所带来的一系列现实问题。

第七章　风化问题

“移风易俗”是儒家治道的一个重要方面，它或许可以看作儒家德治思想的自然延伸。直到今天为止，我们仍然在谈论社会风气问题，古人则称此类改革为“风化”。为何“风”会成为儒家治道的重要内容？这是本章要回答的核心问题。在探讨这一问题答案的过程中，我们发现，一百多年来，中国人在引进西方人文社会科学话语分析中国社会方面一再发生错位和失误，这是否因为中国社会有自己独特的文化习性及以此为基础的整合之道，因而不一定完全适用西方社会科学范式？也许，中国社会科学研究需要在西方社会科学理论之外，拥有一套“中国式”的理论预设或概念系统；这套中国式概念系统的建立，需要通过分析中国文化的习性（亦即中国文化心理结构）来发现。

一、无用的学科循环链

20世纪90年代中期，许多人发现，由于过分看重经济利益，使得当时很多人陷入了一场可怕的精神价值危机中：金钱、利益和物质成为追逐的目标，计较、权衡和算计围绕着利害的得失，吃回扣、乱摊派、乱收费、坑蒙拐骗、假冒伪劣、贪污腐败，等等，种种乱象频发。

上述精神价值危机当年也引起了各界特别是学术界的普遍关注和热烈争论。人文科学工作者倾向于把它理解为一个伦理道德、文化教育、人文精神和宗教关怀方面的问题，社会科学工作者则倾向于把它理解为政治、法律、制度和经济等器物因素导致的问题，真可谓“公说公有理，婆说婆有理”。于是，形成了一种似乎谁都有道理又都没有道理的窘境，谁也说服不了谁，谁也不能拿出大家都接受的、令人信服的圆满答案。其实，只要仔细看看当时国内学者围绕着有关上述问题争论的方式方法和内容特征，就足以发现，人文-社会科学研究处在一场深刻的话语危机之中。

1995年2月，笔者在安徽省ZY县开展了一次有关农村经济文化现状的实地调查。本次调查所关心的问题是：如何站在现代人文或社会科学的立场上给予当时普遍盛行的精神价值危机以一个恰当的解释。结果在实地调查中，我比任何时候都更加强烈地感受到，现有的人文-社会科学理论在解释我们所遇到的问题时缺乏力量和有效性。而唯一的出路就是从旧的思维框架和理论范式中彻底地走出来，按照全新的范式来思考问题。即直接认为我们所遭遇的现实是一个本质上与西方社会（或人类其他文明形式）迥然不同的社会，它有其独特的人际心理、文化习性和整合之道等。对于这一社会所具有的问题真正有效的解释和解答，是建立在对于上述文化习性及其所决定的、特有的社会整合之道的把握之上的。具体说来，我感受最深的有以下几个方面：

其一，所谓的精神道德危机既不仅是伦理道德领域的事情，也不仅是政治、经济、法律、教育和社会等某个领域的事情，它是全社会一个有机整体的事情。在这个有机整体中，上述诸多领域紧密关联。如果在调查文化价值问题时仅仅局限于文化和道德等现象本身，而不考虑其他社会领域，结果必然是会发现能够调查的材料太有限，以至于到后来很难再进行下去。因为每一个精神道德问题，都不只是这个问题本身，而是与它之外的社会因素紧密相联的。可是一旦你的调查涉及某项因素，比如政治因素，你就必须同时涉及它之外的几乎所有因素，包括法律、经济和教育等因素，无论哪一个因素都不能被抽离出来单独研究。比如说某些人坑蒙拐骗这一不道德行为不仅仅是由于道德境界问题，也不仅仅是由于政府管制不严，而可能与其家庭经济情况有关，也同时与其文化素质低下及法制不健全和社会风气败坏等一系列因素密切关联，难以明确区分。结果就是，素质、教育、法制和世风等一切因素之间究竟谁的作用大、谁才是最根本的因素，根本无法分辨。

为了使调查能够进行下去，我把调查对象——ZY县Y镇这个方圆数十里、人口4万多人的小镇——当作一个有机整体来看待，以此分析同时包含上述诸多不同因素、“五脏俱全”的有机整体内部是怎样运作的，在运作过程中它的各个环节是如何组合起来的，然后再来思考我们所关心的精神道德问题又是如何与该有机整体密切相关的。此项研究的预设前提是：所谓的精神道德危机不是某个具体领域所单独造成的，而是整个社会作为一个有机整体在运行过程中出了故障，结果必然表现为精神道德问题。如果不从前述人文社会科学研究中那种学科分割的范式中走出来，至多只能得出社会各不同领域同时对之负责任的结论来，从而缺乏整体的审视。在对Y镇的调查中，我试图不从局部的因果关系而是从整体的运作规律的角度，来说明导致当前的精神价值危机的根源。

其二，社会风气像一只“看不见的手”一样对人们的生活方式和行为产生着强大的支配作用。原本，社会风气也是由人生成的，只有大量的同类行为聚合起来才能成为风气，然而本来作为结果产生的东西反而却成为支配人们行为的动因，这确实是一个不可思议却又十分明显的事实。

在调查中，我接触了当地不同阶层的人，有普通农民、村镇干部、学校教师和地方领导等，这些人中当然也包括那些靠改革开放政策致富的人，但大家几乎无一例外地牢骚满腹，不满情绪甚高，所有人都对当前的社会道德风气不满。而另一方面，那些正在做着不道德的事情、有着不负责行为的人却又以社会风气为挡箭牌来为自己辩护。指责社会风气不好和实施不道德行为成了相得益彰、相互支持的两个方面。人们指责社会风气的情绪背后可能暗含着两个方面：一是对自身不理想处境的埋怨和不满；二是为自己所实施的不道德行为开脱——既然人人都不讲道德，既然社会风气是如此，那么我也只有这样了。老百姓觉得自己吃了亏，政府官员也觉得心里委屈，没有人觉得满意，也没有人认为自己有什么责任，社会风气这只“看不见的手”似乎可以成为一切恶行的最后渊薮。

比如老百姓怪学校乱收费，学校怪地方政府腐败，地方政府怪社会风气不好，等等，但是是谁把社会风气搞坏的？许多人说这是由于某些政府官员私心太重、腐败堕落、执法犯法所致。可是如果你去谴责你所接触的任何一位腐败官员，他也会发自心底地感到不服，因为现在并不是他一个人这样做，社会风气就是这个样子，大家都想当官发财，你若不这样做反而显得不正常了。他会说："既然别人这么干可以，我为什么不可以这样干呢？比我腐败的人多的是，你为什么不去谴责他们，偏要来谴责我呢？"

也许读者要说，尽管社会风气的作用如此之大，但是事实上很难把它当作衡量社会状况、导致一系列社会问题产生的独立变量。因为社会风气只是一个表面现象、一个推卸个人社会责任的托辞，在任何一种社会风气背后都存在导致它产生的具体原因。比如，政府官员腐败是因为收入低，农民进城是因为经济负担重，学校乱收费是因为经费不足，等等。然而这一推论也经不起推敲。具体来说，对于把上述一系列因素当作某些社会风气产生原因的说法，我们总是能找出相反的例证来予以反驳。比如有人会说在1950年代、在三年经济困难时期，政府官员收入比现在还低，为什么那时不贪污成风呢？为什么那时学校不乱收费呢？社会风气并不仅仅是人们从事某项违背道德和法律的行为的一个托辞，而恰恰是一个实实在在的原因。更有趣的是，我们时常看到这样一种现象，即一种行为一旦流行成风，就在很大程度上对个人产生强制作用，如果你不接受流行的做法，你就得不到别人理解，受到孤立，甚至被当作不可理喻的怪物。

在此次调查中发现，村与村之间的差别往往大于同村内部村民之间的差别。由于农村家庭负担过重，几乎家家户户劳力都把外出进城当作获取经济收入的主要渠道。一方面，同一个村子内的村民常常从事同一种行业。比如前些年，Y镇一部分村子家家户户都出去销售饲料添加剂，而有的村子则是多数人外出做建筑工人。而且常常是一种挣钱手段获得认可后，同村乃至周围几十里地的大批农户都纷涌加入，形成强大的认同效应。另一方面，有时候两个村子虽然相邻，但贫富差距极大。比如有的村子可能很多户都入不敷出，而其相邻的村子却可能家家户户都盖了楼房。在富村村民嘲笑穷村村民无能之时，穷村村民则可能认为富村村民是靠坑蒙拐骗发家的而不屑一顾，更不愿意去效仿。但如果你因此就认为是道德境界的差异而导致两村差距悬殊，那就大错特错了。

几乎没有什么理由能使我们相信，这两个教育程度、文化素质及其他有关背景因素无甚差别的村子，人们之间的道德境界会有什么本质的差别。唯一的解释是，某种在一个村子里流行的挣钱方法，在另一个村子里由于某些偶然因素未能流行起来。在多数情况下，我们发现，一种社会风气往往容易在关系比较密切的同类人中间流行，而且在同一个交际圈子里，它对个人行为往往具有强制作用。

其三，社会本身的散漫、游离、紊乱、缺乏组织能力和自治能力，是调查中遇到的又一个重要事实。Y镇在建国前是个家族组织很强的地方，同姓之家聚族而居，设立祖宗牌位、祠堂、族长和族规等，那里的家庭在社会整合方面的自治功能是很强的，不仅负责本族的生产、祭祀和教育等活动，而且凡是本族成员犯有违背社会公德、进行诈骗犯罪活动的都可由家族内部自行解决。

建国后，不仅旧的家族势力已瓦解，家庭也日益小型化，连过去那种祖孙三代同堂都已基本不可能。一般情况下，儿子一结婚（甚至没有结婚）就会分家，父子之间、兄弟之间很少有密切的经济往来。血缘纽带已经从过去积极的社会整合功能变成消极的捍卫和防御功能（指村民之间发生打杀斗殴之时）。在集体时代，取代家族势力在基层承担社会整合和自治功能的主要角色是村级行政组织（那时称为“大队”），而从实行联产承包责任制以后，村级行政组织的地方整合功能也被大大削弱，有时陷入半瘫痪状态。首先，村级行政组织除了执行国家政策对村民征收各项费用（农业税、统筹费、超生抚育费）之外，已很少进行过去那种大规模的政治动员和政治宣传活动了。事实上，有的村子有时唯一所能做的政治工作就是发展少部分农民入党。其次，由于一切田地、山林乃至农业设备均已被分配和承包下去，农民（指劳动力）在有了更多可自我支配的时间之后，几乎95%的人都外出打工挣钱，村级行政组织想组织一些基本的农田水利建设都很难。

在这种情况下，农村社会出现了这样一种高度分散、游离和无序的状况：（1）人多地少、农户家庭负担日益加重，绝大多数农村劳动力都把外出挣钱当作维持家计的唯一出路。（2）村民通常是以亲戚、朋友和相识之人为纽带结伴进城，一旦发现某个挣钱渠道，则往往带动方圆几十里地的成百上千人一起效仿，群体性极强。（3）村民内部的自我组织能力较差，他们进城做生意或打工都很分散，往往三五成群。（4）家庭的分散化、细胞化这一事实客观上也导致大多数富裕村民缺乏长远目标，很少有人想牵头共同集资兴办企业的。（5）有些暴富的村民“衣锦回乡”后还助长了一种夸富竞奢、竭力摆脱农村趣味的风气。

在这里我们看到，在Y镇这样落后的农村地区，以伤害农业生产为代价的进城挣钱的方式，并没有给当地农村经济的发展带来一个光明、正当、健康、符合当地绝大多数人长远利益的前景。虽然部分农民家庭生活水平有所提高了，但是先富之人也依然想不到集资开辟一条正当的农村致富之路。这背后无疑存在着某种值得检讨的深刻问题。

其四，政府官员的腐败事实在某种程度上是社会腐败的一个产物。尽管人们常常倾向于认为当时的社会腐败——指社会风气不好、社会道德水准低下等——是由于部分政府官员腐败堕落所引起的，然而只要你深入仔细地调查，就会发现相反的事实：每一个政府官员的腐败都是由于某种社会原因而不是政府本身的原因造成的。他可能是因为自己父母、家人人情关系的压力而犯法，也可能是由于羡慕自己昔日同窗好友做生意致富而去贪污，还可能是因某种出人头地的虚荣心作祟而腐败，等等。总之，这些社会因素正是促使其腐败堕落的主观原因和直接动因。在这些人的精神世界里，在其心灵深处，恰恰首先是把他们自己当作一个社会成员，一个生活在自己的父母家人、亲戚朋友、邻里同窗等社会共同体圈子里的成员，而不首先把自己当作一个政府官员，因此当私人关系网的需求和政府法律法规相违时，他们常常首先选择满足来自私人关系的需求。

尽管在部分老百姓心目中，会把对腐败行为的仇恨上升为对当地政府本身的忿恨和不满，不适当地将政府本身也当成了一个敌对的实体，然而政府内部的某些官员却从来没有把政府当成一个实体，而是把它当作自己人情关系网中的存在，当作自己社会共同体存在的一个支撑点，当作实现自己个人社会需求的一个手段、一个工具。每个人都生活在社会中，没有人生活在政府中。在普通百姓把自己和政府对立与一个政府官员以权谋私、贪污腐化两种相反的行为背后包含着的恰恰是同一种心理（心态）：二者都是把自己当作一个社会的成员、一个有私人需求的个人来面对政府的；政府官员对妨碍实现其私人目的的党纪国法的蔑视与一个普通百姓对于政府腐败行为的仇视心理，本质上是一回事：都是出于服务于他所在的那些私人关系网的需要。

官员的腐败行为虽然从国家法律法规的角度看是应受谴责和惩罚的，但如果你站在遵纪守法、“为人民服务”等官方话语的角度来谴责你的家人为官腐败，反而会使自己变得不可思议。这使官方话语和私人话语处于格格不入的状态。其根本原因绝不是政府行为未被纳入法治轨道，而是在政府行为背后站着一个特殊的“社会”（实际上是私人关系圈）：一方面，它高度分散、游离、难以自发地组织聚合形成有效的社会机体；另一方面，它又是极其强大的，它以血缘关系为纽带，带有鲜明的群际心理、人际矛盾和人情面子的特征，几乎每一种腐败行为都是它造成的。一个农民虽然对于腐败恨之入骨，但一旦自己需要办事时还是不得不请客送礼走后门，因为他不可能在短时期内聚集起一股足以铲除这些不合理行为的社会力量来。

在社会腐败之时，出现这样两个现象：一是每增加一个管理治愈腐败的部门，就等于增加了一个可能更加腐败的部门，一个监督政府官员行为的监督机构可能很快因为其手中权力比其他部门更大而成为一个更加腐败的机构；每增加一道新的管理混乱的措施，农民的负担反而会更加重一些。比如一些村为了管理农民进城，实行收费登记，结果成了只关心收费多少而不能治理混乱、令老百姓更加厌恶的政策；又如镇里为管理各村办建筑队而成立镇建筑公司，将村建筑队纳入其中以便统一管理，结果成了只顾向村建筑队收费而不进行任何实质性管理和服务的新“婆婆”。二是政府的某些腐败行为虽然会不断地被发现、被治理，但也可能会不断以更加腐败的形式重现。比如，一旦查出某位政府要员是腐败分子时，百姓一开始会满心欢喜，仿佛出了一口气，但是很快他们可能又发现新的接替他的官员并非真关心反腐败这件事，而是借此来巩固自己的位置，腐化现象仍屡禁不绝，乃至愈演愈烈。

这两种现象似乎都说明一个问题：腐败的根源之一是强大的、在中国文化中有着根深蒂固影响的社会力量和社会纽带；这些“社会的”东西若不能根治，似乎一切法治、民主和监督等制度性安排和措施都是空谈。尽管在下层百姓看来政府似乎是一个实体性存在，但实际上它从来不是，其内部官员和职员也不这么认为，它也不具有实体的意志和统一集中的整体力量，组成这个实体的成员从其自身的社会纽带出发，可能会将自己和它对立起来，但它的生命力又极其顽强，一批人被换掉了，新一批人可能还会以同样的方式工作下去、腐败下去。

二、文化的逻辑与学科

前面讨论的四个方面究竟说明了什么？它们是否反映了中国农村乃至中国社会所特有的文化习性以及由此决定的中国所特有的社会整合之道？如果答案是肯定的话，那么无疑足以说明中国现有的人文-社会科学由于长期一直套用西方人文-社会科学的范式来探讨和思考中国的问题，因而对中国社会的运作和问题缺乏有效的解释力。如果答案是否定的话，则另当别论。现在就让我们围绕着上一部分所提出的四方面问题展开进一步的分析。

首先是关于社会有机整体的问题。把精神道德问题归结为精神道德以外的其他社会领域，以及从社会有机整体角度来探讨和理解道德等问题的做法在西方早已有之。前者有实用伦理学、功利主义等伦理学说，后者有功能主义、结构主义等一些哲学或社会学学派。这些学说或思想都包含着这样一个思路：即精神、道德状况和社会其他领域是密不可分的。然而，问题的复杂性在于，沿着这样一种西方人文-社会科学的思路出发，至多只能得出这样的结论，即当今的精神道德危机与政治、经济、教育、法律、社会、文化等一系列领域都密切相关，或者说是它们共同作为一个整体发生作用的产物，解决问题的办法只能是这一系列领域同时进行综合治理。但是，这样一种结论也并没有摆脱学科分割的思维方式。

进一步的探讨使我们发现，在我们所研究的精神道德危机面前，政治、经济、法律、教育、社会和文化等一系列社会领域既表现出自己的独立性，又表现出没有独立性。它们存在的独立性在于：作为解释导致精神道德危机的原因而言，它们中的每一个都独立存在，似乎都能够作为上述危机的原因；然而，一旦回到实际操作过程，它们又都于瞬间丧失了独立性。比如，当你试图解决政治方面的问题时，会立即发现每一个政治问题都与上述精神问题一样不再是该问题本身，而是它之外的社会领域诸如道德、文化、法律、经济、教育和社会等共同造成的；而当你试图解决经济方面的问题时，又会立即发现每一个经济问题的解决，都要归结到法律、政治、道德和教育等方面的问题；解决其他问题的情形也完全一样。如此一来，就出现了这样一种非常滑稽的理论循环：道德问题的解决要依赖于政治问题的解决，而政治问题的解决又要依赖于道德问题的解决；其他各社会领域的问题也是如此。不仅是我们探讨的精神道德问题，而且几乎每一个社会问题、社会领域都可以归结为其他领域的问题，归结为不是它自身的问题。这也等于对每一个社会领域独立性的否认和取消。

聪明的人当然会说，各个社会领域之间虽相互依赖，但这不等于其独立作用不存在。而问题在于，承认社会领域各自的独立性及其相互关联性，并不能解决问题。按照这样的观点，只有教育、政治、经济和法律等领域的问题都已完全解决时，才会根本扭转现有的精神道德问题，而那一天何时到来谁也不知道。与此相反，地方上的有识之士则提出了一个在他们看来能够很快扭转现状的有效方案，而不必去一个个问题地综合解决。与那些咬文嚼字的学者们的观点相反的是，凡是对地方事务非常熟悉的人几乎会不约而同地认为，只有把那些腐化、坑蒙诈骗分子中为首的抓起来，甚至将他们处重刑，才是扭转当地社会风气及道德精神状况的根本出路，而绝不会提出在教育、政治、法律和经济等方面综合治理来克服当前的精神道德危机这种充满学究气的观点。

我们能从地方人士的观点中得到什么启示呢？那就是，上述不同社会领域之间互相关联的方式是中国式的，是中国社会所独有的，与中国文化习性密切相关。贯穿着所有不同社会领域的一条红线，或者说作为所有这些不同社会领域所构成的有机整体的“心脏”是中国社会的人心状态或人心取向，这是超越一切具体社会领域并在其中具有强大支配作用、能反映中国社会整合特点的一个因素。这种观点认为，正因为人心不正，才导致歪风邪气愈演愈烈，若不严惩那些罪大恶极的坏分子，则根本不可能扭转现状。正人心才能正天下。这是由中国文化习性、中国社会整合规律所决定的，解决精神道德危机应当从正名、正人心开始。这也是我在Y镇调查过程中许多地方人士的共同看法。由此可见，两千多年来孔子提出的“正名”思想之所以行之有效，主要在于它符合中国社会的特征。

其次是关于社会风气的问题。只要深入地研究一下社会风气背后的民族文化心理，你就不得不惊讶社会风气和中国社会文化习性的内在关联，并由此承认社会风气在中国社会影响之大而应把它当作中国人文社会科学研究的一个重要变量。尽管任何一个国家和民族都可能在某个时期或某个地域有某种社会风气，但是几乎没有哪个民族像中国人这样深受社会风气的影响，或更准确地说，从社会风气背后的心态心理可以体现其基本生存方式。这种心态和心理就是几千年来中国人生活在一种相互认同、相互攀比、相互慑服的文化世界中，由于缺乏超验的外在上帝，在日常生活中，个人会把其存在价值建立于对他人的比照关系中。这是一种高度人际化的文化，而绝不是西方那种个人本位的文化。在这种文化中，人与人之间的竞争不是以外在利益大小为标准，而以心理和人格上的相互折服为标准。几千年来，中国人的一切面子心理、人际斗争、家族历史、政治角逐和其他较量都是建立在这种人际文化心理之上的，我们可以据此来解释“窝里斗”、怕出风头等特异心理，而且可以据此认为，在世俗社会中，社会风气几乎成为每一个普通中国人无法逃避的生存之所。一方面是“风水轮流转”，在不同的历史时期社会之风气都大不相同，甚至截然相反，生活在某一时期的人们总是对该时期的社会风气乐此不疲。另一方面，人们对于社会风气的参与度并不真能以其好坏为评价标准的；相反，人们认可它主要是因为此一风气是现行潮流，周围绝大多数人都会以此作为衡量标准。

不管风气是怎样形成的，是由于宣传媒介的鼓动，还是意识形态的倡导，抑或是社会力量的推动，甚至因为偶然因素的激发，总之它一旦形成，就不是由于它在理论上有充分的依据可言，而仅仅是由于人人都这么认为、都这么做，才被大家认可并积极追随的。

这里所反映的正是构成中国人生存方式的一种文化心理，即在很大程度上，个人是把其价值、归宿和生命意义寄托于对于他人的认同、攀比和窥视之上的。因此如果别人都那么做，且以此为择偶、择业及衡量一个人的标准的话，那么反其道而行之的结果就是你很难在所处的人际圈中混下去。

正是中国人所特有的文化心理致使社会风气具有巨大的强制作用。据此我们可以理解，为什么改革开放之初，“让一部分人先富起来”的口号主要是针对部分农民、个体户和私营企业主等的，而并不是针对政府机关及教育等诸多非营利性部门的，但在当时的社会却形成了一股“一切向钱看”的社会风气，有些政府部门利用手中的信用、教育、税收和治安权等谋取私利，也使得一些社会非营利性部门纷纷效仿，千方百计搞创收。

问题并不在于诸如银行、信用社、法院、税务所、公安和学校等一系列不以营利为目的的部门搞创收如何不合乎道德，而在于当一部分人先富起来并受到鼓励或奖励之后，全社会随即形成这样的风气——人们皆把致富当作自己的当务之急，不管是商人还是教师，是官员还是医生。这一行为对个人的意义并不在于它所带来的具体实惠有多大，而在于它与个人在其人际圈中的身份、角色、荣誉和价值相关。正因如此，我们不仅应当把研究社会风气的形成、流行和结果的规律作为中国人文-社会科学研究的重要课题，而且我认为更重要的是要认识到，鉴于社会风气已构成中国社会内部整合的一个重要的独立变量，对它的剖析无疑涉及中国社会科学作为真正的学术在中国能否确立起来的问题。

再次是社会凝聚力的问题。任何一个社会要前进、要发展，任何一个民族要富强、走向现代化，都少不了一个重要的前提条件，那就是要形成具有高度内部凝聚力和运作效率的社会组织，就像组织纪律是军队能否获胜的关键因素之一那样。在对Y镇进行的调查中我们发现，在家族力量和地方政府整合功能均大大削弱的时代，地方社会会呈现出杂乱无序的一盘散沙局面，即使农民以分散的个人形式进城赚到的钱再多，也难以形成“有效率的经济组织”（道格拉斯·诺思语），难以形成具有强大后劲和巨大潜力的“现代企业”。

深入思考后我们可以发现，以人际关系、人际依赖、人际攀比和人际认同为特征的中国文化，必然决定了某些地方会出现这样一种紊乱、难以形成有效率的经济组织和社会组织的局面。因为一群人聚集在一起形成一种有效的行动组织、一个有机的整体，前提是他们必须共同服从于某个共同权威，由该权威颁布命令和规则，遇到问题或发生违反集体利益的内部行为时，由该权威出面协调、仲裁和解决。

这种权威在以个人为本位的西方文化中是契约型的和以法治为基础的，而在中国则是表现为家族式的、等级化和以德性为本的。儒家的家国一体、注重贤才式的王道政治理想正是这一思想的集中体现。具体来说，在中国文化中，家庭几乎是此文化中人们精神上的最后避难所和避风港，在相互依赖、相互攀比、相互嫉妒、相互认同的人际关系中，人与人之间的话语交流就可能会充满各种猜忌、面子和禁区，每个人都觉得自己活得很累，但一回到“家”后就不一样了。“家”几乎是唯一可以敞开心怀、一吐心声的场所，“家”在中国文化中的重要性几乎超过了它在任何其他文化中的位置。“家”的这种天然保护伞和避风港的地位决定了家族能成为这一文化中最强有力的社会整合力量。

基于中国文化习性，在家族的力量之外，能够对社会成员发挥有效的整合和治理功能的力量就只有这两种了：一是道德性的权威，二是等级秩序的威力。需知，相互攀比和相互依赖的人际文化是很难把“平等”当作其社会原则的，因为在这种攀比和依赖中，每个人都可能沉醉于追求对他人人格上的征服和心理上的优势；“平等”一旦作为一种能够让人人自由争吵的法规被确定下来，就必然导致无休止的争论，甚至酿成惨酷的杀戮。而德性之所以能成为相互争吵中的权威力量，主要是有德者常常能以其无私而使沉浸在私人计较中的众人为之慑服；但如果这种权威不能被制度化，那也很难维持下去，因此就形成了中国古代“明贵贱，辨等列”（《左传·隐公五年》）的思想，即建立一套以德性为本、以人格完善者（贤人）为首的等级秩序来治理国家。这种等级秩序虽然没有倡导平等，但它实际上是主张人格平等，而不平等只是指行使公共事务的权力而言。这种等级秩序即古人所谓的“礼制”。

这套社会整治方案面临的主要问题是如何才能确保德性高尚的人掌权。几千年来，中国的官方哲学讲仁义礼智信，民间组织讲忠孝节义，即使是土匪和山寨王也把自己的总府称为“聚义堂”“忠义厅”等。这里面难道不包含着深刻的文化信息吗？我们难道仅以儒家哲学有利于维护统治者的统治而将其精华一概抹杀吗？难道上述思想和民主、法治注定是水火不相容的吗？如果答案是否定的话，那么所有的中国学者，无论是人文学者还是社会科学学者，是否都应该返本复原，回过头来重新整理和研究一下中国古代重要经典，从中思考、整理和挖掘出一系列由中国文化所决定的中国社会自我整合之道，即其不同于西方社会的规律和规则？

最后是社会和政府、私人话语和公共话语的问题。从以上对贪污腐化问题的分析中可以看出，造成国家官员贪污腐化的一个重要根源是来自“社会”的力量，这里所说的“社会”显然与西方所谓与国家相对独立和区分的市民社会迥然不同。前者是指和中国文化习性密切相联的、以人际关系为纽带的共同体（有点类似于但实质上不同于英文中的community）。在这个“社会”中，居于第一层次的往往是自己的父母家人，然后是亲朋好友、同窗邻里、同事熟人等。这个“社会”是以“我”为中心的，在它之中盛行的是以“我”的利益为核心的一套私人话语。正是这套私人话语和官方公共话语的对立和格格不入，才是导致腐败行为的根本原因之一。正如在前面所提到过的，每个人都生活在“社会”中，没有人生活在“政府”中。在实际生活中，人们为了给自己谋求安全和庇护，总是千方百计不断扩大自己生活在其中的那个小“社会”，于是形成了中国文化中特有的山头主义和帮派主义，由此进一步在“政府”中相互勾连、官官相护。由于不同人的行为总是相互影响的，于是在“政府”中也就形成了自己的“社会风气”。一种腐败行为若不受制约，便很容易流行起来成为某种风气，成为“政府”中他人效仿的对象。

这个特殊的、反映中国文化习性的“社会”，尽管时常表现得与官方话语格格不入，但其力量却是异常强大的：它几乎是一切腐败行为的直接动因。任何一种新的制裁腐败的机构都可能被它拉下水；民主和法治在这里的作用微乎其微，官官相护的私人“社会”可以很快将其瓦解掉。

为什么这个“社会”如此强大？这个问题涉及这个“社会”是中国文化中的“家庭”的扩大形式，是中国文化习性的必然产物。中国文化的人际性一方面标志着人与人之间的人际斗争、人际矛盾极其深刻，另一方面也正因为如此，使每个人在感到活得辛苦的同时千方百计为自己寻求庇所。家庭无疑是这个庇所的最初和最保险的形式，从夫妻二人的小家庭到几世同堂的大家族是家庭的第一次扩大，而人际交往圈子及官官相护、山头帮派等则是家庭进一步扩展的另一种形式。正因为如此，“家庭”，几乎成为中国文化中一切秘密的焦点，个人的生生死死、荣辱悲欢、情感真实、胸襟怀抱几乎无不与

“家庭”有关。

因此，我认为，正是由于以“家”为基础而形成的中国文化中特有的“社会”极其强大，所以只要它所盛行的私人话语和官方话语是相对立之时，腐败及政治低效就不可能被铲除。而儒家所倡导的“物格而后知至，知至而后意诚，意诚而后心正，心正而后身修，身修而后家齐，家齐而后国治，国治而后天下平”（《大学》）这八条目表达的正是这样一种思想：修身、齐家可以使“家”“社会”中所盛行的私人话语和官方公共话语相统一，从而成为消除腐败、建立强而有效的政府制度的根本有效途径之一。

三、“风”与文化心理

顾炎武《日知录》（卷十三）评论历朝风俗之好坏，谓曹操、王安石等人取士以悦己为准，导致“权诈迭进，奸逆萌生”，世风为之大坏；汉光武“尊崇节义、敦厉名实”，宋初诸贤“以直言谠论倡于朝”，天下风俗为之一变。其“宋世风俗”条引苏轼上神宗书曰：

> 国家之所以存亡者，在道德之浅深，不在乎强与弱；历数之所以长短者，在风俗之薄厚，不在乎富与贫。……故臣愿陛下务崇道德而厚风俗，不

> 愿陛下急于有功而贪富强。(《宋史》卷三百三十八《苏轼列传》)

以人与人的关系为本位的中国文化，由于不以彼世（死后世界）作为其终极归宿，人际关系的特征导致各种风气的流行。在不同时代、不同地方、不同单位、不同年龄段甚至不同性别等中都可能流行各自的风气。有校风、党风、学风，有单位风气、部门风气、行业风气、社会风气，词语中有风气、风潮、风靡、风尚、风传、风闻、风俗、风声、风味、风行、风范、风向、风流，有闻风而动、望风披靡、见风使舵、闻风丧胆、风起云涌、风言风语、蔚然成风、风行一时、风声鹤唳、风云变色、风吹草动，有中国风、亚洲风、世界风、时代风、西北风、流行风、龙卷风、五月风、四季风、都市风、文明风，还有儒风、仙风、正风、妖风、歪风，等等。此外，还有各种“热”，出国热、下海热、参军热、京剧热、读书热、国学热，等等。“风水轮流转”，风气若干年一变。

风气的力量无比强大。一旦某种行为流行成风，对制度就有了强大摧毁作用。比如前面提到的放权让利，倡导让一部分人先富起来，结果整个社会的风气从过去追求政治理想、注意意识形态，转变到了追求经济利益、注重物质享受。这种风气一旦形成，就再也不受政府的左右。恰恰相反，它瓦解着政府的权威，破坏着法律的信誉，败坏着社会的道德。这时我们发现，政府无论制定何种防范措施，坑蒙拐骗和假冒伪劣都还是屡禁不止。

另一个需要指出的事实是，风气代表的人心取向，反映出在中国文化中精神力量对于治理的作用极大。历史已一再证明：中国社会治理中最重要也最有效的手段之一是动员强大的人心资源，形成万众一心、众志成城、意气奋发、斗志昂扬的局面。而当这个社会涣散的时候，必定首先表现为人心的涣散（参见导论第五节心理主义、第二章第七节意识形态的相关论述）。在中国文化中，政府能否有效地动员“人心”这一无形资源，是衡量其行政效率高下最重要的标志之一。

为什么在儒家政治学说中，“风”会成为一个极其重要的概念？这一概念的提出和产生背后有何重要的文化心理因素在起作用？“风”这一概念是否反映了中国文化的某种习性？尽管在一种“风气”过去之后，当时跟风的人常常会因为其盲目地热衷于某个并不值得热衷的事物、近乎疯狂地崇拜某种并不值得崇拜的对象而被当作嘲笑的对象，然而人们却时常忘记了另一个极其重要的事实，那就是在他们嘲笑前人的同时，自己现在可能也正沉浸在崇拜或热衷于另外一个事物的风气之中。这种新的崇拜或热衷与前者的唯一不同也许仅仅是对象发生了变化而已，其盲目性似乎并不弱。比如，今人总是嘲笑古人为什么会那么愚蠢，竟然如此崇拜那些古代帝王，或如诸葛亮之类的英雄人物，把他们当成了“神”，居然不知道“金无足赤、人无完人”的简单道理，然而仔细想一想就会发现，当下人们对于明星等的崇拜，或者对钱财、洋人的崇拜，难道不同样是盲目的吗？想想今天被他们奉为“完美无缺的神”，与古人相比只是换了对象，二者在荒谬的程度上有本质区别吗？

问题的关键在于，究竟是什么原因导致了各种风气的流行？稍加思考即可发现，今人对于西洋的崇拜与前人对于一些事物的崇拜一样大都出于盲从。这种盲从心理从何而来？比如，问一个人为什么现在异常迫切地想出国留学？他可能会说，现在大家都在忙出国留学，自己如果不出国，会显得比别人差一截。所以问题并不在于出国留学这件事本身是否合理，而在于这件事现在是否成为一件公众向往从而在公众心目中有价值的事情。

“风”的事实暗示我们，在中国社会有这样一种特殊的民族文化心理，即人与人之间在心理上的相互模仿、相互攀比和相互依赖的思维方式。这种心理或思维方式导致那些比较突出的人的所作所为，容易对其他人的行为方式产生强大的示范效应。因此我们是否可以初步得出，导致“风”的产生以及“风”成为中国文化的一根“神经”的主要原因是，中国人的一种以人与人之间的相互模仿、相互攀比、相互依赖为主要特征的心理活动。这种心理活动我们把它称为中国文化中的“关系本位心理”。这种人际关系本位的文化心理，我们称之为中国文化的习性。所谓人际关系本位，是相对于西方的个人本位而言的，其重要含义之一是指，中国人在其日常生活中普遍有一种不自觉的心理倾向，即把自己在他人心目中的地位或形象当作衡量自身存在价值的主要准绳之一。

比如说，中国人所谓“功成名就”“出人头地”“人图名声树图荫”“光宗耀祖”“比上不足，比下有余”“丢人现眼”“死要面子活受罪”等一类话语，就是这种心理活动的典型体现。很多时候，正由于人们很在乎他人的认可，故而会不自觉地追随社会潮流。因此当一种事物在某个地方变得很有影响力的时候，往往会成为他人争相效仿的对象，由此引发一种时尚或风气。当一种社会潮流形成时，它所产生的效应也是“马太式”的。这就是说，正是一种人际关系本位的文化心理在起作用，才会导致中国社会在任何时期总会流行一些不同的“风”，极大地影响着人们的日常生活。人们之所以会盲目地“从风”，往往是认为现代社会大众都认同它；只有追随它，内心才会得到平衡，这种心理平衡对于他们把握自身的存在价值至关重要。有时风气的影响力过分强大，达到了扼杀个性的程度，“不从风”会遭到世人嘲笑何轻蔑，而不会因此被视为“有个性”。

四、风与制度的关系

“从风心理”并不是中国文化中所独有的。的确，即使在基督教影响下的西方文化中，仍然会有从众心理，会有“社会风气”，也会有人们对领袖或英雄人物的仿效效应。可是要知道，在人类其他文化中，“风”也许从来没有像在中国文化中那样，对于日常生活、政治制度、国家安宁等发挥着如此巨大的作用。我们可以设想，西方人在基督教的影响下，把人理解为同一个至高无上的上帝的子孙，从这种意义上来说，不是人对人的依赖，而是人对上帝的依赖才最为关键。许多学者早已指出，个人主义和自由主义在西方的兴起，是与基督教传统有关的。[1]这也使我们理解了为何西方式的个人主义和自由主义在东方文化中一直没有大行其道。

通过对“风”背后的文化心理机制的揭示，我们就能理解儒家的一系列政治思想是如何提出来的。比如儒家之所以提出以德治国、任人唯贤和教化为先的思想，显然是认识到了中国社会人与人之间的相互影响对这个社会的自我整合有着至关重要的作用，以及认识到了中国人普遍的从风心理决定了改变这个社会最有效的措施莫过于改变大多数人的心理状态，特别是他们的心理倾向，因此最重要的工作不是放在制度建设上（尽管制度建设总是必不可少的)，而是放在影响大众的心理活动状态上，进而影响整个社会。用儒家的话来说就是：正人心而后正天下。在这一过程中，有三件最重要的事情要做：

(1)针对当下流行的不好的“风气”，制定相关的政策措施扭转之。这叫作“治四方风动”(《尚书·大禹谟》)。

(2)利用大众的从风心理，把德行俱佳的人放到政府部门的最上层，通过他们的言行去影响大众的心理取向，从而极大地带动整个社会风气的改变。这叫作“树之风声”(《尚书·毕命》《左传·文公六年》)。

(3)由于从风心理带有极大的盲目性，要让人们从这种盲目性中走出来，只有提高全民道德素质。因此，对一个社会、一个国家真正具有长远意义的工程是教和化。这叫作“教以化之”(《毛诗序》)。

现代中国学者在引进西方社会科学理论时，最容易犯的错误之一就是不考虑中国文化的习性，企图将西方理论直接应用于中国社会研究中，期望得出有益的结论。实际上，凡是这样做的人，往往认识不到这样一个问题，即那些西方社会科学理论可能很好，但是用它们来研究中国社会时，不容易使人把握到中国社会的“脉搏”。换言之，人们难于从中找到什么是中国社会中最有决定性意义的因素。西方社会科学理论确实有一整套完备的方法系统，但是在运用它们来研究中国社会时，人们却时常会找不到感觉。当然，有一种观点认为这是由于对西方社会科学方法运用得不好所造成的，但事实上在运用西方社会科学理论研究中国社会时，确实是由于人们未能抓住对于理解中国社会现象来说至关重要的因素，从而使他们有种找不到“驾驭自己研究对象”的感觉。

“风”代表中国文化以及中国社会中的“脉搏”。我的意思只是说，有很多时候我们确实可以从各种“风”——社会风气、官场风气、地方风气、部门风气、学校风气、行业风气等——中找到理解中国社会问题的途径及解决办法。这一点我们往往可以从政府部门所谓“狠刹歪风邪气”“消除行业不正之风”“纠正校风”“狠抓学风建设”“净化社会风气”等一类政策性宣言中看出。严格说来，这些政府部门的政策性宣言往往不是从科学研究或应用某个社会科学理论中得出的，而更像是一种直观和素朴的经验总结。相反，如果真的应用西方社会科学思维来理解中国问题的话，很可能得不出上述政策性宣言来，以至于根本不能为诊断或解决中国的现实问题提供有意义的方案。尽管风气的兴起或流行有许多原因，有时且经常是一个当时当地最有影响力的人或机构鼓动的结果，也可以是其他一些偶发事件激发了公众兴趣所致，但它一旦形成，就可能对人心造成强大的力量，让成千上万的人“闻风而动”，甚至许多政策、法规和权威都会因它而变化，它成为了这个社会中最大的权威。

显然，并不是中国社会中的一切都与“风”有关，或者由“风”决定的。但更重要的是，我们以“风”为例来研究本来就不是想以其来解释中国社会中的一切，而更主要的是想说明为什么“风”会成为中国社会的脉搏。我的观点是，导致“风”成为中国社会的脉搏的东西，是某种特殊的中国文化心理——人际关系本位的文化心理，或称之为中国文化的习性。从中国文化的习性出发，可以解释中国社会很多现象。例如，“文化大革命”中对人权的践踏，我们如果从今天法制的角度来理解是很困难的。为什么法制会在一夜之间成了一纸空话？尽管“红卫兵”可能被别有用心的人挑拨、利用，但在当时他们所做的事情很多出于自愿，而且很多时候他们是抱着义正辞严甚至义愤填膺的态度在做，这体现出中国文化中存在某种对个人人格尊严具有毁灭性的力量。这种情况只有从中国文化习性的角度才能得到恰当的理解。后者决定了在中国文化中有时“风（气）”的力量会表现得十分强大，会在某些地方对人们的行为方式产生强制作用，甚至达到了扼杀人性、践踏人权的程度。

我们还可以想一想，为什么辛亥革命会失败？20世纪以来中国社会的各种改革，特别是那些激进的变革为什么往往以失败告终？是不是因为那些改革者不了解：

引进一项制度容易，但是改变人却是一项持久、宏大的系统工程，而改变一种文化则更是难上加难。包括辛亥革命在内的许多历史上的革命之所以失败，一方面有某种超越中国文化的普遍因素的作用，另一方面也有与中国文化习性相关的特殊因素的作用。中国文化的习性决定了，中国文化中真正起作用的力量不是制度而是人，人际关系的力量，特别是人与人之间、人群与人群之间实力的对比与悬殊，才是决定这个社会的走向以及一切制度变革成败的关键。那些期望在不改变人群状况及其实力对比关系的情况下，一夜之间建立一种崭新的制度的理想注定要化成泡影。即使法治和民主制度在中国的建立也要遵循中国文化内在习性的要求，循序渐进地进行才能有所成效。

仔细想想还可以发现，正因为在中国社会中最具有决定性力量的有时不是法律和制度，而是人际关系，因此改变这个社会最重要的途径往往是改变人、改变人群关系。比如虽然一项好的制度被建立起来了，但人与人之间的关系可以瓦解这种制度的效能。这就是中国文化的习性。中国历史上的儒家通过其朴素的经验观察发现了这一事实，因此他们把这条经验做成了一种政治理论，用之于治国、平天下的政治实践中：

季康子问政于孔子。孔子对曰："政者，正也。

子帅以正，孰敢不正？”（《论语·颜渊》）

子曰：“苟正其身矣，于从政乎何有？不能正其身，如正人何？”（《论语·子路》）

君仁莫不仁，君义莫不义，君正莫不正，一正君而国定矣。（《孟子·离娄上》）

那么，人际关系本位的中国文化习性是不是可以解释中国社会的一切？当然不是。我们必须承认，中国社会的很多事情之所以发生，还有其他许多历史与现实的因素、普遍与特殊的因素、个性与共性的因素、经济与政治的因素等在起作用，不能简单地归于这里所谓的“中国文化习性”。但是，文化习性因素毫无疑问是影响中国社会的主要因素之一，我们今天要开展中国社会科学研究，就不能回避它；对中国文化习性的发现与思考，至少可以帮助我们开辟一条新的理解和解释中国现象的途径，从而对于建立起一套有效的理解和解释中国问题的社会科学的理论预设、概念体系乃至方法论起到决定性的作用。

五、风化作为治道

下面，我们重点论述儒家经典中对于“风”与治道关系的一系列论述。

《毛诗序》从《国风》第一篇《关雎》出发，系统地论述了“国风”之“风”的深刻政治含义及其与儒家政治学说的内在关联，可以说是一篇最经典的“风化政治学”。其中认为，《关雎》赞美后妃之德，是“风之始”，“所以风天下而正夫妇也”。这里，“风”的作用方式被表达为“风也，教也，风以动之，教以化之”，其社会功能表现为“经夫妇，成孝敬，厚人伦，美教化，移风俗”。另外，《诗》之风、雅、颂体现了“上以风化下，下以风刺上”的特点，因为“一国之事，系一人之本，谓之风；言天下之事，形四方之风，谓之雅”。

风本指自然之风，虽无形但影响普遍，虽无所但无处不在，因此它在很早被用来形容某种社会风气。当它流行起来，就形成一股潮流、一种时尚，今日称为“风气”。由于风代表自一方向另一方特别是从上向下施加的无形作用，因此也被用来形容君子对社会或领导对下属的普遍影响力。《毛诗序》所谓“风”，即指一方对另一方产生的一种无形的影响力。从《毛诗序》看，它可以是上位者对人民或下属产生的无形影响力，也可以是民间流行的某种声音或意见（也可对上位者产生影响）。《毛诗序》认为统治者要善于自觉重视风的存在，既要借此倾听人民的声音，也要主动用自己的行动塑造社会风气。

《毛诗序》可看成儒家对于“风”与政治关系的经典

论述，它大体包含三个方面内容：首先，以观风作为了解民情民心的重要渠道；其次，以识风作为衡量治乱好坏的重要标志；最后，以移风作为塑造风俗秩序的重要方式。《毛诗序》里的“风”有好几种类型——：

（1）从起因上说，既有自然形成的风，也有人为倡导的风；

（2）从内容上看，既有规范意义上的风，也有现实意义上的风；

（3）从形态上说，既有正风，也有变风；

（4）从空间上看，或流行于民间，或唱和于庙堂；

（5）从方向上说，或从上向下刮，或自下往上吹。

在儒家传统里，“风”的重要功能是“化”。所谓化，有感化、转化之义，也可理解为潜移默化（渐渐地改变他人）。儒家常常用“风”来比喻政令，[2]用“化”来形容王道政治的成就，并谓“圣人久于其道而天下化成”（《周易·恒·彖》）。《说文解字》从字源上告诉我们，“风”的本义之中就包含着“化”，因为“風”字是形声字，从虫凡声：

> 风动虫生，故虫八日而化。（《说文解字·風》）[3]

儒家王道政治思想的重要观点之一是，最成功的政教不是通过强行灌输来改变人民，而是“潜移默化”。所谓“化”，就是让人们在不知不觉中被感化而向善，“民日迁善而不知为之者”（《孟子·尽心上》）。

郑玄《周礼·春官·大师》注称：

> 风，言贤圣治道之遗化也。

古代圣王所塑造的社会风气留传至今，这里的“风”与今日所谓“社会风气”义近。孔颖达《毛诗正义》在疏《毛诗序》时，则从另一个角度解释了“风”与“化”的关系：

> 风训讽也，教也……言王者施化，先依违讽谕以动之，民渐开悟，乃后明教命以化之。风之所吹，无物不扇；化之所被，无往不沾。

郑玄所论为已成之风，作为圣王治理之历史遗留；孔颖达所述为所运之风，作为圣王治理之现实方略。在儒家政治学说中，这是同一个事物的两个方面；但它们均与“化”有关，体现了儒家对于理想政治的理解。

基于上述，我认为《毛诗序》表达了一种儒家政治学说，我称之为“风化政治学”。

然而，“风”成为儒家政治学说中的一个重要概念，并非起于《毛诗序》，孔子早有论断：

季康子问政于孔子曰："如杀无道，以就有道，何如？"孔子对曰："子为政，焉用杀？子欲善，而民善矣！君子之德，风；小人之德，草；草上之风，必偃。"（《论语·颜渊》）

孔子用"风"与"草"之间的关系来形容上对下的影响力，暗示我们政治是否清明体现在它所导致的社会风气之上，而社会风气又是由官场所决定的，取决于官场中最有影响力的人。

"风"在儒家政治学说的特殊含义，可以从以下几个方面看出来[4]：

1.风与民

衡量治乱好坏的主要标准之一，是"民风"。一个好的政治家应该学会"观风""辨风""省风"。"观民风"是治政的开始：

天子省风以作乐。（《左传·昭公二十一年》

风行地上，观；先王以省方观民设教。（《周易·观·象》）

天子五年一巡守……命大师陈诗以观民风。（《礼记·王制》）

天子学乐辨风。（《大戴礼记·小辨》）

2. 风与政

改变民风是治理国家的重要任务之一。改变民风的工作可以称为“治风”；为了改变“民风”，需要“树新风”，这也被称为“树之风声”：

> 帝曰：“俾予从欲以治，四方风动，惟乃之休。”（《尚书·大禹谟》）
>
> 天下有风，姤；后以施命诰四方。（《周易·姤·象》）[5]
>
> 古之王者知命之不长，是以并建圣哲，树之风声。（《左传·文公六年》）
>
> 旌别淑慝，表厥宅里，彰善瘅恶，树之风声……商俗靡靡，利口惟贤，余风未殄，公其念哉！（《尚书·毕命》）

3. 风与德

由于“风”总是从最上层刮起的，而最上面的人能够影响一个社会的“风”的东西，主要是他的“德”。只有最上面的人“修德”，先改变官场内部风气，才能逐渐改变一个社会的“不良风气”：

> 王曰：“呜呼！说四海之内，咸仰朕德，时乃风。”（《尚书·说命下》）

> 敢有恒舞于宫、酣歌于室，时谓巫风；敢有殉于货色、恒于游畋，时谓淫风；敢有侮圣言、逆忠直、远耆德、比顽童，时谓乱风。惟兹三风十愆，卿士有一于身，家必丧；邦君有一于身，国必亡。（《尚书·伊训》）
>
> 君子之道：淡而不厌，简而文，温而理，知远之近，知风之自，知微之显，可与入德矣。（《中庸》第三十三章）

《说命下》称天子之德，直接决定海内风气（与《毛诗序》“以一国之事，系一人之本”同）；《伊训》则教导官员戒除各种官场歪风邪气，并将其称为“巫风”“淫风”“乱风”。《中庸》则从另一个角度讲风，能够“知风之自”，方可入德，成为君子。

4. 风与教

由于“风”的形成不是一朝一夕之事，不能指望在一夜之间改变它；除了国君要修德之外，还有一项改造社会的持久工程，就是“教”。在儒家所推行的“教”之中，尤其重要的是“乐教”。儒家认为，通过“乐教”可以改变一个社会的风气，达到移“风”易俗的效果：

> 乐也者，圣人之所乐也，而可以善民心。其感人深，其移风易俗，故先王著其教焉……故乐行而

伦清，耳目聪明，血气和平，移风易俗，天下皆宁。（《礼记·乐记》）

移风易俗，莫善于乐。（《孝经·广要道》）

六、重思中国研究的范式

迄今为止，中国人文社会科学建立在这样一些前提下，即东西方社会是按照同样的逻辑和理路构成的，因而也适合用同样的方式方法来分析思考。然而迄今为止，人们对于中国人文社会科学学科的终极价值、意义基础和方法特征等未必真正进行了深刻的思考和探索。比如说，我们今天大学里多个不同学科如政治学、经济学、法学、社会学、历史学和哲学等的设置，基本上是借鉴西方的体系，并与此相应形成了一系列相关的教科书，但是对于这一设置背后的一系列问题却从未搞清。比如，为什么要设置这些学科？每个学科存在的根据和理由是什么？这些学科中所学的东西对于解决现实社会中发生的问题有什么作用？这些不同的学科在面对共同的社会问题时彼此关系如何？

随便翻开一本教科书，如某大学编的《行政学原理》教材，按照行政学的对象、方法、功能、作用和目的等一系列范畴分成若干章节填补进相应的内容。然而学了这本书的人对于人们处理实际行政事务的帮助也许并不大，一个大学政治学系的教授在处理行政事务方面的经验和能力也许还比不上一个基层的乡村村长，后者比前者具有更丰富的处理人际关系的能力，协调人际心理的经验……这一切都是在教科书上根本学不到的，但恰恰正是它们才构成了中国政治学的全部秘密所在。一个不太懂得中国现实社会极其复杂的人际关系、人际心理和人际矛盾以及相应的处理这些关系和矛盾的经验的大学政治学系教授，可能对西方政治学理论十分熟悉，并在把西方政治学应用于分析中国政治方面出了不少专著。这一事实说明了什么？究竟问题出在哪里？

为什么我们的人文社会科学话语在解释生活现实面前苍白无力，面对盛行的较为严重的精神价值危机不但不能给予一个令人信服的圆满答案，反而会陷入自相矛盾的无休止争吵中？这个问题又进一步促使我们思考另一个更重要的问题，即“五四”以来从西方引进的人文-社会科学迄今为止究竟有没有在中国这片天地获得自己的定位？它们究竟有没有在中国文化土壤里找到自身存在的根基？

在20世纪中国人所做的所有引进“西学”的工作中，“社会科学”可以说是一个全新的事物。这一点，与人文科学相比显得尤其明显。人们通常倾向于认为，像伦理学和哲学等一类西方人文科学学科，在中国传统学问中也是存在的；但是，很少有人会说像政治学、经济学、法学和社会学等一些西方社会科学学科在中国古代也存在。这不是说古人没有研究过社会科学领域的问题，而是说，这种研究在古代学术中并没有成为独立的学科；毋宁说，在中国古代学问中，社会科学领域的问题几乎被当成了伦理道德问题。因此我们可以说，社会科学对于中国人来说是“全新的”。

然而一个多世纪以来，中国人不仅在很短的时间里引进了几乎所有的西方社会科学学科，而且史无前例地建立了一套完整、规范的学科体系，形成了一支庞大的专业队伍。今天，在各个领域社会改革飞速进行、各种社会问题蜂拥而至的特殊背景下，人们对中国社会科学的期望可以说是与日俱增。特别是，经过一百年来文化运动和思想革命的洗礼，中国人似乎更加意识到制度变革的重要性。比起当初的“维新”“共和”来，只有改革开放以来中国社会的制度变革才真正显示出其巨大的建设性力量，只有改革开放才开始把中国近代以来千呼万唤的制度变革落到实处。

然而令人深思的是，改革开放以来中国社会所经历的巨大变革绝不是某种纯学术理论的产物，而是出于多年政治动荡的惨痛教训。在从“一波三折”到平稳发展的过程中，中国社会科学似乎也没有提出更多的理论资源来指导现实，更加行之有效的原则却是“摸着石头过河”。而且在改革带来了一系列思想、道德及制度的问题之后，似乎没有一个社会科学学说能对之作出真正令人信服的理论解释，或提出一套行之有效的解决方案。

对于为何中国社会科学在解释中国现实问题时苍白无力，我们可以找出许多理由来。其中一个就是，从西方引进的社会科学在中国还太年轻。对于中国人来说，可能还没有来得及完整地消化它，而只是引进了一系列新的标签而已。这种解释当然很有道理。但是除此之外，似乎还有其他更重要的原因。因为社会科学毕竟与自然科学有所不同，在对社会科学问题的研究过程中，一个国家的民族性、文化传统以及国情的因素影响甚大，中国社会许多现实问题不能像套用数字公式那样照搬套用西方社会科学理论来理解或解释。许多人都已认识到，中国社会科学目前所采用的研究方式完全是西式的，在解释中国社会的现实时未必总是适用。长期以来，人们似乎只是习惯于应用西方社会科学理论来理解或解释中国的问题。这与中国人文科学诸学科形成了鲜明对照。因为所有的中国人文科学工作者，几乎都在强调中国哲学等与西方的不同，尽管中国特色在某些人心中已经变成了满足其民族自尊心的主要途径，但是需要指出的是，在西方汉学界，经过几代人的努力，已有越来越多的西方学者承认存在一种中国特色的哲学思维及其对于现代世界的特别意义。

这里试图讨论的一个问题是，中国社会科学难道真的可以避免讨论“中国特色”的问题吗？或者，中国社会科学的确立，难道只是意味着将西方社会科学理论直接引进中国来研究中国问题吗？为了开展真正有价值的中国社会科学研究，在西方社会科学理论及方法之外，是否还需要建立一整套新的理论预设、概念系统或方法论？这些正是我想说的要点。我认为，正是这个问题没有得到解决，才使得中国社会科学工作者面对今天的中国感到无力。

鉴于目前没有找到一种更好的从事中国社会科学研究的理论或方法，我建议不妨以历史上曾经出现过的、在理解或把握中国社会现实方面发挥巨大作用的某种学说为例进行个案研究。这种学说虽然算不上“社会科学”，充其量只能称为一种“经验的总结”，但是它确曾在理解或解释中国社会现实方面发挥过巨大的作用，并且总能在关键的时候提出一整套行之有效的解决现实问题的办法来。我们试图通过对这种学说的个案研究，找到对于今天从事中国社会科学研究有启发意义的思路。这门学问就是儒学（儒家学说）。

尽管自20世纪以来儒学的历史作用饱受批判，但是一个无法否认的事实是，儒家学说在过去两千多年的中国历史上，一直在用自己的一整套理论来解释中国，包括解释中国的历史、文化、社会以及几乎所有重大的现实问题，并在解释的同时提出了解决问题的具体方案。

而且我们不能不承认，儒家对中国社会问题提出的解决方案曾经在很长历史时期内发挥过无与伦比的巨大作用。它曾经促成了一套相对完善的制度系统，非常有效地整合了中国社会的各阶层，使中国的生产力水平和生产关系在相当长时期内占世界领先地位；它有一整套相对完备的学说体系，它使得中华民族经历了一次又一次重大的历史考验，使中国的历史、文化和民族性多次免遭分裂和毁灭的命运，对中华文明的兴起、发展和传承起到过决定性的作用。儒家对中国社会问题的方案，虽然没有形成一门“科学”，但是它对于我们今天从科学的角度来研究中国社会是不是会有借鉴之用呢？

为了替一种可能是真正的“中国社会科学”寻找起点，我提出如下几个假设：

（1）一种可称为“中国社会科学学说”的东西，不应当是西方迄今所建立起来的既有的社会科学理论在中国的直接应用。相反，中国社会科学的建立需要在西方社会科学理论之外建立起一套独立的理论预设和方法系统。这种理论和方法要在对中国社会各种复杂因素进行分析和判断的基础上，经过一代又一代人的努力才能形成。中国社会科学与西方社会科学理论既有同质性，又有异质性；它可能是西方社会科学理论的一个延伸，二者在研究方法上有相通之处。但是与此同时，它又可能包含着自己独立的理论前提和方法论。

（2）“中国社会科学”之所以有中国特色，可能与中国文化的习性有关。我的假定是，中国社会的整合规律可能以某种经过几千年漫长发展积淀起来的特定的民族文化心理为基础，这种长久形成的（虽不是一成不变的）文化习性，导致了研究中国社会的现实问题必须有一套新的理论和方法。因此，任何一种对中国社会发展规律的研究都应关注中国文化的习性，特别是中国文化心理结构与中国社会自我整合规律之间的关系。西方社会科学理论之所以不能直接在中国套用，是因为其理论预设与方法论不是以中国文化的习性为基础建立的。

（3）虽然儒学本身不能被称为一门科学，但是作为一门在解决中国现实问题上发挥过特殊作用的学问，其理论观点可能对于我们从科学的角度来研究中国社会有巨大的启发意义。因此，我们把儒家当作一个案例，试图通过对儒家提出的若干与社会科学问题相关范畴的研究，来揭示中国文化的某种“秘密”，从而找到解读中国文化以及中国社会的“钥匙”，以此来寻找“科学地”研究中国文化以及中国社会自我整合与发展规律的合适的出发点，对于建立起中国社会科学的理论和方法提供某种有借鉴意义的思路。

正是基于上述思路，本章选取儒家政治学说中的一个重要概念——“风”——为突破口，在搜集儒家学说中一系列与“风”这一概念相关观点的基础上，试图分析这些政治观点背后的文化心理基础，借此揭示中国文化的习性，以及中国文化的习性与中国社会自我整合规律之间的关系，试图为研究中国社会科学问题提供线索。我在本章中提出的所有概念，都是试探性的，它们可能在某些社会问题域内有一定的解释力，但是并不是说可以解释中国社会的所有问题。

七、一些相关旁证

本章的基本论点——中国社会科学研究需要有自己的范式——其实一点也不新鲜。因为在海内外，类似的观点已有许多，现略加介绍，以为本章论点之旁证：

1.约翰·克莱默：从日本现代性看西方社会科学的范式问题[6]

约翰·克莱默（John Clammer）是有名的日本问题专家，他认为，理解日本社会必须用新的范式。比如，西方社会科学只能把主体当作单数来研究，而日本本土社会科学则不是把个人而是把共同体，尤其是具体情境当作研究对象。比如domination（统治）这个范畴，就不如discipline（训练）在理解日本社会关系时有用。所谓“训练”，指在习俗传统中、在生活实践中、在人与人的互动中生存技能的培养。日本社会给社会科学提出的挑战有：

首先，经济、文化与政治之间的基本分野不明显。日本的官僚机构和商业之间紧密相连，但均受制于文化，特别是受制于它们各自的组织文化。经济是文化的，而社会也是经济的。由此可见，如果简单地套用“经济”“社会”等一类概念作为普遍学科术语，将无法充分认识和理解日本社会的一些关系。

其次，日本的社会乃是一个关系网，其中经济、社会和政治等的范畴并不十分清楚。西方目前分科式的研究在日本可能不适用，对日本必须进行跨学科研究，否则就无法理解日本。

总之，现代社会学面临着巨大的方法危机，对自身的政治责任感缺乏明确认识，在观察社会政治权力方面缺乏合法性，缺乏真正的比较研究视野。日本社会是与众不同的一种社会，它的概念范畴和解释模式都表现出有限的、人种化的和意识形态的特征，以及认识论上的地方性。

因此，日本社会在许多方面向社会理论提出了挑战。

持类似观点的还有约翰·P. 阿纳森（John P. Arnason）[7]，他批评西方理论家囿于自身概念，未能对日本现代性给予足够的重视。社会理论家在解释日本时不得不面对一种不同的现代性之路和景观的问题。以色列著名社会学家艾森斯塔德（Eisenstaedt）[8]指出，日本的巨大成就，使得人们对西方文明的最基本观念产生了疑问。

2.路易·杜蒙：从印度种姓制度看西方社会科学的范式问题[9]

路易·杜蒙（Louis Dumont）在《阶序人：印度种姓制度及其意义》（*Homo Hierarchicus: The Caste System and its Implications*）一书“导言”中，对盛行于西方的个人主义观念及其后果加以批评，指出在西方社会科学和人文科学研究中存在范式的巨大危机，即近代社会科学奠基人（马克思、韦伯和涂尔干等人）均以西方近代社会为原型构建了自己的方法论系统，但是它是以个人主义假定为出发点的，必须实现如下转换，即从个人本位到关系本位和整体本位。这是理解非西方社会特别是印度社会的首要前提。

3.齐丹·库查巴莎：从儿童心理学看西方心理学的范式问题[10]

齐丹·库查巴莎（Cigdem Kagitcibasi）以有关儿童价值观为例，对长期占统治地位的西方心理学提出了严峻挑战。他倾向于认为，长期以来西方的心理学是在以个人主义为主导的、强调个人独立自主为特征的背景下获得的，在理论上强调普遍性高于特殊性，理论性高于实践性，科学性高于应用性等。但是这种研究方法显然不适合于第三世界国家，尤其是一些以强调人与人之间相互依赖为特征的文化或社会。

比如，在西方心理学中，长期以来毋庸置疑地把儿童当作独立个体来对待，而在传统社会里，儿童实际上是家庭-群体-社会的一个分子，不能将其独立看待。又如，西方心理学在研究家庭时倾向于把家庭当作一个独立单位，而在传统的家庭观里，家庭乃是宗族或社区的一分子。再如，在个人主义的西方，在美国社会心理中，自主性（autonomy）是一个核心价值，人们不自觉地把自主性的发展当作人格建立之前提，在大量的研究中均侧重于儿童早期责任感、自给自足、效率、隐私以及成就感等方面的独立性训练，然而这些概念或价值如何能适应于以人与人相互依赖为特征的生活呢？[11]

4.许烺光：心理机制与中国文化中的“人”[12]

许烺光认为，中国文化中的“人”这一概念，比英语中的personality更能反映人的真实面貌。即它本身承认人是生活在一系列由内向外的关系网中，而不是一个孤立的、原子式的实体。西方文化中的“personality”一词，来源于西方文化的个人主义传统，是对人的含义的扭曲，并导致了一系列西方文化中的问题。如果说中国文化或现实中的“人”的概念是“伽利略式的”，那么西方“人”的概念则是“柏拉图式的”。他认为，用西方社会科学建立在原子式个人假设之上的范畴来研究中国文化是不可行的。他的这一观点在人类学和心理学界影响很大，常常被用来作为论证社会科学本土化的重要根据。

5. 何友晖：心理学的本土化及其范式转换[13]

香港大学心理学系教授何友晖（David Y. F. Ho）等人批评波普尔·魏特金斯（Popper K.Watkins）所谓方法论上的个人主义，指出涂尔干等人所强调的从社会立场而非个人主义立场出发来研究的重要。很多集体现象不能归结为个人现象或个人行为之和。他认为，目前在心理学研究中普遍存在着一个范式的转换问题，即从以前的个人主义方法论到关系主义方法论。亚洲人的观念无时无刻不反映着自我与他人的关系，但是关系主义方法论同样可以应用于西方，马克思、韦伯和涂尔干都是其例。

此外，何友晖还提出了“亚洲心理学”概念，强调其主要特征不是一种知识，而是一种方法论。这种方法论建立在黑格尔式的辩证法上，即个人从属于他与别人之间的关系。他认为亚洲文化中有丰富的跟人际关系有关的概念，这些说明了对于亚洲心理现象，不能用西方建立在原子式个人基础上的心理学方法论来研究。

6. 阿南德·帕兰杰佩：走出西方心理学的范式危机[14]

阿南德·帕兰杰佩（Anand. C. Paranjpe）认为，心理学在很大程度上是欧美文化的产物。它的两位创始者，德国的冯特以及美国的詹姆士（William James），受到英国经验主义及19世纪欧洲生物学和生理学发展的影响。与自然科学在亚洲所建立的良好地位相比，社会科学在亚洲却不然。没有人怀疑牛顿力学在不同文化背景下普遍有效，但是马克斯·韦伯或弗洛伊德的理论在亚洲的应用有效性就很难保证了。

回顾了西方心理学在亚洲遭受批评以及亚洲心理学不同于西方心理学的趋势，帕兰佩杰说，从20世纪60年代开始，西方人才开始注意心理学的东方概念。

帕兰杰佩从西方思想家的理论中找到了大量资源来支持其所谓多元心理学，从而反对普遍心理学的概念。他不仅举了马克斯·舍勒（Max Scheler）、哈贝马斯（Jüren Habermas）、曼海姆（Karl Mannheim）等人的研究成果，而且依据库恩（Thomas S. Kuhn）的范式学说、认知建构主义及建构替代论、阐释学等作为自己的理论武器，来证明不同的文化应当有不同类型的心理学研究范式。

最后我想说，"五四"以来，我们不仅引进了许多西方人文科学和社会科学领域的思想、学说和学派，而且借用它们的方法、思路或受它们的影响和启发而建立了许许多多"中国的"人文、社会科学理论。尽管它们时常给人以耳目一新的感觉，但是在深宏博大、积淀了五千年之久而已形成的民族文化心理的大地上，却有时像空中楼阁一样飘忽不定。

多年来，不少学者试图把西方人文-社会科学某些流派的思想观点用之于分析中国的问题，然而这些将西方社会科学本土化的努力往往总是由于缺乏对中国文化习性的透彻领悟和把握而显得力不从心。问题也许在于：五千年来中华民族在其生生不息的生存河流中已经逐渐形成了一系列自己民族所独有的文化习性，我指的是文化心理结构及与之相应的生存方式、精神世界、价值认同和民族性格，并由此必然地决定了中华民族社会有着自己独特的价值追求和自我整合的规律。

今天，虽然中国社会在制度和物质层面等方面都发生了空前未有的巨大变迁，但是无数血的教训表明：中国文化的习性及由此决定的价值趋向、自我整合规律未必就发生了本质的变化，这是否才是导致上文所述的那种人文-社会科学范式危机的主要原因呢？

由于长期以来我们对上述问题未能引起足够的重视，未给予充分的探讨，因而可以说：今天虽然可以探讨人文科学和社会科学，或站在它们的立场上来思考问题，但是那些可以称之为中国人文科学和中国社会科学的学科迄今为止并未真正出现，或者说是尚在期待和建构中的事物。当然，我的意思不是说我们不需要遵守西方人文社会科学中通用的方法，我的疑问是：对于中国社会来说，一些西方社会科学的研究范式是否完全适用？这个问题长期以来是否受到了我们的忽略？

注释

1 参见Samuel P. Huntington, *The Third Wave: Democratization in the Late Twentieth Century*, Norman and London: University of Oklahoma Press, 1991, pp.72-85;〔美〕约翰·杜威:《人的问题》，傅统先、邱椿译，上海人民出版社2006年版，第102—104、108页等。亨廷顿强调了基督教对个人独立性的强调对民主化的影响，而杜威则提到了18世纪末以来由基督教所加强的人道主义和慈善主义对自由主义的促进，以及教会对信仰自由的强调。

2 以“风”比喻政令，在《周易》中多见。如《周易·姤·象》曰：“天下有风，姤；后以施命诰四方。”《周易·巽·象》曰：“随风，巽，君子以申命行事。”

3《大戴礼记·易本命》:“八主风，风主虫，故虫八月化也。”

4 考虑到《古文尚书》虽可能晚出，但也能在一定程度上反映古人包括先秦儒家思想，故下面收录时并不排除。

5 这是《周易》“姤”卦的“象辞”。按：姤的卦体是巽下乾上，八卦中“巽”卦卦象为“风”，乾卦卦象为“天”，故曰“天下有风”，本卦以“风”说明“施命”(参见孔颖达《周易正义·姤》)。

6 John Clammer, *Difference and Modernity: Social Theory and Contemporary Japanese Society,* London and New York: Kegan Paul International Ltd., 1995, pp.111-112,122-123,127.etc.

7 John P. Arnason, *Social Theory and Japanese Experience: The Dual Civilization*, London and New York: Kegan Paul International Ltd., 1997.

8 Shmuel N. Eisenstad, *Japanese Civilization: A Comparative View*, Chicago and London: The University of Chicago Press,

1996, p.1.

9 Louis Dumont, *Homo Hierarchicus: The Caste System and its Implications*, complete revised English edition, Mark Sainsbury, Louis Dumont and Basia Gulati, trans., Delhi: Oxford University Press (Bombay, Calcutta, Madras), 1988, pp.1-20 ("Introduction"). 该书法文版于1966年出版，英文版于1979年出版。

10 Cigdem Kagitcibasi, "Socialization in Traditional Society: A Challenge to Psychology", in Géry D'Ydewalle, ed., *International Journal of Psychology*, Amsterdam: North-Holland Publishing Company, Vol.19 (1984), pp.145-157.

11 Cigdem Kagitcibasi, "Socialization in Traditional Society: A Challenge to Psychology", pp.148-149.

12 Francis L. K. Hsu, "Psychological Homeostasis and *Jen*: Conceptual Tools for Advancing Psychological Anthropology", *American Anthropologist*, Vol.73, No.1 (Feb. 1971), pp.23-44.

13 David Yau-fai Ho and Chi-yue Chiu: "Collective Representations as a Metaconstruct: An Analysis Based Methodological Relationalism", *Culture and Psychology*, Vol. 4, No.3(1998), pp.349-369, SAGE Publications; David Y. F. Ho, "Interpersonal Relationships and Relationship Dominance: An Analysis Based on Methodological Relationalism", *Asian Journal of Social Psychology*, Vol. 1(1998), pp.1-16.

14 Anand C. Paranjpe, "Introduction", in Anand C. Paranjpe, David Y. F. Ho and Robert W. Rieber, eds., *Asian Contributions to Psychology*, New York: Praeger Publishers, 1988, pp.1-18.

第八章　制度问题

现代中国人对于制度的理解常常表面化，即把制度仅仅理解为一套硬性的规定，而看不到其赖以生成并产生积极作用的文化心理土壤。正如制度经济学所揭示的，人类历史上有效的制度往往都是由其背后一系列复杂而深刻的信仰、价值和道德等因素综合作用的结果。忽视制度背后的文化心理和价值因素，基于对外国某种制度的信服，从一套关于人性的哲学或形而上学理论来设计规划人类的理想制度，乃是严重脱离现实的乌托邦想象，我常称之为"制度决定论"。

一、"制度反腐说"

2012年最后一天，我在《中国青年报》发表了《反腐败从正人心做起》一文，没想到招来了不少批评，绝大多数批评意见都有上述制度决定论思维。[1]

我在文章中提到，在众多反腐的观点中，最有名的立场是主张“从制度上反腐”。持这种立场的人多认为，只有建立良好的制度机制，才能从根本上杜绝腐败。如果没有良好的防腐制度，仅靠一时的动员（比如政治动员或政治运动），未必能长久，且易陷入“人治”的窠臼。

“制度反腐”这一说法，表面上很有道理。但是细想之下，又似乎有些疑问。首先，我们都知道，任何制度都不是孤立存在的，都要依赖于人来运行。我们也都知道，在中国社会里，“制度是死的，人是活的”，人、人际关系以及与此相应的社会风气对于制度能否发挥作用至关重要。很多贪官一开始并不想贪，但是在人情、面子的强大压力面前，他们也不可能“六亲不认”，于是被亲友和各种关系拖下了水。其次，在官场内部，也盛行各种风气；包括每一个单位、每一个地域、每一个部门、每一个阶层、每一个领域，均可能有自己的内部风气，即官场潜规则。很多初涉仕途的人本想做个清官，但抵挡不住圈内风气的压力，被同道或同行拖下了水。我们千万不要小看风气的力量。事实证明，在中国社会，一种风气一旦形成，再强大的制度罗网也容易被撕破。有人认为只有“司法独立”才能从根本上解决问题。然而持这种想法的人可能没有意识到，单纯的司法独立，即司法不再受政府管辖，就立即面临着如果司法机关腐败怎么办的问题。事实上，在一个腐败成风的社会里，任何权力机构都可能腐败；让某个机构脱离政府干预，成为反腐败的最高权威，这个权威也可能演变成新的腐败源头。有人把“分权制衡”当作解决腐败的有效制度，殊不知在许多第三世界国家，分权制衡的结果却是国家长期被几个巨型集团控制，而且是打着民主和法治的旗号进行的。结果，腐败反而成了正常制度范围内永远解决不了的毒瘤。据我所知，这种现象在包括南亚和拉美等很多地方都出现过。

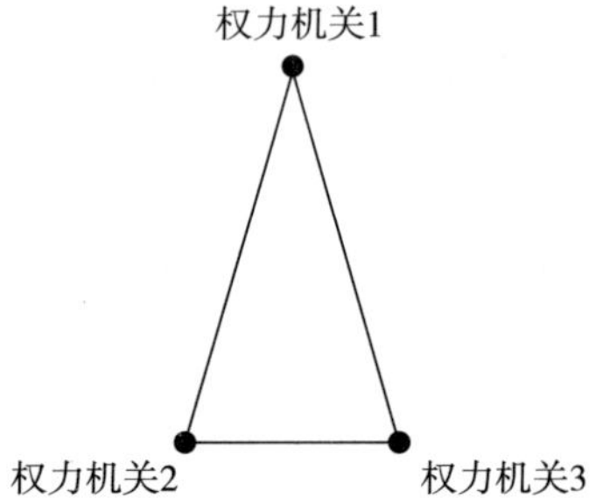

图6　金字塔型权力配置

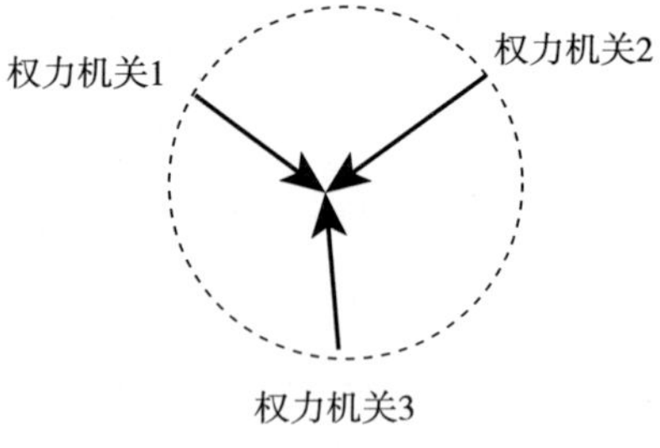

图7　分权制衡型权力配置

上面两张图，代表两种不同的权力配置模式。图6是金字塔型，其中权力机关2、3受权力机关1领导。图7是分权制衡型，其中权力机关1、2、3之间没有上下隶属关系。从理论上讲，图7似乎比图6更能防止腐败的发生，因为三个权力机关之间相互制约，而图6中最高权力机关1不易受到制约。

然而实践中出现的情况也可以恰好相反：在有些国家和地区，图7中的三个权力机关自身都腐败了，慢慢演变成代表若干个大的利益集团，掌握了国家的经济命脉特别是重大政策的决策权；为了保证和保持各自的利益，这几个权力机关在互动中达成默契、在张力中相互配合，共同操纵国民经济，合伙瓜分贵族特权，长期独占全民资源；或分裂成若干个大的政治集团，彼此对立，互相斗争，永不妥协，导致一切关系国计民生的重要政策或规划均难确立和实施。最极端的情况是，几大利益集团分赃不均，相互残杀，导致内战连连，民不聊生。在发生内战的情况下，一切靠武力解决，当然更谈不上监督机制了。说穿了，分权容易，制衡却难。这正是我们在一些实行西方民主和法治的第三世界国家中所看到的现象。

相比之下，在图6的情况下，由于最高权力机关1大权在握，虽然它也可能腐败，但对下属的制约能力比较强；考虑到最高权力机关1存在来自全社会有形或无形的合法性压力，不得不考虑自身的长久命运，如能约束自身，有时在反腐方面反而比图7模式更佳。同时，即使是图6中三个权力机关之间有位阶之分，不等于权力机关2、3对权力机关1没有制约作用。因为权力机关1、2、3之间的位阶之分，不等于1对2、3有绝对的主宰和控制权，它们在现实中有一定的相互依赖和相互制约的作用。

设想这样的情形，图6中权力机关2、3虽在权力机关1的统一领导下，但具有不可剥夺的独立性，也可以质疑或在实践中改进权力机关1的决策，共同构成对权力机关1的重要制衡（想想在一个家庭中，往往家长中一员是最高领导，但家庭其他成员也都有不可剥夺的尊严和权利）。我不是说，在反腐方面，图7模式在任何情况下都比图6差（这要看具体情况），更不是说不需要制度监督和权力制衡。图6与图7在权力配置上的根本差别是，前者强调统一管理、集中领导，后者主张分散管理、互限权力。我的基本观点是，在特定情形下，哪种制度反腐更有效，不能一概而论，还要看文化心理等相关因素。

二、腐败根源还是腐败

著名学者孙立平先生曾指出，官员腐败背后存在的可能是社会腐败，即腐败已成为一种生活方式。在这种情况下，“腐败表明的是基础秩序的瓦解”。[2]

奢谈制度不如探索制度之路，重视制度不如研究制度之基。究竟什么是中国文化中行之有效的制度建设，我们不能仅凭几个西洋政治学概念画饼充饥。至少按照古人的理解，要在中国文化中建立制度，有时要从“正人心”做起。“人心”问题就是社会风气问题。如果把制度比作冰山的话，人心和社会风气则好比汪洋大海，它们深刻地决定和影响着制度的运作。几千年来的历史证明，中国文化在社会整合方面不适合西方那种制度至上的形式主义；即使再优良的制度，也可能被人心和世风弄得千疮百孔、彻底失灵。从人心、世风的角度来分析腐败根源，在西方社会科学中罕见，但在中国古代中常见。

早在两千多年前，董仲舒在上给汉武帝的《贤良对策》中重点分析了为何会出现“法出而奸生、令下而梓起”？即政府防止犯罪的法令越多，人们犯罪的数量也越多；政府打击犯法的措施越多，人们犯法的手段也越高明。董仲舒认为，这是因为社会风气已经从根子上坏了，即所谓“教化不立而万民不正”。当风气已彻底败坏、当人心已极度糜烂，整个社会只能像“朽木粪墙”一样，越治越乱。如果不从改变风气着手，盲目相信严刑峻法，那就和秦代统治者一样，在不自觉中沦落为“废德任刑”的法家式治理，乃是缘木求鱼、适得其反。

因此，董氏认为，要想从根本上解决问题，必须以“正人心”作为最重要的突破口，并从最上层做起，层层向下，波及整个社会。他说：

为人君者，正心以正朝廷，正朝廷以正百官，正百官以正万民，正万民以正四方。四方正，远近莫敢不壹于正。(《汉书·董仲舒传》)

所谓“正人心”是指端正社会风气，原因是义利关系不明，用今天的话说是“一切向钱看”风气形成的主因之一，也是导致全社会空前浮躁和急功近利的主因之一。这个“利”，并不限于金钱和财富，还包括一系列功利性指标，体现在对政绩、对个人成就等的衡量上。而所谓“义”，尽管含义很多，但作为“利”的反面，应当指向社会的公平和正义。

除了义利关系不明外，董仲舒所谓权贵“与民争利”的现象，也是社会风气败坏的另一重要根源。当权贵们与民争利时，老百姓无权无势，他们发现用正常手段永远竞争不过权贵，便可能采取某些非正常手段，即假冒伪劣和坑蒙拐骗。

权贵与民争利导致财富分配不公，古人又称为均平问题。当财富分配不公时，就会有一部分人认为法律是为保护富人而设的，于是法律的尊严在他们的心中一落千丈，违法不再可耻。事实上，丧尽天良地坑害他人，也是有些人发泄心中不满和报复整个社会的途径。这就是董仲舒所谓“刑罚日繁而奸邪不可胜计”（《汉书·董仲舒传》）的原因。由此可见，与民争利和分配不公会导致人们良知的湮没，造成社会道德的沦丧。

另一个导致社会风气败坏的重要原因与任贤使能有关。提拔人品正直、心术端正的人，可以伸张社会正气，唤醒大众良知，激发社会正义感，引导社会风气健康向上。古人所谓“贤能”，按汉代的说法应称为“贤良方正、直言极谏之士”（《汉书·武帝本纪》）；因此“贤能”的标准不是听话，而是包括敢说真话、敢于谏诤，孔子曰：“古者天子有争臣七人，虽无道，不失其天下；诸侯有争臣五人，虽无道，不失其国；大夫有争臣三人，虽无道，不失其家。”（《孝经·谏诤章》）相反，如果正直、善良的人遭受迫害，就意味大量虚伪、奸滑的人得势。正直、善良的人代表着大众的良心和社会的良知。打击他们，就是打压社会正气，导致人们良知的湮没和道德的堕落。

然而任何一套体制运行一段时间后，都会形成盘根错节的人际网络和根深蒂固的人脉系统，极大地壅塞人才的发现和贤能的升迁。加以小人阳奉阴违、玩弄权术，君子不谙世故、不事攀附，真正的人才往往不易通过正常渠道被发现。在东亚这种特有的关系本位的文化中，现代民主制度也容易导致“乡愿”大行其道，小团体主义、帮派主义以及在此基础上形成的地方主义公开化、合法化，裙带关系更加牢固，人脉网络更加畅行。正因如此，古人创设策论、举荐以及科举等办法，让那些没有关系和后台的人可以因为真才实学而一举成名、平步青云，从而粉碎裙带关系的作用。在中国历史上，有许多名臣贤相、大才硕儒是通过这种方式脱颖而出的。

古人一再强调，才杰之士往往怀绝世之学而不肯屈就，抱天下之志而不轻出山，故须细心寻觅、反复查访；一旦发现，即施之以大礼，让之以尊位，从之如流水。然而如果领导只喜欢下属奉从，只希望别人服从，岂能发现贤才？

社会风气败坏除了与上述若干因素有关外，还与官员信仰失落有关。我们从大量贪官落马的现象中得出的一个深刻教训就是，一个人没有坚定的信仰，不可能抵挡各种各样的诱惑、突破无比强大的关系网。而许多官员的贪污腐化行为本身，也反映出他们的精神世界何等低下。在他们心中，除了金钱和女色之外，再也找不到更有意义的生活了！这其实就是董仲舒所谓“养士”的问题。养士在儒学中被归结到“修身”之上，它的目标是要塑造一套有效的学术传统，培养有坚定信仰的人才。

三、人心朝向何以重要？

上面我从四个方面——价值导向（即前文的义利关系）、财富分配（公平正义）、任贤使能及信仰失落——探讨了社会风气败坏的原因，并预设了社会风气败坏才是腐败的根源。在中国这样一个人心取向起重大作用的文化中，我认为，社会风气败坏，也即普遍的人心不正，对理解腐败极其重要。

人们也许质疑：难道社会风气败坏不正是腐败导致的吗？此说诚然有理。不过，如果我们把腐败的主体——政府官员——纳入整个社会来审视，不难发现官员腐败乃是社会腐败的一部分，这正是我们在上一章谈到的问题。我们必须正视，在有些国家，全社会的浮躁和逐利之风，以及与此相应的人心糜烂，正是腐败的巨大温床。只要这个问题不解决，再好的制度也可能无济于事。如果我们真的重视制度建设，就应当重视人心和社会风气问题；如果我们重视人心和社会风气问题，就应该思考导致风气败坏的根源。

“有乱君，无乱国；有治人，无治法。”（《荀子·君道》）荀子的话绝不是说不需要制度建设，它提醒我们关注一个重要的事实，即过去几千年历史的经验之一就是，只有从“人心朝向”这个突破口出发，某些制度才能真正建立起来。否则仅仅希望引进某些制度来创造奇迹，可能只会事倍功半，甚至徒劳无功。因此，在进行制度建设时，不能盲目崇洋、空谈法治，一定要正视文化的逻辑，研究心理的土壤。重视制度建设永远是正确的，但是为了制度而制度，不探索制度存在的文化土壤、不思考制度建设的可行之路，难免流于空谈，不切实际。

我们不能忽视，浮躁功利风气的发展会导致行业行为失序的巨大混乱。本来研究科学是为了追求真理，达到人性的升华，但如果变成为了增加收入，如何能培养出科学巨匠来？本来教育是为了培育人才，并在这一过程中感受为师的崇高，但如果变成为了创收，如何能培养出合格的人才来？本来媒体是为了弘扬正义，并在这一追求中赢得职业的神圣感，但如果是为了赚钱，如何能引导社会潮流？本来创业是为了发展自我，并在这一过程中实现人生的价值，但如果变成为了发财，如何能有高素质的企业家？从这个角度看，各行各业都面临着“正名”的紧迫任务。要让各行各业找回自身的价值，回到一条自立、自治的理性化轨道上来。行业的自治和自立一旦建立起来，无疑能为良好的社会秩序奠定基础，成为社会道德的变压器、社会风气的稳定器。

从义利之辨出发，还应该认真考虑如下问题：我们究竟有无崇高的人格理想和人性境界？我们要不要追求一种文明、道德和健康的生活？我们究竟要建立何种生活共同体？这类问题，也与信仰失落问题有关。

正人心而后正天下。[4]事隔八百多年，古人的有些话读来依然振聋发聩。

四、纠正制度概念

以上是我在前述提及的《反腐败从正人心做起》一文中所阐明的基本观点。需要强调的是，该文所谓“正人心”，是指纠正社会风气。而反腐制度的确立，需要通过端正社会风气、辅以行业及社会自治来实现，切不可凌空而降，一蹴而就。

尽管我在该文中明确指出，“这个‘人心’的问题，就是社会风气问题”，但批评者几乎一致认为我主张用道德手段——包括加强道德教育、提升道德境界等——来反腐。尽管拙文所引董仲舒“为人君者正心以正朝廷”一段易产生误会，但该段以“风气”为主旨则异常明确，并讨论了风气败坏的原因。细读不难发现，我所谓的“人心”意指一个社会流行或占主导地位的、人心的普遍朝向，即社会风气。尽管拙文后来有长短几个版本，但各本从头到尾没说过诉诸道德教育、提升道德境界来反腐。

社会风气问题就是道德问题吗？当然不是，至少我是把它作为影响一个社会的非正式制度之一。美国新制度经济学家道格拉斯·诺思（Douglas C. North）曾从“正式约束”与“非正式约束”两方面来理解一个社会中有效的制度，并强调了非正式约束对于制度建设的重要性。他所谓“非正式约束”，包括风俗、习惯、传统甚至道德等。[5]因此，我认为一个社会中的制度包括正式与非正式的两种类型，兹列如下：

表12　制度的含义

法律	正式制度	制度
风俗、习惯、传统等	非正式制度	

显然，这里的非正式制度不是什么“‘反求诸己’的‘内功’”，或仁义道德的说教；塑造非正式制度，当然会改变一个社会的道德面貌，从而与道德有关，但它与道德训诫和道德教育是两回事。我在前文正是从“义利”“均寡”“贤能”“养士”四个方面来讨论如何塑造非正式制度的，并未提到开展道德教育来反腐。然而，有的人在读过我在博客发表的澄清文章后，仍认为我所倡导的是通过道德教育来反腐，实在让人费解。

我们知道，除了诺思之外，重视非正式制度的学者还有许多。比如，托克维尔详细论述了美国民主有效运作的条件，并明确指出：“法制比自然环境更有助于美国维护民主共和制度，而民情比法制的贡献更大。”“只有美国人特有的民情，才是使全体美国人能够维护民主制度的独特因素。……我确信，最佳的地理位置和最好的法制，没有民情的支持也不能维护一个政体。”[6]

现代法治思想的鼻祖孟德斯鸠尤其重视风俗和习惯，他说：“法律是立法者创立的特殊的和精密的制度；风俗和习惯是一个国家一般的制度。”[7]不是用法律来改变风俗和习惯，而是相反，法律要与风俗、习惯相适应：“法律应该和国家的自然状态有关系；……和农、猎、牧各种人民的生活方式有关系。法律应该和政制所能容忍的自由程度有关系；和居民的宗教、性癖、财富、人口、贸易、风俗、习惯相适应。”[8]他所谓“法的精神”，正是由法律“和作为法律建立的基础的事物的秩序”之间的“关系”等组成的。[9]

又如，亚里士多德在《政治学》中论述了政体建立在人口的量和质的基础上，政体的划分也是由人口成分及其势力对比所决定的；没有绝对理想的政体（政治制度），城邦好坏由多重因素决定（包括疆域、人口数量、人口质量等决定），并在该书的卷七和卷八对人的素质（他所谓善德）进行了详细分析，强调善德决定善邦。

比起制度这座冰山来说，人心和社会风气这片深海无疑重要得多。因此，我强调人心和风气，只不过是为了探索在中国文化中建立制度的途径，丝毫不是说不需要制度防腐，也不是说不需要对权力的监督和制衡。我只是想提醒人们，“奢谈制度不如探索制度之路，重视制度不如研究制度之基”。尽管如此，有些人还是认为我否定了“制度”对于反腐的重要性，由此引发了一系列对拙文的批评。

多数批评者认为，儒家政治理论建立在人性善的假定上，期望通过道德教育来培养圣贤，然后依靠圣贤来治国；由于儒家用道德而不是制度治国，结果适得其反，人治横行，法治不立。按照这种思路，我就成了“道德反腐论”的典型代表，也形成了“道德反腐论”与“制度反腐论”的所谓争论。其实，不仅这种对我的标签化处理是错误的，而且也包含着对儒家政治学说的肤浅认识。

儒学虽以道德为重心，但是将儒家政治学说曲解为以性善论为基础、依靠道德和圣贤、不要制度和规则，则是对儒学缺乏应有的了解。首先我们知道，儒家人性学说中除了性善论，还有性恶论等，其中最重视制度建设的荀子和董仲舒等人恰恰是反对性善论的。只要读过其著作就知道，他们是如何论证由于人性的贪婪而需要礼乐等制度来约束的。儒家的制度理论绝不是像一些人想当然理解的那样，由于认识不到人性中的贪婪和自私，把人性理想化，把一切寄托于圣贤。

我们知道，儒家历来是主张礼、乐、刑、政四者并举的，这四者都与制度有关，其中礼、乐跟非正式制度有关，刑、政跟正式制度有关。孟子也说：

> 徒善不足以为政，徒法不能以自行。《诗》云："不愆不忘，率由旧章。"遵先王之法而过者，未之有也。圣人既竭目力焉，继之以规矩准绳，以为方员平直，不可胜用也。(《孟子·离娄上》)

这不就是在讲制度吗？孔子"祖述尧舜，宪章文武"(《中庸》)，当然也是在讲制度。孔子作《春秋》，"正王道，明大法"(周敦颐《周子通书》)，当然是为了立制。儒家的制度理论没有低估人性的复杂性，没有期望完全靠道德教育来反腐，没有把天下秩序寄托在人人成圣成贤上。我曾在本书第六章等处论证过，儒家制度理论的精髓在于礼大于法，重视通过人心整合、行业自治、移风易俗等途径来确立正式制度。它符合中国文化的习性和中国社会制度确立的规律。

最后补充一点，一些批评者从性恶论来说明西方现代民主、法治和宪政制度的人性论基础，也让人感到不解。西方近代史上主张性恶论的学者如马基雅维利、霍布斯等皆主张君主专制，而为现代民主和宪政奠定理论基础的人如卢梭、孟德斯鸠、洛克等恰恰都从自然状态说出发，其自然人性假定更接近性善论，孟德斯鸠甚至专门批判了霍布斯的性恶论。[10]由性恶论出发主张君主专制很容易理解：因为人性不可靠，所以要人管。但认为现代西方民主、宪政和法治以人性恶假定为前提，则是中国学者对西方政治学的曲解。恰恰相反，作为现代西方体制思想基础的自由主义，所谓liberalism，恰恰以承认每个人都有自我主宰的能力为前提，至少这一点与儒家性善论一致。

五、制度是如何确立的？

在我看来，上述批评者对于制度建立过程之艰难缺乏清楚认识，认识不到制度赖以存在的文化心理基础，想当然地认为只要根据某种人性原理（如性恶论）就可设计一国制度，把理想的制度看作可以超然于一切文化、心理、习惯和传统的普世存在。这种制度乌托邦，在批评文章中体现得非常明显。比如有人说，“大抵‘制度’，都有具体的实施措施与细则，只要人人遵守，照章办事，即可收立竿见影之效”。可是如何来保证人人遵守呢？如果人们不遵守怎么办呢？千百年来，人们在制度问题上真正困扰的从来都不是不知何为好制度，而是无法落实好制度。又有人认为，“一种制度的有效性与优越性一旦得到公认，那么，即使在既有社会风气阻力下面临困难与险境，甚至被摧毁，但最终还是能建立起来，并最终改变社会大环境与社会风气”[11]。可是即使得到了公认，也只是停留在理论上，如何保障从理论到实践不发生变异呢？为何那么多第三世界国家学习和仿效西方制度都不成功呢？难道不正是因为理论与现实的差异总是一次又一次发生作用吗？

多年来，我心中一直思考着这样的问题：什么是中国文化中有效的权威？中国文化中的秩序究竟建立在怎样的基础上？这两个问题直接关系到如何在中国文化中确立制度。如果靠民主、宪政、法治和人权等一些西方概念就可以解决制度问题，那确实一切就都变得简单了，只要套用西方制度的成式就行了。然而事实并非如此。多年来，无论我们怎样强调法治，但在日常生活中真正行之有效的制度从来都是建立在中国文化习性的基础上的。它体现在诸如一个基层村长的行政能力上，表现在一个普通厂长的行事风格中，甚至展现在每一个家长的管理方式上。只要我们稍加思索即可发现，中国社会中的制度总是因人事而立，也因人事而废。千百年来，凡是在中国文化中建立制度的人都必须从人事出发。脱离这一点，容易流于空谈。

不妨让大家回答这样一个问题：如果要在某个单位真正建立一项好的制度，需要具备什么条件？人们可能会说需要好的、有魄力的领导，需要制定好的政策，还需要领导自身带头去遵守，等等。但人们又很容易发现，有时真正的问题不是出在制度上，而是出在人上面。如果领导不能以身作则带头执行，就不能整合全单位的人心，也就无法建立真正有效的制度。这并不是一些人所误解的支持“人治”和关系学的问题，而是如何“治人”、理顺关系以及特别是任贤使能的问题。我们可以说，中国文化中有效的制度建立在人心整合上。但是，一旦它已经建起来，也会反过来对人心构成约束。这正是董仲舒和陈亮正人心而后正天下的思想。

我认为，中国文化中最重要的制度从根本上讲是礼而不是法。原因部分在于，礼比法在中国文化中有更牢固的基础。礼不同于法的地方，在于它依于习俗、尊重人情。正因为此，才能整合人心，从而建立制度。所以古人“缘人情而制礼”(《史记·礼书》)，“因人之情而为之节文”(《礼记·坊记》)。这就是儒家制度思想的核心，即礼大于法的问题。当然理顺人情与整合人心，绝不同于搞亲亲庇护和乡愿，而是指从正面引导和塑造它们。但是重礼不等于弃法，古人只是强调两者轻重之分。为什么“道之以政、齐之以刑”，不如“道之以德、齐之以礼”(《论语·为政》)？因为礼可以防于未然，禁于内心；而法只能惩于已生，禁于外表（参见《汉书·贾谊传》)。从社会治理上讲，礼乐才是治本，刑政只能治标。儒家常将衰落社会形容为“礼崩乐坏”，因为只有当制度能够通过礼乐来表现时，才表明它在人心中扎下了根。

儒家认为，理想的社会行为规范是一切制度之基，它从根本上讲是以人与人关系之基本准则的确立为前提的。所谓人与人关系的基本准则，其实就是一些伦理规范和行为规矩。当一个社会中人与人关系的基本准则遭到了破坏，这个社会的秩序就失去了基础；一旦秩序崩溃，制度也建立不起来。这也是儒家“三纲五常”思想的实质所在。这一思想很容易被现代人错误地理解为主张用道德教育来治国而加以批判。

儒家只是认为，要想重建社会秩序、建立有效制度，就必须分析是哪些因素导致了人与人关系基本准则的破坏。比如，鼓励说谎、打压正气、盛行伪善、重用小人，就是对人与人关系基本准则的重大破坏。除此之外，政策急功近利导致拜金主义，分配不公导致人心变坏，行业不能自治导致社会不能自主，强制说教导致道德沦丧，等等，都是重要的破坏因素。

按照《大学》《孝经》等的看法，道德教育主要不是靠学校，社会教育才是道德教育的最重要战场。早在两千多年前，董仲舒在与汉武帝分析当时社会“法出而奸生、令下而诈起”的原因时，正是从一系列国家大政方针失误以及社会公正遭侵害出发的，而从未期望用行政手段来推动道德教育。有人将现实中大量的道德沦丧归咎于儒家式的道德教育，这是以现代道德教育的经验来比附古人，对古代道德教育思想缺乏应有的了解。

六、不要迷信竞争和对抗

很多批评者片面误解我，认为我反对法治和制衡。从长远来说，让法律找回其自身的价值，走上一条自治的道路，是我一向坚决支持的。我所担心的是，人们忽略司法自治的内在条件；在独立的法律传统尚未形成、司法自治的内在条件尚不成熟的条件下，期盼用一个自身尚不能自立的司法系统来解决腐败，实与望梅止渴无异。事实上在今天，一些实施司法独立和分权制衡的第三世界国家或地区，之所以并没有取得像在欧美那样大的抑腐成效，恰在于这些源于西方的制度在各民族文化中发生了变异。司法的自立与自治绝不是一朝之功，可能需要几代人的艰难努力，需要大批法律家艰苦卓绝的奋斗。当下将反腐的希望寄托于司法独立，就好比指望一个尚未长大的小孩来解决大人才能解决的问题。

分权制衡包含通过社会与行业自治来限制权力，这是一个社会走向文明的必要条件，中国自古就有相关的实践。但是，作为分权制衡前提的行业与社会自治同样是一项艰苦、持久的工作，绝不可能一蹴而就。因为行业的自立与社会自治绝非政府放权那么简单，它依赖于伟大的行业传统的形成、独立的行业精神的兴起、独特的行业价值的塑造等，而这同样需要几代人的艰苦努力，尤其在行业精神荒于无形、行业传统一穷二白、行业价值极度功利的时候。在这种情况下，行业行为极容易为金钱或权力所收买或控制，行业与社会自治也可能发展成不同行业、不同团体之间的无理性争斗，分权制衡也可能演变成不同利益集团合谋瓜分公共利益。

今天，有些人受西方思想影响，倾向于认为竞争、对抗和利益激励才是促进社会活力甚至建立制度的主要动力。他们所谓反腐主要靠制度，指的主要是通过司法独立和分权制衡等手段，在不同部门之间建立竞争和对抗的机制，以达到相互监督的效果。这一观点当然有一定的道理，信息公开、新闻自由、相互监督等制度对于反腐确实异常重要、必不可少，但是我要提醒人们注意一个事实：斗争和对抗从来不是在中国文化中建立制度的最有效途径。这涉及中国文化的习性。我所谓的文化习性，包括前面讲过的此世取向、关系本位和团体主义等核心内容。它决定了竞争和对抗在中国文化中的局限性。因为竞争和对抗虽有积极作用，但也可能撕裂中国人的人情世界，使其心理安全感彻底遭到破坏。到那时，竞争有可能变成无理性的斗争，对抗有可能变成面子的较量。由此出发，再重要的制度也可能被弄得百孔千疮，无法运作。

那么在中国文化中，制度如何才能被建立起来呢？前面说过，必须整合人心，必须有贤能示范，必须在全社会树立新风。有人怀疑任贤使能不切实际，因为贤能无法鉴别。这确实是个问题，但只要朝此方向努力，就会有结果。不妨以学术界为例。20世纪30年代中国学术之所以可以基本步入正轨，名家林立，群星璀璨，正是通过一批学术大家树立风范，才在中国学术界建立了良好的学术规范和学术体制。今天回过头看，当时学界英才辈出固与环境有关，也与对学术的正确认知有关。

因此，中国学术传统及学术体制的重建，绝不是政策放开那么简单的事情，它需要一大批优秀学者的不懈努力，也需要政府的正确引导。政府走出思维误区，以其庞大资源正确引导学术发展方向，将会起到极为关键的作用。这并不是说我是官本位，而是我认为社会精英率先垂范、政府正确引导是实现行业与社会自治的必要条件。至于说贤能的鉴别，这或许有赖于领导素养的提高，确立正确认知。

我相信，最严重和最可怕的也许不是制度缺位，而是人心糜烂、全民皆腐。只要不改变人们的人生观和价值信仰，只要占主导地位的价值观是功利的，再好的制度也可能被侵蚀、被破坏乃至被瓦解。因此，重塑人心、重整社会风气才是至关重要的。《孟子·梁惠王上》记载了一段孟子与梁襄王的对话如下：

问曰："天下恶乎定？"

吾对曰："定于一。"

"孰能一之？"

对曰："不嗜杀人者能一之。"

"孰能与之？"

对曰："天下莫不与也……如有不嗜杀人者，则天下之民皆引领而望之矣。诚如是，民归之由水之就下，沛然谁能御之？"

所谓"天下定于一"，就是"大一统"。正如有的学者所指出的，"《春秋》大一统"不是"《春秋》大统一"。[12] "大统一"就是追求思想、行为和言论等的统一，"大一统"则不然，乃是让人心归一。人心归一就是同心同德、众志成城。唯此，才能为社会发展累积无尽的精神能量，为制度建设提供强大的社会基础。孟子的话，正是出于对中国社会内在规律的认识。要建立能反腐防腐的制度，真正重要的绝不仅仅是好制度，而更在于如何让好制度在中国文化中奠定人心的基础。

七、制度决定论之反思

很多学者认为，只有先确立了合理的制度，才能谈道德建设。其分析方式的特点，在我看来就是典型的制度决定论思维，他们并不知道道德有独立于制度的自主性。道德有其自身存在的规律，绝不完全是制度的产儿。

事实上，道德沦丧、风气败坏不是由于不应该搞道德教育，而是由于教育方式错了。道德教育本来应当是以人格的健全与完善、个人的尊严与价值为目标的，但如果不探索道德的人性论基础，便会使道德教育违反人性的正常需要。另一方面，如果不尊重道德教育的规律，用行政方式推行道德教育，就使道德教育形式化和教条化，会走到适得其反的境地。而在中国古代，不仅以“为己”“成人”即人性价值与尊严之实现为神圣目标，而且基本上是通过儒、道、释等宗教传统以独立于政治的方式来开展的。不了解儒家道德教育思想的实质，就不可能找到道德问题的症结。

现在，我把本章开始时所讨论的董仲舒《贤良对策》中改善社会风气的四个方面稍加总结后归纳如下：

一是义利。国家引导社会发展的指导思想之一在于辨明义利。儒家的立场是，大政方针不能“利”字当头。“国不以利为利，以义为利也。”（《大学》）这当然不是指不需要发展经济，而是指必须在指导方针上摆正义利关系，并以“义”来指导所有的利益活动，包括经济活动。“上下交征利而国危矣”（《孟子·梁惠王上》）。按董仲舒的说法，民之好利，如“水之就下”，生而俱来，防而不止。如果政府不能正确引导，而是以利益成就作为衡量人的主要标准或促发展的主要动力，就会在一夜之间形成全民逐利的狂潮，彻底毁掉社会道德的根基。董氏云："尔好义，则民向仁而俗善；尔好利，则民好邪而俗败！"（《汉书·董仲舒传》）

二是均寡。儒家认为，财富分配公平与否，是决定人心朝向、社会风气好坏的主要因素之一。"有国有家者，不患寡而患不均。"（《论语·季氏》）"均"包括财富分配公平、合理。财富分配不公，大都是由于拥有特权的人与民争利，导致贫富两极分化，百姓"穷极愁苦"，不再乐生。他们到了连死也不怕的地步，"安能避罪？"（《汉书·董仲舒传》）如何最大限度地实现整个社会财富的公平分配，是唤起人们对国家的希望、走向道德生活十分重要的因素。如果像美国那样，5%的富人掌握了95%的社会财富，就不可能让无数普通人看到希望。

三是贤能。移风易俗另一最有效的办法是任贤举能。这是因为在中国社会中，上下之间的风化效应十分明显，"君子之德风，小人之德草。草上之风，必偃"（《论语·颜渊》）。上位者的人品和心术，必然会对普通民众产生影响力。中国有句老话："上梁不正下梁歪。""举直错诸枉，则民服；举枉错诸直，则民不服"（《论语·为政》）。董仲舒一再主张为人君者要"遍得天下之贤人"（《汉书·董仲舒传》），原因也在于此。

四是养士。人才不仅要靠发现，还要靠有意识的培养。把培养过程制度化，就是董仲舒所谓的“兴太学、置明师”。这样做最大的意义之一，是让一批人才通过修习树立坚定的信仰、培养健全的人格、掌握治国的本领。孔子曾把这样的人才总结为“温柔敦厚”“疏通知远”“广博易良”“恭俭庄敬”“洁静精微”“属辞比事”（《礼记·经解》）六个方面。曾子则用“格物、致知、诚意、正心、修身、齐家、治国、平天下”（《大学》）来概括人才成长的修炼过程。所谓“罢黜百家，独尊儒术”，也是因为其他各家各派，或尚诈术，或倡专制，或讲出世，或反孝悌，均不能胜此重任。

上面依据董子之意从四个方面总结了解决道德与社会风气败坏的办法。对于问题根源，也许制度决定论者还是认为是制度不立，认为只要有了自由、民主、宪政和法治，这些问题就全解决了。然而正如我前面说过的，当一个社会行业的自治没有建立起来，独立的精神信仰传统还不能在全民道德教育方面扮演关键角色，当整个社会还不能从金钱决定一切的迷雾中走出来，大幅开放西式自由，直接引进西方制度，非但不可能取得预期成效，还可能走向自身愿望的反面。对此，第三世界国家和地区的实践已经有所证明。

我并不否认好的制度对于道德进步作用巨大，但我认为中国的道德问题应该通过有别于西方的中国制度方案来解决。

注释

1 参见张绪山：《“正心反腐论”仍是官本位政治学：驳方朝晖教授〈反腐败从正人心做起〉》，《人民论坛·学术前沿》2013年4月上，第76—85页；贺卫方：《驳方朝晖“反腐不能靠制度”论》，“共识网”2013年1月4日；郭廷军：《也谈“反腐败从正人心做起”》，《中国青年报》2013年1月14日；邵建：《正人心以正制度，还是正制度以正人心》，《中国经营报》2013年1月17日；慕朵生：《“正人心”与“正制度”皆为反腐大计》，《中国青年报》2013年1月21日；江超民：《我们误会方朝晖教授了吗？——岂能以“正人心”来贬低制度反腐？》，“爱思想网”2013年6月6日；孙铁骑：《对〈反腐败从正人心做起〉一文的辩护》，《儒家邮报》2013年1月10日；等等（此外，《瞭望中国》2013年年初推出专栏讨论此文，并附两篇反驳文章）。本章将以拙作原稿为基础，结合各种批评意见，从反腐出发进一步讨论有关要点，同时引申出制度与中国治理关系的论点。

2 参见孙立平：《重建社会：转型社会的秩序再造》，社会科学文献出版社2009年版，第191页。详细讨论，参见同书第191—216页。

4 这是我根据陈亮的观点提炼出来的表述。参见《陈亮集》，中华书局1987年版，第1—9、121页。

5 Douglas C. North, *Institution, Institutional Change and Economic Performance*, Cambridge and New York: Cambridge University Press, 1990, pp.36-53.

6〔法〕托克维尔：《论美国的民主》（上卷），董国良译，商务印书馆1988年版，第354、358页。

7〔法〕孟德斯鸠：《论法的精神》（上册），张雁深译，商务印书馆1963年版，第310页。

8 同上书，第7页。

9 参见同上。

10 参见上书，第4页。

11 参见张绪山：《"正心反腐论"仍是官本位政治学》。绪山是我多年的同事兼好友（应该说是诤友），我们之间经常就一些问题展开讨论。我认为其说颇有代表性，值得讨论。

12 参见郑卜五：《清代中叶今文家之公羊学述论》，（台湾）高雄复文图书出版社2005年版，第73—75页。

附录 传统政治思想研究的现代陷阱

20世纪以来，在人文学科对中国传统政治思想的研究中，有两种西方思潮影响国人最深：一曰文化进化论，二曰制度决定论。所谓文化进化论，也称为历史进化论，认为古往今来人类历史都是按照线性进化的规律由低级到高级发展；从贵族政治、君主政治至民主政治乃一切民族政治发展的共同模式。中国古代政治思想尤其是儒家政治思想未发展出民主，故属于前现代阶段。所谓制度决定论，认为一切政治的重心皆在于建立规范的制度，而不能寄希望于人。儒家重人伦、德治和任贤，将人的重要性置于制度之上，颠倒了二者关系，严重忽视了制度的重要性。

在上述两大观点的支配下，对于中国古代政治思想史的研究常常围绕着三个论点展开：一曰有民本无民权，二曰有人治无法治，三曰有专制无民主。当然还有有等级无平等、有国家无个人、有限制无自由等若干观点。不过，后三种观点的提倡者除陈独秀、吴虞等较激进者之外，相对少些。而前三个观点则为大多数学者所赞同，认为是两千多年中国政治思想最大症结，此思想之典型代表就是儒家。下面，我以梁启超、萧公权和牟宗三的政治思想史研究为例来分析上述观点及其可能问题。

梁启超先生于1922年以讲义为基础编成的《先秦政治思想史》，堪称最早用现代思维撰写的中国政治思想史著作之一。其中不少观点至今仍未过时，比如对儒家天下主义（他称为“真正的世界主义”“超国家主义”）的分析，与近年来盛行的有关讨论若合符节。其民本主义论述，开后来无数民本研究之先河。梁氏一方面反对古代中国无自由和平等之说，同时又指出，美国总统林肯将政治概括为：of the people, by the people, for the people（梁分译为“政为民政”“政以为民”“政由民出”，自孙中山以来常译为“民有”“民治”“民享”），其中of the people, for the people, 即“政为民政”“政以为民”，中国人“见之甚明，信之甚笃”，唯by the people即“政由民出”，亦即“一切政治当由人民施行”，在中国“并未承认此理论”。故只有“无参政权的民本主义”，此乃“我国政治论之最大缺点”。[1]本此，梁得出结论：“民权之说，中国古无有也。”[2]此说可以说是开后来有民本无民权说之先河。

然而今天看来，梁说也有片面性。谓古代无人民参政固可，谓中国古代全没民权思想，并以民本与民权对立，未必合乎事实。《尚书·皋陶谟》有“天明畏，自我民明威”，《尚书·泰誓》逸文有“天视自我民视，天听自我民听”（《孟子·万章上》），似乎暗示人民主权；结合《泰誓》逸文“民之所欲，天必从之”（《左传·襄三十一年》引），是否提示人民有推翻暴政的权力？何况，孟子论臣民杀掉桀纣，是诛“残贼”“一夫”，而非“弑君”（参见《孟子·梁惠王下》）；荀子以水、舟比喻庶人与国君，称“水则载舟，水则覆舟”（《荀子》之《王制》《哀公》），后世一直流行；董仲舒则称“有道伐无道，此天理也”，故“夏无道而殷伐之，殷无道而周伐之，周无道而秦伐之，秦无道而汉伐之”（《春秋繁露·尧舜不擅移汤武不专杀》）。既然人民有推翻暴政的权力，恐不能说不是民权之一种。儒家固未设计出让人民直接参政的制度，但全然否定儒家有民权思想，从民本/民权对立的思维理解儒家未必公允。

萧公权先生于1945年初版、此后多次再版的《中国政治思想史》一书蜚声海内外。此书较重视“历史的分析”[3]，然背后也预设有一种进化论历史观。如他将中国政治思想史分为“创造时期”（孔子至秦统一）、“因袭时期”（秦汉至宋元）、“转变时期”（明初至清末）、“成熟时期”（三民主义成立之后），显示出一种思想进化阶梯，而以三民主义为中国政治思想成熟即最高阶段，似有目的论预设。与此同时，他又以“封建时期”“专制时期”及近代时期三者与上面几个时期对应来总结其政治思想，似乎包含主观价值标准在内。[4]如果说“封建时期”是事实判断，那么“专制时期”则变成价值判断了。因为从事实判断出发，应该说秦汉至清末为郡县时期，才与此前的封建时期相对，说明他把郡县制下的君主制视为专制政治了。然而，较君主制、封建制和郡县制均指特定制度而言，“专制”并非特指某种政体或制度，而是对一切制度可能有的价值评判。故而钱穆先生依据中国传统政治中的宰相制度、谏议制度、科举制度、王室与外朝区分制度等史实，反对以“专制黑暗”概称中国传统政治及思想。“近代中国学者，只知道说中国传统政治是由皇帝一人专制黑暗。试问他皇帝一人，如何来专制这样一个广土众民的大国？”[5]钱穆认为中国古代的专制时期只有元代和清代最典型，其他时期不能称为专制时期。钱说虽遭多家反对，但是否也因为“专制”作为价值判断的标准无法统一呢？或者，是否因为我们预设了非民主政治即为专制政治呢？

牟宗三先生于20世纪五六十年代撰成著名的“外王三书”，即《道德的理想主义》（1950年初版）、《历史哲学》（1955年初版）、《政道与治道》（1961年初版），其中也持西周贵族政治→秦汉以后的专制政治→现代民主政治逐步发展的进化论思维。其最有名的观点之一，是提出“中国以前只有‘治权的民主’而无‘政权的民主’”[6]。所谓“治权的民主”“政权的民主”，可以说是牟氏独创的词汇。“治权的民主”大意是指儒家治道思想只是一味地向内走，把政治的希望寄托于“圣君贤相”上。无“政权的民主”大意是指政权不由人民决定，而靠“打天下”得来。此说也可商榷。按照前述《尚书》、孟子、荀子、董仲舒的观点，人民有推翻暴君的权力；改朝换代也可视为人民行使其权力的结果，至少是天替人民行道，未必不内含所谓“政权民主”的因素。

牟宗三的观点其实也预设了民主/专制、民本/民权的二分思维。其实就民主指一种政体而专制如前述并不专指某种政体而言，以民主与专制相对也是有问题的。只是国人早已习惯将民主视为一种价值标准，故凡非民主政体皆可视为专制了。由此我们理解，为何钱穆宣称“中国传统政治，既非贵族政治，又非君主专制，则必为一种民主政体矣”[7]。说君主政体是一种民主政治，多数人不会接受，然而这是否也是因为我们的民主概念早已混淆了事实与价值所致呢？钱穆还指出，中国传统政治“选贤与能”，权力向全社会开放，至少理论上向所有人开放，或可视为被选出的贤能代表人民参政，也是一种代议制，与民主精神并不悬隔。[8]

另外，梁启超、萧公权和牟宗三皆有人治/法治二分的思维，而表达方式不同。梁启超将法家归入“法治主义”，将墨家政治归入“人治主义”。[9]而萧公权则指出，中国传统政治思想最大的缺陷之一是认识不到“尊法律、重制度，而不以偏赖人伦道德以为治”。“尊法律、重制度”似指法治，“偏赖人伦道德以为治”似指人治。[10]牟宗三中国古代“有治道、无政道”之说，近乎一种政体决定论，也可以说是制度决定论之一种；他所谓“对列格局”“分解的尽理之精神”，也基于法治/人治二分思维，故牟氏说，中国古代政治思想“‘人存政举，人亡政息’，不能建立真正的法治”[11]。不过，正如梁启超所发现的那样，儒家几千年来倡导的礼治恐不能简单地称为人治。将“选贤与能”“以德治国”理解为人治尚可理解，将礼治理解为人治未必准确。越来越多的学者指出，中国古代发达的礼制接近或类似于西方的“习惯法”。现代西方影响甚大的制度经济学就反对仅限于硬性的法律或书面规定理解制度，而认为礼俗甚至比硬性的制度规定作用更大，当然也是制度的重要组成部分。中国历朝历代有那么多礼乐和典章制度，如果简单地从法治/人治二分出发，说中国古代只有人治没有法治是不是也存在问题呢？

我们再来看看对近代中国学人影响甚深的文化进化论思想。其实这一学说在西方的影响主要限于18至19世纪，20世纪初在博厄斯等人攻击下早就日渐衰微了，但其对中国人的影响恰恰是从20世纪才开始，导致人们简单地用进步/落后评判古人思想，而看不到与文明多样性相应的多元现代性问题。钱穆认为西方现代政治以政府与人民敌对、政党与政党抗争为特色，而中国传统政治以“选贤与能”“设官分职”为“注重”；他将西方现代政治称为“契约型”政治，将中国传统政治称为“信托型”政治，认为中国传统政治“毛病多出在人事上”，而未必出在“制度”上。[12]钱穆未明显受到文化进化论及制度决定论影响，无民权/民本、人治/法治、民主/专制二分式思维，故其观点也与主流意见不合。但他在中西比较中对本土特殊性的重视，与多元现代性思想却有一致处。

2000年，美国人文科学院杂志《代达罗斯》(*Daedalus*)冬季号第一期推出了一个“多元现代性”专号，把“多元现代性”当作一个具有全球意义的焦点话题来研究。有关学者提出，现代性并不是什么超越具体的历史和空间的超验存在，一旦脱离具体背景就无法理解它的真实含义。比如有人发现，欧洲、北美、日本和曾为殖民地的国家和地区走向现代性的路径就不相同，代表四种现代性典型。杜维明则主张只有超越传统/现代、西方/非西方、全球/地方等二分式思维方式，才能真正理解现代性。从多元现代性的角度看，20世纪以来支配中国人的文化进化论和制度决定论，以及与之相应的民本/民权、人治/法治、民主/专制二分式思维，或许值得反思，至少反映了某种程度上的西方中心论。

（本文刊于《社会科学报》2024年1月18日，发表时有改动）

注释

1 参见梁启超：《先秦政治思想史》，第4页。载氏著：《饮冰室合集》（典藏版）第29册（专集第13册），中华书局2015年版。
2 同上书，第177页。
3 参见萧公权：《中国政治思想史》（上册），（台湾）联经出版股份事业公司1982年版，“增订版弁言”（汪荣祖撰）。
4 参见上书，第3—5页。
5 钱穆：《中国传统政治》，载氏著：《国史新论》，九州出版社2011年版，第107页。
6 参见牟宗三：《政道与治道》（增订新版），台湾学生书局1980年版，“序”。
7 钱穆：《政学私言》，载氏著：《国史新论》，第6页。
8 参见上书，第6—7页。
9 梁启超：《先秦政治思想史》，第187页以下。
10 萧公权：《中国政治思想史》（上册），第11页。
11 牟宗三：《政道与治道》（增订新版），第140页。
12 参见钱穆：《中国传统政治》，第91、93、103、112—113页；《政学私言》，第6—9页。

主要参考文献

一、中文文献

（一）古籍

［汉］许慎撰，［清］段玉裁注：《说文解字注》（经韵楼藏版）上海古籍出版社1981年版。

［唐］韩愈：《韩愈文集汇校笺注》（第一册），刘真伦、岳珍校注，中华书局2010年版。

［宋］王应麟：《困学纪闻》卷四，翁元圻等注，上海古籍出版社2008年版。

［宋］陈亮：《陈亮集》，中华书局1987年版。

［明］王阳明：《王阳明全集》，上海古籍出版社2014年版。

［明］王夫之：《说文广义》，《船山全书》第9册，岳麓书社2011年第2版。

［清］徐灏：《说文解字注笺》（二），载续修四库全书编纂委员会编：《续修四库全书》第226册《经部·小学》，上海古籍出版社2002年版。

［清］苏舆：《春秋繁露义证》，钟哲点校，中华书局1992年。
［清］黄以周：《礼书通故》（全六册），中华书局2007年版。

（二）中文译作

〔美〕Philip Smith：《文化理论的面貌》，林宗德译，（台湾）韦伯文化国际出版有限公司2004年版。
〔加拿大〕Steven J. Heine：《文化心理学》（原著第3版），张春妹、洪建中、王东等译，中国轻工业出版社2021年版。
〔英〕爱德华·泰勒：《原始文化：神话、哲学、宗教、语言、艺术和习俗发展之研究》（重译本），连树声译，广西师范大学出版社2005年版。
〔美〕安乐哲（Roger T. Ames）：《先秦儒家哲学文献译解》（英文版），商务印书馆2023年版。
〔加〕贝淡宁：《贤能政治》，吴万伟译，宋冰审校，中信出版集团2016年版。
〔美〕本杰明·史华兹：《古代中国的思想世界》，程钢译，江苏人民出版社2004年版。
〔美〕狄百瑞：《〈大学〉作为自由传统》，刘莹译，载哈佛燕京学社、三联书店主编：《儒家与自由主义》，生活·读书·新知三联书店2001年版。
〔美〕狄百瑞：《中国的自由传统》，李弘祺译，香港中文大学出版社1983年版（该书英文版由同一出版社同年出版）。
〔美〕杜维明：《中庸：论儒学的宗教性》，段德智译，生活·读书·新知三联书店2013年版。
〔法〕葛兰言：《中国人的信仰》，汪润译，哈尔滨出版社2012年版。
〔日〕沟口雄三：《中国的公与私·公私》，郑静译，孙歌校，生活·读书·新知三联书店2011年版。
〔美〕郝大维、安乐哲：《通过孔子而思》（第二版），何金俐译，北京大学出版社2020年版。
〔美〕克利福德·格尔茨:《文化的解释》，韩莉译，译林出版社1999年版。
〔美〕克鲁克洪:《文化的研究》，载克莱德·克鲁克洪等:《文化与个人》，高佳等译，浙江人民出版社1986年版。
〔法〕克洛德·列维-斯特劳斯:《结构人类学》(1—2)，张祖建译，中国人民大学出版社2006年版。
〔美〕拉尔夫·林顿:《人格的文化背景：文化、社会与个体关系之研究》，于闽梅、陈学晶译，广西师范大学出版社2007年版。
〔英〕李约瑟著，王玲协助:《中国科学技术史第二卷：科学思想史》，何兆武等译，科学出版社、上海古籍出版社2018年版。
〔美〕林毓生:《中国意识的危机："五四"时期激烈的反传统主义》，穆善培译，贵州人民出版社1986年版。
刘文俊主编:《日本学者研究中国史论著选译第七卷：思想宗教》，许洋主等译，中华书局1993年版。
〔美〕露丝·本尼迪克:《文化模式》，何锡章、黄欢译，华夏出版社1987年版。
〔德〕马克思:《德意志意识形态》,《马克思恩格斯全集》第3卷，人民出版社1960年版。
〔德〕马克思:《论犹太人问题》,《马克思恩格斯全集》第1卷，人民出版社1956年版。
〔德〕马克思:《论犹太人问题》,《马克思恩格斯全集》第3卷，人民出版社2002年版第2版。
〔德〕马克斯·韦伯:《经济与社会》(第一卷)，阎克文译，上海人民出版社2010年版。
〔德〕马克斯·韦伯:《社会科学方法论》，韩水法、莫茜译，中央编译出版社2005年版。
〔法〕孟德斯鸠:《论法的精神》(上册)，张雁深译，商务印书馆

1961年版。
〔美〕倪德卫：《儒家之道：中国哲学之探讨》，周炽成译，江苏人民出版社2006年版。
〔法〕涂尔干：《社会分工论》，渠东译，生活·读书·新知三联书店2000年版。
〔法〕托克维尔：《论美国的民主》（上卷），董果良译，商务印书馆1988年版。
〔古希腊〕亚里士多德：《尼各马科伦理学》（修订本），苗力田译，中国社会科学出版社1999年版。
〔古希腊〕亚里士多德：《形而上学》，吴寿彭译，商务印书馆1959年版。
〔古希腊〕亚里士多德：《政治学》，吴寿彭译，商务印书馆1965年版。
〔日〕滋贺秀三等：《明清时期民事审判与民间契约》，王亚新、梁治平编，王亚新等译，法律出版社1998年版。

（三）中文著作

〔美〕张光直：《考古学专题六讲》，文物出版社1986年版。
〔美〕孙隆基：《中国文化的深层结构》，广西师范大学出版社2004年版。
〔日〕佐藤将之：《参于天地之治：荀子礼治政治思想的起源与构造》，台湾大学出版中心2016年版。
陈璧生：《孝经学史》，华东师范大学出版社2015年版。
陈絜：《商周姓氏制度研究》，商务印书馆2007年版。
陈来：《儒学美德论》，生活·读书·新知三联书店2019年版。
翟学伟（特约主编）：《中国社会心理学评论第二辑：面子与文化》，社会科学文献出版社2006年版。
翟学伟：《人情、面子与权力的再生产》，北京大学出版社2005年版。

翟学伟：《中国人的关系原理：时空秩序、生活欲念及其演变》，北京大学出版社2011年版。
翟学伟：《中国人的脸面观：形式主义的心理动因与社会表征》，北京大学出版社2011年版。
方朝晖：《文明的毁灭与新生：儒学与中国现代性研究》，中国人民大学出版社2011年版。
方朝晖：《中学与西学：重新解读现代中国学术史》（增订版），中央编译出版社2022年版。
费孝通：《乡土中国》（经典珍藏版），刘豪兴编，上海人民出版社2013年版。
冯友兰：《中国哲学史》（全二册），中华书局1961年版。
郭沫若：《先秦天道观之进展》，商务印书馆1936年版（此文后收入其作《青铜时代》），载《郭沫若全集·历史编》第一卷，1982年版。
黄德宽主编：《古文字谱系疏证》（全四册），商务印书馆2007年版。
金观涛、刘青峰：《兴盛与危机：论中国社会超稳定结构》（增订本），香港中文大学出版社1992年版。
荆门市博物馆：《郭店楚墓竹简》（引时简称《郭店简》），文物出版社1998年版。
李玄伯：《中国古代社会新研》，开明书店1948年版。
李亦园、杨国枢编：《中国人的性格：科际综合性的讨论》，“中研院”民族学研究所专刊乙种第四号1972年版。
李泽厚：《美的历程》，中国社会科学出版社1984年版。
李泽厚：《批判哲学的批判：康德述评》（修订本），人民出版社1984年版。
李泽厚：《说巫史传统》，上海译文出版社2012年版。
李泽厚：《由巫到礼 释礼归仁》，生活·读书·新知三联书店2015年版。

李泽厚：《中国古代思想史论》，人民出版社1986年版。
梁启超：《先秦政治思想史》，载梁启超：《饮冰室合集》（典藏版）第29册（专集第13册），中华书局2015年版。
梁启超：《新民说》，载梁启超：《饮冰室合集》（典藏版）第19册（专集第3册），中华书局2015年版。
梁漱溟：《乡村建设理论》，载梁漱溟：《梁漱溟全集》（第二卷），中国文化书院学术委员会编，山东人民出版社2005年第2版。
梁漱溟：《中国文化要义》，载中国文化书院编：《梁漱溟全集》（第三卷），山东人民出版社2005年版。
林佩儒：《先秦德福观研究》，《中国学术思想研究辑刊》十四编第六册，（台湾）花木兰文化出版社2012年版。
刘增光：《晚明〈孝经〉学研究》，上海古籍出版社2015年版。
牟宗三：《道理的理想主义》（修订六版），台湾学生书局1985年版。
牟宗三：《历史哲学》（增订八版），台湾学生书局1984年版。
牟宗三：《政道与治道》（增订新版），台湾学生书局1987年版。
钱穆：《国史大纲》（上），九州出版社2011年版。
钱穆：《国史新论》，九州出版社2011年版。
钱穆：《论语新解》，九州出版社2011年版。
钱穆：《中国历代政治得失》，生活·读书·新知三联书店2005年版。
容庚编，张振林、马国权摹补：《金文编》，中华书局1985年版。
沈文倬：《宗周礼乐文明考论》（增补本），浙江大学出版社2006年版。
宋文里：《文化心理学的寻路语：迈向心理学的下一页》，（台湾）心灵工坊文化事业股份有限公司2020年版。
孙立平：《重建社会：转型社会的秩序再造》，社会科学文献出版社2009年版。
王德有、陈战国主编：《中国文化百科》，吉林人民出版社1991年版。
王柯：《从“天下国家”到民族国家》，上海人民出版社2020年版。

王绍光主编:《理想政治秩序：中西古今的探求》，生活·读书·新知三联书店2012年版。
吴飞:《人伦的“解体”：形质论传统中的家国焦虑》，生活·读书·新知三联书店2017年版。
萧公权:《中国政治思想史》(上册)，(台湾)联经出版事业股份有限公司2004年版。
邢义田:《天下一家》，中华书局2011年版。
徐复观:《中国思想史论集》，上海书店出版社2004年版。
徐中舒:《甲骨文字典》，四川辞书出版社1998年版。
杨国枢主编:《中国人的心理》，江苏教育出版社2006年版。
杨希枚:《杨希枚集》，中国社会科学院科研局组织编选，中国社会科学出版社2006年版。
杨中芳:《如何理解中国人：文化与个人论文集》，重庆大学出版社2009年版。
余英时:《朱熹的历史世界：宋代士大夫政治文化的研究》，生活·读书·新知三联书店2004年版。
余英时著，沈志佳编:《儒家伦理与商人精神》，广西师范大学出版社2004年版。
虞万里:《中国古代姓氏与避讳起源》，华东师范大学出版社2023年版。
宇同:《中国哲学大纲》(全二册)，商务印书馆1958年版。
张岱年:《张岱年全集》第一卷，河北人民出版社1996年版。
张桂光主编，陈曦、秦晓华副主编:《商周金文辞类纂》(全八册)，中华书局2014年版。
张立文:《和合学概论：21世纪文化战略构想》，中国人民大学出版社2006年版。
张舜徽:《周秦道论发微》，华中师范大学出版社2005年版。
张亚初:《殷周金文集成引得》，中华书局2001年版。

赵汀阳：《天下体系：世界制度哲学导论》，江苏教育出版社2005年版。
赵毅、赵轶峰主编：《中国古代史》，高等教育出版社2002年版。
郑卜五：《清代中叶今文家之公羊学述论》，（台湾）高雄复文图书出版社2005年版。
郑开：《德礼之间：前诸子时期的思想史》，生活·读书·新知三联店2009年版。
郑欣淼：《文化批判与国民性改造》，北京出版社2023年版。
中国社会科学院考古研究所编：《甲骨文编》，中华书局1965年版。
周辅成编：《西方伦理学名著选辑》（上卷），商务印书馆1964年版。
朱凤瀚：《商周家族形态研究》，商务印书馆2022年版。

（四）中文论文

干春松：《儒家"天下观"的再发现》，《探索与争鸣》2019年第9期。
黄光国：《从社会心理的角度看儒家文化传统的内在结构》，载黄俊杰编：《传统中华文化与现代价值的激荡》社会科学文献出版社2002年版。
黄光国：《人情与面子：中国人的权力游戏》，载杨国枢主编：《中国人的心理》，江苏教育出版社2006年版。
匡钊：《心由德生：早期中国"心"观念的起源及其地位》，《中国哲学史》2020年第6期。
马长山：《东亚法治秩序的局限与超越维度》，《中国法学》2003年第3期。
钱穆：《治统与道统》，载钱穆：《中国学术思想史论丛（九）》，《钱穆先生全集》（新校本），九州出版社2012年版。
斯维至：《说德》，《人文杂志》1982年第6期。
萧功秦：《从千百史看百年史：从中西文明路径比较看当代中国转型的意义》，《社会科学论坛》2007年第1期。

杨劲松:《滨口惠俊及其“人际关系主义”理论》,《日本学刊》2005年第3期。
杨中芳:《人际关系与人际情感的构念化》,载杨国枢主编,台湾大学心理学系编:《人际关系与人际互动》(《本土心理学研究》第12辑),(台湾)桂冠图书股份有限公司2000年。
叶毅均:《论韦伯之“理想型”概念建构:兼与林毓生先生商榷》,载杨国荣主编:《思想与文化》2016年第2期(总第19辑)。
于春海:《论取象思维方式:易学文化精神及其现代价值讨论之一》,《周易研究》2000年第4期。
张舜清:《公民社会与儒家伦理》,《中州学刊》2007年第4期(总第154期)。
赵鼎新:《“天命观”及政绩合法性在古代和当代中国的体现》,《经济社会体制比较》2012年第1期。

二、西文文献

(一)西文著作

Ames, Roger T., *Confucian Role Ethics*, Honolulu : University of Hawai'i Press ; Hong Kong : Chinese University Press, 2011.
Benedict, Ruth, *Patterns of Culture*, Boston and New York: Houghton Mifflin Company, 1934.
Brunn, Hans H., *Science, Values and Politics in Max Weber's Methodology*, new expanded edition, Ashgate, Aldershot, England: Ashgate Publishing Limited, 2007.
Chang, Kwang-chih, *The Archaeology of Ancient China*, fourth edition, New Haven and London: Yale University Press, 1986.
Chiu, Chi-yue and Ying-yi Hong, *Social Psychology of Culture*,

New York: Psychology Press, 2006.

Clammer, John, *Difference and Modernity: Social Theory and Contemporary Japanese Society*, London and New York: Kegan Paul International Ltd., 1995.

Clammer, John, *Japan and its Others: Globalization, Difference and the Critique of Modernity*, Melbourne, Australia: Trans Pacific Press, 2001.

Codrington, R. H., *The Melanesian: Studies in their Anthropology and Folk-Lore*, Oxford: Clarendon Press,1891.

De Bary, William Theodore, *Asian Values and Huamn Rights: A Confucian Communitarian Perspective*, Combridge, Massachusetts: Harvard University Press, 1998.

De Bary, William Theodore, *The Liberal Tradition in China*, Hong Kong: The Chinese University Press & New York: Columbia University Press, 1983.

De Bary, Wm. Theodore, *Learning for One's Self : Essays on the Individual in Neo-Confucian Thought*, New York : Columbia University Press, 1991.

Douglas, Mary, *Natural Symbols: Explorations in Cosmology*, with a new introduction, London and New York: Routlege, 1996.

Durkheim, Emile, *The Division of Labour in Society, with an Introduction by Lewis Coser*, W. D. Halls, trans., Houndmills, Basingstoke, and London: The MacMillan Press Ltd., 1984.

Fingarette, Herbert, *Confucius—The Secular as Sacred*, New York: Harper and Row, 1972.

Fung Yu-lan, *A History of Chinese Philosophy, Vol.1: The Period of the Philosophers (from the Beginnings to Circa 100 B.C.)*, Derk Bodde, trans., Princeton, NJ: Princeton University Press,

1952.

Graham, A. C., *Yin-Yang and the Nature of Correlative Thinking*, Singapore: Institute of East Asian Philosophies, 1986.

Granet, Marcel, *Chinese Civilization*, Kathleen E. Innes and Mabel R. Brailsford, trans., New York: Meridian Books, Inc., 1958.

Habermas, Jürgen, *The Structural Transformation of the Public Sphere: An Inquiry into a Category of Bourgeois Society*, Thomas Burger, Cambridge, Massachusetts: The MIT Press, 1989.

Hall, David L. and Roger T. Ames, *Anticipating China: Thinking through the Narratives of Chinese and Western Culture*, Albany, NY: State University of New York Press, 1995.

Hall, David L. and Roger T. Ames, *The Democracy of the Dead: Dewey, Confucius, and the Hope for Democracy in China*, Chicago and Lasalle, Illinois: Open Court, 1999.

Hall, David L. and Roger T. Ames, *Thinking from the Han: Self, Truth, and Transcendence in Chinese and Western Culture*, Albany, NY: State University of New York Press, 1998.

Hall, David L. and Roger T. Ames, *Thinking through Confucius*, Albany, NY: State University of New York Press, 1987.

Hekman, Susan J., *Weber, the Ideal Type, and Contemporary Social Theory*, Notre Dame, Indiana: University of Notre Dame Press, 1983.

Henderson, John B., *The Development and Decline of Chinese Cosmology*, New York: Columbia University Press, 1984.

Herskovits, M. J., *Man and his Works: The Science of Cultural Anthropology*, New York: Alfred A. Knopf, Inc., 1948.

Hofstede, Geert H., *Culture's Consequences: International Differences in Work-Related Values*, abridged edition, Newbury

Park, London, New Delhi: SAGE Publications, 1984.

Holms, Robyn M., *Cultural Psychology: Exploring Culture and Mind in Diverse Communities*, New York: Oxford University Press, 2020.

Hsu, Francis L. K., *Americans and Chinese: Reflections on Two Cultures and their People*, Garden City, New York: Doubleday Natural History Press, 1970.

Huntington, Samuel P., *The Third Wave: Democratization in the Late Twentieth Century*, Norman and London: University of Oklahoma Press, 1991.

Kipnis, Andrew B., *Producing Guanxi, Sentiment, Self and Subculture in a North China Village*, Durham and London: Duke University Press, 1997.

Kroeber, A. L. and Clyde Kluckhohn, *Culture: A Critical Review of Concepts and Definitions*, Cambridge, Massachusetts: The Museum, 1952.

Kroeber, A. L., *Anthropology: Race Language Culture Psychology Prehistory*, New York and Burlingame: Harcourt, Brace & World, Inc., 1948.

Mote, Frederick W., *Intellectual Foundations of China*, second edition, New York: The McGraw-Hill, Companies, Inc., 1989.

Neville, Robert C., *Boston Confucianism: Portable Tradition in the Late-Modern World*, Albany, NY: State University of New York Press, 2000.

Nisbett, Richard E., *The Geography of Thought: How Asians and Westerners Think Differently ... and Why*, New York: Free Press, 2003.

Nivision, David S.,*The Ways of Confucianism: Investigations in*

Chinese Philosophy, edited with an introduction by Bryan W. Van Norden, Chicago and La Salle, Illinois: Carus Publishing Company (Open Court), 1996.

North, Douglas C. , *Institution, Institutional Change and Economic Performance*, Cambridge and New York: Cambridge University Press, 1990.

Puett, Michael J., *To Become a God: Cosmology, Sacrifice, and Self-Divinization in Early China*, Cambridge, Massachusetts and London, England: The Harvard University Asia Center of the Harvard-Yenching Institute, 2002.

Pye, Lucian W., *Asian Power and Politics: The Cultural Dimensions of Authority*, with Mary W. Pye, Cambridge, Massachusetts and London, England: The Belknap Press of Harvard University Press,1985.

Pye, Lucian W., *The Dynamics of Chinese Politics*, Cambridge, Massachusetts: Oelgeschlager, Gunn & Hain, Publishers, Inc., 1981.

Sapir, Eward, *The Psychology of Culture: A Course of Lectures*, Judith T. Irvine, rec. & ed., Berlin and New York: Mouton de Gruyter, 1993.

Schiller, David R., trans., *Confucius: Discussions/Conversations, or, The Analects (Lun-yu), Translation,Commentary,Interpretation*, Charlton, Massachusetts: Saga Virtual Publishers, 2011.

Shweder, Richard A. and Robert A. Levine, eds., *Culture Theory: Essays on Mind, Self, and Emotion*, Cambridge, London, New York: Cambridge University Press, 1984.

Shweder, Richard A., *Thinking through Cultures: Expeditions in Cultural Psychology*, Cambridge, Massachusetts and London,

England: Harvard University Press, 1991.

Stigler, James W., Richard A. Shweder and Gilbert Herdt, eds., *Cultural Psychology: Essays on Comparative Human Development*, Cambridge, New York: Cambridge University Press, 1990.

Swedberg, Richard and Ola Agevall, *The Max Weber Dictionary: Key Words and Central Concepts*, second edition, Stanford, California: Stanford Social Sciences, 2016.

Triandis, Harry C., *Individualism and Collectivism*, Boulder, Colorado: Westview Press, Inc., 1995.

Tu Wei-ming, *Centrality and Commonality: An Essay on Confucian Religiousness (A Revised and Enlarged Edition of Centrality and Commonality: An Essay on Chung-yung)*, Albany, NY: State University of New York Press, 1989.

Tu Wei-ming, *Way, Learning, and Politics: Essays on the Confucian Intellectual*, Albany, NY: State University of New York Press, 1993.

Tu, Weiming, *Humanity and Self-cultivation : Essays in Confucian Thought*, Berkeley, California: Asian Humanities Press, 1979.

Weber, Max, *Economy and Society: An Outline of Interpretative Sociology, Part One and Part Two, Chapters Ⅰ to Ⅶ*, Guenther Roth and Claus Wittich, eds., Berkeley and Los Angeles, California: University of California, 1978.

Weber, Max, *Sociological Writings*, ed. Wolf Heydebrand, New York: The Continuum Publishing Company, 1994.

Yang, Mayfair Mei-hei, *Gifts, Favors and Banquets: The Art of Social Relationships in China*, Ithaca, NY: Cornell University Press, 1994.

（二）西文论文

Bol, Peter K., "The Rise of Local History: History, Geography, and Culture in Southern Song and Yuan Wuzhou", *Harvard Journal of Asiatic Studies*, Vol.61,No.1 (Jun. 2001).

Bond, Michael H., Kwok Leung Kwok Choi Wan, "How Does Cultural Collectivism Operate? The Impact of Task and Maintenance Contributions on Reward Distribution", *Journal of Cross-Cultural Psychology*, Vol. 13, No. 2 (Jun. 1982), pp.186-200.

Brewer, Marilynn B. and Ya-Ru Chen, "Where (Who) are Collectivism? Toward Conceptual Clarification of Individualism and Collectivism", *Psychological Review*, Vol. 114, No. 1 (2007).

Brewer, Marlynn B. and Wendi Gardner, "Who is this 'We'? Levels of Collective Identity and Self-Representations", *Journal of Personality and Social Psychology*, Vol. 71, No.1(1996), pp. 83-91.

Cua, Antonio S., "Dimesnions of *li* (Propriety): Reflections on an Aspect of Hsün Tzu's Ethics", *Philosophy East and West*, Vol. 29, No. 4 (Oct. 1979), pp. 373-394.

Cua, Antonio S., "*Li* and Moral Justification: A study in the *Li Chi*", *Philosophy East and West*, Vol.33, No.1 (Jan. 1983), pp.1-16.

Fiske, Alan Page, Shinobu Kitayama, Hazel Rose Markus and Richard E. Nisbett, "The Cultural Matrix of Social Psychology", in Daniel T. Gilbert, Susan T. Fiske and Gardner Lindzey, eds., *The Handbook of Social Psychology*, fourth edition, Vol. Ⅰ, Boston, Massachusetts: The McGraw-Hill Companies,Inc., 1998, pp.915-981 (Chapter 36).

Gaenslen, Fritz, "Culture and Decision Making in China, Japan,

Russian, and the United States", *World Politics*, Vol.39, No.1 (Oct. 1986), pp.78-103.

Heine, Steven J., "Cultural Psychology", in Susan T. Fiske, Daniel T. Gilbert and Gardner Lindzey, eds., *Handbook of Social Psychology*, fifth edition, Vol.2, NJ: John Wiley & Sons, Inc., 2010, pp.1423-1464.

Ho, David Y. F., "Interpersonal Relationships and Relationship Dominance: An Analysis Based on Methodological Relationalism", *Asian Journal of Social Psychology*, Vol.1, No.1 (Dec. 1998), pp.1-16.

Hwang, Kwang-kuo, "Face and Favor: The Chinese Power Game", *The American Journal of Sociology*, Vol. 92, No.4 (Jan. 1987), pp.944-974.

Hwang, Kwang-kuo, "Chinese Relationalism: Theorectical Construction and Methodologyical Considereations", *Journal for the Theory of Social Behaviour*, Vol.30, No.2 (Jun. 2000), pp. 155-178.

Hwang, Kwang-kuo, "The Deep Structure of Confucianism: A Social Psychological Approach", *Asian Philosophy*, Vol. 11, No. 3 (2001), pp.179-204.

Hyden, Goran, "Civil Society, Social Capital, and Development: Dissection of a Complex Discourse", *Studies in Comparative International Development*, Vol.32, No.1 (Apr. 1997), Social Science Premium Collection, pp.3-30.

Kitayama, Shinobu and Christina E. Salvador, "Culture Psychology: Beyond East and West", *Annual Review of Psychology*, August 2023, to appear in 2024, pp.1-38.

Kryukov, Vassili, "Symbols of Power and Communication in Pre-Confucian China (on the Anthropology of '*De*'): Preliminary

Assumptions", *Bulletin of the School of Oriental and African Studies, University of London*, Vol.58, No.2 (1995), pp.314-333.

Leung, Kwok and Michael H. Bond, "The Impact of Cultural Collectivism on Reward Allocation", *Journal of Personality and Social Psychology*, Vol.47, No.4 (1984), pp.793-804.

Leung, Kwok, "Some Determinants of Reactions to Procedural Models for Conflict Resolution: A Cross-National Study", *Journal of Personality and Social Psychology*, Vol.53, No.5(1987), pp.898-908.

Oyserman, Daphna, Heather M. Coon and Markus Kemmelmeier, "Rethinking Individualism and Collectivism: Evaluation of Theorectical Assumptions and Meta-Analyses", *Philosophical Bulletin* , Vol.128, No.1 (2002), pp.3-72.

Pines, Yuri, "*De* 德 in the *ZuoZhuan*《左传》", *Journal of Chinese Philosophy*, Vol.48 (2021), pp.130-142.

Rankin, Mary Backus, "Some Observations on a Chinese Public Sphere", *Modern China: An International Quaterly of History and Social Science*, Vol.19, No.2 (Apr. 1993), pp.158-182.

Ray, Larry, "Civil Society and the Public Sphere", in Edwin Amenta, Kate Nash and Alan Scott, eds., *The Wiley-Blackwell Companion to Political Sociology,* first edition, Chichester, West Sussex & Malden, Massachusetts: Blackwell Publishing Ltd., 2012, pp.239-244.

Rowe, William T., "The Problem of 'Civil Society' in Late Imperial China", *Modern China: An International Quaterly of History and Social Science,* Vol.19, No.2 (Apr. 1993), pp.139-157.

Schwartz, Benjamin I., "Transcendence in Ancient China", *Daedalus*, Vol. 104, No. 2(1975) , pp.57-68.

Shils, Edward, "Reflections on Civil Society and Civility in the

Chinese Intellectual Tradition", in Tu Wei-ming, ed., *Confucian Traditions in East Asian Modernity: Moral Education and Economic Culture in Japan and the Four Mini-Dragons*, Cambridge, Massachusetts: Harvard University Press, 1996, pp.38-71.

Shweder, Richard A., "Cultural Psychology—What is it?", in James W. Stiger, Richard A. Shweder and Gilbert Herdt, eds., *Cultural Psychology: Essays on Comparative Human Development*, Cambridge, New York: Cambridge University Press, 1990, pp.1-43.

Swedberg, Richard, "Ideal Type (Idealtypus)", in Richard Swedberg and Ola Agevall, *The Max Weber Dictionary: Key Words and Central Concepts*, second edition, Stanford, California: Stanford Social Sciences, 2016, pp.156-158.

Triandis, Harry C., Robert Bontempo, Marcelo J. Villareal, Masaaki Asai and Nydia Lucca, "Individualism and Collectivism: Cross-Cultural Perspectives on Self-Group Relationships", *Journal of Personality and Social Psychology*, Vol. 54, No.2 (Feb. 1988), pp.323-338.

Triandis, Harry C., et al., "The Measurement of the Etic Aspects of Individualism and Collectivism across Cultures", (totally 15 authors) *Austuralian Journal of Psychology*, Vol. 38, No.3 (1986), pp.257-267.

Wakeman, Frederic, Jr., "The Civil Society and Public Sphere Debate: Western Reflections on Chinese Political Culture", *Modern China: An International Quaterly of History and Social Science*, Vol.19, No.2 (Apr. 1993), pp.108-138.

Wang, Huaiyu, "A Genealogical Study of *De*: Poetical Correspondence of Sky, Earth, and Humankind in the Early Chinese Virtuous Rule of Benefaction", *Philosophy East and West*, Vol. 65, No.1(2015), pp.81-124.

Weber, Max, "'Objectivity' in Social Science and Social Policy", in Edward A. Shils and Henry A. Finch, trans. &eds., *The Methodology of the Social Sciences*, Glencoe, Illinois: The Free Press, 1949, pp.50-112.

后　记

我从文化心理结构角度研究中国文化及其现代性问题，最早的成果是1997年发表的《中国文化的习性与中国人文社会科学建构》(《开放时代》1997年第6期）一文，本书第七章后半部分即以此文为基础改写而成。此后，我在2003—2004年赴美进修期间阅读了大量国外文化心理学论著，从而基本上形成了我对中国文化心理结构的个人看法。

最初我发现，以关系本位作为文化预设，可以解释儒家大部分思想的成因及其在中国文化中长盛不衰的秘密。此后我于2013年前后得出，中国文化的最根本预设是此岸/此世取向，这是我在文化心理学研究的基础上个人摸索出来的，我发现此世取向的文化预设更有本原性，也能解释关系本位的成因。但我后来发现，不少西方汉学家（包括葛兰言、史华兹、牟复礼、安乐哲、李约瑟、葛瑞汉、墨子刻、普鸣等人，也包括华裔学者张光直、杜维明等人）也有与我相近的看法（尽管表述差别很大）。我非常佩服他们从域外看中国，有时比从域内看得更清楚。

我除了受文化人类学、文化心理学等相关研究的启发，还受到了另一位学者即孙隆基先生的启发。在我看来，孙隆基有关中国文化深层结构的思想，仍然是迄今为止关于中国文化习性最深刻的思考之一，其思想深度在有些重要方面甚至超过了李泽厚先生，曾经带给我很大的震撼和影响（当然这不是说我完全赞同他的所有观点）。

读者可能想到，本书所偏重的文化心理研究与李泽厚有关。李泽厚先生早年关于文化心理结构（他早期常写成“文化-心理结构”）的提法（包括“积淀说”）确实对我影响不小。尤其他早在1980年发表《孔子再评价》（《中国社会科学》1980年第2期）时就提出中国文化心理结构问题，他认为从孔子起，由于儒家的塑造作用，“血缘、心理、人道、人格终于形成了这样一个以实践（用）理性为特征的思想模式的有机整体”（《中国古代思想史论》，人民出版社1986年版，第31页）；此后又从“血缘根基”“实用理性”“乐感文化”“天人合一”四方面来概括中国文化心理结构（同上书，第295—322页）。由于我不认同他从儒家角度来总结中国文化心理结构的特征，也不太接受其将中国文化心理结构概括为上述四个方面，所以我后来没有追随李泽厚继续走下去，而是从20世纪90年代开始转向了文化心理学这一新兴学科的研究。

必须指出，李泽厚先生在《人类学历史本体论》《说巫史传统》《说文化心理》等书中，较完整地呈现出他从1994年开始旅居海外期间陆续写成的有关中国文化心理结构的看法，其中有许多与本书相当接近的地方。在写于1996年的《初拟儒学深层结构说》一文中，李泽厚将“华夏文化心理结构”描写为“以‘一个世界’为根基，以‘乐感文化’、‘实用理性’为特色……那种种重感性存在、重人际存在、重整体秩序等情感取向、思维趋势”（《说文化心理》，上海译文出版社2012年版，第88页），我完全赞同。本书关于中国文化“此世取向”的说法也可以说与李泽厚“一个世界预设”说法不谋而合（我也常借用李氏这一说法）。不过，我提出中国文化的三个预设，并非受李泽厚影响，其中关系本位的说法受孙隆基及文化心理学研究［包括如理查德·E. 尼斯贝特（Richard E. Nisbett）、许烺光等人研究］的启发较大，团体主义主要基于霍夫斯泰德和特里安迪斯等人的研究，而此世/此岸取向的说法基本上是我自己在上述研究基础上悟出来的。我认为，在今天将此世取向、关系本位（也可称为情境中心）和团体主义作为中国文化的基本预设来理解，可以更好地解释中国传统文化的方方面面。

本书导论部分是近年写作的，第三章是在2023年与2024年之交时完成的，第五章曾以单篇论文的形式发表在《哲学研究》2018年第11期。余下各章节内容，可以说是在《“三纲”与秩序重建》一书下篇及附录的基础上改写而成的，其中部分章节（如第八章）还结合了我其他论文的思想。《“三纲”与秩序重建》下篇部分，主要是从文化心理结构研究儒家秩序思想，我曾期望将它作为一部独立著作出版，而非与“三纲”论述合成一部书，此次出版也算实现了此一夙愿。这次改写，虽然没有抛弃当年的基本框架和基本内容，但当年的想法在最近十年有了不少变化，当年的写法也存在很多问题，尤其与我现在秉持的思想史研究颇异其趣，所以即便是所谓的“改写”，一些内容也可以说是“脱胎换骨”了（如第二、四、八章）。另外，我还增加了不少新材料，以反映学界新成果、新进展（如第二、四、七章）。

有些读者可能发现，本书所援引的文化心理学等的成果大都是20年前的，为了弥补这一缺憾，我在序言中对文化心理学最新进展及本书写作方法作了较详细的说明，并在第一章中对新成果也作了一定的补充。但碍于本书篇幅有限，以及想保持原来结构的完整性，对诸如“差序格局”等的最新研究成果（近年来就有吴飞、陈建洪等多位学者进行了有力的讨论）只在序言和注释中有所介绍，并未展开讨论。其他方面的问题应还有不少。总之，希望大家多提批评意见。

本书与我最近出版的另一本书《文化、儒学与中国现代性》（孔学堂书局2025年2月出版）合在一起，共同构成我的“文化习性论”的完整内容。读者若感兴趣，可将二书结合起来阅读。

本书的出版得到了老友干春松的大力举荐和支持，在此深表谢忱。此外，也要感谢商务印书馆编校人员在本书编辑出版过程中的辛苦付出。

方朝晖

2024年5月22日清华园